"十二五"职业教育国家规划教材
经全国职业教育教材审定委员会审定

国家"万人计划"教学名师主讲课程教材

国 家 级 精 品 课 程 教 材

国家文化产业资金支持媒体融合重大项目

21世纪新概念教材：多元整合型一体化系列
高职高专教育会计专业精品课程教材新系

财务管理

——原理、实务、案例、实训

（第六版）

孔德兰 许辉 编著

东北财经大学出版社 大连
Dongbei University of Finance & Economics Press

图书在版编目（CIP）数据

财务管理：原理、实务、案例、实训 / 孔德兰，许辉编著．—6版．—大连：东北财经大学出版社，2025.1．—（高职高专教育会计专业精品课程教材新系）．—ISBN 978-7-5654-5505-6

Ⅰ．F275

中国国家版本馆CIP数据核字第20246MW095号

东北财经大学出版社出版

（大连市黑石礁尖山街217号　邮政编码　116025）

网　　址：http://www.dufep.cn

读者信箱：dufep@dufe.edu.cn

大连天骄彩色印刷有限公司印刷　　东北财经大学出版社发行

幅面尺寸：185mm×260mm　　字数：374千字　　印张：18.5

2025年1月第6版　　2025年1月第1次印刷

责任编辑：许景行　石建华　　责任校对：赵　楠

封面设计：原　皓　　版式设计：原　皓

定价：48.00元

教学支持　售后服务　联系电话：（0411）84710309

如有印装质量问题，请联系营销部：（0411）84710711

总序：“‘整体论’课程观”指导下的新时代中国特色高等职业教育专业教材建设

改革开放以来，中国高等职业教育教学与课程改革的重要任务之一，是以马克思主义教育理论为指导，立足中国国情，在批判借鉴世界特别是美西方发达国家高等职业教育教学与课改经验基础上，探索具有新时代中国特色的守正创新之路。

“21世纪新概念教材：‘多元整合型一体化’系列”，就是在这种探索中，由东北财经大学出版社携手国内高职院校众多知名专业带头人共同推出的。

一、教材定位

本系列专业教材定位以“延伸阅读0-1”中阐述的“‘整体论’课程观”为释题依据，以“延伸阅读0-2”中阐述的“美西方国家课改历程回眸”为事实依据，以“延伸阅读0-3”中阐述的“美西方国家课改逻辑反思”为借鉴依据，以“延伸阅读0-4”中阐述的“中国高等教育课改”为经验依据，以“延伸阅读0-5”中阐述的“中国高等职业教育课改对策”为对策依据，以“延伸阅读0-6”中阐述的“弯道超车”为“‘整体论’课程观”理论依据，以“延伸阅读0-7”中阐述的“简要表述”为结论依据①。其相关“模式选择”可简述如下：

1. 21世纪新概念

在“代型设计”上，本系列专业教材名为“新概念”，是因为“以‘整体论’课程观为‘指导理念’”的教材概念区别于传统教材概念；冠之以“21世纪”，是因为彰显世界高等职业教育课程观发展主流趋势的“‘整体论’课程观”初现于21世纪。

2.“整体论”课程观

“‘整体论’课程观”有两种基本含义：其一是指超越传统课程范式中“知识本位”与“能力本位”的诸多二元对立，注重其间的关联性、完整性以及多元整合性，旨在培养全面发展的人②；其二是指将课程视为一个有机整体，而非视为还原论解读中的各部分简单相加。

在前一种含义下，本系列教材把“‘整体知能观’课程”作为“‘整体论’

学习微平台
延伸阅读0-1

学习微平台
延伸阅读0-2

学习微平台
延伸阅读0-3

学习微平台
延伸阅读0-4

学习微平台
延伸阅读0-5

学习微平台
延伸阅读0-6

---

① 见“总序”二维码“延伸阅读0-1”至“延伸阅读0-7”。

② 超越“知识本位”与“能力本位”诸多二元对立是指：超越“学术性课程”与“职业性课程”的对立，倡导“整合‘学术性课程’与‘职业性课程’”的“融合课程”（如从AIO到STW和“生技教育”的美国课改运动）；在“学术性课程”内部，超越“专识课程”与“通识课程”的对立，倡导“整合‘专识课程’与‘通识课程’”的“‘整体知识观’课程”（如20世纪90年代的美国大学课改运动）；在“职业性课程”内部，超越“专能课程”与“通能课程”的对立，倡导“整合‘专能课程’与‘通能课程’”的“‘整体能力观’课程”（如20世纪90年代美国“职业集群课程”和德国“学习领域课程”）；在“‘整体能力观’课程与‘整体知识观’课程”之间，超越两者的对立，倡导“整合‘整体能力观’课程”与“‘整体知识观’课程”的“‘整体知能观’课程”（如21世纪初兴起的STEM教育课程）。

课程观”的范式定位。

在后一种含义下，本系列教材把以“有机论的‘内在目的性’”为方法论主导原理，以“课程觅母表达”为中心，以“学力发育”为“过程模式”，以“预期胜任力建构”为“目标模式”，以教师为引导，以学生为主体，以“教学—训练—考核”为主线的“‘教、学、做、评’合一”，作为校本学习“‘教学闭环’内诸多要素关系”的“‘有机整体论’课程观”定位。

3.“多元整合型”一体化

“‘多元整合型’一体化”作为本系列教材“代型设计”的二级名称，有两层含义：

其一是指教材体系蕴含“三重整合”的“一体化”。“三重整合”即“‘专识与通识’整合”“‘专能与通能’整合”“‘整体知识’与‘整体能力’整合”。

其二是指教材设计“四大环节”的“一体化”。“四大环节”即“理论”“实务”“案例”“实训”。此处的“一体化”有三层含义：一是指每门专业课教材的“四大环节”，从“学习目标”到“教学内容”，再到“基本训练”和“考核评价”一贯到底；二是指每章“四大环节”皆向“预期胜任力”的“阶段性建构”聚焦；三是指各章“预期胜任力”的“阶段性建构”通过“终极体验”，收官于其全课程的“总体性建构”。

4.类型与层次

在“教育类型”上，本系列教材所属专业课程区别于“普通高等教育”和“应用本科教育”，定位于“高等职业教育”；在教育层次上，其所属专业课程介于“中等职业教育”和“专业研究生教育”之间，定位于“高职高专”。

在教材类型上，本系列教材定位于“高职高专”，就是其内容重心不在“学科知识”及其“应用”，而在“技术”及其“应用”；在教材层次上，本系列教材定位于“高职高专”，就是以教育部新近颁布的财经商贸大类和旅游管理大类“高等职业学校专业教学标准”为层次标准。

5.编写原则

在编写原则上，本系列教材编写以教育部《职业院校教材管理办法》中的“总则”为原则，以贯彻落实其中“一个坚持”、“六个体现”、“四个自信”和“第十二条”各项要求为基点，以《中国教育现代化2035》及其实施方案中提出的“指导思想”“八大基本理念”“总体目标”“十大战略任务”为全面指导。

6.课程类型

在“课程类型”上，本系列教材兼顾“学术性”与“职业性”、“人本主义”与“工具主义”、“道德主义”与“功利主义”。

兼顾“学术性”与“职业性”，就是体现课程的“职普融通”，即体现“教育链”、“‘学术链’‘技术链’‘产业链’”和“人才链”有机衔接。

兼顾“人本主义”与“工具主义”，就是使课程既具有“人本属性”，又具有“工具属性”。课程的“人本属性”是指坚持“以人为本”，把全面提高学生的教育水平、文化品位、价值追求作为课程的根本；课程的“工具属性”是指把树立大学生的“服务意识”作为课程的宗旨。

兼顾“道德主义”与“功利主义”，就是使课程既具有“道德属性”，又具有“功利属性”。课程的“道德属性”是指把“社会公德”和“职业道德”作为课程价值的主导取向[①]；课程的“功利属性”是指把“为社会、为国家、为人民谋利益”作为课程价值的基本取向，把“三个有利于”作为判断课程价值的最终标准。

7.课程导向

在“课程导向”上，本系列教材“兼顾‘预期胜任力’连同其‘发育过程’”。

“新系”的“兼顾导向”，以正视“‘发生中的职业个体发育机制’与‘职业成体行动机制’的原则区别”为基本依据。

“新系”的“过程模式”定位于“‘学力发育’导向”。其中：“学力”是指“通过学习获得的能力”，“职业学力”包括“学术”“技术”“技能”“价值”四重基本要素（以下简称“四重要素”）；“发育”是借用生物学概念，指高职院校在校生“职业学力”的发展，即其从高中阶段“原格局”到高职毕业之“完全成熟”的变化过程（包括各学期其在课程教学中经历的变化过程）。

“新系”的“目标模式”选择“‘预期胜任力’导向”，即将“有机论”的“内在目的性”作为方法论主导原理，以“预期胜任力生成（成熟）”为最终“目标状态”。“目标模式”可阶段化和具体化为专业教材各章的“学习目标”。

8.课程目标

以“课程标准”为总体规划和基本依据的“课程目标”，是“课程标准”的具体化和细化，即课程实施应达到的预期结果；在本系列教材中，“课程目标”通过“学习目标”得以实现。

在“学习目标”描述上，本系列教材采用“‘传承’为主，兼顾‘创新’”模式。

1）传承型目标

“学习是文明传承之途”。“‘传承型’目标”以“健全职业人格[②]”为“整合框架”，以全人类共同价值、党和国家意志、社会主义核心价值观及道德伦理等“多维规范融入”为“价值引领”，通过各章“学习目标”中的“理论目标”“实务目标”“案例目标”“实训目标”等环节和侧面的阶段性“学力‘结构-建构’”，实现向“‘预期胜任力’生成”的课程“总目标”汇集和聚焦。其中：

“理论目标”描述“应当学习和把握”的“学科知识”（陈述性知识），包括概念、原理、特点和作用等；“可据以指导”的各种认知活动，包括“同步思

---

① “道德属性”或“立德树人”，即“扎根中国大地，站稳中国立场，充分体现社会主义核心价值观，加强爱国主义、集体主义、社会主义教育，引导学生坚定道路自信、理论自信、制度自信、文化自信，成为担当中华民族伟大复兴大任的时代新人”。

② “健全职业人格”作为立足于中国特色社会主义制度、物质经济关系、科学技术、道德文化、价值取向、理想情操、行为方式和全球视野等全方位“职业要素”的整合框架，是新时代中国职业人“职业胜任力”的核心和灵魂。

考”、“教学互动”、“随堂测”和“基本训练”中“理论题”各题型；“应当体验”的“初级学习”中“专业认知”的横向正迁移，以及“相关胜任力”中“专业认知要素”的阶段性生成。

“实务目标”描述“由原理向技术延伸”，即：“应当学习和把握”的“专业规则与方法”（“程序性知识”）；“可据以解析”的“基本训练”中“实务题”各题型；“应当体验”的“初级学习”横向正迁移，以及“相关胜任力”中“专业技术要素”的阶段性生成。

“案例目标”描述“应当多元表征”的“专业情境”和“思政情境”；“应当体验”的“高级学习”中“专业知识”“通用知识”“思政元素”的协同性重组迁移，以及“相关胜任力”中“认知弹性要素”的阶段性生成。

“实训目标”描述关于“技术应用”的实践操练，即：“应当完成”的各项实训任务；“应当实施”的系列技能操作；“应当融入”的“专业能力”“通用能力”“职业道德”等多维素质要素；“应当准备、撰写与讨论”的《训练报告》；“应当体验”的“实践学习”中“专能”、“通能”与“职业道德”元素的协同性“重组-产生”迁移，以及相关胜任力中“求知韧性”和“复合性‘技术-技能’”要素的阶段性生成。

2）创新型目标

“创新型目标”聚焦“自主学习”“教学闭环”“产学研结合”三者中的“觅母突变”。一方面，将“4Cs[①]”导入“自主学习”和“教学闭环”中，更新“四重要素”；另一方面，通过“产学研结合”，发展“四重要素”。

3）整合型目标

“‘整合型’目标”作为“综合训练”的“训练目的”，汇总各章“传承型学习”中的“既定习得”，将其与“自主学习”、“教学闭环”和“产学研结合”中更新和发展的“四重要素”融为一体，并将基于后者的“技术应用”作为专业课“终极体验”的“综合实训”题目[②]。

4）素质养成目标

“素质养成目标”作为“‘整体知能观’课程”目标，旨在通过课程实施过程，阶段性培养和提升兼顾“专”与“通”，包括如下内涵的学生综合素质：“认知素质”、“技术素质”、“情境表征素质”、“求知韧性素质”、“4Cs素质”、“实践素质”和“思想政治素质”。

9.课程内容

在“课程内容”上，本系列教材对标新近修订的国家专业教学标准，重点反

① 此处“4Cs”非指作为营销理论（Lauterborn Robert，1990）的“4Cs”（即Customer（顾客）、Cost（成本）、Convenience（便利）和Communication（沟通）），亦非指作为CLIL教学手段（Coyl，2001）中的“4Cs”（即Content（内容）、cognition（认识）、Communication（交际）和Culture（文化）），而是指作为“21世纪技能”核心（《美国教育2030》报告，2010）的“4Cs”（即Critical thinking（批判性思考）、Communication（沟通）、Collaboration（合作）和Creativity（创意））。

② 课程“终极体验”比照专业“顶峰体验”而来，后者是美国《博耶报告》倡导的“多种学习方式”之一（详见博耶本科教育委员会.彻底变革本科教育［J］. 全球教育展望，2001（3）：67-73.）。无论是作为“阶段性体验”的“单元实训”，还是作为“终极体验”的“综合实训”，都应在“产教融合”“校企合作”的实习实践中进行。

映"知识经济""数字经济""服务经济""体验经济""共享经济"叠加背景下的现代服务业新发展，特别是反映与5G、人工智能、生物技术、大数据、云计算、物联网和智能移动终端App等新技术融合的新趋势，突出现代服务业"两新四高"的时代特征，即"新服务领域""新服务形式""高'文化品位和技术'含量""高增值服务""高'素质和智力'的人力资源结构""高'情感体验和精神享受'的消费服务质量"。

就内容布局而言，本系列课程教材兼顾"传承与创新"，以体现"'科学⇌技术⇌产业'"辩证关系的"协同性共建"为"展开模式"，即：一方面，通过"传承机制"将教学内容展现在相互联系、密不可分的"认知基础"、"技术延伸"、"情境表征"和"技术应用"诸环节，重点反映专业领域的"高新技术规范"，突出"技术延伸"和"技术应用"在高职高专专业课教学中的"重心"地位；另一方面，通过"创新机制"，将"教学闭环"和"产学研结合"中产生的"觅母突变"同步反馈到"课程觅母"中。

"认知基础"是指专业"理论"（包括"基础研究中的创新"）中的"主要概念和基本原理"；"技术延伸"是指基于"认知基础"的"实务知识"，即专业"基础理论"在"应用研究"中发明、创造与开发的"新成果"，包括"新方法、新规范、新规则、新标准、新工艺"；"情境表征"是指能够用"'认知基础'和'技术延伸'"分析的关于"学术-技术-价值"的案例知识；"技术应用"是指应用"新技术"的"同步体验"和"终极体验"，即"实践学习"中的"'技术-技能'操作"。

"课程内容"四环节的分量关系，是兼顾"学科知识"与"产业实践"两端，重在"'技术'的'传承-创新'与'应用'"，做到"'理论教学'必需够用、'实务教学'周详充分、'案例教学'典型多样、'实训教学'具体到位"。

"课程内容"中的"思政要素"即"价值引导"，体现在教材各章正文、功能性专栏、"基本训练"相关题型和考核评价中。

10.课程设计

在"课程设计"上，本系列教材兼顾"目标模式""过程模式""情境模式"。课程设计的"目标模式"，是指"学力'结构-建构'"的"总目标"，即专业"'预期胜任力'生成"；课程设计的"过程模式"，是指前述"学力发育导向"；课程设计的"情境模式"，是指关于"'校本学习'专业'课程觅母'选择"的"内外情境"要素。其中：

"'校本学习'专业'课程觅母'选择"，就是从"基于教育类型和层次定位"的专业"文化觅母库"之"价值链""学术链""技术链""产业链""教育链"中，择优选取"人类文化'传承-发展'信息"要素。

"内外情境"要素中的"内部情境"，是指"教学闭环"内"参与'觅母表达'"的各种要素关系；"外部情境"，是指其"教育环境"中的诸多要素关系。

11.课程组织

在"课程组织"上，本系列课程教材兼顾"要素组织"和"结构组织"。其中："课程要素组织"对标"深度融合"中的"当代前沿'学科知识'与'技术规则'要素关系"；"结构组织"既关注"层次结构"的合理化，又关注"内容结构"的无限化。

对标"深度融合"中的"当代前沿'学科知识'与'技术规则'要素关系"，就是课程的"学术性要素"与"职业性要素"依照"纵向为主，横向为辅，纵横交错"的线索展开；"层次结构的合理化"，就是合理配置"深层""中层""浅层"知识，通过深层知识对中层知识、中层知识对浅层知识的"一般性"、"稳定性"和"指导性"作用，赋予课程以应对"知识流变"的弹性；"内容结构的无限化"，就是在"授之以鱼"的同时"授之以渔"，即通过"学会学习"，导入关于"学习理论"、"学习方法"与"学习策略"的"自主学习'否定性'"机制，赋予课程以应对"从学校到生涯"的"知识流变"之无限潜力。

12.课程方法

在"课程方法"上，本系列教材以"中心法则"假说为理论依据，将"学科中心"与"工作中心"、"知识中心"与"活动中心"、"教师中心"与"学生中心"等"两极对立"，以及"多中心""无中心"等传统执念，转型为"以'觅母表达过程'为中心，以'教师为引导、学生为主体'、'教学闭环与教育环境良性互动'为'开放系统'"的"'整体论'方法"模式。

13.教材结构

教材结构是教材内容之间的内在联系。本系列教材所适用的"学术性与职业性融合"阶段高职高专教育，与"职业本科""应用本科"和"专业研究生"教育同属一类，只是层次不同。

此类高等职业教育的专业课教材结构既区别于"由概念、原理、定律等按照一定联系和方法构成逻辑体系"的传统"学科知识结构"，又区别于"依照工作流程构成行动体系"的"'项目序化'或'模块化'结构"[①]，而为"整合'职业教育'和'普通教育'资源，形成互补优势"的"'职普融通'式章节结构"。

在本系列教材中，《训练手册》各章的"实训题"虽属"可与'工作世界'对接"的"项目式结构"，但与传统"工作导向"的专业课教材相比具有原则性优势，即：其关于"胜任力建构"的"阶段性体验"以"学力发育过程"的相关建构为依托，并非对标"职业成体的活动机制"，从而更适用于"发生中的高等职业个体"的教育教学过程。

14.教学途径

在"教学途径"上，本系列课程教材的"理论教学"遵循"从抽象上升到具体"的路径；"实务（技术）教学"同步跟进；"案例教学"穿插其间；"实践教学"阶段性收官。

---

① "基于工作任务分析"的DACUM课程（20世纪60年代）、"基于职业分析"的国际劳工组织MES课程（20世纪70年代末至80年代初）、"基于专家或职业成手'行动顺序分析'"的德国学习领域课程（20世纪90年代）等传统职业教育和培训教材大都采用"'工作导向'的'模块化结构'"设计，其主要理论基石之一是杜威经验主义和实用主义的"做中学"。对于该基石理论盲点和误区的揭示与批判详见本"总序""延伸阅读0-3"。

"教学途径"如此布局的理论依据如下：麦克·扬"基于知识分化的理论"观点，即关于"强有力的知识"是"专门化的""系统性的、通过概念在'学科'或'科目'的形式下彼此系统关联"的观点[①]；马克思关于"从抽象上升到具体的方法"是"科学上正确的方法"[②]；J.安德森"产生式迁移理论"关于"'产生式规则'的获得必须先经历一个'陈述性阶段'"；弗拉威尔"认知策略迁移理论"关于"'反省认知过程'是在新的情境下使用'认知过程'的前提"；斯皮罗（R.J. Spiro）和乔纳生（D.H.Jonassen）"认知灵活性理论"关于"'高级学习'以'初级学习'为前提"；库尔特·勒温关于"理论应该与实践统一"。

15.教学方法与学习方式

在"教学方法"上，本系列教材将各种教学方法"兼收并蓄"，即将"学导教学法""互动教学法""案例教学法""讨论教学法""体验教学法""分众教学法""项目教学法"等诸多教学法，有针对性地运用于相应教学环节，使其相得益彰。

在"学习方式"上，融"听讲学习""自主学习""协作学习""讨论学习""互动学习""探究学习""考察学习""实践体验学习""网络学习"等多种方式于一体。

16.课程训练

本系列课程教材的"训练环节"集中体现在与主教材配套的《训练手册》中。《训练手册》基于"内容提要与结构""重点与难点""主要公式"等"知识预习"，通过"客观题"与"主观题"的全方位操练，复习与巩固"单元教学"的各种习得，体验不同类型的"学习迁移"，强化"学术""技术""技能"和"价值"等知识、能力和素质要素汇集并聚焦"会计胜任力"的"学力'结构-建构'"。

在上述训练中，着眼"高素质"人才中的"核心素质"培养，本系列教材借鉴英国"普通国家职业资格证书"（GNVQ）课程中关于"'通用知识'应用转化为'通用能力'"的授课方式，通过学生组建学习团队，自主学习和应用教材中所附"职业核心能力训练"相关知识与规范等途径，将"通识"和"通能"融入各章"案例分析""课程思政""实训操练"等"专业能力""4Cs"与"韧性"的训练中。

17.课程考核

关于"课程考核"，本系列课程教材的定位如下：

考核模式：采用"寓练于考""以考促练"的"多元整合型"考核模式，兼顾"知识测试"和"能力与素质评估"，"融多种考核方式于一体"，即融"理论考核""实务考核""案例考核""实践考核"，以及"形成性考核"与"成果性考核"（课业考核）等考核方式于一体。其中："成果性考核"系借鉴欧盟QF-EHEA和EQF"学习结果"范式中"强化教育输出端管理"的合理内核，请产业

---

① YOUNG M，LAMBERT D.Knowledge and the future school：curriculum and social justice［M］. London：Bloomsbury，2014：74-75.

② 参见中共中央马克思恩格斯列宁斯大林著作编译局.马克思恩格斯文集：第8卷［M］. 北京：人民出版社，2009：25.

界代表参与考核评估和质量把关。

考核目的：全面测评学生在本课程教学训练活动中“学习目标”的达标程度，重点评估以“预期胜任力”为“建构总目标”的“学力建构”阶段性水平。

考核种类：针对考生“学力建构”各阶段不同层面和要素，兼顾“理论题考核”、“实务题考核”、“案例题考核”和“‘实训题/自主学习’考核”。

18.评价原则

在“评价原则”上，本系列教材定位于“改进结果评价，强化过程评价，探索增值评价，健全综合评价，完善素质评价，提高评价的科学性、专业性和客观性”，致力于建构新时代中国特色高等职业教育专业课程考核评价体系。

19.质量管控

在“质量控制”上，本系列教材建设坚持基于“产学研结合”的“质量管理”，邀请行业、企业代表及相关领域专家参与由领衔编者主导的教材设计、编写与质量管控[①]。

二、各阶段融入要素

1.关于“人才培养目标”

关于高职高专“人才培养目标”定位，本系列教材建设对标各阶段文件精神与要求，同步跟进和转型如下：

“以培养高等技术应用性专门人才为根本任务”（教育部，2000）；“培养生产服务第一线的高素质劳动者和实用人才”（国务院，2002）；“培养高素质的技能型人才，特别是高技能人才”（教育部，2003）；“培养面向生产、建设、管理、服务第一线需要的高技能人才”（教高〔2006〕16号）；“以培养高端技能型人才为目标”（教育部，2011）；“培养高端技能型人才”（教职成〔2011〕9号）；“培养产业转型升级和企业技术创新需要的技术技能型人才”（国发〔2014〕19号）；“培养掌握新技术、具备高技能的高素质技术技能人才”（《现代职业教育体系建设规划》，2014—2020）；“培养创新型人才是国家、民族长远发展的大计。当今世界的竞争说到底是人才竞争、教育竞争。要更加重视人才自主培养，更加重视科学精神、创新能力、批判性思维的培养培育。要更加重视青年人才培养，努力造就一批具有世界影响力的顶尖科技人才，稳定支持一批创新团队，培养更多高素质技术技能人才、能工巧匠、大国工匠”（习近平总书记在中国科学院第二十次院士大会、中国工程院第十五次院士大会和中国科学技术协会第十次全国代表大会上的讲话，2021）；党的二十大报告强调：“育人的根本在于立德。全面贯彻党的教育方针，落实立德树人根本任务，培养德智体美劳全面发展的社会主义建设者和接班人。”

在所述“跟进”与“转型”的靠后阶段，为及时对接“基于‘科学-技术-产业’融合”的中国“‘技术-产业’链”升级（特别是“新质生产力”）对高级人力资源（特别是“新质型人才”）的新需求，本系列教材结合“经管类服务

① 最好请通晓当代课程理论研究最新成果的课程专家担任教材设计顾问。

业”特点，着眼高职高专“培养以‘健全职业人格’为职业灵魂，富有科学精神、人文精神、创新精神、政治素质、‘4Cs’和‘韧性’，‘德、知、技、能并修’的新时代‘高素质’‘高技术等级’的‘技术-技能’型人才”这一总定位，进一步提升了由公共基础课和专业课体系支撑、作为专业“职业表型”的“预期胜任力”建构内涵。

2.关于“自主学习”

联合国教科文组织研究表明：进入21世纪，不少学科知识更新周期已缩短至2～3年。不仅如此，如《今日世界》作者所指出的，整个“工作世界”都处于变化中，而且变化会越来越快。这意味着，学生在校学习的旨在“与工作世界对接”的“学习结果”中，有相当多的知识在毕业后已经过时。

为应对日益加速的“知识流变”和“工作世界变化”，本系列教材自2017年起，将“自主学习”视为与“实训操练”同等重要的能力训练：在奇数各章用“自主学习”替换先前各版的“实训操练”，或将“自主学习”直接融入“实训操练”的“技能训练”中，借以培育学生适应“知识流变”的“求知韧性”。

3.关于“教育信息化”

1）二维码资源

为落实教育部关于“进一步推进职业教育信息化发展”，“推广……移动学习等信息化教学模式”（教职成〔2017〕4号）和“推进教育教学与信息技术深度融合”（《教育部高教司2018年工作要点》）等文件精神，本系列教材建设从2019年起增加了可以经常更新的二维码教学资源，旨在解决传统教材所缺少的“互联网+”移动学习，即纸质教材知识信息相对滞后的问题。

2）专业教学资源库

为落实《教育信息化2.0行动计划》（教技〔2018〕6号）中关于“升级职业教育专业教学资源库建设，丰富职业教育学习资源系统”的要求，本系列教材及时将网络教学资源由原来的3种扩充为包括“课程概要”“教学大纲”“教学日历”“电子教案”“PPT课件”“学生考核手册”“参考答案与提示”“学习指导”8种。

3）AI自适应学习

随着“互联网+”和教育数字化的发展特别是ChatGPT等生成型预训练变换模型的面世，一种新的学习方式——AI自适应学习——正在崛起。AI驱动的自适应学习技术能够根据学生的个体差异和需求提供个性化的学习方案，从而大大提升学生自主学习与训练的效率、效果和体验。

在我国，包括职业院校在内的高校人工智能驱动在线学习平台建设已步入发展快车道。本系列教材修订将密切关注其进展并同步跟进。

4.关于“三教改革”、“评价改革”和“立德树人”

为全面落实《国家职业教育改革实施方案》（国发〔2019〕4号）、《关于实施中国特色高水平高职学校和专业建设计划的意见》（教职成〔2019〕5号）、《职业院校教材管理办法》、《深化新时代教育评价改革总体方案》（中共中央、国务院，2020）和《职业教育提质培优行动计划（2020—2023年）》（教职成〔2020〕7号）等文件要求与精神，本系列教材建设重点落实“三教”改革中的“教材、教法改革”和“总体方案”中的“教育评价改革”，特别是落实“在立德树人根本任务方面，进一步创新思想政治教育模式，将社会主义核心价值观融入专业课教材”等要求。

5.关于“党的二十大精神进教材”

依照《中共中央关于认真学习宣传贯彻党的二十大精神的决定》中关于“推进党的二十大精神进教材、进课堂、进头脑”的要求，自2022年年底起，本系列教材建设将研究和落实“育人的根本在于立德”“培养德技并修”的“高素质‘技术-技能’型人才”的“人才强国战略”，作为新时期高职高专院校专业课程教材改革的根本任务。

6.关于“职普融通”和“产学研结合”

为贯彻《关于深化现代职业教育体系建设改革的意见》文件精神，自2023年起，本系列教材建设阶段性落实“以教促产、以产助教、产教融合、产学合作，延伸教育链、服务产业链、支撑供应链、打造人才链、提升价值链”等文件要求，致力于探索体现“产学研合作”和“‘科学链’‘技术链’‘产业链’‘教育链’协同发展”的具体方式。

7.关于“加强课程教材体系建设”

自2023年秋季起，本系列教材根据相关文件要求，在建设规划中提出“进一步优化教材体系”和“强化质量控制”的要求，具体如下：

1）关于体系优化

以《中国教育现代化2035》及其实施方案中提出的“指导思想”“八大基本理念”“总体目标”“十大战略任务”为全面指导，致力于落实关于“加强课程教材体系建设”，特别是“科学规划课程”“充分利用现代信息技术”“丰富并创新课程形式”“增强教材的思想性、科学性、民族性、时代性、系统性”“完善教材编写、修订”等任务要求，并以同期修订的“总序”为契机深化共识，探索新时代中国特色高等职业教育专业课程与教材体系建设的“弯道超车”之路（详见二维码资源“延伸阅读0-6”）。

2）关于质量控制

贯彻落实《教育部办公厅关于加快推进现代职业教育体系建设改革重点任务的通知》（教职成厅函〔2023〕20号）任务八中关于优质教材建设要求，本系列教材在“质量控制”上，请“教育理论学者”“科技专家”“产业行家”参与教材设计、编写和质量把关。

学习微平台

延伸阅读0-7

许景行

2010年9月初稿

2024年11月修订

第六版前言

本书是国家级精品课程教材和"十二五"职业教育国家规划教材，也是国家"万人计划"教学名师主讲课程教材。

课程作为包含"育人理念、类型、模式、内容、途径、程序及愿景"的特定"人类文化信息系统"，与社会生活中的"创新链""产业链""人才链""教育链"联系密切。时代在进步，社会在发展，财务管理专业课程与教材建设也应与时俱进，跟上社会生活特别是"四链"的变化节奏。

1.与"高质量发展的'产业链'"保持同步

财务管理是企业管理的中心环节，它以市场为导向，以资本为纽带，对企业发挥着计划、控制和监督作用。

财务管理教材建设与"产业链"发展保持同步，就是一方面使教材内容展现"中心环节"的基本内涵，另一方面锚定"高质量发展"这一"全面建设社会主义现代化国家的首要任务"和"'十四五'时期经济和社会发展主题"。

着眼企业管理的中心环节，本书第六版系统阐述了财务管理的基本认知和基本观念，财务管理的核心内容，即筹资管理、资本成本及其结构、项目投资管理、证券投资管理、营运资金管理、收益分配管理，以及财务管理专题，即财务预算和财务分析。全书渗透助推中国企业实现"高质量发展"目标的财务管理任务和"推动四项变革、强化五项职能、完善五大体系"的相关要求。

2.与"融合发展中的'人才链'"保持同步

党的二十大报告提出，"加快实施创新驱动发展战略""推动创新链产业链资金链人才链深度融合"。"四链融合"是实现"高质量发展"的主引擎，在这"四链"中，"创新链"与"人才链"起主导作用。

为了与"'创新链''产业链''资金链'深度融合"中的"人才链"发展保持同步，满足"基于'科学-技术-产业'融合"的中国"'技术-产业'链"升级对财务管理人力资源的新需求，本书第六版将课程的"育人愿景"从"培养产业转型升级和企业技术创新需要的技术技能型人才"（国发〔2014〕19号），"培养掌握新技术、具备高技能的高素质'技术技能人才'"（《现代职业教育体系建设规划（2014—2020年）》），提升和具体化为"培养以'健全职业人格'为职业灵魂，富有科学精神、人文精神、创新精神、政治素质、'4Cs'和'韧性'，'德、知、技、能并修'的新时代'高素质''高技术等级'的'技术技能型人才'"这一总定位，聚焦于新时期企业"财务管理胜任力"建构。

3. 与"'职普融通'的教育链"保持同步

（1）优化教材体系

在教材体系建设上，20世纪60年代至90年代末，美西方国家和中国职业教育都经历了从"学术性课改"（"学科导向"的"知识本位"）到"职业性课改"（"工作导向"的"能力本位"）的发展过程；21世纪初以来，开始向"'学术性与职业性融合'课改"（"'知识本位'与'能力本位'整合"）的"职普融通"方向发展。本书第六版正视并顺应世界职业教育向"职普融通"的这一方向发展的新趋势。

有鉴于此，本书第六版以党的二十大精神为指引，以教育部《职业院校教材管理办法》中的"总则"为编写原则，以贯彻落实其"一个坚持"、"六个体现"、"四个自信"和"第十二条"各项要求为基点，以阶段性落实《中国教育现代化2035》及其实施方案中关于"加强课程教材体系建设"，特别是"科学规划课程""充分利用现代信息技术""丰富并创新课程形式""增强教材的思想性、科学性、民族性、时代性、系统性""完善教材编写、修订"等任务要求为目标，遵循本书"总序"阐明的"共识"（详见其6个二维码"延伸阅读"），在教材的"类型与层次""编写原则""结构"，课程的"设置""导向""目标""内容""组织""方法""训练、考核与评价"，以及教学"途径"等方面，都做了较为系统的调整与优化，将"职普融通"的"以'整体论'课程观为指导理念，以'财务管理胜任力'建构为'目标模式'，以'学力发育'为'过程模式'，以'内在目的性'为方法论主导原理，'以教师为引导，学生为主体，教学—训练—考核为主线'的'教、学、做、评'合一"，作为教材体系建设的基本定位。

（2）优化教材结构

教材结构是教材内容之间的内在联系。本书第六版的"教材结构优化"探索与上述"教材体系优化"紧密相关，其模式选择既非"由概念、原理、定律等按照一定联系和方法构成逻辑体系"的传统"学科知识结构"，亦非"依照工作流程构成行动体系"的传统"'项目序化'或'模块化'结构"，而与"职业本科"、"应用本科"和"专业研究生"教育的专业教材同属一类，采用"整合'职业教育'和'普通教育'资源，形成优势互补"的"'职普融通'式'章节结构'"。

（3）优化"学习目标"

与教材体系和结构的上述优化相应，在"学习目标"设计上，本书第六版致力于克服以"知识、能力、态度（或素质）"为传统内涵的"'工作导向'目标描述"的局限性。各章通过向"财务管理胜任力"聚焦的"四大子目标"，阶段性培养和提升兼顾"专"与"通"，包括"认知素质""技术素质""情境表征素质""求知韧性素质""4Cs素质""实践操作素质""思想政治素质"的学生"综合素质"。

（4）优化课程内容

①兼顾"职普融通"和"教育类型"

为了在内容布局上兼顾"职普融通"和"教育类型"，本书第六版将财务管理课程内容展现在相互联系、密不可分的"认知基础""技术延伸""情境表征""技术应用"诸环节，重点展示其"技术规范"，突出"技术延伸"和"技术应用"在高职专业课教学中的"重心"地位。

"认知基础"是指财务管理的"相关概念和基本原理"；"技术延伸"是指基于"认知基础"的"实务知识"，包括企业财务管理的"新规范、新规则、新标准、新方法"；"情境表征"是指能够应用"'认知基础'和'技术延伸'"、可以"多元表征"的财务管理案例；"技术应用"是指财务管理的各章"同步体验"与末章"终极体验"，即在"实践学习"中基于"专识-通识"、"专能-通能"和"职业道德"元素协同性"重组-产生"迁移的财务管理"复合性操作"。

课程内容"四环节"的分量关系，是兼顾"知识"与"实践"两端，重在"技术应用"，做到"'理论教学'必需够用、'实务教学'周详充分、'案例教学'典型多样、'实训教学'具体到位"。

②强化"价值引导"

为"推进党的二十大精神进教材、进课堂、进头脑"，贯彻落实习近平总书记对学校思政课建设的重要指示精神，第六版强化了教材的"价值引导"，各章结合教学内容，优化了"课程思政"专栏，并将"思政要素"体现于课程训练和考核评价中。

③更新教材内容

A. 第六版教材将2022年以来最新企业会计准则和国家财政税务法规及时体现于教学新内容中。

B. 第六版对标会计专业国家教学标准和"大智移云物区"时代会计行业的转型升级，同步反映新经济、新产业、新业态、新模式下企业财务管理岗位（群）的新需求。

C. 本次修订立足于完善纵横贯通的全面预算管理体系、完善全面有效的合规风控体系、完善智能前瞻的财务数智体系、完善系统科学的财务管理能力评价体系和完善面向未来的财务人才队伍建设体系，增加了有关财务机器人、业财一体化和财务大数据等财务管理前沿发展的介绍。

④区分课程载体

第六版财务管理课程载体由作为"教学环节"的主教材与作为"训练环节"的《训练手册》组成。《训练手册》通过以"理论题""实务题""案例题""实训题"为基本题型的各章递进，为主教材的"四大教学环节"提供了必要和足够的训练。学生只有在学习主教材的同时，经历《训练手册》的全面、全过程训练，才能达到财务管理课程"四大学习目标"设定的"整体论"学习效果。

（5）优化教学资源

①二维码资源

为利用成熟的网络技术开展教学，本书第六版根据最新财务管理发展形势增加或更换了与纸质教材教学内容互补、数量适当的二维码教学资源，并在教材每节之后增设了包括“混选题”和“判断题”的“二维码‘随堂测’”，使其成为“可练”“可互动”“可考核”的电子教学资源。

②网络教学资源

本书第六版配有丰富的网络教学资源，其中包括PPT教学课件、教学互动解答、网上学习指南、教学大纲（或课程标准）、电子教案、教学日历、参考答案与提示、学生考核手册等，登录东北财经大学出版社网站（www.dufep.cn）即可下载。网站还提供在线组卷功能，教师会员登录网站的“会员中心”即可获得，其所有题目都来自《训练手册》各章的“客观题”。

学生的课程考核可依照学生考核手册所提供的“多元整合型”框架进行，也可依照符合本校教学实际的其他框架进行。

（6）强化质量管控

在质量管控上，本书第六版遵循“校企合作开发教材”原则，邀请行业企业财务专家参与教材修订。他们在对接会计专业技术资格的财务管理标准，融入财务管理最新实践案例，以及强化财务管理岗位“职业能力”与“专业素质”等方面，对教材建设帮助良多。谨向他们致以诚挚的谢意！

本书第六版由国家“万人计划”教学名师、“财务管理实务”国家精品资源共享课程负责人、浙江金融职业学院孔德兰教授和许辉副教授共同编著。孔德兰负责拟定“编写大纲”，编写本书第1～7章和网络教学资源包中的学生考核手册；许辉负责编写本书第8～10章和网络教学资源包中的其他内容。全书最后由孔德兰总纂定稿。“总序”由东北财经大学出版社许景行编审撰写和修订。

本书可作为高等职业教育财会类专业及相关专业的全国通用教材，也可供企业在职人员培训使用。

在本书编写和修订过程中，编者借鉴和参考了大量国内外书籍、教材和资料，在此向所有相关作者一并致谢。由于编者水平有限，书中难免存有纰漏，恳请各位学者、专家、同仁和读者朋友谅解并不吝赐教。

编著者

2024年11月

目 录

第1章 财务管理概述

学习目标

通过本章学习，应该达到以下目标：

理论目标：学习与把握财务管理的内容、特点与环节，财务管理的目标、原则与组织，财务管理的环境等陈述性知识；能用其指导本章“同步思考”和《训练手册》第1章中“客观题”和“主观题”的“理论题”各题型问题；体验本章“初级学习”中技术认知的横向正迁移，以及相关胜任力中“技术认知”要素的阶段性生成。

实务目标：学习与把握如何进行财务规划、财务决策、财务预算、财务控制、财务分析与业绩评价，正确处理企业与各方的财务关系，合理确定企业财务管理目标，准确分析企业财务管理环境以及“业务链接”等程序性知识；能以其建构“财务管理概述”中的规范意识，正确解析《训练手册》中“客观题”和“主观题”的“实务题”各题型问题；体验本章技术规范“初级学习”中的横向正迁移，以及相关胜任力中“技术规范”要素的阶段性生成。

案例目标：运用本章理论与实务知识研究相关案例，通过分析解答“同步案例”和《训练手册》第1章“客观题”与“主观题”的“案例题”，培养和提高在特定业务情境中分析问题和决策设计能力；能够结合本章教学内容，依照相关规范、要求或标准，对“课程思政1-1”、“课程思政1-2”和《训练手册》第1章“课程思政”中的企业行为进行思政研判，培养高尚的职业道德情操，树立社会主义核心价值观；体验本章“高级学习”中专业知识、通用知识与思政元素的协同性重组迁移，以及相关胜任力中“认知弹性”要素的阶段性生成。

实训目标：以所学“财务管理概述”的理论与实务知识为前提，在正确解答《训练手册》第1章“客观题”与“主观题”之“实训题”各题型问题，并了解和把握本实训所及“能力与道德领域”相关“技术-技能”点的“规范与标准”的基础上，参加“‘财务管理目标确立与财务管理环境分析’胜任力”的实践训练。通过各项实训任务的完成，系列“技术-技能”操作的实施，以及《“财务管理目标确立与财务管理环境分析”训练报告》的准备与撰写等有质量、有效率的活动，培养“财务管理目标确立与财务管理环境分析”的专业能力，强化“自我学习”、“解决问题”和“革新创新”等职业核心能力（中级），并通过“认同级”践行“职业观念”和“职业守则”等行为规范，促进健全职业人格的塑造；体验本章“实践学习”中“专能”“通能”“职业道德”元素的协同性“重组-产生”迁移，以及相关胜任力中“求知韧性”和“复合性‘技术-技能’”要素的阶段性生成。

学习微平台

思维导图1-1

引例 华为的成功与财务管理

背景与情境：华为创立于1987年，是全球领先的ICT（信息与通信）基础设施和智能终端提供商。目前华为约有19.7万名员工，业务遍及170多个国家和地区，服务全球30多亿人口。截至2020年年底，华为企业市场合作伙伴数量超过30 000家，其中销售伙伴超过22 000家，解决方案伙伴超过1 600家，服务与运营伙伴超过5 400家，人才联盟伙伴超过1 600家。华为联合伙伴在超过600个场景落地和探索智能体应用，覆盖政府与公共事业、交通、工业、能源、金融、医疗、科研等行业。华为帮助全球多家运营商在LTE/5G网络评测中全面领先；在GlobalData发布的报告中，华为5G RAN和LTE RAN综合竞争力均排名第一，蝉联"唯一领导者"桂冠。

华为厉行绿色节能，PowerStar解决方案已在中国商用超过40万个站点，每年带来约2亿度电的节省量。华为云已上线220多个云服务、210多个解决方案，在全球累计获得了80多个权威安全认证，发展了19 000多家合作伙伴，汇聚了160万开发者，云市场上架应用4 000多个。华为全球终端连接数超过10亿个，手机存量用户突破7.3亿。

华为成功的真正核心点是什么？任正非说是财务体系和人力资源体系。华为的财务体系已形成全球统一的会计核算与审计监控体系，并具有绝对的全球财务系统的优势。华为财务可分为四大职能：会计核算、资金管理、财经管理、审计监控。全球统一的会计核算与审计监控如同长江的堤坝，保证了财经管理的有效开展。一个优秀的企业是离不开好的财务管理制度的，了解的人都知道，华为的财务管理是非常完善的，可以说是业界标杆了。越是发展得好的公司越是有一套自己的规章制度，越优秀的公司财务规章制度越严格，不仅员工要遵循，高层领导及老总也要遵循。

华为实行财务集中管理，打破了法人实体概念，重新建构了公司的运行逻辑。这是华为财务管理最大的特色。任正非对财务人员期待很高，明确提出不懂业务的财务人员只能提供低价值的服务，CFO应该能随时接替CEO。

资料来源 根据华为公司网站内容编写。

如果有人问你财务管理是什么，你该怎么回答呢？确实，这是一个非常难回答的问题，不同的人从不同的角度可能得出不同的答案。引例中涉及企业财务管理的基本内容，即财务管理的内容包括筹资、投资、营运资金管理和收益分配（投资收回等）。

1.1 财务管理的内容与特点

1.1.1 财务管理的内容

财务管理是企业组织财务活动、处理财务关系的一项综合性的管理工作。企业的财务管理是基于企业在生产过程中客观存在的财务活动和由此产生的财务关系，因此，财务管理的内容包括财务活动和财务关系两个方面。

1）企业财务活动

企业财务活动包括投资、资金营运、筹资和利润分配等一系列活动。

（1）投资活动

投资是指以收回现金并取得收益为目的而发生的现金流出。企业为了正常运转和扩大再生产，一是会补充流动资金缺口，即进行流动资产投资；二是要完成设备重置和扩张性投资。当企业存在现金节余时，有时会投资于金融性资产，以便获取股利或利息收益。在投资管理中，我们应该对不同的投资时限（短期投资和长期投资），以及不同的投资种类（直接投资和间接投资）加以区别，从而做出相应的决策。对于短期投资，决策应遵从成本-效益原则，确定其合理的占用量，并尽量提高其周转速度，提高资金的利用效率；而对于长期投资，由于其投资时间长、风险大，决策应更重视货币的时间价值和投资风险价值的计算，使投资项目的净现值大于零，即通过投资给企业增加价值。

（2）资金营运活动

企业在日常生产经营活动中，会发生一系列的资金收付行为。首先，企业需要采购材料或商品，从事生产和销售活动，并支付工资和其他销售费用；其次，企业把商品或产品售出后，便可取得收入，收回资金；最后，如果资金不能满足企业经营需要，企业还要采取短期借款方式来筹集所需资金。为满足企业日常营业活动的需要而垫支的资金，称为**营运资金**。因企业日常经营而引起的财务活动，称为资金营运活动。在一定时期内，营运资金周转速度越快，资金的利用效率就越高，企业才可能生产出更多的产品，取得更多的收入，获取更多的利润。

（3）筹资活动

筹资是指企业通过各种融资渠道，运用不同方式，从企业外部有关单位、个人或从企业内部筹措企业经营活动所需资金的财务活动。企业出于正常经营、扩大再生产、对外投资等目的，往往需要大量资金。这些资金可以通过企业内部积累来提供，不足时还必须通过外部渠道取得，如向银行借款、发行公司债券、发行普通股等。企业通过筹资通常可以形成两种不同性质的资金来源：一是企业权益资金；二是企业债务资金。

（4）利润分配活动

分配是指对投资收入和利润进行分割和分派的过程。从广义来看，分配包括收入（如销售收入）的分配和利润的分配。本书中，我们仅讨论狭义的分配，即利润分配。利润分配过程实际上是利润在国家（税收）、企业（留存收益）和投资者（股利）之间的分配。这种分配既要遵守相关法律、章程，又要结合企业当时的外部环境和内部条件，从而决定各方留存比率。在利润分配决策过程中，我们至少应明确以下两点：一是利润分配的过程绝不是一个孤立的过程，它与企业后续的投资和融资紧密相连；二是利润分配的数额与方式会影响到股票价格及人们对公司的预期。

同步案例1-1

王月自主创业的财务管理问题

背景与情境：王月是刚刚毕业的体育专业学生，她决定自主创业。王月根据在大学里学到的知识，以及利用假期参与各类实习所积累的一些工作经验，在反复进行可行性论证后，准备在钱江新城开设一家健身俱乐部，主营业务为瑜伽，兼营咖啡店。她计划先开办单体式俱乐部，在未来5~8年建立连锁式俱乐部。

王月曾对几家瑜伽健身俱乐部进行考察，对这些俱乐部的经营方式有了一定的了解。但万事开头难，她需要面对很多问题，如俱乐部选址与场地租赁、场地设计与装修、工商税务登记与银行开户、员工招聘与培训等。王月请到了学财务管理的好朋友帮助她梳理相关的财务管理问题，总结出最需要解决的管理事项如下：（1）俱乐部开业需要花多少钱？（2）钱从哪儿来？开办俱乐部必须要有本金投入，这部分钱从何而来？若本金不足以满足全部投资所需，又该如何筹措？（3）俱乐部该如何经营？她需要做出周全的商业计划书，从而对俱乐部的经营策略、收入来源及成本控制等进行全面的经营规划。（4）俱乐部未来发展规划与预期收益分配该如何协调？她还需要考虑未来收益的合理规划及分配问题。

问题：王月的自主创业项目在财务管理方面主要涉及哪些问题？

分析提示：大学生在创业过程中涉及的事情琐碎而庞杂，从财务管理的角度来看，主要涉及四个方面的活动：投资、资金营运、筹资和利润分配。

2）企业财务关系

企业在处理各项财务活动的过程中，会与有关各方发生经济利益关系，这种由于理财而发生的各种经济关系称为企业财务关系。处理好这些关系是企业理财的基本保障。企业的财务关系主要包括以下几个方面：

（1）企业与政府之间的财务关系，主要是指政府作为社会管理者，通过收缴各种税款的方式与企业所形成的经济关系。

（2）企业与投资者之间的财务关系，主要是指企业的投资者向企业投入资金和企业向投资者支付投资报酬所形成的经济关系。

（3）企业与债权人之间的财务关系，主要是指企业向债权人借入资金，并按合同的规定按时支付利息和归还本金所形成的经济关系。

（4）企业与受资者之间的财务关系，主要是指企业以购买股票或直接投资的形式向其他企业投资所形成的经济关系。

（5）企业与债务人之间的财务关系，主要是指企业将其资金以购买债券、提供借款或商业信用等形式出借给其他单位所形成的经济关系。

（6）企业与供货商、企业与客户之间的财务关系，主要是指企业在购买供货商的商品或劳务，以及向客户销售商品或提供服务的过程中所形成的经济关系。

（7）企业内部的财务关系，主要包含两个方面的内容：一是企业内部各单位之间的财务关系；二是企业与职工之间的财务关系。从前者来看，这种企业内部形成的资金结算关系反映了企业内部各单位之间的经济利益关系；从后者来看，主要是指企业在向职工支付劳动报酬的过程中所形成的经济关系。

1.1.2　财务管理的特点

企业生产经营活动的复杂性，决定了企业管理必须包括多方面的内容，如生产管理、技术管理、人力资源管理、设备管理、销售管理、财务管理等。各项管理工作互相联系、紧密配合，同时又有科学的分工和各自的特点。财务管理的特点主要有三个方面。

1）财务管理是一项综合性的管理工作

企业管理在实行分工、分权的过程中形成了一系列的专业管理，有的侧重于使用价值的管理，有的侧重于价值的管理，有的侧重于劳动要素的管理，有的侧重于信息的管理。社会经济的发展，要求财务管理应主要运用价值形式对经营活动实施管理。财务管理通过价值形式，把企业的一切物质条件、经营过程和经营结果合理地加以规划和控制，从而达到企业效益不断提高、财富不断增值的目的。因此，财务管理既是企业管理的一个独立的方面，又是一项综合性的管理工作。

2）财务管理与企业各方面都具有广泛联系

在企业中，一切涉及资金的收支活动，都与财务管理有关。事实上，企业内部各部门与资金不发生联系的情形是很少见的。因此，财务管理的触角常常伸向企业经营的各个角落。每一个部门都会通过资金的使用与财务部门发生联系；每一个部门都要在合理使用资金、节约支出等方面接受财务部门的指导，受到财务制度的约束，以此来保证企业经济效益的提高。

3）财务管理能迅速反映企业的生产经营状况

在企业管理中，决策是否得当，经营是否合理，技术是否先进，产销是否顺畅，都可以迅速地在企业的财务指标中得到反映。例如，如果企业生产的产品适销对路，质量优良可靠，则可带动生产发展，实现产销两旺，加快资金周转，增强盈利能力，而这一切都可以通过各种财务指标迅速地反映出来。这也说明，财务管理工作既具有独立性，又受整个企业管理工作的制约。财务部门应通过自己的工作，向企业领导及时通报有关财务指标的变化情况，以便把各部门的工作纳入提高经济效益的轨道，努力实现财务管理的目标。

同步思考1-1

财务管理是企业管理的一个方面。财务管理是企业管理中一项综合性的经济管理工作，其主要作用是组织财务活动和处理财务关系。

问题：根据以上内容，请指出财务管理在企业管理中的地位。

理解要点：企业管理以财务管理为中心，这是在市场经济的客观要求下，由企业追求经济效益的目标所决定的。

1.1.3　财务管理的环节

财务管理的环节是指财务管理工作的步骤与一般程序。一般来说，企业的财务管理包括以下五个环节：

1）财务规划和预测

财务规划和预测要求企业具备全局观念，根据企业整体战略目标和规划，结合对未来宏观、微观形势的预测，制定企业财务战略目标和规划。财务战略目标的实现需要确定与之相匹配的财务战略，财务战略目标是企业整体战略目标的具体表现。财务战略规划也就是企业整体战略规划的具体化。在财务战略规划的指导下，企业财务人员要根据其财务活动的历史资料，考虑现实的要求和条件，对企业未来的财务活动和财务成果做出科学的预计和测算。

本环节的主要任务：测算各项生产经营方案的经济效益，为决策提供可靠的依据；预计财务收支的发展变化情况，以确定经营目标；测定各项定额和标准，为编制计划、分解计划指标服务。财务预测环节的工作主要包括以下步骤：

① 明确预测目标；

② 收集相关资料；

③ 建立预测模型；

④ 确定财务预测结果。

2）财务决策

财务决策是指财务人员按照财务目标的总体要求，利用专门方法对各种备选方案进行比较分析，并从中选出最佳方案的过程。在市场经济条件下，财务管理的核心是财务决策，财务预测是为财务决策服务的，决策的成功与否直接关系到企业的兴衰成败。财务决策环节的工作主要包括以下步骤：

① 确定决策目标；

② 提出备选方案；

③ 选择最优方案。

3）财务预算

财务预算是指运用科学的技术手段和数量方法，对未来财务活动的内容及指标所进行的具体规划。财务预算是以财务预测提供的信息和财务决策确立的方案为基础编制的，是财务预测和财务决策的具体化，也是控制财务活动的依据。财务预算的编制一般要经过以下步骤：

① 分析财务环境，确定预算指标；

② 协调财务能力，组织综合平衡；

③ 选择预算方法，编制财务预算。

4）财务控制

财务控制是指在财务管理的过程中，利用有关信息和特定手段，对企业财务活动所施加的影响或进行的调节。实行财务控制，是落实预算任务、保证预算实现的有效措施。财务控制的工作一般要经过以下步骤：

① 制定控制标准，分解落实责任；

② 实施追踪控制，及时调整误差；

③ 分析执行情况，搞好考核奖惩。

5）财务分析和业绩评价

财务分析是指根据核算资料，运用特定方法，对企业财务活动的过程及结果进行分析和评价的一项工作。通过财务分析，可以掌握各项财务计划的完成情况，评价财务状况，研究和掌握企业财务活动的规律性，改善财务预测、决策、预算和控制，进而改善企业管理水平，提高企业经济效益。财务分析的工作主要包括以下步骤：

① 占有资料，掌握信息；

② 指标对比，揭示矛盾；

③ 分析原因，明确责任；

④ 提出措施，改进工作。

在财务分析的基础上建立的经营业绩评价体系，是企业建立奖励机制和发挥激励作用的依据和前提。一般来说，经营业绩评价体系是一个以财务指标为基础，同时包括非财务指标的完整体系。非财务指标主要是指企业的战略驱动因素，如客户关系、学习和成长能力、内部经营过程等。一个完善的业绩评价体系应该力求达到内部与外部的平衡，以及长期与短期的平衡。

上述几个环节的财务管理工作相互联系、相互依存。

业务链接1-1

智能财务管理

随着人工智能的快速发展与应用推广，财务管理也在经历重大变革，目前智能财务管理已经开始崭露头角。

智能财务管理，作为现代企业财务管理的创新模式，正逐步成为企业提升运营效率、优化资源配置、增强决策能力的关键工具。其主要应用场景及优势体现在以下几个方面：

（1）主要应用场景

自动化会计处理：智能财务管理系统能够自动识别、分类和录入财务数据，如发票、凭证等，自动生成财务报表，极大地减轻了财务人员的手工录入负担，提高了工作效率和准确性。

智能财务分析：利用大数据和机器学习技术，智能财务管理系统能够深入挖掘财务数据背后的价值，进行多维度、深层次的财务分析，为企业提供精准的财务预测和风险评估。

风险管理：智能财务管理系统能够实时监控企业的财务状况，及时发现潜在的财务风险，如资金流动性风险、信用风险等，并自动触发预警机制，帮助企业及时应对风险。

税务管理：自动化完成税务计算、申报和缴纳等工作，减少税务合规风险。同时，通过分析税收政策，为企业合理避税提供建议，降低税务成本。

供应链管理：整合供应链中的财务数据，优化供应链流程，降低运营成本。通过智能分析，为企业提供融资方案和风险评估，增强供应链的稳定性和效率。

预算管理：实现预算的自动化编制、审核和执行监控，确保预算的准确性和及时性。通过智能分析，调整预算分配，优化资源配置。

（2）优势

提升效率：自动化处理大量重复性的财务工作，显著提高了工作效率，使财务人员有更多时间投入到战略规划和决策支持中。

增强准确性：减少人为错误，提高数据处理的准确性，为企业决策提供更为可靠的数据支持。

优化资源配置：通过智能分析，优化资源配置，提高资源使用效率，降低企业运营成本。

增强决策能力：提供精准的财务预测和风险评估，帮助企业做出更加明智的商业决策，提升企业竞争力。

提高合规性：自动化完成税务等合规性工作，降低合规风险，确保企业运营的合法性和稳定性。

智能财务管理以其高效、准确、智能的特点，正在逐步改变传统的财务管理模式，为企业带来前所未有的便利和价值。随着技术的不断进步和应用场景的不断拓展，智能财务管理的应用前景将更加广阔。

学习微平台

随堂测 1-1

1.2 财务管理的目标、原则与组织

1.2.1 财务管理的目标与利益冲突的协调

1）财务管理目标

财务管理目标是在特定的理财环境中，通过组织财务活动、处理财务关系所要达到的目的。财务管理目标是一切财务活动的出发点和归宿。一般而言，最具有代表性的财务管理目标包括三种观点。

（1）利润最大化目标

利润最大化目标起源于亚当·斯密关于“经济人”假说。这是西方经济学界的传统观点，时至今日，这种观点在理论界与实务界仍有较大影响。以追逐利润最大化作为财务管理的目标，其原因有以下三个方面：①人类从事生产经营活动的目的是创造更多的剩余产品，在商品经济条件下，剩余产品的多少可以用利润这个价值指标来衡量；②在自由竞争的资本市场中，资本的使用权最终属于获利最多的企业；③只有每个企业都最大限度地获得利润，整个社会的财富才可能实现最大化，从而带来社会的进步和发展。

利润最大化目标在实践中存在一些难以解决的问题：①没有考虑货币的时间价值；②没有反映创造的利润与投入的资本之间的关系，因而不利于不同资本规模的企业之间的比较；③没有考虑风险因素，高额利润往往要承担过大的风险；④片面追求利润最大化，可能导致企业的短期行为，如忽视科技开发、产品开发、人才开发、生产安全、技术装备水平、生活福利设施、履行社会责任等；⑤利润容易被操纵。

同步案例1-2

上海实业发展股份有限公司持续多年财务造假

背景与情境：打击财务造假一直是证券监管部门的执法重点。近日，上海实业发展股份有限公司（以下简称“上实发展”）发布公告称，公司于近日收到中国证监会上海监管局出具的《行政处罚和市场禁入事先告知书》（以下简称《告知书》）。经查明，上实发展涉嫌违法的事实包括：涉嫌未及时披露预计经营业绩发生亏损，涉嫌未及时披露订立重要合同，2016—2021年年度报告涉嫌存在虚假记载。

上实发展财务造假跨期长、金额大。《告知书》显示，因涉嫌上述违法事项，上实发展拟被处以850万元罚款，涉事高管也分别被处以相应罚款。

2016—2021年度，上实发展控股子公司上实龙创时任董事长曹某龙，组织、授意、默许相关人员通过虚构合同、虚增业务实施进度、实施空转自循环贸易以及参与军民融合贸易等方式，虚增上实龙创2016—2021年度收入、利润金额，导致上实发展2016—2021年度财务报表存在虚假记载，合计虚增收入47.22亿元、虚增利润总额6.14亿元。同时，上实龙创财务造假行为导致上实发展2017年年度报告少计商誉减值2.2亿元，占上实发展当期披露利润总额的18.31%；导致上实发展2021年年度报告少计提坏账准备8.09亿元，占上实发展当期披露利润总额的52.36%。

资料来源　杨毅. 从严惩治财务造假　多家上市公司财务造假被处罚［EB/OL］.［2024-03-26］. https：//www.financialnews.com.cn/2024-03/26/content_289794.html .引文有删减。

问题：结合以上案例分析，以利润最大化作为企业财务管理的目标可能会导致什么后果？

分析提示：以利润最大化作为企业财务管理的目标，会促使企业提高生产经营效率，提升股价，但也有可能会诱使企业做出虚构利润、危害投资者的行为。上实发展财务造假就是利润最大化诱使企业做出不良行为的一个极为明显的案例。

（2）股东财富最大化目标

以股东财富最大化作为财务管理的目标，主要是因为股东作为公司的所有者，承担着公司的全部风险，因而也应享受因经营活动带来的全部税后收益，或者说，股东对企业收益具有剩余要求权。这种剩余要求权赋予股东的权利、义务、风险、收益都大于公司的债权人、经营者和其他员工。因此，企业在确定财务管理目标时，应从股东的利益出发，保证股东财富最大化。在股份经济条件下，股东财富是由其所持有的股票数量和股票市场价格两方面决定的。在股票数量一定的前提下，当股票价格达到最高时，股东财富也达到最大。因此，股东财富最大化也可表示为股票价格最大化。

与利润最大化相比，将股东财富最大化作为财务管理的目标具有积极的意义：①股票的内在价值是按照风险调整折现率折现后的现值，因此股东财富这一指标能够考虑取得收益的时间因素和风险因素；②由于股票价值是一个预期值，股东财富最大化能够在一定程度上克服企业在追求利润上的短期行为，保证了企业的长期发展；③股东财富最大化能够充分体现企业所有者对资本保值与增值的要求。

股东财富最大化也存在一些缺点：①股东财富最大化只适用于上市公司，对非上市公司很难适用；②由于股票价格的变动不是公司业绩的唯一反映，而是受诸多因素综合影响的结果，因而股票价格的高低实际上不能完全反映股东财富或价值的大小；③股东财富最大化目标在实际工作中可能导致公司所有者与其他利益主体之间的矛盾与冲突。

（3）企业价值最大化目标

企业价值是指企业全部资产的市场价值，即企业资产未来预期现金流量的现值。企业价值不同于利润，利润只是新创造的价值的一部分，而企业价值不仅包含新创造的价值，还包含企业潜在的或预期的获利能力。企业价值的评价一般是通过投资大众的市场评价进行的，投资者对企业潜在获利能力的预期越高，其价值就越大。企业价值的一般表达式为：

企业价值=债券市场价值+股票市场价值

以企业价值最大化作为财务管理的目标，其优点主要表现在：①这一目标考虑了货币的时间价值和投资的风险价值；②这一目标反映了对企业资产保值与增值的要求；③这一目标有利于克服管理上的片面性和短期行为；④这一目标有利于社会资源合理配置，社会资本通常流向企业价值最大化的企业或行业，从而实现社会效益最大化。

同步思考1-2

企业价值是指企业全部资产的市场价值，即企业资产未来预期现金流量的现值。

问题：企业价值最大化是否考虑了企业的获利能力？它与利润最大化对于利润的要求是否一致？

理解要点：企业价值最大化也重视企业的获利能力，但是它更看重的是企业未来而非当前的获利能力。因此，追求企业价值最大化有可能出现的情况是当期亏损的企业价值要高于当期盈利的企业价值。

以企业价值最大化作为财务管理的目标也存在一些问题：①对于非上市企业，这一目标值不能依靠股票市价做出评判，而需要通过资产评估方式进行，由于评估标准和评估方式的影响，这种估价不易做到客观、准确；②企业价值，特别是股票价值并非为企业所控制，其价格波动也并非与企业财务状况的实际变动相一致，这对企业实际经营业绩的衡量也产生了一定的影响。

2）利益冲突的协调

将企业价值最大化作为企业财务管理目标的首要任务，就是要协调相关利益群体的关系，化解它们之间的利益冲突。协调相关利益群体的利益冲突，要把握的原则是：力求企业相关利益者的利益分配均衡，也就是减少各相关利益群体之间的利益冲突所导致的企业总体收益和价值的下降，使利益分配在数量上和时间上达到动态的协调平衡。

（1）所有者与经营者的矛盾与协调

企业价值最大化直接反映了企业所有者的利益，与企业经营者没有直接的利益关系。对所有者来讲，其所放弃的利益也就是经营者所得的利益。在西方国家，这种被放弃的利益也称所有者支付给经营者的享受成本。但问题的关键不是享受成本的多少，而是在增加享受成本的同时，是否更多地提高了企业价值。因而，经营者和所有者的主要矛盾就是经营者希望在提高企业价值和股东财富的同时，能够更多地增加享受成本；而所有者和股东则希望以较少的享受成本支出带来更高的企业价值或股东财富。为了解决这一矛盾，企业应采取让经营者的报酬与绩效相联系的办法，并辅之以一定的监督措施。

① 解聘。这是一种通过所有者约束经营者的办法。所有者对经营者予以监督，如果经营者未能使企业价值达到最大，就会解聘经营者。经营者害怕被解聘而努力实现财务管理目标。

② 接收。这是一种通过市场约束经营者的办法。如果经营者经营决策失误或经营不力，即未能采取一切有效措施使企业价值提高，该公司就可能被其他公司强行接收或吞并，经营者也会被解聘。经营者为了避免这种接收，必须采取一切措施提升股票市价。

③ 激励。这是一种将经营者的报酬与其绩效挂钩，从而使经营者自觉采取能够实现企业价值最大化的措施。激励有两种基本方式：一是“股票期权”方式，即允许经营者以固定的价格购买一定数量的公司股票，股票的价格高于固定的价格越多，经营者所得的报酬就越多。经营者为了获取更大的股本溢价，必然会主动采取能够提高股价的行动。二是“绩效股”方式，即公司运用每股利润、资产报酬率等指标来评价经营者的业绩，视其业绩大小给予经营者数量不等的股票作为报酬。如果公司的经营业绩未能达到规定目标，经营者将部分丧失原先持有的“绩效股”。这种方式促使经营者从多得“绩效股”的角度不断采取措施提高公司的经营业绩，并且，为了使每股市价最大化，也会采取各种措施使股价稳定上升。

业务链接1-2

股票期权计划的基本要素

一项股票期权计划的实施包括四个基本要素，即股票期权的受益人、有效期、施权价和数量。通常，在不同的环境背景下实施股票期权计划，需要根据实际情况做出不同的安排。

①股票期权的受益人是指股票期权的拥有者。公司所要激励的对象，通常是公司的高级经理人员、“核心层”的高级主管，有时股票期权的激励对象也会包括一些公司员工。

②股票期权的有效期是指受益人在规定的期限内才可以行使股票期权所赋予的权利，超过这一期限就不再享有此权利，通常也称为施权期。施权期的长短需要视实际的经营情况以及对经营者激励程度的需要而定。

③股票期权的施权价是指在股票期权计划中规定的受益人按照约定购买公司股票的价格。此价格通常为制订股票期权计划时公司股票的市场价格，也可视实际需要进行适当调整。

学习微平台

延伸阅读1-1

④股票期权的数量是指在计划中股票期权受益人可以购买的公司股票的数量。确定股票期权的数量需要考虑两个问题：一是数量太少起不到作用；二是数量太多又会损害企业所有者的利益。

（2）所有者与债权人的矛盾与协调

所有者的财务目标可能与债权人期望实现的目标发生矛盾。第一，所有者可能要求经营者改变举债资金的原定用途，而将其用于风险更高的项目，这会增大偿债风险，债权人的负债价值也必然会降低。若高风险的项目成功，额外的利润就会被所有者独享；但若失败，债权人却要与所有者共同负担由此而造成的损失。因此，对债权人来说，风险与收益是不对称的。第二，所有者或股东可能在未征得现有债权人同意的情况下，要求经营者举借新债，从而致使原有债券的价值降低（因为相应的偿债风险提高）。

为协调所有者与债权人的矛盾，公司通常可采用以下方式：

① 限制性借债，即在借款合同中加入某些限制性条款，如规定借款的用途、借款的担保条款和借款的信用条件等。

② 收回借款或停止借款，即当债权人发现公司有侵蚀其债权价值的意图时，债权人将采取收回债权和不给予公司增加放款的方法，以保护自身的权益。

1.2.2 财务管理的原则

财务管理的原则也称理财原则，是组织企业财务活动和协调处理财务关系的基本准则，是体现理财活动规律性的行为规范，是对财务管理的基本要求。

1）依法理财原则

市场经济是法治经济，财务管理必须依法办事，贯彻依法理财原则。就我国当前的财务管理环境而言，各类企业必须以《企业财务通则》和财务制度为依据，根据生产经营的特点合理组织财务活动，建立健全财务管理制度，做好财务管理的基础工作；依法合理筹集资金并有效使用资金；依法计算和缴纳税金；按照规定顺序和要求分配利润，保证投资者的权益不受侵犯等。

2）风险-收益平衡原则

风险是指企业经营活动的不确定性所导致的财务成果的不确定性。风险是客观存在的，人们无法消灭它，但是可以通过技术分析、规范操作，达到规避风险或降低风险对财务决策产生负面影响的目的。由此可见，在财务管理活动中，权衡风险与收益是每个财务管理主体必须认真面对的课题。通常，企业为了获得较多的收益，往往不得不冒较大的风险；相反，若企业不想冒风险，则收益必然较少。风险-收益平衡原则要求企业不能只顾收益最大而不顾风险，应当在风险与收益的比较中做出正确而谨慎的抉择，趋利避害，以确保财务管理目标的实现。

3）成本-效益原则

成本-效益原则要求财务管理主体在开展财务管理活动时讲求投入和产出的比较，要求以尽可能少的智力资源和财务资源，创造出尽可能多的财富。财务管理的内容包括资金的筹措、运用和分配，每一项都要充分考虑成本和效益的权衡。财务管理要在讲求经济效益的基础上，减少资金的占用，降低费用，增加产出，不断提高经济效益和社会效益。提高经济效益是企业财务管理的目的，而加强企业财务管理是提高经济效益的重要手段。

4）变现能力与盈利能力平衡原则

变现能力是指企业支付到期债务的能力，而**盈利能力**是指企业获取利润的能力。提高变现能力和盈利能力是企业财务管理的两个子目标，这两个子目标作用的方向有时一致，有时相互矛盾。例如，增加资金资产有利于提高企业的变现能力，但现金不是盈利资产，现金增加必然会导致盈利能力某种程度的降低。所以，在财务管理活动中，必须合理安排各种资金的比例，以实现变现能力与盈利能力的平衡，达到既能提高盈利能力，又能确保偿还各种到期债务的目的。

5）权责结构和利益关系协调原则

正确处理财务关系是现代财务管理的核心内容之一。要恰当地处理好财务关系，应当从权利与责任的安排和利益分配两个方面着手。权利与责任的安排体现在企业内部经营管理职能的划分上和由现代产权制度引发的财产权与经营权的划分上。利益分配体现在财务成果的分配上，也就是实现财务成果在国家、企业、投资者、劳动者等相关利益主体之间的合理分配。

课程思政 1-1

西信信息流动性不足导致债务违约

背景与情境：西信信息公司于2023年7月3日与兴业银行股份有限公司上海浦东支行（以下简称“兴业银行”）签订了合同编号为“DD6232023058”的“流动资金借款合同”，实际借款金额为人民币500万元，借款期限为2023年8月4日至2024年8月3日。截至本公告披露日，公司因流动资金短缺尚未偿还借款本金500万元。

造成本次债务违约的原因主要有两方面：一方面，公司的应收账款回款慢，流动资金紧缺；另一方面，受到公司实际控制人王超锋先生因涉嫌操纵证券市场罪被执行逮捕造成了不良影响以及公司在交通银行股份有限公司上海杨浦支行、上海农村商业银行股份有限公司张江科技支行和与北京银行股份有限公司上海分行的贷款逾期事项对公司造成了不良影响，影响本笔贷款办理续贷。

上述债务违约对公司信用造成负面影响，一方面，公司正在积极加强对应收账款的管理和催收，严控公司成本费用支出；另一方面，公司目前正在积极与兴业银行进行沟通协商，争取尽快与兴业银行达成还款协议，确保公司经营正常开展。如协议不成公司可能面临被银行起诉、资产保全等风险。公司将根据相关事项进展情况及时履行信息披露义务，敬请广大投资者关注并注意投资风险。

资料来源 西信信息．关于公司债务违约的公告［EB/OL］．［2024-08-05］．http：//www.cninfo. com. cn/new/disclosure/detail? orgId=gfbj0872324&announcementId=1220795841&announcementTime=2024-08-05.引文有删减与调整。

问题：公司应该如何看待和处理偿债能力？

研判提示：习近平总书记在党的二十大报告中强调："必须增强忧患意识，坚持底线思维，做到居安思危、未雨绸缪。"作为财务管理人员，应该本着敬业的精神和提高专业能力的宗旨，努力提高企业的偿债能力。在财务管理活动中，必须合理安排各种资金的比例，以实现变现能力与盈利能力的平衡，达到既能提高盈利能力，又能确保偿还各种到期债务的目的。

1.2.3 财务管理的组织

由于财务管理在企业管理层中具有最高决策的核心作用，因此财务负责人在企业组织层次中处于较高的位置。一般而言，企业财务管理工作主要由财务副总裁（首席财务官，CFO）负责。其主要职责有：拟定企业的主要财务政策；与其他高级管理者联系，提出其他领域决策中的主要财务问题；明确下级财务人员的职责，并对财务主任和主计长的工作负有责任。财务管理组织示意图如图 1-1 所示。

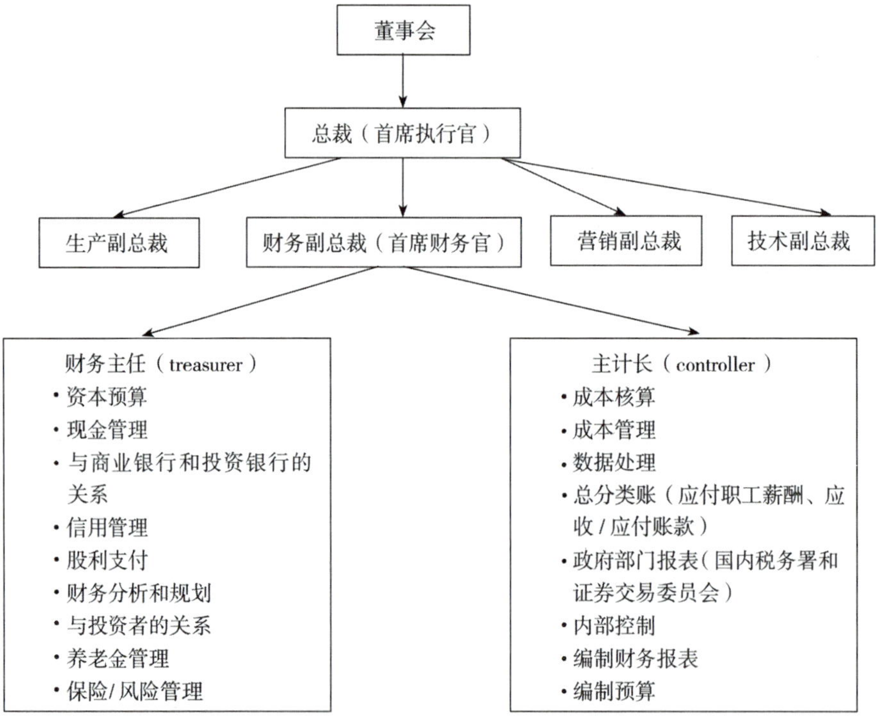

图1-1 财务管理组织示意图

业务链接1-3

财务共享服务

财务共享是一种将企业财务管理流程进行标准化和集中化处理的模式，它改变了目前集团公司或者有分支机构独立财务部门的财务管理组织结构。它通过整合财务业务流程，利用信息技术手段，实现财务数据的集中处理和管理，以提高财务工作的效率和质量，降低成本，并加强内部控制。

企业集团财务共享系统下的资金收支业务主要流程包括以下几个环节：

首先，各业务部门或分支机构将其收到的资金数据，如销售收入、投资收益等，通过财务共享系统进行录入或上传。这一步骤确保了数据的及时性和准确性，为后续的资金管理提供了坚实基础。

其次，财务共享中心会对这些资金数据进行验证和处理，检查数据的完整性、合规性和一致性，以确保资金信息的准确无误。验证通过后，系统会自动生成资金收入报表，清晰地展示企业的资金收入情况。

再次，在资金收入确认无误后，财务共享系统会进行账务处理，将资金收入记入相应的会计科目，并生成相应的会计凭证。这一步骤实现了资金收入业务的自动化处理，大大提高了工作效率和准确性。

最后，财务共享中心会根据企业的财务管理政策和要求，对资金收入进行分配和调度，以满足企业运营和发展的资金需求。

财务共享的应用场景广泛。在大型企业集团中，不同子公司和分支机构的财务处理可以统一纳入财务共享中心。例如，费用报销、应收账款管理、应付账款管理、资金结算等日常财务业务。对于跨地域经营的企业，财务共享能够实现各地财务数据的集中和统一处理，减少地域差异带来的管理难题。

财务共享的优势显著：第一，能够大幅提高财务工作效率。标准化的流程和集中化的处理减少了重复劳动，降低了错误率，使财务处理更加迅速和准确。第二，降低了成本。通过集中处理，减少了人员和设备的重复配置，实现规模效应。第三，加强了内部控制。统一的流程和规范，便于监控和管理，降低了财务风险。第四，财务共享还能提供更准确和及时的财务信息，为企业决策提供有力支持。

学习微平台

随堂测1-2

1.3 财务管理的环境

企业财务管理的环境又称理财环境，是指对企业财务活动产生影响的企业外部条件。财务管理的环境是企业财务决策难以改变的外部约束条件，企业财务决策更多的是适应其要求和变化。财务管理的环境涉及的范围很广，其中最重要的有经济环境、法律环境和金融环境。

业务链接1-4

技术发展导致财务管理变革：财务机器人

科技发展给财务管理带来了极大变革，财务机器人的应用就是其中的典型。

财务机器人是一种能够实现财务自动化的软件机器人，它的应用场景广泛，且具有多方面的优势。例如在税收申报领域，财务机器人税务申报业务的主要流程包括：首先，机器人自动采集并整理企业收入成本等与税务有关的财务数据；接着，根据最新税务政策，自动匹配适用税率和优惠政策；然后，机器人基于这些信息自动生成纳税申报表；随后，机器人完成在线填报、登录电子税务局并提交申报表；同时，监控申报结果，如有问题及时通知财务人员并提出修改建议；最后，机器人将申报资料电子化归档，便于日后查询。整个流程实现自动化，提高申报效率和申报准确性。

财务机器人的应用场景还包括：自动化记账、资金管理、预算管理、财务报表分析、审计辅助、客户服务、风险管理、供应链金融和企业内部培训与知识分享。

财务机器人的优势主要有：

（1）提高工作效率：能够7×24小时不间断工作，且峰值处理能力强，可以承担大量周期性强、重复性高、工作量相对集中的基础工作，机器人能够快速、准确地完成任务。

（2）提高数据录入的准确性：其操作的数据准确率接近100%，流程自动化及操作无差别化，避免了人工操作可能出现的主观和客观因素的干扰，极大地提高了会计信息质量。

（3）节约成本：不需要支付工资、加班费、奖金、社保、公积金、福利费等人工成本，其实施及维护的平均成本仅为相同工作量全职员工的1/3，能够为企业大量节约人力成本。

（4）操作简便：不需要复杂的编程知识，即使不懂编程的普通员工也能轻松使用，降低了使用门槛和培训成本。

1.3.1 经济环境

影响财务管理的经济环境的因素主要有经济周期、经济发展水平和经济政策等。

1）经济周期

在市场经济条件下，经济发展与运行带有一定的波动性。这种波动大体上经历复苏、繁荣、衰退和萧条几个阶段的循环，这种循环称为经济周期。资本主义的经济周期是人所共知的现象，西方国家财务学者曾对经济周期中的经营理财策略进行了探讨，现择其要点进行归纳（见表1-1）。

表1-1 经济周期中的经营理财策略

复苏	繁荣	衰退	萧条
①增加厂房设备 ②实行长期租赁 ③增加存货 ④引入新产品 ⑤增加劳动力	①扩充厂房设备 ②继续增加存货 ③提高价格 ④开展营销规划 ⑤增加劳动力	①停止扩张 ②出售多余设备 ③停产不盈利产品 ④停止长期采购 ⑤削减存货 ⑥停止招聘雇员	①建立投资标准 ②保持市场份额 ③缩减管理费用 ④放弃次要利益 ⑤削减存货 ⑥裁减雇员

我国的经济发展与运行也呈周期性变化，并带有一定的经济波动性。我国曾经历了若干次从投资膨胀、生产高涨到控制投资、紧缩银根和正常发展的过程。企业的筹资、投资和资产运营等理财活动都要受到这种经济波动的影响。例如，在治理紧缩时期，社会资金短缺、利率上涨等因素，会使企业的筹资非常困难，甚至影响到企业的正常生产经营活动，企业投资方向也会因市场利率的上涨而转向本币存款或贷款。此外，由于国际经济交流与合作的日益密切，西方国家的经济周期也在不同程度地影响着我国的经济发展与运行。因此，企业财务人员必须认识到经济周期的影响，掌握在经济发展波动下的理财本领。

2）经济发展水平

近年来，我国的国民经济保持了较高的增长速度，各项建设方兴未艾，从而给企业扩大规模、调整方向、打开市场，以及拓宽财务活动的领域带来了机遇。同时，在经济高速发展的过程中，资金短缺将是长期存在的，这又给企业财务管理带来了严峻的考验。因此，企业财务管理工作者必须积极探索与经济发展水平相适应的财务管理模式。企业理财应以宏观经济发展目标为导向，从业务工作的角度保证企业经营目标和经营战略的实现。

3）经济政策

当前，我国经济体制发生深刻变化，实现了从计划经济体制向社会主义市场经济体制的历史性转变，我国经济由高速增长转向高质量发展。我国经济体制改革的目标是建立社会主义市场经济体制，以进一步解放和发展生产力。在这个总目标的指导下，我国正在进行财税体制、金融体制、外汇体制、外贸体制、价格体制、投资体制、社会保障制度等的改革。所有这些改革措施，都将深刻地影响我国的经济生活，也深刻地影响我国企业的发展和财务活动的运行。例如，金融政策中货币的发行量和信贷规模会影响企业投资的资金来源和投资的预期收益；财税政策会影响企业的资金结构和投资项目的选择；价格政策会影响资金的投向、投资的回收期及预期收益等。可见，经济政策对企业财务的影响是非常大的，这就要求企业的财务人员必须把握经济政策，才能更好地为企业的经营理财活动服务。

学习微平台

延伸阅读1-2

课程思政1-2

迪尔股份裁员以应对行业挑战与社会责任

背景与情境：农机巨头迪尔股份公布第三财季业绩，净销售额同比下降17%至131.52亿美元，超过分析师平均预估的109.44亿美元；每股收益为6.29美元，上年同期为10.20元，超过分析师平均预估的5.85美元。期内营业利润同比下降34.7%至22.79亿美元，毛利率收缩480个基点至17.5%。该公司表示期内进行了裁员以应对行业挑战，但没有透露裁员人数，预计会产生约1 500万美元的裁员成本和约2 300万美元的年度成本节约。该公司重申2024年净利润预测为70亿美元。

学习微平台

同步链接1-1

资料来源　港股那点事．迪尔股份Q3净销售额同比下降17% 裁员以应对行业挑战［EB/OL］．［2024-08-13］．https：//finance.sina.com.cn/stock/bxjj/2024-08-15/doc-incitsxx8215487.shtml.引文有删减。

问题： 请研判企业裁员中体现的思政内容。

研判提示： 面对危机，大多数企业为了增强企业的生存能力和竞争能力，很自然会选择裁员。从财务管理的角度来看，这无可厚非。党的二十大报告指出："中国式现代化是全体人民共同富裕的现代化。"要实现共同富裕，从企业微观角度来看，企业应当承担起社会责任，以强化企业内部管理、苦练内功、依靠科技进步提高企业经济效益的方法应对危机，同时做好被裁人员的安置工作，最大限度地解决其后顾之忧，而不是单纯地裁员，这显然更符合促进社会稳定、和谐的价值观。

1.3.2 法律环境

财务管理的法律环境是指企业和外部发生经济关系时所应遵守的各种法律、法规和规章。企业的理财活动，无论是筹资、投资还是利润分配，都会和企业外部发生经济关系。在处理这些经济关系时，企业应当遵守有关的法律规范。

1）企业组织法规

企业组织必须依法成立，组建不同的企业需要依照不同的法规。这些法规主要有：《中华人民共和国公司法》（以下简称《公司法》）、《中华人民共和国全民所有制工业企业法》、《中华人民共和国外商投资法》和《中华人民共和国合伙企业法》等。这些法规既是企业的组织法，又是企业的行为法。各种不同组织形式的企业应按照相应的企业组织法规进行理财活动。

例如，《公司法》对公司的设立条件、设立程序、组织机构、组织变更、终止的条件、终止的程序等都做了明确的规定，还包括股东的人数、法定资本的最低限额、资本的筹集方式等。只有按规定条件和程序建立的企业，才能被称为"公司"。《公司法》还对公司生产经营的主要方面做出了规定，包括股票的发行和交易、债券的发行和转让、利润的分配等。公司一旦成立，其主要的活动（包括财务管理活动）都要按照《公司法》的规定来进行。

2）税务法规

国家财政收入的主要来源是企业所缴纳的税金，而国家财政状况和财政政策，对企业资金供应和税收负担都有着重要的影响；国家税种的设置、税率的调整，还具有调节生产经营的作用。企业的财务决策应当适应税收政策的导向，合理安排资金的投放，以追求最佳的经济效益。

国家税收制度，特别是工商税收制度，是企业财务管理的重要外部条件。我国的税收主要包括五大类，即所得税类、流转税类、资源税类、财产税类和行为税类。

税负是企业的一种费用，会增加企业的现金流出，对企业理财有重要的影响。企业都希望在不违反税法的前提下减少税务负担。税负的减少，只能依靠对投资、筹资和利润分配等进行财务决策时的精心安排和筹划，而不允许在纳税行为已经发生时去偷税、漏税。精通税法，对于财务主管人员有着重要的意义。

同步案例1-3

山东KY能源有限公司偷税案

背景与情境：山东省税务局稽查局依法查处了一起成品油生产企业偷税案件：山东省税务局稽查局根据精准分析线索，依法查处了山东KY能源有限公司偷税案件。经查，该公司在开展相关专项整治工作期间，经税务部门督促辅导后，仍通过将消费税应税产品变名为非应税产品销售、进行虚假申报等违法手段，少缴消费税等税费1.54亿元。税务稽查部门依据《中华人民共和国行政处罚法》《中华人民共和国税收征收管理法》《中华人民共和国消费税暂行条例》等相关规定，依法追缴该公司少缴的税费，加收滞纳金并处罚款，共计2.52亿元。山东省税务局稽查局有关负责人表示，税务部门将进一步加强与发展改革委，以及商务、交通运输、市场监管等部门的合作，充分发挥监管合力，依法加强对成品油行业的监管，依法严肃查处变名销售等偷逃税违法行为，不断提升其税法遵从度，促进成品油行业持续健康发展。

资料来源 郑州市财政. 2024年骗取税费典型案例［EB/OL］.［2024-05-30］. https://public.zhengzhou.gov.cn/D2601X/8444446.jhtml.引文有删减。

问题：请分析财务管理人员应该如何面对税收问题。

分析提示：显然，通过造假少缴所得税是不明智的。作为一名合格的财务管理人员，应该熟悉税收法律制度，在纳税义务发生之后，应及时、足额地上缴税款；而在纳税义务发生之前，可以进行合理的税收筹划。

3）财务法规

财务法规是规范企业财务行为的法律规范，包括《中华人民共和国会计法》（以下简称《会计法》）、《企业财务通则》等。《会计法》作为我国会计工作的根本大法，是我国进行会计工作的基本依据。由于财务与会计工作的关联性，每个财务人员都必须熟悉《会计法》，并以此来指导自己的工作。《企业财务通则》是各类企业从事财务活动、实施财务管理和监督所必须遵循的基本原则和规范，它对以下问题做出了规定：建立资本金制度、固定资产的折旧、成本的开支范围以及利润的分配。

除上述法规外，与企业财务管理有关的其他经济法规还有许多，包括各种证券法规、结算法规等。财务人员必须熟悉这些法规，在守法的前提下实现财务管理的职能，进而实现企业的财务目标。

1.3.3 金融环境

企业从事投资和经营活动总是需要资金，而资金的取得，除了自有资金外，主要来自金融机构和金融市场。金融政策的变化必然会影响企业的筹资、投资和资金营运活动。所以，金融环境是企业最为主要的环境因素。影响企业财务管理的金融环境的主要因素有金融机构、金融市场和利率等。

1）金融机构

社会资金从资金供应者手中转移到资金需求者手中，大多需要通过金融机构来实现。金融机构主要包括银行和非银行金融机构。

（1）银行

银行是指通过存款、放款、汇兑、储蓄等金融业务，承担信用中介的金融机构。银行的主要职能是充当信用中介、充当企业之间的支付中介、提供信用工具、充当投资手段和充当国民经济的宏观调控手段。我国的银行主要包括：①中央银行，即中国人民银行；②国有商业银行，如中国工商银行、中国农业银行、中国银行和中国建设银行等；③国家政策性银行，如中国进出口银行、中国农业发展银行、国家开发银行等；④其他股份制银行，如中信银行、广东发展银行、平安银行、招商银行、光大银行等。

学习微平台

延伸阅读1-3

（2）非银行金融机构

非银行金融机构主要包括金融资产管理公司、信托投资公司、财务公司和租赁公司等。

2）金融市场

金融市场是指资金供应者和资金需求者双方通过信用工具进行交易而融通资金的市场，即实现货币借贷和资金融通、办理各种票据和进行有价证券交易活动的市场。金融市场的种类很多，其主要分类如图1-2所示。

- 金融市场
  - 外汇市场
  - 资金市场
    - 货币市场
      - 短期证券市场
      - 短期借贷市场
    - 资本市场
      - 长期证券市场
        - 一级市场
        - 二级市场
      - 长期借贷市场
  - 黄金市场

图1-2　金融市场分类示意图

需要强调的是：①金融市场是以资金为交易对象的市场。在金融市场上，资金被当成一种特殊商品来交易。②金融市场可以是有形的市场，也可以是无形的市场。有形的金融市场有固定的场所和工作设备，如银行、证券交易所等；无形的金融市场利用互联网、电传、电话等设施通过经纪人进行资金商品的交易活动，而且可以跨越城市、地区和国界。

同步思考1-3

资金市场可分为货币市场与资本市场。

问题： 请说明二者的一般区分标志。

理解要点： 货币市场与资本市场都是资金供求双方进行交易的场所，二者的区别在于资金期限的长短。货币市场是短期资金市场，资本市场是长期资金市场。也就是说，货币市场的产品或证券都是在1年内到期的，如短期国债、银行汇票等；资本市场的产品或证券都是永久的或长期的，如股票、20年期公司债券等。

金融市场对于商品经济的运行，具有充当金融中介、调节资金余缺的功能。从总体上看，建立金融市场，有利于广泛积聚社会资金，有利于促进地区间的资金协作，有利于开展资金融通方面的竞争，有利于提高资金使用效益，有利于国家控制信贷规模和调节货币流通。从企业财务管理的角度来看，金融市场作为资金融通的场所，是企业向社会筹集资金所必不可少的条件。财务管理人员必须熟悉金融市场的各种类型和管理规则，才能有效地利用金融市场筹措资金和进行投资活动。

3）利率

利率也称利息率，是资金的增值额同投入资金价值的比率，是衡量资金增值程度的量化指标。从资金的借贷关系来看，利率是一个在特定时期运用资金资源的交易价格。资金作为一种特殊商品，是以利率为价格标准的，资金的融通实质上是资源通过利率这个价格标准实行再分配。因此，利率在资金的分配及企业财务决策的过程中起着重要的作用。

（1）利率的类型

按照不同的划分标准，利率可以分为不同的类型。

①按利率之间的变动关系划分，利率可以分为基准利率和套算利率。基准利率又称基本利率，是指在多种利率并存的条件下起决定作用的利率。所谓“起决定作用”，是指这种利率变动，其他利率也相应变动。因此，了解基准利率水平的变化趋势，就可以了解全部利率的变化趋势。基准利率在西方通常是中央银行的再贴现率，在我国则是中国人民银行对商业银行的存、贷款利率。

套算利率是指在基准利率确定后，各金融机构根据基准利率和借贷款项的特点而换算出的利率。例如，某金融机构规定，贷款给AAA级、AA级、A级企业的利率，应分别在基准利率的基础上加0.5%、1%、1.5%，加总计算所得的利率便是套算利率。

②按债权人取得的报酬情况划分，利率可以分为实际利率和名义利率。实际利率是指在物价不变从而货币购买力不变的情况下的利率，或者在物价有变化时扣除通货膨胀补偿以后的利率。名义利率是指包含对通货膨胀补偿的利率。两者之间的关系可以表示为：

名义利率=实际利率+预计通货膨胀率

③按利率与市场资金供求情况的关系划分，利率可以分为固定利率和浮动利率。固定利率是指在借贷期内固定不变的利率。受通货膨胀的影响，实行固定利率会使债权人的利益受到损害。浮动利率是指在借贷期内可以调整的利率。在通货膨胀的条件下采用浮动利率，可使债权人减少损失。

④按利率变动与市场的关系划分，利率可以分为市场利率和法定利率。市场利率是指根据资金市场上的供求关系，随市场规律而自由变动的利率。法定利率是指由政府金融管理部门或者中央银行确定的利率。

（2）利率的一般计算公式

正如商品的价格由供应和需求两方面来决定一样，资金这种特殊商品的价格——利率，也主要是由供应与需求来决定的。但除了这两个因素以外，经济周期、通货膨胀、国家货币政策和财政政策、国际政治经济关系、国家利率管制程度等因素，对利率的变动均有不同程度的影响。因此，资金的利率通常由三部分组成，即纯利率、通货膨胀补偿率（或称通货膨胀贴水）、风险报酬率。利率的一般计算公式表示为：

利率=纯利率+通货膨胀补偿率+风险报酬率

纯利率是指在没有风险和通货膨胀情况下的资金供求均衡点利率。通货膨胀补偿率是指由于持续的通货膨胀会不断降低货币的实际购买力，为补偿其购买力损失而要求提高的利率。风险报酬率分为违约风险报酬率、流动性风险报酬率和期限风险报酬率三种。其中，违约风险报酬率是指借款人无法按时支付利息或偿还本金会给投资人带来风险，投资人为弥补这些风险而要求提高的利率；流动性风险报酬率是指由于债务人资产的流动性低会给债权人带来风险，债权人为补偿这种风险而要求提高的利率；期限风险报酬率是指对于一项负债，到期日越长，债权人承受的不确定因素就越多，承担的风险也越大，债权人为弥补这种风险而要求债务人提高的利率。

业务链接1-5

复利与连续复利

复利就是复合利息，它是指每年的收益还可以产生收益。其具体是指，将整个借贷期限分割为若干段，前一段按本金计算出的利息加入到本金中，形成增大了的本金，并作为下一段计算利息的本金基数，直到计算出每一段的利息，加总之后得出整个借贷期内的利息，简单来说就是俗称的“利滚利”。

学习微平台

随堂测1-3

连续复利是指在期数趋于无限大的极限情况下得到的利率，此时不同期之间的间隔很短，可以视为无穷小量。

同步业务1-1

如何确定A公司财务管理的目标

业务要求：

明确企业的长期和短期目标。

了解企业的财务状况和资源分配。

识别企业的主要利益相关者及其需求。

业务分析：

财务管理的目标应该与企业整体战略相一致，并考虑到股东价值最大化、企业增长、风险控制等多个方面。分析时需要考虑以下因素：

——股东对回报率的要求。

——企业所处的生命周期阶段。

——行业竞争状况和宏观经济环境。

操作程序：

(1) 确定目标：企业需要确定其财务管理的总体目标。例如，目标可能是实现股东价值最大化，同时保持适当的财务杠杆。

(2) 制定具体目标：具体目标可以包括：

——维持一定的流动比率，确保短期偿债能力。

——实现一定的资产回报率，提高资产使用效率。

——控制财务费用在营业收入的特定比例内。

（3）设定关键绩效指标（KPIs）：为了衡量目标的实现程度，企业需要设定相关的KPIs，如净利润、营业收入增长率、负债比率等。

（4）制订行动计划：根据设定的目标，制订具体的行动计划，包括投资决策、融资策略、成本控制措施等。

（5）监控与评估：定期监控财务状况，评估目标实现情况，必要时调整目标和行动计划。

深度剖析1-1

A公司应对利率变化的理财策略

难点问题：

利率上升或下降对企业财务状况的影响。

如何预测和应对利率变动。

如何调整财务策略以最大化收益或最小化成本。

解析与讨论：

利率变化会直接影响企业的借款成本、投资回报以及现金流。例如，利率上升会增加企业的债务成本，而利率下降可能会降低融资成本，但同时也可能减少投资回报。

操作程序：

（1）利率风险评估：评估当前利率水平及未来可能的变动趋势，以及这些变动对企业财务状况的影响。

（2）调整债务结构：

——如果预测利率将上升，企业可能会选择固定利率贷款来锁定当前的较低利率，从而避免未来更高的融资成本。

——如果预测利率将下降，企业可能会选择浮动利率贷款，以便在利率下降时减少利息支出。

（3）短期与长期投资决策：

——对于短期投资，选择流动性好、风险低的产品，以便在利率变动时快速调整。

——对于长期投资，考虑利率变动对投资回报的影响，选择适当的投资工具，如长期债券或固定收益产品。

（4）资金管理：

——增加现金储备，以应对利率上升时的流动性需求。

——利用利率敏感性分析，优化现金流管理。

（5）持续监控：

——定期监控市场利率变动，及时调整财务策略。

——评估利率变动对竞争对手和行业的影响，调整经营策略。

第2章 财务管理的基本观念

学习目标

通过本章学习，应该达到以下目标：

理论目标：学习与把握资金时间价值的概念和意义，风险的概念、特征与分类，资金时间价值与投资风险价值的表达式及相关分析等陈述性知识；能够利用所学理论知识指导“资金时间价值与投资风险价值”的相关认知活动，正确解答《训练手册》第2章“客观题”和“主观题”的“理论题”各题型问题；体验本章“初级学习”中技术认知的横向正迁移，以及相关胜任力中“技术认知”要素的阶段性生成。

实务目标：学习与把握资金时间价值和投资风险价值的计算与分析方法，资金时间价值的应用，风险的衡量以及“业务链接”等程序性知识；能以其建构“资金时间价值”和“投资风险价值”中的规范与规则意识，正确解析本章“同步思考”“同步计算”“教学互动”，以及《训练手册》第2章中“客观题”和“主观题”的“实务题”各题型问题；体验本章技术规范与规则“初级学习”中的横向正迁移，以及相关胜任力中“技术规范与规则”要素的阶段性生成。

案例目标：运用本章理论与实务知识研究相关案例，通过多元表征“同步案例”和《训练手册》第2章“客观题”与“主观题”的“案例题”，培养和提高在特定业务情境中分析问题和决策设计能力；能够结合本章教学内容，依照相关规范、要求或标准，对“课程思政2-1”“课程思政2-2”，以及《训练手册》第2章“课程思政”中的企业行为进行思政研判，培养高尚的职业道德情操，树立社会主义核心价值观；体验本章“高级学习”中专业知识、通用知识与思政元素的协同性重组迁移，以及相关胜任力中“认知弹性”要素的阶段性生成。

实训目标：以所学“财务管理的基本观念”的理论与实务知识为前提，在正确解答《训练手册》第2章“客观题”与“主观题”之“实训题”各题型问题，并了解和把握本实训所及“能力与道德领域”相关“技术-技能”点的“规范与标准”基础上，参加“‘资金时间价值和投资风险价值计算与分析’胜任力”的实践训练。通过各项实训任务的完成，系列“技术-技能”操作的实施，以及《“资金时间价值和投资风险价值计算与分析”训练报告》的准备与撰写等有质量、有效率的活动，培养“资金时间价值与投资风险价值分析”的专业能力，强化“自我学习”、“解决问题”和“革新创新”等职业核心能力（中级），并通过“认同级”践行“职业情感”和“职业守则”等行为规范，促进健全职业人格的塑造；体验本章“实践学习”中“专能”“通能”“职业道德”元素的协同性“重组-产生”迁移，以及相关胜任力中“求知韧性”和“复合性‘技术-技能’”要素的阶段性生成。

学习微平台

思维导图2-1

引例 诺贝尔基金会的投资秘笈

背景与情境： 1896年，化学家、工程师、发明家诺贝尔辞世前立下遗嘱："请将我的财产变作基金，每年用这个基金的利息作为奖金，奖励那些在前一年度为人类做出卓越贡献的人。"1898年，瑞典国王宣布诺贝尔遗嘱生效，瑞典国会后来也通过了诺贝尔基金会章程。1901年12月10日，在诺贝尔逝世5周年纪念日，诺贝尔基金会颁发了首届诺贝尔奖。一开始，诺贝尔基金会完全是按照诺贝尔遗嘱要求进行安全投资，比如存放银行里收取利息、购买公债、不准炒股，由于每年还得缴税，所以最初的投资压根儿没啥赚头。

1901年，首届诺贝尔奖奖金是15万瑞典克朗，但随着基金会的亏损，奖金额度也一路下降，到了1923年，奖金只有11.5万瑞典克朗。1953年，由于诺贝尔基金会运营得不顺利，瑞典政府开始允许基金会独立进行投资，允许将资金投放在股市和不动产领域。1950—1970年恰逢一轮股市上涨行情，诺贝尔基金会取得的年化收益率比之前的表现好得多。在股市和不动产市场的投资让诺贝尔基金快速增值，诺贝尔奖奖金额度也不断上涨。从2001年开始，诺贝尔奖奖金额度已经上涨到1 000万瑞典克朗，并一直维持到2011年。截至2016年年末，诺贝尔基金会总资产达到42.41亿瑞典克朗，是最初的3 100万瑞典克朗的近137倍！

资料来源 湃动商业评论．120年增值超100倍，诺贝尔奖金为何发不完？[EB/OL].[2021-10-14]. http：//mp.cnfol.com/53543/article/1634140902-140088931.html.引文有删减。

引例涉及财务管理的两个基本观念，即资金时间价值和投资风险价值，与财务管理的基本问题——收益与风险的权衡直接相关。无论是筹资、投资、营运还是收益分配，都必须首先考虑资金的时间价值和投资的风险价值。

2.1 资金时间价值

2.1.1 资金时间价值的概念

资金时间价值， 也称货币时间价值，是指资金经历一定时间的投资和再投资所增加的价值，它表现为同一数量的货币在不同的时点上具有不同的价值。

众所周知，在市场经济条件下，即使不存在通货膨胀，等量货币在不同时点上的价值量也不相等，如今天的1元钱和将来的1元钱并不等值，前者要比后者的价值大。若银行存款年利率为10%，将今天的1元钱存入银行，1年以后就会是1.10元。可见，经过1年的时间，这1元钱发生了0.1元的增值，今天的1元钱和1年后的1.10元钱等值。人们将货币在使用过程中随着时间的推移而发生增值的现象，称为货币具有时间价值的属性。

货币的时间价值是货币在周转使用中产生的，是货币所有者让渡货币使用权而参与社会财富分配的一种形式。通常情况下，货币的时间价值相当于在没有风险和没有通货膨胀条件下的社会平均资金利润率，这是利润平均化规律作用的结果。

货币时间价值以商品经济的高度发展和借贷关系的普遍存在为前提条件或存在基础，它是一个客观存在的经济范畴，是财务管理中必须考虑的重要因素。把货币时间价值引入财务管理，在资金筹集、运用和分配等各方面考虑这一因素，是提高财务管理水平，搞好筹资、投资、分配决策的有效保证。

同步思考2-1

我们经常可以听到这样一句话，“天下没有免费的午餐”，同样天下也没有免费使用的资金。企业使用资金都必须付出代价，如使用债权人的资金（银行借款）要支付利息，利息就构成了使用资金的代价；使用股东的资金，如果公司分配股利，那么股利可看成是使用股东资金支付的代价。但在现实生活中，很多公司是不支付股利的。

问题：那些不支付股利的公司使用股东资金的代价该如何度量？

理解要点：站在股东的角度，如果公司对股东投入的资金不能增值保值，或者其增值率还达不到银行存款利率，那么这样的公司通常是不值得投资的。因此，在不考虑通胀因素时，通常可以用银行存款利率来度量资金的货币时间价值。

2.1.2 资金时间价值的计算

1）单利终值和现值的计算

终值又称将来值，是指现在一定量现金在未来某一时点上的价值，俗称本利和。

现值又称本金，是指未来某一时点上的一定量现金折合为现在的价值。

终值与现值的计算涉及利息计算方式的选择。目前，利息计算方式主要有两种，即单利和复利。单利计息方式下，每期都按初始本金计算利息，当期利息即使不取出也不计入下期本金，计算基础不变。复利计息方式下，以当期末本利和为计息基础计算下期利息，即利滚利。

为计算方便，通常设定如下符号：I为利息；P为现值；F为终值；i为每一利息期的利率（折现率）；n为计算利息的期数。

（1）单利利息的计算

按照单利的计算法则，单利利息的计算公式为：

$$I=P\cdot i\cdot n$$

（2）单利终值的计算

单利终值的计算公式为：

$$F=P+P\cdot i\cdot n=P(1+i\cdot n)$$

（3）单利现值的计算

单利现值的计算同单利终值的计算是互逆的，由终值计算现值的过程称为折现。单利现值的计算公式为：

$$P=F/(1+i\cdot n)$$

同步计算2-1

某企业有一张带息票据，面额为1 200元，票面利率为4%，出票日期为6月15日，到期日为8月14日（共60天），试计算到期利息。

解：到期利息为：

$I=1\,200\times4\%\times60\div360=8$（元）

在计算利息时，除非特别指明，给出的利率均为年利率。对于不足1年的利息，以1年等于360天来折算。

假设上述带息票据到期，出票人应付的本利和即票据终值为：

$F=1\,200\times(1+4\%\times60\div360)=1\,208$（元）

同步计算2-2

某人希望在5年后取得本利和1 000元，用以支付一笔款项。在利率为5%，采用单利方式计算的条件下，此人现在应存入银行多少资金？

解：应存入银行的资金为：

$P=1\,000\div(1+5\times5\%)=800$（元）

业务链接2-1

年化利率与期间利率

在计算利息时，除非特别指明，否则给出的利率均为年化利率。目前市面上多数理财产品给出的都是预期年化收益率，比如三款理财产品分别为：3个月2.85%、半年3.05%、1年3.25%。注意这里的利率是指年化利率，而并非期间利率。若存款100元，期限3个月，那么3个月后的利息为$I=100\times2.85\%\times3\div12=0.7125$（元），而并非$I=100\times2.85\%=2.85$（元）。如果没有注意到给出的利率为年化利率，就很容易造成误解。

2）复利终值和现值的计算

（1）复利终值的计算

货币的时间价值通常是按复利计算的。复利不同于单利，它是在一定期间（如1年）按一定利率将本金所生利息加入本金再计利息，即“利上滚利”，也就是说，它既涉及本金的利息，也涉及利息所生的利息。

复利终值是指一定量的本金按复利计算若干期后的本利和。

复利终值的计算，是指已知P、i、n时求F，其计算公式为：

学习微平台

$F=P\cdot(1+i)^n$

延伸阅读2-1

式中：$(1+i)^n$通常被称为复利终值系数或1元的复利终值，用符号（F/P，i，n）表示。例如，（F/P，6%，3）表示利率为6%时3期复利终值的系数。复利终值系数也可以通过查阅“复利终值系数表”（见本书附表1）直接获得。“复利终值系数表”的第一行是利率i，第一列是计息期数n，相应的$(1+i)^n$值在其纵横相交处。通过该表可查出，（F/P，6%，3）=1.1910。该表的作用不仅在于已知i和

n时查找1元的复利终值，而且可在已知1元的复利终值和n时查找i，或已知1元的复利终值和i时查找n。

（2）复利现值的计算

复利现值是复利终值的对称概念，它是指未来一定时间的特定资金按复利计算的现在价值，或者说是为取得将来一定本利和现在所需要的本金。

复利现值的计算，是指已知F、i、n时求P。

通过复利终值的计算可得出复利现值的计算公式为：

$$P=F/(1+i)^{n}=F\cdot(1+i)^{-n}$$

式中：$(1+i)^{-n}$是把终值折算为现值的系数，通常称为复利现值系数，或称为1元的复利现值，用符号（P/F，i，n）表示。例如，（P/F，10%，6）表示利率为10%时6期的复利现值系数。复利现值系数也可以通过查阅“复利现值系数表”（见本书附表2）直接获得。该表的使用方法与“复利终值系数表”相同。

上式也可写为：

$$P=F\cdot(P/F,\ i,\ n)$$

（3）名义利率与实际利率的计算

复利的计息期不一定总是1年，也可能是季、月或日。当利息在1年内要复利几次时，给出的年利率称为名义利率。

实际利率和名义利率之间的关系是：

$$1+i=\left(1+\frac{r}{M}\right)^{M}$$

式中：r为名义利率；M为每年复利次数；i为实际利率。

同步计算2-3

某人有1 200元，拟投入报酬率为8%的投资机会，经过多少年才可使现有资金增加1倍？

解：使现有资金增加1倍的时间可通过如下步骤计算：

$$F=1\,200\times2=2\,400\text{（元）}$$

$$2\,400=1\,200\times(1+8\%)^{n}$$

$$(1+8\%)^{n}=2$$

$$(F/P,\ 8\%,\ n)=2$$

查“复利终值系数表”可知，在i=8%的项下寻找2，最接近的值为：（F/P，8%，9）=1.999，故n=9，即9年后可使现有资金增加1倍。

同步计算2-4

某人拟在5年后获得本利和10 000元，假设投资报酬率为10%，他现在应投入多少元？

解：现在应投入资金可通过如下步骤计算：

$$P=F\cdot(P/F,\ i,\ n)$$

P=10 000×（P/F，10%，5）=10 000×0.621=6 210（元）

他现在应投入6 210元。

同步计算2-5

某人有本金1 000元，投资5年，年利率为8%，每季度复利一次，总利息是多少？

解： 总利息可通过如下步骤计算：

每季度利率=8%÷4=2%

复利次数=5×4=20

$F=P\cdot(1+i)^n$

$F=1\ 000\times(1+2\%)^{20}=1\ 000\times1.486=1\ 486$（元）

I=1 486−1 000=486（元）

当1年内复利几次时，实际得到的利息要比按名义利率计算得到的利息高，由【同步计算2-5】可知，其利息为486元，要比按每年复利一次时的利息469元（1 000×（F/P，8%，5）−1 000）多17元。

若实际利率高于8%，则可用下述方法计算实际利率：

$F=P\cdot(1+i)^n$

$1\ 486=1\ 000\times(1+i)^5$

$(1+i)^5=1.486$

（F/P，i，5）=1.486

查表得：

（F/P，8%，5）=1.469

（F/P，9%，5）=1.539

用内插法求得实际年利率为：

$$\frac{1.539-1.469}{9\%-8\%}=\frac{1.486-1.469}{i-8\%}$$

i=8.24%

也可以将【同步计算2-5】的数据代入实际利率和名义利率之间的关系公式，计算实际利率为：

$$1+i=(1+\frac{8\%}{4})^4$$

$$i=(1+\frac{8\%}{4})^4-1=1.0824-1=8.24\%$$

同步案例2-1

24美元买下纽约的曼哈顿岛

背景与情境： 曼哈顿岛是纽约的核心，在五个区中面积最小，仅57.91平方千米，但这个东西窄、南北长的小岛却是美国的金融中心。在美国规模最大的500家公司中，有1/3以上的公司把总部设在曼哈顿。7家大银行中的6家以及各大垄断组织的总部都设在这里。这里还聚集了世界金融、证券、期货及保险等行业的精英。位于曼哈顿岛南部的华尔街是美国财富和经济实力的象征，也是美国垄断资本的大本营和金融寡头的代名词。这条长度仅540米的狭窄街道两旁有2 900多家金融和外贸机构。著名的纽约证券交易所和美国证券交易所均设于此。截至2000年年初，曼哈顿岛的价值约2.5万亿美元。如果有人说用24美元买下了曼哈顿岛，你的第一反应一定是这个人在痴人说梦！但事实上，1626年，荷属美洲新尼德兰省总督Peter Minuit花了大约24美元从印第安人手中买下了曼哈顿岛。到了2000年1月1日，曼哈顿岛的价值已经达到了约2.5万亿美元。以24美元买下曼哈顿岛，Peter Minuit无疑占了一个天大的便宜。

资料来源 佚名. 全球最划算的买卖：24美金买下一岛，现翻了上亿倍成美国金融中心[EB/OL]. [2020-02-22]. https://baijiahao.baidu.com/s?id=1659243477582487805.经过改编整理。

问题：在曼哈顿岛的交易中，荷兰人与印第安人谁占了便宜？

分析提示：假如当时的印第安人懂得投资，使24美元能够达到平均7%的年复合收益率，那么到375年后的2000年，这24美元的资金终值为2.5068万亿美元（$24\times(1+7\%)^{375}$），他们可买回曼哈顿岛。如果按照美国近70年股市的平均投资收益率11%计算，到2000年，这24美元将变成一个天文数字，远远高于曼哈顿岛的价值2.5万亿美元。如此看来，Peter Minuit是吃了一个大亏。

应当指出的是，这里并没有考虑当时的历史背景对曼哈顿岛交易价格的影响，也没有考虑在300多年的历史中能否找到7%的投资收益率的项目。

3）普通年金终值和现值的计算

年金是系列收付款项的特殊形式，即指在一定时期内每隔相同的时间（如1年）就发生相同数额的系列收付款项，如折旧、租金、利息、保险金等通常都采用年金的形式。所谓系列收付款项，是指在n期内多次发生收付款业务，形成多时点收付款数列。年金收付款的方式有多种，按其每次收付发生的时间不同，可分为普通年金、预付年金、递延年金和永续年金等。

普通年金是指从第1期起，在一定时期内每期期末等额收付的系列款项，又称为后付年金。

（1）普通年金终值的计算

普通年金终值相当于零存整取储蓄存款的本利和，它是一定时期内每期期末等额收付款项的复利终值之和。假设每年的支付金额即年金为A，利率为i，期数为n，则普通年金终值的计算公式为：

$$F=A+A(1+i)+A(1+i)^2+A(1+i)^3+\cdots+A(1+i)^{n-1}$$

等式两边同乘（1+i）：

$$F(1+i)=A(1+i)+A(1+i)^2+A(1+i)^3+\cdots+A(1+i)^n$$

上述两式相减：

$$F(1+i)-F=A(1+i)^n-A$$

$$F=A\cdot\frac{(1+i)^n-1}{i}$$

式中：分式可称为“年金终值系数”，是指普通年金为1元，利率为i，经过n期的年金终值，记为（F/A，i，n），可通过直接查阅“年金终值系数表”（见本书附表3）求得有关数值。

上式也可写为：

$$F=A\cdot(F/A, i, n)$$

（2）普通年金现值的计算

普通年金现值是指一定时期内每期期末等额收付款项的复利现值之和。普通年金现值的计算公式为：

$$P=A(1+i)^{-1}+A(1+i)^{-2}+A(1+i)^{-3}+\cdots+A(1+i)^{-n}$$

等式两边同乘（1+i）：

$$P(1+i)=A+A(1+i)^{-1}+A(1+i)^{-2}+A(1+i)^{-3}+\cdots+A(1+i)^{-(n-1)}$$

上述两式相减：

$$P(1+i)-P=A-A(1+i)^{-n}$$

$$P=A\cdot\frac{1-(1+i)^{-n}}{i}$$

式中：分式可称为“年金现值系数”，是指普通年金为1元，利率为i，经过n期的年金现值，记为（P/A，i，n），可通过直接查阅“年金现值系数表”（见本书附表4）求得有关数值。

上式也可写为：

$$P=A\cdot(P/A, i, n)$$

同步计算2-6

假设某项目在5年建设期内，每年年末从银行借款100万元，借款年利率为10%，则该项目竣工时应付本息的总额是多少？

解：该项目竣工时应付本息的总额为：

$$F=100\times\frac{(1+10\%)^5-1}{10\%}=100\times(F/A, 10\%, 5)=100\times6.1051=610.51\text{（万元）}$$

同步计算2-7

某企业租入一台设备，每年年末需要支付租金120元，年折现率为10%，则5年内该企业应支付的租金总额的现值是多少？

解：5年内应支付的租金总额的现值为：

$$P=120\times\frac{1-(1+10\%)^{-5}}{10\%}=120\times(P/A, 10\%, 5)=120\times3.7908=454.896\text{（元）}$$

即5年内该企业应支付的租金总额的现值是454.896元。

4）预付年金终值和现值的计算

预付年金是指从第1期起，在一定时期内每期期初等额收付的系列款项，又称即付年金或先付年金。预付年金与普通年金的区别仅表现为收付款的时间不同。

（1）预付年金终值的计算

预付年金的终值是其最后1期期末的本利和，是各期收付款项的复利终值之和。预付年金终值的计算公式为：

$$F=A(1+i)+A(1+i)^{2}+A(1+i)^{3}+\cdots+A(1+i)^{n}$$

式中：各项为等比数列，首项为A（1+i），公比为（1+i）。

根据等比数列的求和公式可得出：

$$F=A\left[\frac{(1+i)^{n+1}-1}{i}-1\right]$$

式中：方括号内的数值称为“预付年金终值系数”，它是在普通年金终值系数的基础上，期数加1，系数减1所得的结果。通常记为［（F/A，i，n+1）−1］，可直接查阅“年金终值系数表”得到（n+1）期的值，减去1后便可得出对应的预付年金系数的值。

上述公式也可写为：

F=A·［（F/A，i，n+1）−1］

（2）预付年金现值的计算

预付年金的现值可以在普通年金现值的基础上加以调整。预付年金现值的计算公式为：

$$P=A+A(1+i)^{-1}+A(1+i)^{-2}+\cdots+A(1+i)^{-(n-1)}$$

式中：各项为等比数列，首项为A，公比为$(1+i)^{-1}$。

根据等比数列的求和公式可得出：

$$P=A\cdot\left[\frac{1-(1+i)^{-(n-1)}}{i}+1\right]$$

式中：方括号内的数值称为“预付年金现值系数”，它是在普通年金现值系数的基础上，期数减1，系数加1所得的结果。通常记为［（P/A，i，n−1）+1］，可直接查阅“年金现值系数表”得到（n−1）期的值，加上1后便可得出对应的预付年金现值系数的值。

上述公式也可写为：

P=A·［（P/A，i，n−1）+1］

同步计算2-8

某公司决定连续5年于每年年初存入100万元作为住房基金，银行存款利率为10%，该公司在第5年年末能一次取出的本利和是多少？

解：第5年年末能一次取出的本利和为：

F=A·［（F/A，i，n+1）−1］=100×［（F/A，10%，6）−1］=100×（7.7156−1）

=671.56（万元）

即该公司在第5年年末能一次取出的本利和是671.56万元。

同步计算2-9

假设某人6年中分期付款购买一辆小汽车，每年年初支付20 000元，假设银行利率为10%，该项分期付款相当于一次性支付现金的价格是多少？

解：该项分期付款相当于一次性支付现金的价格为：

$P=A\cdot[(P/A, i, n-1)+1]=20\,000\times[(P/A, 10\%, 5)+1]$

$=20\,000\times(3.7908+1)=95\,816$（元）

即该项分期付款相当于一次性支付现金的价格是95 816元。

5）递延年金终值和现值的计算

递延年金是指第一次支付发生在第2期或第2期以后的年金。它是普通年金的特殊形式，凡不是从第1期开始的年金都是递延年金。递延年金终值的计算方法和普通年金终值的计算方法相似。

递延年金现值的计算方法有两种：

第一种方法，假设递延期为m（m<n），先求出m期后的（n−m）期普通年金的现值，然后再将此现值折算到第1期期初的现值，其计算公式为：

$P=A\cdot(P/A, i, n-m)(P/F, i, m)$

第二种方法，先求出n期普通年金的现值，然后扣除实际并未收付款的m期普通年金的现值，其计算公式为：

$P=A\cdot[(P/A, i, n)-(P/A, i, m)]$

同步计算2-10

假设某人拟在年初存入一笔资金，从第4年起每年取出100元，至第9年年末取完，利率为10%，则此人应一次性存入银行多少钱？

解：由题可知，m=3，n=9，一次性存入银行的资金为：

$P=100\times(P/A, 10\%, 9-3)(P/F, 10\%, 3)=100\times4.355\times0.751=327$（元）

或 $P=100\times[(P/A, 10\%, 9)-(P/A, 10\%, 3)]$

$=100\times(5.759-2.487)=327$（元）

即此人应一次性存入银行327元。

同步思考2-2

某人拟购置一处房产，房主提出两种付款方案：(1) 从现在起，每年年初支付20万元，连续支付10次，共200万元；(2) 从第5年开始，每年年末支付25万元，连续支付10次，共250万元。若利率为6%，请你帮助此人决策选择最优方案。

问题：运用什么方法来帮助此人进行决策？

理解要点：运用预付年金和递延年金现值的计算方法分别计算两种付款方式的现值，再进行比较，选择较小的方案作为最佳方案。

6）永续年金现值的计算

永续年金是指无限期定额支付的年金。永续年金可视为普通年金的另一种特殊形式，即期限趋于无穷的普通年金。由于永续年金没有终止时间，因此永续年金没有终值，只有现值。永续年金的现值可以通过普通年金现值的计算公式推导得出：

$$P=A\cdot\frac{1-(1+i)^{-n}}{i}$$

当$n\to\infty$时，$(1+i)^{-n}$的极限为零，故上式可写为：

$$P = A \cdot \frac{1}{i}$$

同步计算2-11

某高校拟建立一项永久性的奖学金，每年计划颁发10 000元奖金，若利率为10%，则现在应存入银行多少资金？

解：应存入银行的资金为：

$$P=10\ 000\times\frac{1}{10\%}=100\ 000\text{（元）}$$

现在应存入银行100 000元。

课程思政2-1

拿破仑的“玫瑰花”承诺

背景与情境：1797年3月，拿破仑在卢森堡第一国立小学演讲时说了这样一番话：“为了答谢贵校对我，尤其是对我夫人约瑟芬的盛情款待，我不仅今天呈上一束玫瑰花，并且在未来的日子里，只要我们法兰西存在一天，以后每年的今天，我将亲自派人送给贵校一束价值相等的玫瑰花，将其作为法兰西与卢森堡友谊的象征。”时过境迁，拿破仑疲于应付连续不断的战争和此起彼伏的政治事件，最终惨败而被流放到圣赫勒拿岛，将其在卢森堡的诺言忘得一干二净。

可卢森堡人对“这位欧洲巨人与卢森堡孩子亲切、和谐相处的一刻”念念不忘，并将其载入他们的史册。1984年年底，卢森堡旧事重提，向法国提出违背“赠送玫瑰花”诺言的索赔。卢森堡要求法国，要么从1797年起，用3路易作为一束玫瑰花的本金，以5厘复利（即利滚利）计息，全部清偿以了结这个“玫瑰花诺言”；要么在法国政府各大报刊上公开承认拿破仑是个言而无信的小人。

起初，法国政府准备不惜重金赎回拿破仑的声誉，但被计算机计算出的数字惊呆了：原本3路易的许诺，本息竟高达1 375 596法国法郎。

经过冥思苦想，法国政府字斟句酌，答复如下：“以后，无论在精神上还是在物质上，法国将始终不渝地对卢森堡大公国的中小学教育事业予以支持与赞助，以此来兑现我们的拿破仑将军那一诺千金的玫瑰花诺言。”通过这一举措，法国最终得到了卢森堡人民的谅解。

问题：为何本案例中每年赠送价值3路易的玫瑰花相当于在188年后一次性支付1 375 596法国法郎？试对法国政府的行为进行分析。

研判提示：本案例中每年赠送价值3路易的玫瑰花相当于在188年后一次性支付1 375 596法国法郎，是由于考虑了资金的时间价值。法国政府智慧的答复巧妙地化解了一场外交危机。

业务链接2-2

如何用Excel计算年金

通常，绝大多数的教科书中，关于年金终值与现值的计算或者已知年金终值与现值反求年金的计算，都是通过书后的附录——年金现值与终值系数表求得的，这样不仅便于计算，而且大大节省了计算的时间和工作量。但问题是，几乎所有的教科书中的年金终值与现值系数表的利率都是给定的整数，即都是按1%的整数倍增长，然而现在各种贷款利率（复利）几乎都是非整数。比如房贷利率为：1~5年期商业贷款利率为4.75%，公积金贷款利率为2.75%；5~30年期商业贷款利率为4.90%，公积金贷款利率为3.25%。对于非整数的利率，我们该如何在已知年金终值与现值的基础上，简便地计算年金呢？

打开Excel 2010，选中单元格，单击“公式”选项卡，选中“财务”，之后选择“PMT”函数，最后根据要求输入相应的参数即可。比如按4.90%的贷款利率，若贷款期限为10年，贷款10 000元（现值），那么在等额本息还款方式下，每个月的还款数额是多少？我们可以在PMT函数下的对话框内第一个参数利率Rate中输入“4.90%/12”，即年利率4.90%，月利率4.90%/12；第二个参数贷款时间Nper中输入“120”，即贷款10年，每年12个月，共计120个月；第三个参数贷款额（现值）Pv中输入“-10 000”，即贷款10 000元；第四个参数终值Fv忽略；第五个参数预付还是后付Type中输入“0”或忽略，即按揭贷款一般都在月末归还本息。这样就可得到每个月的还款数额是105.58元。

教学互动2-1

①现有国债2 500手，每手面值1 000元，买入价格1 008元，该国债期限为5年，年利率为6.5%（单利），则到期企业可获得本利和为多少元？

②债券还有3年到期，到期的本利和为153.76元，该债券的年利率为8%（单利），则目前的价格为多少元？

③某公司于2000年年初向银行存入5万元资本，年利率为8%，每年复利一次，则5年后该公司可得到本利和为多少万元？

④企业进行某项投资，5年后可收回100万元，在年复利率为8%的情况下，现在一次投入多少元？

⑤某公司有一笔3年后到期的借款，到期值为500万元，在存款年复利率为8%的情况下，公司为偿还该项借款应建立的偿债基金为多少元？

⑥某企业向银行借入500万元的贷款，在5年内以年复利率8%等额偿还，则每年应付的金额为多少万元？

⑦某校准备设立永久性奖学金，每年计划颁发36 000元，若年复利率为12%，该校现在应向银行存入本金多少元？

⑧企业准备投资某项目，计划项目经营5年，预计每年分别可获得投资收益200 000元、250 000元、300 000元、280 000元、260 000元，在保证项目投资收

学习微平台

随堂测2-1

益率为12%的条件下，企业目前投资额应在多少元之内？

2.2 投资风险价值

2.2.1 投资风险价值的概念

学习微平台

延伸阅读 2-2

财务活动经常是在有投资风险的情况下进行的。冒风险，就希望得到额外的收益，否则就不值得去冒险。投资者由于冒风险进行投资而获得的超过资金时间价值的额外收益，称为**投资风险价值**，亦称**风险收益或风险报酬**。企业理财时，必须研究风险、计量风险，并设法控制风险，以求最大限度地扩大企业财富。

一般来说，投资风险是指在一定条件下和一定时期内可能发生的各种结果的变动程度。在投资风险存在的情况下，人们只能事先估计到采取某种行动可能导致的结果，以及每种结果出现的可能性，而行动的真正结果究竟会怎样，不可能事先确定。例如，我们在预计一个投资项目的报酬时，不可能做到十分精确，也没有百分之百的把握。有些事情的未来发展变化我们也不能事先确知，如价格、销量、成本等都可能发生我们预想不到且无法控制的变化。

投资风险是事件本身的不确定性，具有客观性。例如，无论是企业还是个人，如果投资于国库券，其收益的不确定性较小；如果投资于股票，则收益的不确定性要大得多。这种风险是“一定条件下”的风险，什么时间买股票、买哪一种股票或哪几种股票、各买多少，其风险都是不一样的。

这些问题一旦决定下来，风险的大小就无法改变了。也就是说，特定投资的风险大小是客观的，你是否去冒风险及冒多大的风险，是可以选择的，可以自主决定。

投资风险的大小随时间延续而变化，是“一定时期内”的风险。对于投资项目的成本，事先的预计可能很不准确，越接近完工则预计越准确。随着时间的延续，事件的不确定性在不断缩小，事件完成其结果也就完全肯定了。因此，风险总是“一定时期内”的风险。

投资风险可能给投资人带来超出预期的收益，也可能带来超出预期的损失。一般来说，投资人对意外损失的关切程度，比对意外收益要强烈得多。因此，人们研究风险时侧重减少损失，主要从不利的方面考虑风险，经常把风险看成是不利事件发生的可能性。从财务角度来说，风险主要是指无法达到预期报酬的可能性。

2.2.2 投资风险的分类

1）依据个别理财主体划分

从个别理财主体的角度来看，投资风险分为市场风险和公司特有风险两类。

市场风险是指那些对所有企业产生影响的因素引起的投资风险，如战争、自然灾害、经济衰退、通货膨胀等。这类风险涉及所有企业，不能通过多元化投资来分散，因此也称不可分散风险或系统风险。

公司特有风险是指发生于个别企业的特有事项造成的投资风险，如罢工、诉讼失败、失去销售市场、新产品开发失败等。这类事件是随机发生的，因而可以通过多元化投资来分散，即发生于一家公司的不利事件可以被其他公司的有利事件所抵消，因此也称可分散风险或非系统风险。

2）依据企业本身划分

从企业本身来看，投资风险可分为经营风险和财务风险两类。

经营风险是指因生产经营方面的原因给企业盈利水平带来的不确定性。经营风险是任何商业活动都有的，也称为商业风险。企业生产经营的许多方面都会受到来自企业外部和内部诸多因素的影响，因而具有很大的不确定性。经营风险主要来自：（1）市场销售。市场需求、市场价格、企业可能生产的数量等的不确定，尤其是竞争导致的供产销的不稳定，都加大了企业的经营风险。（2）生产成本。原料的供应和价格、工人和机器的生产率、工人的工资和奖金等，都是不确定的因素，因而产生经营风险。（3）生产技术。设备事故、产品发生质量问题、新技术的出现等，不好预见，易产生经营风险。（4）其他。外部的环境变化，如天灾、经济不景气、通货膨胀、有协作关系的企业没有履行合同等，企业自己不能左右，也会产生经营风险。

财务风险又称筹资风险，是指由于举债而给企业财务成果带来的不确定性。企业举债经营，全部资金中除自有资金外还有一部分借入资金，这会对企业自有资金的盈利能力造成影响；同时，由于借入资金需要还本付息，一旦无力偿付到期债务，企业便会陷入财务困境甚至破产。当企业息税前资金利润率高于借入资金利息率时，使用借入资金获得的利润除了补偿利息外还有剩余，因而使自有资金利润率提高。但是，若企业息税前资金利润率低于借入资金利息率，这时使用借入资金获得的利润不够支付利息，还需动用自有资金获得的一部分利润来支付利息，从而使自有资金利润率降低。如果企业息税前利润还不够支付利息，就要用自有资金来支付，使企业发生亏损。若企业亏损严重，财务状况恶化，丧失支付能力，就会出现无法还本付息甚至招致破产的危险。总之，由于许多因素的影响，企业息税前资金利润率和借入资金利息率的差额具有不确定性，从而引起自有资金利润率的高低变化，这种风险即为筹资风险。这种风险程度的大小受借入资金对自有资金比例的影响，借入资金比重越大，风险程度就会随之增大；借入资金比重越小，风险程度也会随之减小。对财务风险的管理，关键是要保证有一个合理的资金结构，维持适当的负债水平，既要充分利用举债经营这一手段获取财务杠杆收益，提高自有资金盈利能力，又要防止过度举债而引起的财务风险的加大，避免陷入财务困境。

2.2.3 投资风险报酬

对任何一个投资者而言，宁愿要具有确定性的某一报酬，也不愿要包含不确定性因素的同一报酬，这种现象称为风险反感或风险厌恶。在风险反感普遍存在的情况下，诱使投资者进行风险投资的，是超过资金时间价值的那部分额外报酬，即**风险报酬**。

投资风险报酬的表现形式是风险报酬率，是指投资者因冒风险进行投资而要求的、超过资金时间价值的那部分额外报酬率。

如果不考虑通货膨胀因素，投资者进行风险投资所要求或期望的投资报酬率便是无风险报酬率与风险报酬率之和，用公式表示为：

期望投资报酬率=无风险报酬率+风险报酬率

假如，资金时间价值为10%，某项投资的期望报酬率为15%，在不考虑通货膨胀的情况下，该项投资的风险报酬率便是5%。

期望投资报酬率包括两部分，如图2-1所示。一部分是无风险报酬率，如购买国库券，到期时连本带利肯定可以收回。无风险报酬率可以吸引公众储蓄，是最低的社会平均报酬率。另一部分是风险报酬率，它与风险的大小有关，风险越大，则要求的报酬率越高。

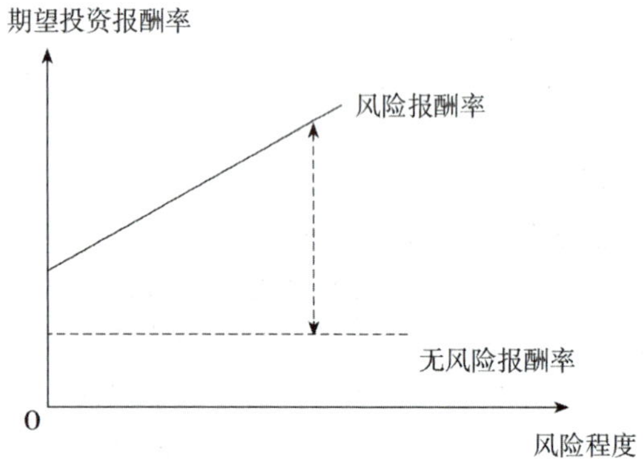

图2-1 期望投资报酬率示意图

风险报酬率是风险的函数，用公式表示为：

风险报酬率=f（风险程度）

假设风险和风险报酬率成正比，则计算公式为：

风险报酬率=风险报酬斜率×风险程度

式中：风险程度用标准差或变异系数等计量。

风险报酬斜率取决于全体投资者的风险回避态度，可以用统计方法来测定。如果大家都愿意冒风险，风险报酬斜率就小，风险溢价不大；如果大家都不愿意冒风险，风险报酬斜率就大，风险附加率也比较大（如图2-2所示）。

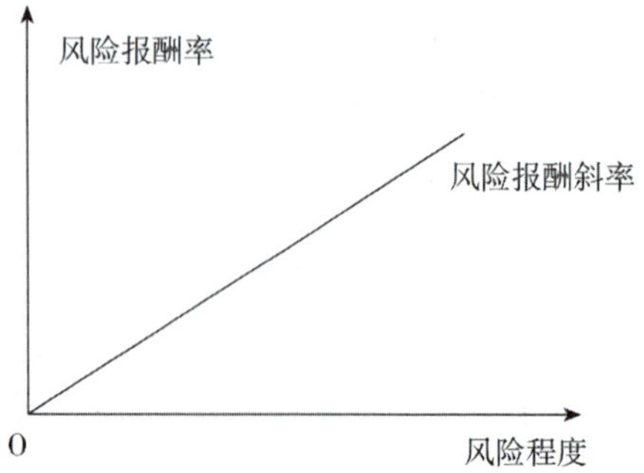

图2-2 风险报酬率示意图

风险控制的主要方法有多元经营和多元筹资。

企业大多采用多元经营的方法，主要原因是它能分散风险。多经营几个品种，由于它们的景气程度不同，因此盈利和亏损可以相互补充，从而减小风险。从统计学上可以证明，几种商品的利润率和风险是独立的或是不完全相关的。在这种情况下，企业的总利润率的风险能够因多元经营而减小。

企业通过筹资，可以把投资的风险和报酬不同程度地分散给它的股东、债权人，甚至供应商、员工和政府。就整个社会来说，风险是肯定存在的，问题是谁来承担及各承担多少。如果大家都不肯承担风险，高风险的项目没人做，则社会发展就会慢下来。金融市场之所以能存在，就是因为它能吸收社会资金投放给需要资金的企业，通过它分散风险、分配利润。

课程思政 2-2

珠江股份股票投资风险

背景与情境：广东珠江发展集团股份有限公司（600684）发布2024年半年度业绩预亏公告：预计2024年半年度归母净利润为−850万元至−500万元。导致公司亏损的原因竟然是：炒股。公司2023年半年度归母净利润为−6 929.95万元，扣除上半年炒股亏损这一非经常性损益，公司2024年上半年扣非净利润为1 800万元至2 500万元。本来靠主营业务，公司2024年上半年扭亏为盈了，但就因为炒股亏损，公司又“扭盈为亏”了！

资料来源　梧桐晓．因炒股，这国资控股上市公司上半年“扭盈为亏”[EB/OL]．[2024-07-15]．https：//www.163.com/dy/article/J74P2RD60519B55C.html.引文有删减。

问题：请分析珠江股份的股票投资行为。

研判提示：公司理财应该树立风险价值观念，进行理财活动不能仅考虑盈利，也要关注其中的风险。党的二十大报告强调：“必须坚持守正创新”“以科学的态度对待科学、以真理的精神追求真理”。作为上市公司，更应该加强自己的主业，本着敬业精神，通过创新搞好经营，否则就本末倒置了。不顾投资风险，把赚钱寄托在炒股上是明显不靠谱的，既违背了企业敬业和创新的要求，也会对企业乃至社会的稳定和谐造成负面影响。

2.2.4　投资风险的衡量

投资风险是客观存在的，它广泛影响着企业的财务活动和经营活动。因此，正视投资风险并将风险程度予以量化，便成为企业财务管理中的一项重要工作。投资风险的衡量，需要运用概率和数理统计的方法。由于投资风险与概率直接相关，因此其与期望值、离散程度、风险收益率、投资收益率、风险收益额等也密切相关。所以，对投资风险进行衡量时应依次考虑这些影响因素。

1）概率分布

在现实生活中，某一事件在完全相同的条件下，既可能发生又可能不发生，既可能出现这种结果又可能出现那种结果，我们称这类事件为随机事件。概率就是用百分数或小数来表示随机事件发生可能性及出现某种结果可能性大小的数值。用X表示随机事件，X_i表示随机事件的第i种结果，P_i表示出现该种结果的相应概率。若X_i出现，则$P_i=1$；若X_i不出现，则$P_i=0$。同时，所有可能结果出现的概率之和必定为1。因此，概率必须符合下列两项要求：

① $0 \leqslant P_i \leqslant 1$；

② $\sum_{i=1}^{n} P_i = 1$。

将随机事件各种可能的结果按一定的规则进行排列，同时列出各结果出现的相应概率，这一完整的描述称为概率分布。

概率分布情况可以用以可能结果为横轴，以概率为纵轴的坐标图来表示。概率分布有两种类型：一种是离散型概率分布，也称不连续的概率分布，其特点是概率分布在各个特定的点上；另一种是连续型概率分布，其特点是概率分布在连续图像的两点之间的区间上，如图2-3所示。

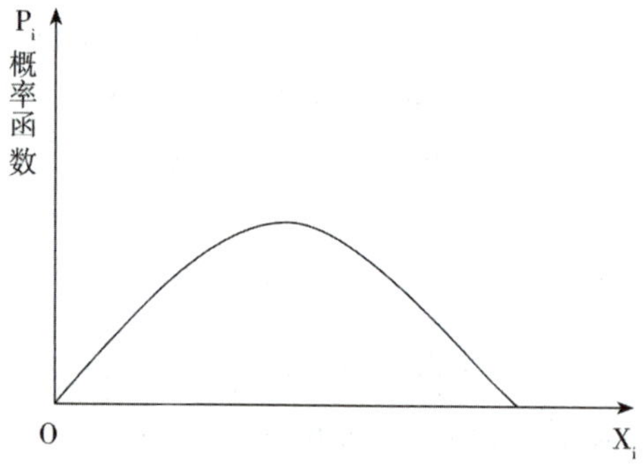

图2-3 连续型概率分布图

同步计算2-12

某企业甲产品投产后预计收益情况和市场销量有关，试描述各种可能的收益概率分布。

解： 各种可能的收益概率分布见表2-1。

表2-1 **市场预测与预期收益概率分布表**

市场情况	年收益 X_i	概率 P_i
销量很好	5	0.1
销量较好	4	0.2
销量一般	3	0.4
销量较差	2	0.2
销量很差	1	0.1

该企业市场预测与预期收益概率分布如图2-4所示。

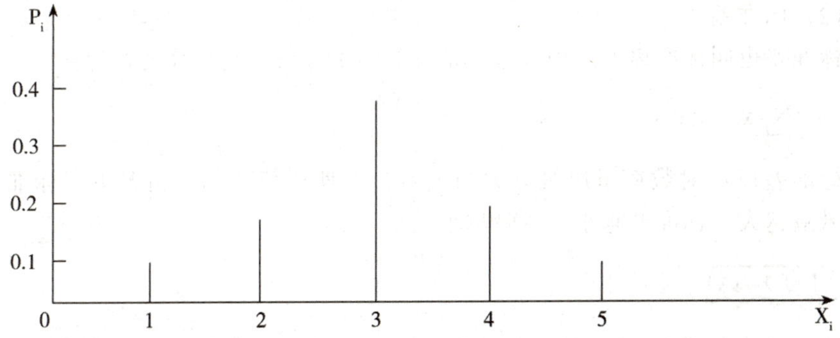

图2-4　市场预测与预期收益概率分布图

2）期望值

期望值是一个概率分布中的所有可能结果以各自相应的概率为权数计算的加权平均值，是加权平均的中心值。期望值通常用符号$\overline{E}$表示，其计算公式为：

$$\overline{E}=\sum_{i=1}^{n}X_iP_i$$

期望收益反映预计收益的平均化，在各种不确定性因素的影响下，它代表着投资者的合理预期。

同步计算 2-13

以【同步计算 2-12】中的数据为依据，计算甲产品投产后预计收益的期望值。

解：甲产品投产后预计收益的期望值为：

$\overline{E}=5\times0.1+4\times0.2+3\times0.4+2\times0.2+1\times0.1=0.5+0.8+1.2+0.4+0.1=3$

3）离散程度

离散程度是用以衡量风险大小的统计指标。一般来说，离散程度越大，风险越大；离散程度越小，风险越小。

反映随机变量离散程度的常用指标主要包括方差、标准差、标准离差率三项指标。

（1）方差

方差是用来表示随机变量与期望值之间的离散程度的一个数值，其计算公式为：

$$\sigma^2=\sum_{i=1}^{n}(X_i-\overline{E})^2\cdot P_i$$

同步计算 2-14

以【同步计算 2-12】中的数据为依据，计算甲产品预计年收益与期望年收益的方差。

解：甲产品预计年收益与期望年收益的方差为：

$\sigma^2=(5-3)^2\times0.1+(4-3)^2\times0.2+(3-3)^2\times0.4+(2-3)^2\times0.2+(1-3)^2\times0.1=1.2$

（2）标准差

标准差也叫标准离差或均方差，是方差的平方根，其计算公式为：

$$\sigma=\sqrt{\sum_{i=1}^{n}(X_i-\overline{E})^2\cdot P_i}$$

标准差以绝对数衡量决策方案的风险，在期望值相同的情况下，标准差越大，风险越大；标准差越小，风险越小。

同步计算 2-15

以【同步计算 2-12】中的数据为依据，计算甲产品预计年收益与期望年收益的标准差。

解：甲产品预计年收益与期望年收益的标准差为：

$$\sigma=\sqrt{(5-3)^2\times0.1+(4-3)^2\times0.2+(3-3)^2\times0.4+(2-3)^2\times0.2+(1-3)^2\times0.1}$$
$$=\sqrt{0.4+0.2+0+0.2+0.4}=\sqrt{1.2}\approx1.095$$

（3）标准离差率

标准离差率是标准差同期望值之比。通常用符号q表示，其计算公式为：

$$q=\frac{\sigma}{\overline{E}}$$

标准离差率是一个相对指标，它以相对数反映决策方案的风险程度。方差和标准差作为绝对数，只适用于期望值相同的决策方案的风险程度的比较。对于期望值不同的决策方案，其各自的风险程度只能借助于标准离差率这一相对指标进行评价和比较。在期望值不同的情况下，标准离差率越大，风险越大；标准离差率越小，风险越小。

对于多方案择优，决策者的行动准则应是选择低风险、高收益的方案，即选择标准离差最低、期望收益最高的方案。然而高收益往往伴有高风险，低收益方案的风险程度往往也较低，决策者究竟应选择何种方案，不仅要权衡期望收益与风险程度，还要视其对风险的态度而定。对风险比较反感的决策者可能会选择期望收益较低同时风险也较低的方案；喜欢冒风险的决策者则可能选择风险虽高但同时收益也高的方案。

同步计算 2-16

以【同步计算 2-12】中的数据为依据，计算甲产品预计年收益的标准离差率。

解：甲产品预计年收益的标准离差率为：

$$q=\frac{\sigma}{\overline{E}}=\frac{1.095}{3}=0.365$$

通过上述方法，将决策方案的风险加以量化，决策者便可据此做出决策。对于单个方案，决策者可将该方案的标准离差率同其设定的可接受的此项指标的最高限值进行对比，看前者是否低于后者，然后再做出取舍。

4）风险收益率及投资收益率

为了正确地做出投资决策，投资者除了要知道投资风险的大小外，还需要知道投资风险收益的高低。表示风险价值的风险收益率也应与反映风险程度的标准离差率成正比，但是标准离差率并不等于风险收益率。要将标准离差率转换为风险收益率，必须借助另外一个参数——风险价值系数b，其计算公式为：

风险收益率=风险价值系数×标准离差率

用符号表示为：

$R_R=b\cdot q$

式中：R_R为风险收益率。

通常，风险价值系数由投资者根据以往的同类项目或主观经验加以确定。

由此可知，投资收益率的计算公式为：

$K=R_F+R_R=R_F+b\cdot q$

式中：K为投资收益率；R_F为无风险收益率。

5）风险收益额

计算出风险收益率后，就可以根据有关的投资数据计算出风险收益额的大小，其计算公式为：

$P_R=C\cdot R_R$

$P_R=P_m\cdot (R_R/K)$

式中：P_R为风险收益额；C为总投资额；P_m为投资总收益。

同步思考2-3

天马公司正在考虑以下三个投资项目，其中C项目是投资于一家新成立的高科技公司，各投资项目未来可能的收益率情况见表2-2。

表2-2 **各投资项目未来可能的收益率情况**

经济形势	概率	A项目收益率	B项目收益率	C项目收益率
很不好	0.1	-22%	-10%	-100%
不太好	0.2	-2%	0	-10%
正常	0.4	20%	7%	10%
比较好	0.2	35%	30%	40%
很好	0.1	50%	45%	120%

问题：应该运用什么方法帮助天马公司进行决策？

理解要点：分别计算各项目的期望值、标准差和标准离差率，然后再进行比较，评价各项目的风险大小，最后选择收益较高、风险较小的项目作为最佳方案。

同步案例2-2

博彩奖金的转换决定

背景与情境：1987年，罗莎琳德·塞茨费尔德赢得了一项总价值超过130万美元的博彩大奖。这样在以后的20年中，每年她都会收到65 276.79美元的分期付款。1995年，塞茨费尔德女士接到了位于佛罗里达州西部棕榈市的西格资产理财公司的一位销售人员打来的电话，声称该公司愿意立即支付给她140 000美元，以获得今后9年其博彩奖金支票的一半款项，也就是说，现在的140 000美元换算以后，9年中每年她会获得32 638.39美元的分期付款额。

西格公司是一家奖金经纪公司，其主要业务是将其收购的这种获得未来现金流的权利再转让给一些机构的投资者，其职员的主要工作任务就是跟踪类似塞茨费尔德女士这样的博彩大奖的获得者。公司知道有许多人会急于将他们获得奖项的部分甚至全部马上变现。西格公司年营业收入高达7亿美元，它和另一家公司——伍德布里奇·斯特林公司，承揽了行业中80%的业务。类似西格公司这样的经纪公司还有美国太阳公司、约翰·汉考克共同生命保险公司等。

在本案例中，购买这项权利的是金融升级服务集团（EFSG），它是纽约州一家从事市政债券的再保险公司。西格公司已经和EFSG公司谈好，准备将领取塞茨费尔德一半奖金的权利以196 000美元的价格卖给EFSG公司。如果塞茨费尔德答应西格公司的报价，西格公司马上就能够赚取56 000美元。最终，塞茨费尔德接受了西格公司的报价，交易达成。

资料来源　罗斯，等. 公司理财［M］. 吴世农，等译. 6版. 北京：机械工业出版社，2003.

问题：

（1）请运用货币时间价值和投资风险价值的基本观念，分析为何西格公司能够成功达成这笔交易并立即获得56 000美元的利润？

（2）塞茨费尔德和EFSG公司各自在这笔交易中获得了什么利益？

分析提示：机构投资者和个人投资者在不同时期有不同的消费偏好。EFSG公司有多余的现金，愿意投资196 000美元，以期在以后9年中每年获得32 638.39美元，其所用贴现未来收入的贴现率为8.96%。而塞茨费尔德女士需要现金，她使用18.10%的贴现率使9年期的年金32 638.39美元的现值等于140 000美元，这反映了她回避领取延迟现金流的倾向。

教学互动2-2

某企业准备投资开发新产品，各产品未来可能的年报酬率情况见表2-3。

表2-3　**各产品未来可能的年报酬率情况**

市场状况	概率	预计年报酬率（%）		
		A产品	B产品	C产品
繁荣	0.3	30	40	50
一般	0.5	15	15	15
较差	0.2	0	-15	-30

要求：试计算投资开发各种新产品的风险大小，并进行比较分析。

学习微平台

随堂测 2-2

同步业务2-1

不同投资方案的现值比较

业务要求：掌握货币时间价值的概念。学会计算普通年金和单笔款项的现值。

业务分析：投资方案A：现在投资10 000元，之后连续5年，每年年末回收3 000元。

投资方案B：现在投资10 000元，之后第5年年末回收20 000元。

假设年利率为5%。

操作程序：

①确定两种投资方案的未来现金流。

②计算投资方案A的现值。由于是年金，使用年金现值公式：PV_A = PMT \times \left（\frac ｛1-（1 + r）^ ｛-n｝｝｛r｝ \right）其中，PV_A是投资方案A的现值，PMT是每期支付金额（3 000元），r是年利率（0.05），n是支付期数（5年）。

③计算投资方案B的现值。由于是一次性支付，直接使用单笔款项现值公式：PV_B = FV \times \left（\frac ｛1｝｛（1 + r）^n｝ \right）其中，PV_B是投资方案B的现值，FV是未来价值（20 000元）。

④比较两个现值，选择现值较大的投资方案。

深度剖析2-1

企业财务风险管理的深度剖析

难点问题：企业在快速扩张过程中如何平衡财务风险与增长需求？

解析与讨论：

分析企业扩张带来的财务风险类型，如信用风险、市场风险等。

探讨风险管理策略，例如多元化投资、风险对冲等。

讨论风险管理与企业增长之间的关系，如何实现风险控制下的有效增长。

操作程序：

① 收集与企业扩张相关的财务数据和市场信息。

② 使用财务分析工具评估现有风险水平。

③ 基于分析结果，提出风险管理建议和策略。

④ 制订风险管理计划，并监控实施效果。

第3章 筹资管理

学习目标

通过本章学习，应该达到以下目标：

理论目标： 学习与把握筹资的含义与分类，筹资渠道、方式与原则，资金需要量的预测，具体筹资方式的特点及相关分析等陈述性知识；能够利用所学理论知识指导“筹资管理”的相关认知活动，正确解答《训练手册》第3章中“客观题”和“主观题”的“理论题”各题型问题；体验本章“初级学习”中技术认知的横向正迁移，以及相关胜任力中“技术认知”要素的阶段性生成。

实务目标： 学习与把握不同筹资方式的比较与分析方法，筹资需要量的预测分析以及“业务链接”等程序性知识；能以其建构“筹资管理”中的规范与规则意识，正确解析本章“同步计算”“同步思考”“教学互动”，以及《训练手册》第3章中“客观题”和“主观题”的“实务题”各题型问题；体验本章技术规范与规则“初级学习”中的横向正迁移，以及相关胜任力中“技术规范与规则”要素的阶段性生成。

案例目标： 运用本章理论与实务知识研究相关案例，通过多元表征“同步案例”和《训练手册》第3章“客观题”与“主观题”的“案例题”，培养和提高在特定业务情境中分析问题和决策设计能力；能够结合本章教学内容，依照相关规范、要求或标准，对“课程思政3-1”至“课程思政3-3”，以及《训练手册》第3章相关案例中的企业行为进行思政研判，培养高尚的职业道德情操，树立社会主义核心价值观；体验本章“高级学习”中专业知识、通用知识与思政元素的协同性重组迁移，以及相关胜任力中“认知弹性”要素的阶段性生成。

实训目标： 以所学“筹资管理”的理论与实务知识为前提，在正确解答《训练手册》第3章“客观题”与“主观题”之“实训题”各题型问题，并了解和把握本实训所及“能力与道德领域”相关“技术-技能”点的“规范与标准”的基础上，参加“‘筹资方式的比较与策划’胜任力”的实践训练。通过各项实训任务的完成，系列“技术-技能”操作的实施，《“筹资方式的比较与策划”训练报告》的准备与撰写等有质量、有效率的活动，培养“筹资方式的比较与策划”的专业能力，强化“自我学习”、“解决问题”和“革新创新”等职业核心能力（中级），并通过“认同级”践行“职业情感”和“职业守则”等行为规范，促进健全职业人格的塑造；体验本章“实践学习”中“专能”“通能”“职业道德”元素的协同性“重组-产生”迁移，以及相关胜任力中“求知韧性”和“复合性‘技术-技能’”要素的阶段性生成。

学习微平台

思维导图 3-1

引例　福清星马的债转股筹资

背景与情境： 天马科技（603668.SH）公布，根据公司全产业链战略布局和经营发展的需要，为提高全资子公司福清星马的资金实力和综合竞争力，优化其资产负债结构，公司全资子公司福建三渔养殖有限公司（以下简称“三渔养殖”）拟以债转股方式向福清星马增资人民币17 000万元。本次增资完成后，福清星马的注册资本将由目前的人民币3 000万元增加至人民币20 000万元，福清星马仍为三渔养殖的全资子公司。

资料来源　港股那点事．天马科技（603668.SH）：拟以债转股方式向全资子公司增资1.7亿元［EB/OL］．［2024-08-09］．https://finance.sina.com.cn/stock/bxjj/2024-08-09/doc-inchztuk2511096.shtml.引文有删减。

从引例可见，债权筹资与股票筹资是企业两种筹资方式，二者各具特点，也可以相互转换。企业筹资是投资和创业的先决条件，也是财务活动的起点。企业的资金可以通过负债的方式筹集，也可以通过权益资金筹集，不同筹资方式的成本与风险各不相同。

3.1　企业筹资概述

3.1.1　企业筹资的含义与分类

1）企业筹资的含义

企业筹资是指企业根据其生产经营、对外投资及调整资本结构等的需要，通过一定的渠道和资金市场，采取适当的筹资方式，经济有效地为企业筹集所需资金的一种行为。企业的生存与发展皆以筹集足够的资金并灵活运用这些资金为前提，因而筹资管理是企业财务管理的一项基本内容。

2）企业筹资的分类

企业筹集的资金可按多种标准进行分类，现介绍两种最常见的分类方式。

（1）按资金使用期限的长短分类

按照资金使用期限的长短，企业筹集的资金可分为短期资金和长期资金两种。

短期资金一般是指供1年以内使用的资金。短期资金通常采取利用商业信用和取得银行流动借款等方式来筹集。

长期资金一般是指供1年以上使用的资金。长期资金通常采用吸收投资、发行股票、发行公司债券、取得长期借款、融资租赁和内部积累等方式来筹集。

（2）按资金来源渠道的不同分类

按照资金来源渠道的不同，企业资金可分为所有者权益和负债两种。

学习微平台

延伸阅读3-1

企业通过发行股票、吸收直接投资、内部积累等方式筹集的资金都属于企业的所有者权益。企业的所有者权益一般不用还本，因而也可称为企业的自有资金、主权资金或权益资金。企业采用吸收自有资金的方式筹集资金，承担的财务风险较小，但付出的资金成本相对较高。

企业通过发行债券、向银行借款、融资租赁等方式筹集的资金都属于企业的负债。企业的负债到期要归还本金并支付利息，因而也可称为企业的借入资金或负债资金。企业采用借入资金的方式筹集资金，一般需要承担较大风险，但付出的资金成本相对较低。

同步思考3-1

学习微平台

同步链接3-1

筹资与投资都是企业财务活动的重要内容，企业筹资是财务活动的起点，投资则是财务活动的中心环节。

问题： 筹资与投资二者是否有必然的联系？

分析提示： 财务专家与金融专家得出的一个共同的研究结论是：在完美市场条件下，二者没有必然的联系，这被称为“两基金分离定理”。然而，在现实环境中，投资决策决定了筹资决策，投资需求决定了筹资需求与筹资方式；反过来，筹资是投资的先决条件，筹资又决定着投资。

3.1.2 筹资渠道与方式

企业筹资活动需要通过一定的渠道并采用一定的方式来完成。

1）筹资渠道

筹资渠道是指客观存在的筹措资金的来源方向与通道。目前，我国企业的筹资渠道主要包括：

（1）国家财政资金。国家对企业的直接投资是国有企业最主要的资金来源渠道，特别是国有独资企业基本全部由国家投资形成。在现有国有企业的资金来源中，有一部分是由国家财政以直接拨款的方式形成的，还有一部分是通过国家对企业的“税前还贷”或减免各种税款的方式形成的。

（2）银行信贷资金。银行对企业的各种贷款，是我国目前各类企业最重要的资金来源。我国银行一般分为商业性银行和政策性银行两种。商业银行是以营利为目的，从事信贷资金投放的金融机构。政策性银行主要是为特定企业提供政策性贷款。

（3）非银行金融机构资金。非银行金融机构主要包括信托投资公司、保险公司、租赁公司、证券公司、企业集团所属的财务公司等。它们提供的各种服务中也包括信贷资金投放。

（4）其他企业资金。企业在生产经营过程中，往往形成部分暂时闲置的资金，并为一定的目的而进行相互投资；另外，企业间的购销业务可以通过商业信用方式来完成，从而形成企业间的债权债务关系。企业间相互投资和商业信用的存在，使其他企业资金也成为企业资金的重要来源。

（5）居民个人资金。企业职工和居民个人的结余货币，作为游离于银行及非银行金融机构之外的个人资金，可用于对企业进行投资，形成民间资金来源渠道，从而为企业所用。

（6）企业自留资金。企业自留资金也称企业内部资金，主要包括计提的各项公积金、折旧和未分配的留存收益。这些资金不用企业特意去筹集，可直接由企业内部转移而来，从而为企业省下一笔可观的筹资费用。

（7）外商资金。外商资金是指外国投资者及我国香港、澳门、台湾地区投资者投入的资金。外商资金是我国外商投资企业重要的资金来源。

2）筹资方式

企业筹资方式是指企业筹措资金时所采用的具体形式。企业筹资管理的重要内容是如何针对客观存在的筹资渠道，选择合理的筹资方式进行筹资。正确认识筹资方式的种类及特点，有利于企业选择适宜的筹资方式并有效地进行筹资组合，降低筹资成本，提高筹资效益。

目前，我国企业筹资方式主要有以下几种：（1）吸收直接投资；（2）发行股票；（3）利用留存收益；（4）向银行借款；（5）利用商业信用；（6）发行公司债券；（7）融资租赁。这些筹资方式的含义和特征将在本章以后详细阐述。

同步案例3-1

神马实业发行可续期公司债券融资

背景与情境：神马实业股份有限公司2024年面向专业投资者公开发行可续期公司债券（以下简称“本次债券”）。本次债券基础期限不超过5年（含5年），在约定的基础期限期末及每一个周期末，公司有权行使续期选择权，按约定的基础期限延长1个周期，每次续期的期限不超过基础期限；公司不行使续期选择权则全额到期兑付本品种债券。本次债券可以为单一期限品种，也可以为多种期限的混合品种。具体期限构成和各期限品种的发行规模提请股东大会授权董事会并由董事会转授权董事长，在发行前根据公司资金需求情况和市场情况，在上述范围内确定。

本次债券发行总规模不超过人民币20亿元（含20亿元），拟分期发行，各期附超额配售选择权，具体发行规模和分期安排提请股东大会授权董事会并由董事会转授权董事长在前述范围内确定。

票面金额及发行价格。本次债券面值为人民币100元，按面值平价发行。

债券利率或其确定方式。本次债券采用固定利率形式，单利按年计息，不计复利。在公司不行使利息递延支付权的情况下，每年付息一次。如有递延，则每笔递延利息在递延期间按当期票面利率累计计息。首个周期的票面利率将由发行人与主承销商根据网下向专业投资者询价的簿记建档结果在预设区间范围内协商确定，在首个周期内固定不变，其后每个周期重置一次，重置方式由公司与主承销商按照法律法规和市场情况协商确定。

资料来源 神马股份．神马实业股份有限公司关于公开发行可续期公司债券的公告［EB/OL］．［2024-08-17］．http：//www. cninfo. com. cn/new/disclosure/detail? stockCode=600810&announcementId=1220891546&orgId=gssh0600810&announcementTime=2024-08-17.引文有删减。

问题：神马实业债权融资对公司本身可能会有哪些影响？

分析提示：债务资金可以降低资金成本，获得财务杠杆利益，但是其风险较大，利息负担也较重。但是公司进行债权融资计划是为了优化债务资金结构，因此可能会起到降低财务费用和优化债务资本结构的作用。

3.1.3 筹资原则

企业筹资是一项重要而复杂的工作，为了有效地筹集企业所需资金，企业必须遵循四个基本原则。

1）规模适当原则

不同时期企业的资金需要量并不是一个常数。企业财务人员要认真分析企业的科研、生产及经营状况，采用一定的方法，预测资金的需要数量，合理确定筹资规模。

2）筹措及时原则

企业财务人员在筹集资金时，必须熟知资金时间价值的原理和计算方法，以便根据资金需求的具体情况，合理安排资金的筹集时间，适时获取所需资金。

3）来源合理原则

资金的来源渠道和资金市场为企业提供了资金的源泉和筹资场所，它反映资金的分布状况和供求关系，决定着筹资的难易程度。不同来源的资金，对企业的收益和成本有不同的影响。因此，企业应认真研究资金来源渠道和资金市场，合理选择资金来源。

4）方式经济原则

在确定筹资数量、筹资时间、资金来源的基础上，企业在筹资时还必须认真研究各种筹资方式。企业筹集资金必然要付出一定的代价，不同的筹资方式，其所需资金成本也不同。为此，企业需要对各种筹资方式进行分析、对比，选择经济、可行的筹资方式，以确定合理的资金结构，从而降低成本、减小风险。

课程思政 3-1

让老干妈来打破“上市圈钱论”

背景与情境：对大多数企业来说，A股市场有“致命”的吸引力，甚至“有条件要上，没条件创造条件也要上”。但也有少数企业是例外，比如曾经被称为“永不上市的老四家——顺丰华为老干妈，还有一个娃哈哈”。2017年，这个“不上市联盟”被打破，顺丰率先借壳鼎泰新材实现上市，市值一度突破2 100亿元；此后，也传出娃哈哈有意向资本市场靠拢的消息。而就在2018年7月25日，深交所副总经理一行人到贵州省调研，老干妈被列为“上市培育企业”；但老干妈方面则没有松口，声称“没有准备上市”。话虽如此，但以往也有多家公司一开始宣称不上市，后来则主动寻求上市，未来老干妈也不排除在适当的时机和股市结缘的可能。让老干妈来打破“上市圈钱论”，正是衡量A股市场规范发展的重要指标。

老干妈为人所熟知的，除了其产品畅销之外，更有其创始人陶华碧知名的“四不原则”：不偷税、不欠钱、不贷款、不上市。陶华碧曾提出“上市圈钱论”，认为“上市是欺骗人家的钱”。将企业上市融资的经济行为打上道德的烙印，虽然有些绝对化，但也从侧面说明陶华碧对A股并非毫无了解。这一“上市圈钱论”不仅对那些只思融资和套现、不思真正回报投资者的上市公司是一记闷棍，也提醒监管层在推动市场管理时，更要注重融资和回报之间的平衡。

资料来源　张俊鸣．让老干妈来打破“上市圈钱论”[EB/OL]．[2018-08-19]．https://baijiahao.baidu.com/s?id=1609195741552002229&wfr=spider&for=pc.引文有删减。

问题：如何评价老干妈拒绝上市的行为？

研判提示：党的二十大报告提出：“健全资本市场功能，提高直接融资比重。”提高直接筹资比重，目的是增加企业发展所需的资本，降低企业风险，提高企业运营效率。从上述资料可以看到，目前部分公司上市筹资的动机，并不是为了新建、扩张或偿债等，主要还是为了“圈钱”，即这些上市公司并没有将发行股票获得的资金主要用于企业生产经营，而是落入了自己的口袋，把股市当成了自己的“取款机”，这显然违背了通过努力提高企业和股东财富的爱岗敬业和诚实守信的原则。“上市圈钱论”并非什么特别的高见，只要不违反现有法规，融资和套现都是合法行为。老干妈的可贵之处在于其抵制了巨大经济利益的诱惑，并未尽快上市、闷声“圈钱”，堪称一股清流。

学习微平台

随堂测 3-1

3.2　资金需要量预测

企业在筹资之前，应当采用一定的方法预测资金的需要数量。只有这样，才能使筹集来的资金既能满足生产经营的需要，又不会产生太多的闲置。测定资金需要量的方法包括定性预测法和定量预测法两类，前者也称定性分析法，后者包括比率预测法与资金习性预测法。

3.2.1　定性预测法

定性预测法是指利用直观的资料，依靠个人的经验、主观分析及判断能力，预测未来资金需要量的方法。这种方法通常在企业缺乏完备、准确的历史资料的情况下采用。

3.2.2　比率预测法

最常见的比率预测法是销售百分比法。这里主要介绍销售百分比法。

销售百分比法是以资金与销售额的比率为基础，预测未来资金需要量的一种方法，其原理是根据预计的销售额预测资金的需要量。根据资产负债表中资金占用与销售收入变动关系的不同，资产负债项目可以分为两类：一是与销售额的变动呈同比例变动的项目；二是不随销售额的变动而变动的项目。在资产负债项目分类的基础上，做出预计的资产负债表，可以推算出在一定预计销量下的资金需要量。

销售百分比法有两个基本假设：一是假定某项目与销售额的比率已知且固定不变；二是假定未来销售预测已经完成。

销售百分比法的基本原理利用会计等式表示为：

资产=负债+所有者权益

追加筹资以后的等式可表示为：

资产+Δ资产=负债+Δ自发性负债+Δ外部负债+所有者权益+Δ留存收益+Δ外部股权筹资额

还可进一步转化为：

Δ资产=Δ自发性负债+Δ外部负债+Δ留存收益+Δ外部股权筹资额

销售百分比法的具体步骤如下：

（1）将资产负债表中的资产负债项目划分为变动项目和不变项目。所谓**变动项目**，是指随销售额的变动而同步变动的项目，主要包括货币资金、应收账款、存货等流动资产项目和应付账款、应付票据、应交税费等流动负债项目，但短期借款一般不作为变动项目。与变动项目相对应的是不变项目，如固定资产、长期股权投资、短期借款、长期借款和实收资本等，它们在短期内都不会随销售规模的扩大而相应改变。

（2）计算基年各变动项目销售百分比，其计算公式为：

某变动项目销售百分比=该项目金额÷销售额×100%

资产销售百分比=各资产类变动项目销售百分比之和

=资产类变动项目总金额÷销售额×100%

自发性负债销售百分比=各负债类变动项目销售百分比之和

=负债类变动项目总金额÷销售额×100%

（3）计算预计留存收益增加额（Δ留存收益），其计算公式为：

预计留存收益=预计销售额×销售净利率×（1-股利支付率）

（4）计算外部融资额，其计算公式为：

外部融资额=Δ资产-Δ自发性负债-Δ留存收益

$$=\frac{\text{资产销售}}{\text{百分比}}\times\frac{\text{新增}}{\text{销售额}}-\frac{\text{自发性负债}}{\text{销售百分比}}\times\frac{\text{新增}}{\text{销售额}}-\frac{\text{预计}}{\text{销售额}}\times\frac{\text{销售}}{\text{净利率}}\times\left(1-\frac{\text{股利}}{\text{支付率}}\right)$$

同步计算3-1

某公司2024年的销售收入为1 000万元，销售净利率为10%，净利润的60%分配给投资者。2024年12月31日编制的资产负债表（简表）见表3-1。

表3-1 **资产负债表（简表）**

编制单位：某公司　　2024年12月31日　　单位：万元

资产	期末余额	负债和所有者权益	期末余额
货币资金	100	应付账款	150
应收账款	150	长期借款	450
存货	250	实收资本	300
固定资产净值	500	留存收益	100
资产总计	1 000	负债和所有者权益总计	1 000

该公司2025年计划销售收入比上年增长20%。根据历年财务数据分析，公司流动资产与流动负债随销售额同比率增减，公司现有生产能力尚未饱和。假定该公司2025年的销售净利率和利润分配政策与上年保持一致，请预测该公司2025年外部融资需要量。

解： 预测该公司2025年外部融资需要量可通过如下步骤计算：

首先，计算资产和负债的销售百分比：

资产销售百分比=（100+150+250）÷1 000×100%=50%

自发性负债销售百分比=150÷1 000×100%=15%

其次，计算外部融资需要量：

外部融资需要量=Δ资产−Δ自发性负债−Δ留存收益

$$=\text{资产销售百分比}\times\text{新增销售额}-\text{自发性负债销售百分比}\times\text{新增销售额}-\text{预计销售额}\times\text{销售净利率}\times(1-\text{股利支付率})$$

=1 000×20%×50%−1 000×20%×15%−1 000×（1+20%）×10%×（1−60%）

=100−30−48=22（万元）

课程思政 3-2

和邦生物再融资动机分析

背景与情境： 2023年6月，和邦生物（603077.SH）推出46亿元可转债计划，2024年6月，和邦生物在互动平台表示，可转债事项正常推进中。上市以来，和邦生物似乎在不停融资，对资金极为饥渴。公司已经三次增发，两次发行公司债。与此同时，和邦生物账面上却“躺着”巨量现金。看似资金宽裕，为何还要不断再融资“圈钱”?“泡财经”平台在梳理公开信息后发现，和邦生物的财务真实性，或存在疑云。

2022年、2023年和2024年第一季度，和邦生物流动负债分别达到37.34亿元、36.70亿元和50.90亿元。一般而言，“存贷双高”是对资金的巨大浪费，一边需要支付高额的财务费用，一边账上还保留大量的现金，不符合商业逻辑。很多财务舞弊的公司均出现过“存贷双高”的现象。存贷双高，往往是为了掩盖公司真实的财务状况，进行“市值管理”。

事实上，和邦生物过去即曾经募而不投，用再融资手段补充自家流动资金。

2012年IPO以来，和邦生物直接融资额达到86.91亿元，除了IPO外，还三次增发，两次发行公司债。但公司却出现过募而不投。和邦生物曾在2016年定增募资39.31亿元用于“年产3 000吨PAN基高性能碳纤维项目”，后于2019年1月终止执行募投项目。离谱的是，最终实际投入项目的金额仅3 437.51万元，其余全部用于偿还银行贷款和永久补充流动资金。

谁知道财务疑点重重的和邦生物，会不会再上演一次再融资补流呢?

资料来源 泡财经．账面资金27亿为何还要再融资“圈钱”？和邦生物财务真实性存疑[EB/OL]．[2024-08-16]．https：//www.popcj.com/depth/3000332408365817 .引文有删减。

问题： 试研判和邦生物的反复融资行为。

研判提示：习近平总书记在党的二十大报告中指出："高质量发展是全面建设社会主义现代化国家的首要任务。"企业应该利用资本市场加速发展，为企业、股东和社会创造更多财富。但部分上市公司筹资并不完全是为了企业的生产经营，而是将股市当成自己的"取款机"。此等行为显然有违筹资职业道德，不利于社会的和谐发展。

3.2.3 资金习性预测法

资金习性是指资金的变动同产销量变动之间的依存关系。按照资金同产销量之间的依存关系的不同，资金可分为不变资金、变动资金和半变动资金。

不变资金是指在一定的产销量范围内保持不变的那部分资金，如为维持营业而占用的最低数额的现金、固定资产和原材料的保险储备。

变动资金是指随产销量变动而同比例变动的那部分资金，如最低储备以外的现金、存货、应收账款等。

半变动资金是指受产销量变动的影响，但不同比例变动的资金，如一些辅助材料占用的资金。半变动资金也可以划分为不变资金和变动资金。

资金习性预测法就是根据历史上企业资金占用总额与产销量之间的关系，把资金划分为不变资金和变动资金两部分，然后结合预计的销售量来预测资金需要量的一种方法。

资金习性预测法的基本预测模型为：

$$Y=a+bX$$

式中：Y为资金占用量；X为产销量；a、b分别为不变资金和单位产销量所需的变动资金。通过将历史数据代入模型，用高低点法或线性回归法得出a、b值后，再将预计销售量代入已知模型，即可计算出预计资金需要量。

1）高低点法

高低点法是在相关范围内，根据资金量的最高点和产销量的最高点之间的线性关系，以及资金量的最低点与产销量的最低点之间的线性关系，推算出资金中不变资金（a）和单位产销量所需变动资金（b）的数值，进而计算出预测期的资金需要量。

根据资金习性预测法的基本预测模型可知：

$$Y_H=a+bX_H$$

$$Y_L=a+bX_L$$

根据上两式解得：

$$b=\frac{Y_H-Y_L}{X_H-X_L}$$

$$a=Y_H-bX_H$$

或 $a=Y_L-bX_L$

预测期资金需要量=a+b×预测期产销量

注意：高低点的选择以自变量为依据。

同步计算3-2

某企业历史上资金占用与销售收入之间的关系见表3-2。

表3-2　**企业销售收入与资金占用表**

年　度	销售收入（元）	资金占用（元）
1	120 000	80 000
2	140 000	90 000
3	136 000	88 000
4	160 000	100 000
5	158 000	110 000

要求：

（1）采用高低点法计算不变资金和单位变动资金。

（2）当第6年的销售收入为190 000元时，预测其需要占用的资金数额。

解： 计算步骤如下：

（1）采用高低点法计算不变资金和单位变动资金可通过如下步骤：

根据高低点选取原则，应选择第1年和第4年作为低点和高点。

b=（100 000−80 000）÷（160 000−120 000）=0.5

a=80 000−120 000×0.5=20 000

Y=20 000+0.5X

（2）预测其需要占用的资金数额可通过如下步骤：

Y=20 000+0.5×190 000=115 000（元）

2）回归分析法

回归分析法是根据有关历史资料，用数学上最小平方法原理，计算能代表平均资金水平的直线截距和斜率，建立回归直线方程，并利用其预测资金需要量的方法。

回归直线方程以及截距和斜率的计算公式为：

$$Y = a + bX$$

$$a = \frac{\sum X^2 \sum Y - \sum X \sum XY}{n\sum X^2 - (\sum X)^2}$$

$$b = \frac{n\sum XY - \sum X \sum Y}{n\sum X^2 - (\sum X)^2}$$

同步计算3-3

某企业2020—2024年的产销量和资金占用量情况见表3-3，请预测该企业2025年的资金需要量。

表 3-3 企业产销量与资金占用量

年度	产销量X（万件）	资金占用Y（万元）	XY	X^2
2020	8.0	650	5 200	64
2021	7.5	640	4 800	56.25
2022	7.0	630	4 410	49
2023	8.5	680	5 780	72.25
2024	9.0	700	6 300	81
合计	40.0	3 300	26 490	322.50

将表中数据代入截距和斜率的计算公式：

$$a = \frac{322.5 \times 3\,300 - 40 \times 26\,490}{5 \times 322.5 - 40^2} = 372$$

$$b = \frac{5 \times 26\,490 - 40 \times 3\,300}{5 \times 322.5 - 40^2} = 36$$

预计2025年产销量为8.6万件时的资金需要量为：

372+36×8.6=681.6（万元）

同步思考 3-2

高低点法与回归分析法都属于资金习性预测法，二者都有相同的形式，即Y=a+bX。

问题：这两种方法各有什么优劣势。

理解要点：高低点法最大的优点是计算简单，但缺点也很明显，仅用两组数据来确定资金需要量和业务量之间的关系，很容易犯以偏概全的错误。而回归分析法可以避免高低点法的缺陷，但计算较为复杂。

业务链接 3-1

用Excel预测资金需要量

打开Excel 2010，在表中输入两个序列：历年的销售量和资金需要量，分别命名为X、Y，在“公式”选项卡下的“其他函数”中选择函数“CORREL”，单击Array1，输入历年资金需要量的数据，之后点击Array2，输入历年销售量的数据，单击“确定”后，就会显示二者的相关系数，如果接近1，则表明二者呈线性关系，可以采用资金习性预测法预测资金需要量。

具体做法：选择函数“FORECAST”，在X中输入未来的销售量，在Known_Y's中输入资金需要量的数据，在Known_X's中输入历年销售量的数据，即可得到未来资金需要量。

教学互动 3-1

某公司2024年12月31日编制的资产负债表（简表）见表3-4。

表3-4 **资产负债表（简表）**

编制单位：某公司 2024年12月31日 单位：万元

资产	期末余额	负债和所有者权益	期末余额
货币资金	500	应付账款	500
应收账款	1 500	应付票据	1 000
存货	3 000	短期借款	2 500
固定资产净值	3 000	长期借款	1 000
		实收资本	2 000
		留存收益	1 000
资产总计	8 000	负债和所有者权益总计	8 000

该公司2024年的销售收入为10 000万元，现在还有剩余生产能力，增加收入不需要增加固定资产投资。假定销售净利率为10%，净利润的60%分配给投资者，2025年的销售收入将提高20%。

要求：

（1）预测2025年需要增加的资金量。

（2）预测2025年需要向外筹集的资金量。

学习微平台

随堂测3-2

3.3 负债资金筹集

负债融资是指通过负债筹集资金。负债融资的特点表现为：筹集的资金具有使用上的时间性，需要到期偿还；不论企业经营业绩好坏，都需支付债务利息，从而形成企业固定的负担；其资本成本一般比普通股筹资的成本低，而且不会分散投资者对企业的控制权。

3.3.1 短期借款

短期借款是指企业向银行或其他非银行金融机构借入的偿还期在1年之内的各种款项。短期借款主要包括生产周转借款、临时借款、结算借款等。

学习微平台

延伸阅读3-2

企业举借短期借款，首先必须提出申请，经审查同意后借贷双方签订借款合同，注明借款的用途、金额、利率、期限、还款方式、违约责任等；然后企业根据借款合同办理借款手续；借款手续办理完毕，企业便可取得借款。

1）短期借款的信用条件

（1）信贷限额。**信贷限额**是银行对借款人规定的无担保贷款的最高额。信贷限额的有效期通常为1年，但银行并不承担必须提供全部信贷限额的义务。如果企业信誉恶化，即使有信贷限额，也可能得不到借款。

（2）周转信贷协定。**周转信贷协定**是银行具有法律义务地承诺提供不超过某一最高限额的贷款协定。在协定的有效期内，只要企业的借款总额未超过最高限额，银行必须满足企业在任何时候提出的借款要求。企业享用周转信贷协定，通常要就贷款限额的未使用部分付给银行一笔承诺费，这是银行向企业提供此项贷款的一种附加条件。周转信贷协定的有效期通常超过1年，但实际上贷款每几个月发放一次，所以这种信贷具有短期借款和长期借款的双重特点。

（3）补偿性余额。补偿性余额V补偿性余额有助于银行降低贷款风险，但对借款企业来说，补偿性余额提高了借款的实际利率，加重了企业的利息负担。

同步计算3-4

某企业按年利率8%向银行借款1 000万元，银行要求企业保留20%的补偿性余额。那么企业实际可以动用的借款只有800万元，该项借款的实际利率为多少？

解： 该项借款的实际利率为：

$$\text{补偿性余额贷款实际利率} = \frac{\text{名义利率}}{1 - \text{补偿性余额比率}} \times 100\% = \frac{8\%}{1 - 20\%} \times 100\% = 10\%$$

（4）借款抵押。银行向财务风险较大的企业或对其信誉不甚有把握的企业发放贷款，有时需要有抵押品担保，以减少自己蒙受损失的风险。

（5）偿还条件。贷款的偿还有到期一次性偿还和在贷款期内定期（每月、季）等额偿还两种方式。

（6）其他承诺。银行有时还要求企业为取得借款而做出其他承诺。比如，及时提供财务报表以及保持适当的财务水平（如特定的流动比率）等。

2）短期借款的成本

由于受到本息偿还方式及其他附加条件的影响，短期借款的实际利率与名义利率常常会产生差异。因此，考虑短期借款成本必须结合本息偿还方式及其他附加条件，才能做出正确的评价。

（1）收款法下的借款成本。**收款法**是到期一次性支付本息的方法。在收款法下，借款的本息都在到期时一次性清偿，这时借款的名义利率与实际利率一致。因此，收款法下的借款成本就是借款的名义利率。但是，如果有其他附加条件，则应另行考虑。

（2）贴现法下的借款成本。**贴现法**是银行向企业发放贷款时，先从本金中扣除利息部分，而到期时借款企业则要偿还贷款全部本金的一种计息方法。采用这种方法，企业可利用的贷款额只有本金减去利息部分后的差额。因此，贴现法下的借款的实际利率高于名义利率。

$$\text{实际利率} = \frac{R \times \frac{i}{12} \times n}{\left(R - R \times \frac{i}{12} \times n\right) \times \frac{n}{12}} \times 100\% = \frac{12i}{12 - n \cdot i} \times 100\%$$

同步计算3-5

某企业从银行取得借款10 000元，期限1年，年利率（名义利率）为8%，利息额为800元。按贴现法付息，企业实际可利用的贷款为9 200元，该项借款的实际利率为多少？

解：该项借款的实际利率为：

$$\frac{800}{10\,000-800}\times 100\% \approx 8.7\%$$

（3）加息法下的借款成本。加息法是分期等额偿还本息的方法。在分期等额偿还贷款的情况下，银行将根据名义利率计算的利息加到贷款本金上，计算出贷款的本息和，要求企业在贷款期内分期偿还本息之和的金额。由于贷款分期均衡偿还，借款企业实际上只平均使用了贷款本金的半数，却支付了全额利息。这样，企业所负担的实际利率约为名义利率的两倍。

3）短期借款筹资的优缺点

短期借款筹资方式和长期借款、发行股票等筹资方式相比，具有灵活简便、速度快、时效性强等优点；不足之处是使用时间短、财务风险大，在有附加条件的情况下，资金成本往往比较高。

3.3.2 长期借款

长期借款是指企业向银行或其他非银行金融机构借入的使用期超过1年的借款，主要用于购建固定资产和满足长期流动资金占用的需要。

1）长期借款的种类

我国目前各金融机构的长期借款主要有：

（1）按照用途的不同，长期借款可分为固定资产投资借款、更新改造借款、科技开发和新产品试制借款等。

（2）按照提供贷款的机构的不同，长期借款可分为政策性银行贷款和商业银行贷款等。

（3）根据企业有无担保，长期借款可分为信用贷款和抵押贷款。信用贷款是指不需要企业提供抵押品，仅凭其信用或担保人信誉而发放的贷款。抵押贷款是指要求企业以抵押品作为担保的贷款。

2）取得长期借款的条件

我国金融部门对企业发放贷款的原则是：按计划发放、择优扶植、有物资保证、按期归还。

企业申请贷款一般应具备的条件有：

（1）独立核算、自负盈亏、有法人资格。

（2）经营方向和业务范围符合国家产业政策，借款用途属于银行贷款办法规定的范围。

（3）借款企业具有一定的物资和财产保证，担保单位具有相应的经济实力。

（4）具有偿还贷款的能力。

（5）财务管理和经济核算制度健全，资金使用效益及企业经济效益良好。

（6）在银行设有账户，办理结算。

3）长期借款的程序

（1）提出借款申请。企业必须先向银行递交借款申请报告，说明借款原因、借款时间、借款数额、使用计划、还款计划等内容。同时，企业还应准备必要的、说明企业具备上述借款条件的资料。

（2）银行审批。银行接到借款申请后，依据按计划发放、择优扶植、有物资保证、按期归还的原则，审核企业的借款条件，以确定是否给予贷款。

（3）签订借款合同。借款申请被批准后，借贷双方应就贷款条件进行谈判，然后签订借款合同。

（4）取得借款。借款合同签订后，企业即可在核定的指标范围内，根据用款计划或实际需要，一次或分次将借款转入企业的存款结算户进行支用。

（5）归还借款。贷款到期时，借款企业应按照借款合同的规定，按期清偿贷款本金与利息或续签合同，否则银行可根据合同规定，从借款企业的存款户中扣还贷款本息及罚息。

4）长期借款合同的内容

（1）借款合同的基本条款。借款合同应具备以下基本条款：①借款种类与借款用途；②借款金额、借款利率与借款期限；③还款资金来源及还款方式；④保证条款；⑤违约责任。

（2）借款合同的限制条款。银行避免和降低贷款风险的一个重要措施是，要求借款人接受基本条款以外的其他限制性条款，主要包括：①对借款企业流动资金保持量的规定，其目的在于保持借款企业资金的流动性和偿债能力。②对支付现金股利和再购入股票的限制，其目的在于限制现金外流。③对资本支出规模的限制，其目的在于减少企业日后不得不变卖固定资产以偿还贷款的可能性，仍着眼于保持借款企业资金的流动性。④限制其他长期债务，其目的在于防止其他贷款人取得对企业资产的优先求偿权。

5）长期借款筹资的优缺点

（1）长期借款筹资的优点：①筹资速度快，手续简便。向银行借款，通常只要银行审批通过，而不需要其他行政管理部门或社会中介机构的审批。只要企业具备借款条件，就可在较短的时间内、花较少的费用取得借款。②资金成本低。银行借款利率一般比债券要低，且利息费用可全部在所得税前列支，而且由于借款是在企业与银行之间直接协商确定，故不存在交易成本，因此其资金成本相对较低。③借款弹性大。借款合同是一种经济合同，只要双方同意即可修改借款条件，从而帮助企业缓解财务困难，扩大筹资弹性。

（2）长期借款筹资的缺点：①财务风险大。长期借款加大了企业负债的比重，固定的利息和到期本金的支付加大了企业的财务压力，增加了企业的财务风险。②限制条款多。长期借款取得时的保护性条款在降低银行风险的同时，也使企业在筹资和投资方面受到了极大的限制，降低了企业生产经营的灵活性，影响了企业未来的资金运作。

3.3.3 发行公司债券

公司债券是公司为筹集资金而发行的、约定在一定期限还本付息的有价证券，它反映了企业与债券持有人之间的债权债务关系。发行公司债券是企业向社会筹集资金的重要方式。债券的基本要素有以下几个方面：①债券面值，即债券的票面金额，是债券到期时偿还债务的金额；②债券的期限，债券都有明确的到期日，债券期限从数天到几十年不等；③利率和利息，债券上通常都载有利率，一般为固定利率，近些年也有浮动利率，债券的利率一般是年利率；④债券的价格，理论上，债券的面值就应是它的价格，但由于市场利率等因素的影响，债券的市场价格常常脱离它的面值。

1）公司债券的种类

公司债券有很多形式，大致有如下分类：

(1) 按债券上是否记有持券人的姓名或名称，公司债券可分为记名债券和不记名债券。**记名债券**是指企业发行债券时，债券购买者姓名和地址在发行债券企业登记的一种债券，偿付本息时，按名册付款。**不记名债券**即带有付息票的债券，企业发行这种债券时无须登记购买者姓名，持有人凭息票领取到期利息，凭到期债券收回本金。

(2) 按能否转换为公司股票，公司债券可分为可转换债券和不可转换债券。**可转换债券**是指债券持有人按规定的条件将债券转换为股票。**不可转换债券**是指债券持有人不能把持有的债券转换为股票。

(3) 按有无特定的财产担保，公司债券可分为抵押债券和信用债券。**抵押债券**是以企业特定财产为抵押担保的债券。其中，这里的“特定资产”可以是动产、不动产或其他企业股票等。如果发行企业无力偿还到期本息，持有人或作为其他代表的信托人有权处置抵押品作为补偿。**信用债券**是凭借企业信用而发行的债券。由于这种债券无抵押，因此债券持有人要承担一定的风险。同时，这种债券的利率往往高于有抵押担保的债券利率。

(4) 按利率的不同，公司债券可分为固定利率债券和浮动利率债券。固定利率债券是指利率在发行时即已确定并载于债券券面，即使市场利率发生了变化也不调整的债券。浮动利率债券是指利率水平在发行债券之初不固定，在发行期内按某一基准利率（如银行存款利率、政府债券利率）的变动方向进行调整的债券。

(5) 按偿还方式的不同，公司债券可分为定期还本债券和分期还本债券。**定期还本债券**是指规定在将来某到期日一次偿还本息的债券。**分期还本债券**是指在约定期限内分次偿还本息的债券。

2）发行公司债券的资格与条件

公司发行债券，必须具备规定的发行资格与条件。

(1) 发行公司债券的资格

《公司法》规定，股份有限公司、国有独资公司和两个以上的国有企业或者其他两个以上的国有投资主体投资设立的有限责任公司，有资格发行公司债券。

（2）发行公司债券的条件

有资格发行债券的公司，通常需要具备以下条件：

① 股份有限公司的净资产额不低于人民币3 000万元，有限责任公司的净资产额不低于人民币6 000万元。

② 累计债券余额不超过公司净资产额的40%。

③ 最近3年平均可分配利润足以支付公司债券1年的利息。

④ 筹集的资金投向符合国家产业政策。

⑤ 债券的利率不超过国务院限定的利率水平。

⑥ 国务院规定的其他条件。

3）发行公司债券的一般程序

（1）发行公司债券的决议或决定。股份有限公司和符合要求的有限责任公司发行公司债券事宜，由股东（大）会依公司章程规定的议事方式和表决程序做出决议；国有独资公司发行公司债券事宜，由国家授权投资的机构或者国家授权的部门做出决定；由董事会提出发行申请。

（2）经主管部门批准。国务院证券监督管理部门对公司提交的发行公司债券的申请进行审查，对符合《公司法》规定的，予以批准；对不符合规定的不予批准。

（3）制定募集办法并予公告。发行公司债券的申请被批准后，公司（发行人）应制定公司募集办法，并公告社会。

（4）募集借款。公司（发行人）公告债券募集办法后，即可开始募集工作。公司（发行人）应当配置公司债券应募书。债券认购人应填写应募书，并交纳债券款项，领取公司债券。

4）公司债券发行价格的确定

公司债券的发行价格是指公司债券在发行市场上发行时所使用的价格。通常，公司债券的发行价格有平价发行、溢价发行和折价发行三种。当债券按面值发行时叫平价发行；当债券按高于面值的价格发行时叫溢价发行；当债券按低于面值的价格发行时叫折价发行。

对于公司债券的发行价格，发行人与投资者是从不同角度来看待的，发行人考虑的是发行收入能否补偿未来所应支付的本息，投资者考虑的则是放弃资金使用权而应该获取的收益。由于公司债券的还本期限一般都在1年以上，因此在确定公司债券的发行价格时，不仅应考虑债券票面利率与市场平均利率之间的关系，还应考虑债券资金所包含的时间价值。据此，公司债券发行价格可按下列公式计算：

$$\text{发行价格}=\sum_{t=1}^{n}\frac{\text{年利息}}{(1+\text{市场利率})^{t}}+\frac{\text{面值}}{(1+\text{市场利率})^{n}}$$

式中：n为债券期限；t为付息期数；市场利率为债券发行时的市场利率。

同步计算3-6

某企业发行4年期债券，面值为100元，票面利率为10%，每年付息1次。当市场利率分别为8%、10%和12%时，债券的发行价格分别为多少？

解：该企业债券的发行价格计算如下：

当市场利率为8%时，债券的发行价格为：

P=100×10%×（P/A，8%，4）+100×（P/F，8%，4）=106.62（元）

当市场利率为10%时，债券的发行价格为：

P=100×10%×（P/A，10%，4）+100×（P/F，10%，4）=100（元）

当市场利率为12%时，债券的发行价格为：

P=100×10%×（P/A，12%，4）+100×（P/F，12%，4）=93.92（元）

5）公司债券筹资的优缺点

（1）公司债券筹资的优点：①资金成本低。由于债权人承担的风险小于股东承担的风险，加之债券利息在所得税前支付，具有一定的抵税作用，因此公司债券筹资的成本低于股票筹资的成本。②筹资对象广，市场大。与银行借款相比，公司债券的发行对象是众多的社会投资者，资金充裕，筹资潜力大。③可获得财务杠杆利益。当全部资本报酬率大于借款利率时，公司债券筹资可以提高自有资金的收益率，带来财务杠杆利益。

（2）公司债券筹资的缺点：①财务风险大。公司债券筹资提高了企业的负债比率，固定的利息支付负担和本金偿还义务增加了企业的财务负担和破产风险，加大了企业未来举债的难度。②限制条件多。首先，企业发行公司债券必须具备相应的资格，符合严格的条件，这在一定程度上限制了企业对公司债券筹资方式的使用；其次，发行公司债券时的各种限制性条款将会影响公司正常发展及未来举债的能力。

同步案例3-2

黄河水公司违约行为

背景与情境：安徽黄河水处理科技股份有限公司（以下简称“公司”）与中国建设银行股份有限公司马鞍山市分行（以下简称“建设银行”）签订了“人民币流动资金贷款合同”，合同约定借款期限为12个月，即从2023年4月14日起至2024年4月13日止，马鞍山市金福融资担保有限公司、何业俊及盛桂林、何翠华为公司上述借款提供担保，何业俊及盛桂林、何翠华、马鞍山唯得力润滑材料科技有限公司为马鞍山市金福融资担保有限公司提供最高额保证反担保，公司以自有土地、厂房为马鞍山市金福融资担保有限公司提供最高额抵押反担保。截至本公告日，公司因流动资金短缺，造成这笔借款逾期。截至本公告日，公司银行贷款本金逾期总额为2 048.41万元。

造成本次债务违约的原因主要有两点：一是，公司的应收账款回款难，中冶华天工程技术有限公司、中冶赛迪上海工程技术有限公司、马钢集团设计研究院有限责任公司、马鞍山郑蒲港新区建设投资有限公司、肥东县卫生健康委员会等回款慢、回款难；二是，公司第三大股东安徽省高新创业投资有限责任公司与公司第一大股东何业俊、盛桂林的股权回购诉讼，以及公司在中信银行股份有限公司合肥分行、中国建设银行股份有限公司马鞍山市分行以及中国银行股份有限公司马鞍山分行的贷款逾期事项对公司造成了不良影响，影响本笔贷款办理续贷。

资料来源 巨潮资讯．安徽黄河水处理科技股份有限公司关于公司债务违约的公告［EB/OL］．［2024-04-15］． http：//www.cninfo.com.cn/new/disclosure/detail? orgId=gfbj0836847&announcementId=1219619421&announcementTime=2024-04-15.引文有删减。

问题：黄河水公司违约事件给公司债务筹资带来哪些启示？

分析提示：公司债务筹资具有资金成本低、可获得财务杠杆利益等特点。但是债务筹资同样也具有高风险特征，公司一定要结合企业未来的生产经营状况，估计未来的现金流和偿债能力变化，再决定发行债券的数量和期限。

3.3.4 融资租赁

1）租赁的含义

租赁是指出租人在承租人给予一定报酬的条件下，授予承租人在约定的期限内占有和使用财产权利的一种契约性行为。

2）租赁的种类

（1）**经营租赁**，又称营业租赁。它是典型的租赁形式，通常为短期租赁。经营租赁的特点有：①承租人可随时向出租人提出租赁资产要求。②租赁期短，不涉及长期而固定的义务。③租赁合同比较灵活，在合理的限制条件范围内，双方可以解除租赁契约。④租赁期满，租赁资产一般归还给出租人。⑤出租人提供专门服务，如设备的保养、维修、保险等。

（2）**融资租赁**，又称财务租赁。它是区别于经营租赁的一种长期租赁形式，由于它可满足企业对资产的长期需要，有时也称资本租赁。融资租赁是现代租赁的主要形式。融资租赁的特点有：①一般由承租人向出租人提出正式申请，由出租人融通资金引进承租人所需设备，然后再租给承租人使用。②租期较长，租期一般为租赁资产寿命的一半以上。③租赁合同比较稳定。在租期内，承租人必须连续支付租金，非经双方同意，中途不得退租。④租赁期满后，租赁资产的处置有三种方法可供选择：将设备作价转让给承租人；由出租人收回；延长租期续租。⑤在租赁期内，出租人一般不提供维修和设备保养等方面的服务。

同步思考3-3

融资租赁与经营租赁都属于租赁。

问题：融资租赁租入固定资产与经营租赁租入固定资产是否都在企业资产负债表中反映？

理解要点：融资租赁租入固定资产的资产与负债都在企业的资产负债表中反映，因此称为表内筹资；而经营租赁租入的固定资产不在资产负债表中反映，应付租金也不在资产负债表中反映，故称为表外融资。

3）融资租赁的形式

融资租赁可分为如下三种形式：

（1）售后租回。**售后租回**是指根据协议，企业将某资产卖给出租人，再将其租回使用。从事售后租回的出租人为租赁公司等金融机构。

（2）直接租赁。**直接租赁**是指承租人直接向出租人租入所需要的资产，并付出租金。直接租赁的出租人主要是制造厂商、租赁公司。

（3）杠杆租赁。**杠杆租赁**涉及承租人、出租人和资金出借者三方当事人。从承租人的角度来看，这种租赁与其他租赁形式并无区别，但对出租人的要求却不同。出租人只出购买资产所需的部分资金（如30%），作为自己的投资；另外以该资产作为担保向资金出借者借入其余资金（如70%）。

4）融资租赁租金的计算

学习微平台

延伸阅读3-3

在租赁筹资方式下，承租人要按合同规定向租赁人支付租金。租金的数额和支付方式对承租人的未来财务状况具有直接的影响，也是租赁筹资决策的重要依据。

（1）融资租赁租金的构成

融资租赁的租金包括设备价款和租息两部分。其中，租息又包括租赁人的融资成本、租赁手续费等。

① 设备价款是租金的主要内容，它由设备的买价、运杂费和途中保险费等构成。

② 融资成本是指租赁人购买租赁设备所筹资金的成本，即设备租赁期间的利息。

③ 租赁手续费包括租赁人承办租赁设备的费用和一定的利润。租赁手续费的高低一般无固定的标准，可由承租人与租赁人协商确定。

（2）租金的支付方式

租金的支付方式也影响到租金的计算。租金通常采用分次支付的方式，租金的支付方式具体可以分为以下几种类型：

① 按支付间隔时间的长短，租金的支付方式可以分为年付、半年付、季付和月付等。

② 按支付时间的先后，租金的支付方式可以分为先付租金和后付租金两种。先付租金是指在期初支付；后付租金是指在期末支付。

③ 按每期支付金额的多少，租金的支付方式可以分为等额支付和不等额支付两种。

（3）租金的计算方法

在我国融资租赁业务中，计算租金的方法一般采用等额年金法。等额年金法是利用年金现值的计算公式经变换后计算每期支付租金的方法。因租金有先付租金和后付租金两种支付方式，需分别说明。

①后付租金的计算。承租人与租赁人商定的租金支付方式，大多为后付等额

租金，即普通年金。根据年资本回收额的计算公式，我们可确定后付租金方式下每年年末支付租金数额的计算公式为：

A=P/（P/A，i，n）

同步计算3-7

某企业采用融资租赁方式于2025年1月1日从租赁公司租入设备，设备价款为40 000元，租期为8年，到期后设备归企业所有。为了保证租赁公司能够完全弥补融资成本、相关的手续费并有一定盈利，双方商定采用18%的折现率。请计算该企业每年年末应支付的等额租金。

解：该企业每年年末应支付的等额租金为：

A=40 000÷（P/A，18%，8）=40 000÷4.0776≈9 809.69（元）

②先付租金的计算。承租企业有时可能会与租赁公司商定，采取先付等额租金的方式支付租金。根据即付年金的现值公式，可得出先付等额租金的计算公式为：

A=P/［（P/A，i，n-1）+1］

同步计算3-8

假如【同步计算3-7】采用先付等额租金的方式，则每年年初支付的租金额为多少？

解：该企业每年年初支付的租金额为：

A=40 000÷［（P/A，18%，7）+1］=40 000÷（3.8115+1）≈8 313.42（元）

③简便计算方法。简便计算方法即不考虑资金时间价值，此时的计算公式为：

每期应付租金=应付租金总额÷支付期数

5）融资租赁筹资的优缺点

（1）融资租赁筹资的优点

①筹资速度快。租赁往往比借款购置设备更迅速、更灵活。②限制条款少，手续简便，只要供需双方达成协议即可。③设备淘汰风险小。承租人在签订租赁合同确定租期时，已根据自身的生产技术发展情况考虑了可能出现的无形损耗因素，因而可避免自行购置发生陈旧而造成的损失。④财务风险小。租金在整个租期内分摊，不用到期归还大量本金。⑤税收负担轻。租金可在税前扣除，具有抵免所得税的效用。

（2）融资租赁筹资的缺点

资金成本较高，这是其最主要的缺点。一般来说，融资租赁的租金要比举借银行借款或发行债券所负担的利息高得多。另外，由于承租人在租赁期内无资产所有权，因而不能根据自身的要求自行处置租赁资产。

3.3.5 商业信用

商业信用是企业间在商品交易过程中由于延期付款或预收货款而形成的借贷

关系，是企业间一种直接的短期信用行为。商业信用的具体形式主要包括应付账款、应付票据和预收账款等。

1）应付账款

应付账款是企业购买货物暂未付款而欠对方的账项，是一种卖方信用。销售方通过赊销可以吸引客户，增加销售收入，减轻库存压力。赊购方则可以通过延期付款获得相当于货款金额的短期资金。

（1）应付账款的成本

通过应付账款的形式获得的资金可能是免费的，也可能是有代价的，这取决于销售方的信用条件。如果企业无论提前付款还是按信用期付款均没有现金折扣，则通过应付账款形式获得的资金为免费使用资金；如果销售方规定企业在折扣期内付款即可获得一定比率的现金折扣，则企业放弃现金折扣获得资金延期使用权是有代价的。

一般而言，放弃现金折扣的成本可用如下公式求得：

$$放弃现金折扣的资金成本=\frac{折扣百分比}{1-折扣百分比}\times\frac{360}{信用期-折扣期}\times 100\%$$

同步计算3-9

某企业按“2/10，n/40”的条件购入一批货物，即企业如果在10日内付款，则可享受2%的现金折扣；倘若企业放弃现金折扣，货款应在40天内付清。

要求：

①计算企业放弃该项现金折扣的成本。

②若另一家供应商提出“1/20，n/40”的信用条件，计算放弃现金折扣的成本。

③若企业准备享受现金折扣，则选择哪一家供应商有利？

④若企业准备放弃现金折扣，则选择哪一家供应商有利？

解：以上问题可通过下列步骤计算：

①企业放弃该项现金折扣的成本为：

$$放弃现金折扣的资金成本=\frac{2\%}{1-2\%}\times\frac{360}{40-10}\times 100\%\approx 24.49\%$$

②放弃另一家供应商的现金折扣的成本为：

$$放弃现金折扣的资金成本=\frac{1\%}{1-1\%}\times\frac{360}{40-20}\times 100\%\approx 18.18\%$$

③若企业准备享受现金折扣，则应当选择放弃现金折扣的成本高的一家（本例中即应选择放弃现金折扣成本为24.49%的一家）。

④若企业决定放弃现金折扣，则应当选择放弃现金折扣的成本低的一家（本例中即应选择放弃现金折扣成本为18.18%的一家）。

（2）利用现金折扣的决策

在附有信用条件的情况下，因为获得不同信用要负担不同的代价，所以买方企业要在利用哪种信用之间做出决策。一般来说，利用现金折扣的决策应从如下方面考虑：

① 如果企业能以低于放弃折扣的隐含利息成本（实质上是一种机会成本）的利率借入资金，则应在现金折扣期内用借入的资金支付货款，享受现金折扣。

② 如果企业在折扣期内将应付账款用于短期投资，所得的投资收益高于放弃折扣的隐含利息成本，则应放弃折扣而去追求更高的收益。

③ 如果企业因缺乏资金而欲展延付款期，则应在降低了的放弃折扣成本与展延付款带来的损失之间做出选择。

④ 如果企业面对两家以上提供不同信用条件的卖方，则应通过衡量放弃折扣成本的大小，选择信用成本最低的一家。

2）应付票据

应付票据是企业进行延期付款商品交易时开具的反映债权债务关系的票据。和应付账款一样，应付票据也是一种卖方信贷。应付票据的最长支付期不超过6个月，可以带息，也可以不带息。企业通过无息票据获得的信用是免费信用，通过带息票据获得的信用是有代价信用。带息票据的利率一般比银行借款的利率低，且不用保持相应的补偿余额和支付协议费，但到期必须归还，否则要交付罚金，因而风险较大。

3）预收账款

预收账款是企业在进行商品销售时通过预收部分或全部货款的方式取得的信用形式。和应付账款不同，预收账款是一种买方信用。预收账款相当于向买方借用资金后用物资抵偿。预收账款一般用于生产周期长、资金需要量大的货物的销售。如果以预收账款方式销售商品的价格低于正常销售商品的价格，则这种信用是有代价信用，信用成本即商品价格的差额；如果以预收账款方式销售商品的价格和正常销售商品的价格相同，则这种信用为免费信用。

此外，还存在一些在非商品交易中产生，但亦为自发性融资的应付费用，如应付工资、应交税费、其他应付款等。应付费用使企业受益在前、费用支付在后，一定程度上缓解了企业的资金需要。

4）商业信用筹资的优缺点

商业信用筹资最大的优点是容易取得。因为对于多数企业来说，商业信用是一种持续性的信贷形式，且无须正式办理筹资手续。另外，如果没有现金折扣或使用不带息的票据，商业信用筹资不承担成本。

商业信用筹资的缺陷是期限较短，在放弃现金折扣时所付出的成本较高。

课程思政3-3

荣盛发展中期票据违约事件

背景与情境：8月5日，北京金融资产交易所公告显示，荣盛房地产发展股份有限公司2020年度第一期中期票据未按期足额兑付。该票据（债券简称：20荣盛地产MTN001）于2024年7月23日到期，应兑付本金5 000万元及利息，但截至7月末，公司未能按期足额支付，已构成违约。

据公告，该票据的发行金额为10亿元，债项余额为9.30亿元，本计息期的债项利率为7.22%。此次违约涉及的本息合计为1.0031亿元，其中本金5 000万元，利息5 031.55万元。

主承销商中国民生银行股份有限公司表示，将督导发行人做好存续期信息披露工作，推进落实债务化解方案，并与交易商协会、投资者及相关中介机构保持沟通，以保障投资人合法权益。同时，主承销商还将定期披露后续违约处置工作进展，并密切关注发行人偿债资金的筹措情况。

资料来源　金融界．荣盛发展一笔中期票据违约　应付本息合计超1亿元［EB/OL］.［2024-08-02］．https://baijiahao.baidu.com/s?id=1806529794789899994&wfr=spider&for=pc.引文有删减。

问题：企业应当如何利用商业信用筹资？

研判提示：企业利用商业信用筹资，应当在不损害信用的条件下尽可能推迟付款时间；如果有现金折扣，企业则要将现金折扣成本与银行借款成本和投资收益大小相比较，以确定是否要接受现金折扣。只是简单地推迟付款甚至赖账，既不符合企业财务管理的要求，又违背了诚实守信的精神。

教学互动3-2

（1）某企业从银行获得附有承诺的周转信贷额度为1 000万元，承诺费率为0.5%，年初借入800万元，年底偿还，年利率为5%。

要求：

计算该企业应负担的承诺费。

（2）某企业发行3年期企业债券，面值为1 000元，票面利率为10%，每年年末付息一次。

要求：

分别计算当市场利率为8%、10%、12%时每张债券的发行价格。

（3）甲公司于2025年1月1日采购了一批金额为600 000元的材料，发票上注明的付款条件为"2/20，n / 50"。甲公司目前资金比较紧张，如果要支付材料款，需要向银行借款，银行借款利率为12%，而且要求公司在银行中保留20%的补偿性余额。

要求：

①该公司如果在1月21日付款，则需要支付多少元？

②该公司如果在2月20日付款，是否比1月21日付款有利，为什么？

学习微平台

随堂测3-3

3.4　权益资金筹集

权益资金又称自有资金，是企业一项最基本的资金来源。企业自有资金的筹集方式主要有吸收直接投资、发行股票和利用留存收益等。

3.4.1　吸收直接投资

1）吸收直接投资的概念和种类

（1）吸收直接投资的概念

吸收直接投资是公司以协议等形式吸收国家、其他企业、个人和外商等直接投入的资本，以形成公司资本金的一种筹资方式。

（2）吸收直接投资的种类

①按吸收直接投资主体的不同，企业吸收直接投资可分为吸收国家投资、吸收法人投资和吸收个人投资三种。

国家投资是指有权代表国家投资的政府部门或者机构以国有资产投入企业，这种情况下形成的资本叫国家资本。吸收国家投资是国有企业筹集自有资金的主要方式。当前，除了原来国家以拨款形式投入企业所形成的各种资金外，财政和主管部门拨给企业的专用拨款以及减免税后形成的资金，也应视为国家投资。吸收国家投资一般具有以下特点：产权归属国家；资金的运用和处置受国家约束较大；在国有企业中采用比较广泛。

法人投资是指法人单位以其可支配的资产投入企业，这种情况下形成的资本叫法人资本。吸收法人投资一般具有以下特点：投资活动发生在法人单位之间；以参与企业利润分配为目的；出资方式灵活多样。

同步思考3-4

法人投资是指法人单位以其可支配的资产投入企业，这种情况下形成的资本叫法人资本。

问题：作为法人企业，可能本身需要向外筹资，为什么还会向其他企业投资？

理解要点：法人企业向其他企业投资的可能原因，一是为了获得投资收益，参与投资企业利润分配；二是为了控制被投资企业。

个人投资是指社会个人或本企业内部职工以个人合法财产投入企业，这种情况下形成的资本叫个人资本。吸收个人投资一般具有以下特点：参加投资的人员较多；每人投资的数额相对较少；以参与企业利润分配为目的。

②按投资者出资形式的不同，企业吸收直接投资可分为公司吸收现金投资和公司吸收非现金投资两类。**现金投资**是指投资者以投入货币资金的形式出资，它是企业吸收直接投资的最主要形式之一。**非现金投资**是指投资者以货币资金以外的资产的形式投资。其中，非现金资产主要包括实物资产，土地使用权、专利权等无形资产，原材料、产品等流动资产。非现金资产投资必须符合企业生产经营需要，并要进行公正、合理的估价。

2）吸收直接投资的优缺点

（1）吸收直接投资的优点

①吸收直接投资所筹资本属于公司的权益资本，与借入资本相比较，它更能

提高公司的资信和借款能力。②公司吸收直接投资不仅可以筹得现金，而且能够直接获得其所需要的先进设备与技术，这与仅筹集现金的筹资方式相比较，更能尽快地形成生产经营能力。③公司采用吸收直接投资的筹资方式，财务风险较低。

(2) 吸收直接投资的缺点

①筹资成本较高。②由于没有证券作为媒介，公司吸收的直接投资，往往产权不够明晰，这不利于公司产权的流动和重组。③国家对谋求吸收直接投资公司的诸多政策，不仅十分烦琐多变，而且很容易导致国家行政权力对公司的生产经营方向、营销策略、筹资渠道和方式等产生消极性作用，从而使这些公司不能与现代市场经济体制真正融为一体。

3.4.2 发行普通股

1）普通股及股东的权利

普通股是股份有限公司发行的无特别权利的股份，也是最基本的、标准的股份，它代表了股东对股份制公司的所有权。发行普通股是股份有限公司筹集权益资金的主要方式。持有普通股股份者为普通股股东。

普通股股东主要有如下权利：

① 经营管理权。出席或委托代理人出席股东大会，并依公司章程规定行使表决权。普通股股东还具有对公司账目和股东大会决议的审查权和对公司事务的质询权。

② 股权转让权。普通股股东可以根据投资计划的需要向其他投资者转让股份。

③ 收益分配请求权。普通股股东可参与公司税后利润的分配，取得股息或现金股利。

④ 优先认股权。为了不影响原有股东对公司的控制权，公司发行新股时，普通股股东有优先认购的权利。

⑤ 分配公司剩余财产的权利。公司清算时，在偿还债务和优先股股本后，剩余财产归普通股股东所有。

⑥ 公司章程规定的其他权利。

2）普通股的种类

(1) 按股票有无记名划分

普通股可以分为记名股票和不记名股票。向发起人、国家授权投资的机构、法人发行的股票，应为记名股票。

(2) 按股票是否标明金额划分

普通股可分为面值股票和无面值股票。目前，《公司法》不承认无面值股票，规定股票应记载票面的面额，并且其发行价不得低于票面金额。

(3) 按投资主体的不同划分

普通股可分为国家股（有权代表国家投资的部门或机构以国有资产向公司投

入而形成的股份）、法人股（企业法人依法以其可支配的财产向公司投入而形成的股份，或具有法人资格的事业单位和社会团体以国家允许用于经营的资产向公司投入而形成的股份）、个人股（社会个人或公司内部职工以个人合法财产投入公司而形成的股份）等。

（4）始发股和新股

始发股是指股份公司设立时发行的股票，也称原始股。新股是指已成立的股份公司为募集新的资金而发行的股票。两者虽然在发行条件、目的和价格上不尽相同，但股东的权利和义务是相同的。

业务链接3-2

学习微平台

延伸阅读3-4

什么是IPO

首次公开募股（initial public offerings，IPO），是指企业通过证券交易所首次公开向投资者增发股票，以期募集用于企业发展的资金的过程。

（5）按发行对象和上市地区的不同划分

普通股可以分为A股、B股、H股和N股等。A股是供我国大陆地区个人或法人买卖的，以人民币标明票面金额并以人民币认购和交易的股票。B股主要是供外国和我国的港、澳、台地区投资者买卖的，以人民币标明票面金额但以外币认购和交易的股票，国内投资者也可购买，B股在上海、深圳上市。H股是向外国和我国的港、澳、台地区投资者发行的，在香港上市的股票。N股是在纽约上市的股票。

3）股票发行

股份有限公司在设立时要发行股票。股票的发行，实行公平、公正的原则。股票发行的管理规定，主要包括股票的发行条件、发行程序和销售方式等。

（1）股票的发行条件

按照《公司法》的有关规定，股份有限公司发行股票，应符合以下条件：

① 每股金额相等，同次发行的同种类股票，每股的发行条件和价格应当相同。

② 股票发行价格可以按票面金额，也可以超过票面金额，但不得低于票面金额。

③ 股票应当载明公司名称、公司成立日期、股票种类、票面金额及代表的股份数、股票的编号等主要事项。

④ 公司向发起人、法人发行的股票，应当为记名股票。

⑤ 公司发行记名股票的，应当置备股东名册，记载股东的姓名或者名称及住所、各股东所持股份数、各股东所持股票的编号、各股东取得股份的日期等事项。公司发行无记名股票的，应当记载其股票数量、编号及发行日期。

⑥ 公司发行新股，依照公司章程的规定由股东大会或者董事会对下列事项做出决议：新股种类及数额；新股发行价格；新股发行的起止日期；向原有股东

发行新股的种类及数额。

(2) 股票的发行程序

股份有限公司在设立时发行股票与增资发行新股，程序上有所不同：

① 提出募集股份申请。

② 公告招股说明书，制作认股书，签订承销协议和代收股款协议。

③ 招认股份，缴纳股款。

④ 召开创立大会，选举董事会、监事会。

⑤ 办理设立登记，交割股票。

(3) 股票的发行方式、销售方式和发行价格

①股票的发行方式。**股票的发行方式**是指公司通过何种途径发行股票。

股票的发行方式可以分为两类：一是公开间接发行，即通过中介机构，公开向社会公众发行股票。这种发行方式的优点是发行范围广，易于足额募集资本；股票变现性强；有助于提高公司的知名度，扩大公司的影响力；缺点是手续烦琐，发行成本高。二是不公开直接发行，即只向少数特定的对象直接发行股票。我国股份有限公司采用发起设立方式和不向社会公开募集方式发行股票，就属于股票的不公开直接发行。这种发行方式的优点是弹性较大，发行成本低；缺点是发行范围小，股票变现性差。

②股票的销售方式。**股票的销售方式**是指股份有限公司向社会公开发行股票时所采用的销售方法。

股票的销售方式可以分为两类：一是自销方式。自销方式可以节省发行费用，但筹资时间长、风险大，需要发行公司有较高的知名度、信誉和实力。二是承销方式。《公司法》规定，股份有限公司向社会公开发行股票，应当由依法设立的证券公司承销，签订承销协议。股票承销又分为包销和代销两种方式。包销方式可以及时筹足资本，免于承担发行风险，但股票以较低的价格售给承销商会损失部分溢价。代销方式的发行费用较低，但公司自己要承担股款未筹足的风险。

③股票的发行价格。**股票的发行价格**是指股票发行时所使用的价格，也就是投资者认购股票时所支付的价格。

股票的发行价格通常由发行公司根据股票面值、股市行情和其他有关因素决定。一般来说，以募集方式设立的公司首次发行的股票，其价格由发起人决定；公司增资发行的股票，其价格由股东大会确定。股票的发行价格一般有三种：一是等价。等价一般在股票的初次发行或在股东内部分摊增资的情况下采用。等价发行的股票容易推销，但难以取得股票的溢价收入。二是时价。时价也称市价，是以公司原发行同种股票的现行市场价格为基准确定的发行价格。时价一般在增发新股时采用。三是中间价。中间价是以等价和时价的中间值为基准确定的发行价格。《公司法》规定不得折价发行股票。

4) 股票上市

(1) 股票上市的目的

股票上市是指股份有限公司公开发行的股票，经批准在证券交易所进行挂牌

交易。经批准在交易所上市交易的股票，则称为上市股票。

股份有限公司申请股票上市，一般出于以下目的：①实现资本大众化，分散公司风险；②提高公司股票的变现能力；③便于公司筹措新资金；④提高公司知名度；⑤便于确定公司的价值。

但股票上市也会对公司产生不利的影响：①公司将负担较高的信息披露成本；②各种信息公开的要求可能会暴露公司的商业秘密；③股价有时会歪曲公司的实际状况，损害公司的声誉；④资本的大众化可能会分散公司的控制权，造成管理上的困难。

（2）股票上市的条件

股份有限公司申请股票上市，不同证券交易所和不同板块的上市条件不完全相同，但一般包括以下几方面的内容：

① 上市公司必须具有雄厚的经济实力；

② 上市公司必须具有较强的实际和潜在盈利能力；

③ 股票总价值必须达到一定水平；

④ 股权分散状况良好；

⑤ 公司开业在一定年限以上；

⑥ 上市公司要按时报送有关公司的盈利和财务状况的报表和资料等。

具备上述条件的股份有限公司经申请，由国务院或国务院授权的证券管理部门核准，其股票方可上市。

（3）股票上市的暂停与终止

股票上市公司有下列情形之一的，由国务院证券管理部门决定暂停其股票上市：

① 公司股本总额、股权分布等发生变化，不再具备上市条件（限期内未消除的，终止其股票上市）。

② 公司不按照规定公开其财务状况，或者对财务会计报告做虚假记载（后果严重的，终止其股票上市）。

③ 公司有重大违法行为（后果严重的，终止其股票上市）。

④ 公司最近3年连续亏损（限期内未消除的，终止其股票上市）。

另外，公司决定解散、被行政主管部门依法责令关闭或者宣告破产的，由国务院证券管理部门决定终止其股票上市。

5）普通股筹资的优缺点

（1）普通股筹资的优点

①发行普通股筹措的资本具有永久性，无到期日，不需归还。②发行普通股筹资没有固定的股利负担。③发行普通股筹集的资本是公司最基本的资金来源，可作为其他筹资方式的基础，尤其可为债权人提供保障，增加公司的举债能力。④由于普通股的预期收益较高，并可一定程度地抵消通货膨胀的影响，因此普通股筹资容易吸收资金。

（2）普通股筹资的缺点

①普通股的资本成本较高。首先，从投资者的角度来看，投资于普通股风险较

高，相应地要求有较高的投资报酬率。其次，从筹资公司角度来看，普通股股利从税后利润中支付，不具有抵税作用。此外，普通股的发行费用一般也较高。②以普通股筹资会增加新股东，这可能会分散公司的控制权。同时，新股东分享公司未发行新股前积累的盈余，会降低普通股的每股净收益，从而可能引发股价的下跌。

同步案例3-3

江苏固耐特围栏系统股份有限公司股票筹资

背景与情境：江苏固耐特围栏系统股份有限公司（以下简称“公司”）于2023年11月2日召开了第三届董事会第三次会议，会上审议通过了《关于〈江苏固耐特围栏系统股份有限公司2023年第一次股票定向发行说明书〉的议案》，于2023年11月3日披露了《江苏固耐特围栏股份有限公司2023年第一次股票定向发行说明书》（公告编号：2023-032）；2023年11月24日公司召开了2023年第三次临时股东大会，审议通过了本次股票发行的方案及相关议案。全国中小企业股份转让系统有限责任公司于2023年12月22日向公司出具了《关于同意江苏固耐特围栏系统股份有限公司股票定向发行的函》（股转系统函［2023］3365号），公司本次定向发行实际新增股份为4 500 000股。天衡会计师事务所（特殊普通合伙）于2024年1月9日出具了天衡验字（2024）00006号验资报告。本次发行股票数量为4 500 000股，发行价格为4.00元/股，募集资金总额为18 000 000.00元。公司注册资本由20 208 200.00元增加至24 708 200.00元，总股本由20 208 200股增加至24 708 200股。

资料来源 巨潮资讯．江苏固耐特围栏系统股份有限公司关于定向增发股票完成工商变更登记并换发营业执照的公告［EB/OL］．［2024-04-24］．http：//www.cninfo.com.cn/new/disclosure/detail? orgId=gfbj0872291&announcementId=1219648231&announcementTime=2024-04-17.引文有删减。

问题：请分析，发行股票筹资有哪些利弊？

分析提示：普通股筹资筹措的优点是资本具有永久性、没有固定的股利负担、增加公司的举债能力等。但是普通股筹资的资本成本较高，可能会分散公司的控制权。同时，新股东分享公司未发行新股前积累的盈余会降低普通股的每股净收益，从而可能引发股价的下跌。

3.4.3 发行优先股

优先股是一种特别的股票，它与普通股有许多相似之处，但又具有债券的某些特征，从法律的角度来讲，优先股属于自有资金。

1）优先股的种类

按不同的分类标准，优先股可分为不同的种类，现介绍几种最主要的分类方式。

（1）累积优先股和非累积优先股

累积优先股是指在任何营业年度内未支付的股利可累积起来，同以后营业年度的盈利一起支付的优先股股票。**非累积优先股**是指仅按当年利润分取股利，而不予以累积补付的优先股股票。

（2）可转换优先股和不可转换优先股

可转换优先股是指股东可在一定时期内按一定比例把优先股转换成普通股的股票。不可转换优先股是指不能转换成普通股的股票。不可转换优先股只能获得固定股利报酬，而不能获得转换收益。

（3）参加优先股和不参加优先股

参加优先股是指不仅能取得固定股利，还有权与普通股一同参加利润分配的股票。根据参与利润分配的方式的不同，参加优先股又可分为全部参加分配的优先股和部分参加分配的优先股。前者表现为优先股股东有权与普通股股东共同等额分享本期剩余利润；后者则表现为优先股股东有权按规定额度与普通股股东共同参与利润分配，超过规定额度部分的利润，归普通股股东所有。

不参加优先股是指不能参加剩余利润分配，只能取得固定股利的优先股。其特点是优先股股东对股份公司的税后利润，只有权分得固定股利，对取得固定股利后的剩余利润，无权参加分配。

（4）可赎回优先股和不可赎回优先股

可赎回优先股又称可收回优先股，是指股份有限公司可按一定价格收回的优先股股票。**不可赎回优先股**是指不能收回的优先股股票。

2）优先股股东的权利

优先股的“优先”是相对普通股而言的，这种优先主要表现在以下几个方面：

（1）优先分配股利权

公司在发放给普通股股东股利之前，持优先股的股东有按约定的股利率优先分得股利的权利。

（2）优先分配剩余资产权

公司破产清算时，在偿还负债之后的剩余财产的分配中，优先股股东具有优先求偿的权利。

3）优先股的性质

优先股是一种具有双重性质的证券，它虽属自有资金，却兼有债券性质。从法律上讲，优先股是企业自有资金的一部分。优先股有固定的股利，这与债券利息相似；优先股对盈利的分配和剩余资产的求偿具有优先权，这也类似于债券。

4）优先股筹资的优缺点

学习微平台

随堂测3-4

（1）优先股筹资的优点：①没有固定到期日，不用偿还本金；②股利的支付既固定，又有一定弹性；③可以增加公司信誉。

（2）优先股筹资的缺点：①筹资成本高；②筹资限制多；③财务负担重。

同步业务3-1

新生产线扩建项目的债务筹资计划

业务要求：

确定筹资总额：5 000万元。

选择债务筹资方式：银行贷款、发行债券或融资租赁。

评估各筹资方式的成本与可行性。

业务分析：

与银行洽谈贷款条件，可能包括利率、偿还期限和担保要求。

评估市场条件，确定是否发行债券筹资，包括债券的利率、期限和信用评级。

考虑融资租赁的可能性，评估租赁成本与资产所有权问题。

操作程序：

① 收集和准备必要的财务报表和项目计划书，用于与潜在的债权人沟通。

② 比较不同债务筹资方式的总成本，包括利率、手续费和其他潜在费用。

③ 评估各筹资方式对公司财务状况和风险的影响。

④ 选择最合适的债务筹资方式，并与债权人进行深入谈判。

⑤ 准备和签署筹资合同，确保合同条款符合公司利益。

⑥ 筹资成功后，制订还款计划，并监控资金使用效率。

深度剖析3-1

公司扩大生产规模的权益筹资方案

难点问题：

如何确定权益筹资的规模和结构？

权益筹资对公司财务状况和股东权益的影响有哪些？

解析与讨论：

分析公司目前的资本结构，确定权益筹资的规模。

讨论不同权益筹资方式（如发行新股、引入战略投资者等）的优缺点。

评估权益筹资对公司财务杠杆、盈利能力和股东权益的影响。

操作程序：

① 分析公司当前财务状况，确定资金需求。

② 评估不同权益筹资方式的可行性和成本。

③ 确定权益筹资的规模和结构，制订筹资方案。

④ 与潜在投资者沟通，确定投资意向。

⑤ 完成权益筹资，优化公司资本结构。

第 4 章

资金成本及其结构

学习目标

通过本章学习，应该达到以下目标：

理论目标： 学习与把握资金成本的含义，经营杠杆与经营风险，财务杠杆与财务风险，总杠杆与总风险以及资本结构的相关分析等陈述性知识；能够利用所学理论知识指导“资本成本及其结构”的相关认知活动，正确解答本章相关“同步思考”和《训练手册》第4章中“客观题”和“主观题”的“理论题”各题型问题；体验本章“初级学习”中技术认知的横向正迁移，以及相关胜任力中“技术认知”要素的阶段性生成。

实务目标： 学习与把握资金成本的计算与分析，经营杠杆、财务杠杆、总杠杆的计算与分析，最优资本结构的确定方法，“业务链接”等程序性知识；能以其建构“资本成本及其结构”中的规范与规则意识，正确解析本章“同步计算”、“教学互动”、相关“同步思考”和《训练手册》第4章“客观题”和“主观题”的“实务题”各题型问题；体验本章技术规范与规则“初级学习”中的横向正迁移，以及相关胜任力中“技术规范与规则”要素的阶段性生成。

案例目标： 运用本章理论与实务知识研究相关案例，通过多元表征“同步案例”和《训练手册》第4章“客观题”与“主观题”的“案例题”，培养和提高在特定业务情境中分析问题和决策设计能力；能够结合本章教学内容，依照相关规范、要求或标准，对“课程思政4-1”至“课程思政4-3”，以及《训练手册》第4章“课程思政”中的企业行为进行思政研判，培养高尚的职业道德情操，树立社会主义核心价值观；体验本章“高级学习”中专业知识、通用知识与思政元素的协同性重组迁移，以及相关胜任力中“认知弹性”要素的阶段性生成。

实训目标： 以所学“资本成本及其结构”的理论与实务知识为前提，在正确解答《训练手册》第4章“客观题”与“主观题”之“实训题”各题型问题，并了解和把握本实训所及“能力与道德领域”相关“技术-技能”点的“规范与标准”的基础上，参加“‘资金成本分析及资本结构优化’胜任能力”的实践训练。通过各项实训任务的完成，系列“技术-技能”操作的实施，以及《“资金成本分析与资本结构优化”训练报告》的准备与撰写等有质量、有效率的活动，培养“资本成本分析与资本结构优化”的专业能力，强化“数字应用”“解决问题”“革新创新”等职业核心能力（中级），并通过“认同级”践行“职业态度”和“职业守则”等行为规范，促进健全职业人格的塑造；体验本章“实践学习”中“专能”“通能”“职业道德”元素的协同性“重组-产生”迁移，以及相关胜任力中“求知韧性”和“复合性‘技术-技能’”要素的阶段性生成。

学习微平台

思维导图4-1

引例　复星国际降杠杆

背景与情境： 复星国际（00656.HK）公布2023年中期业绩，上半年公司总收入970.6亿元，同比增长10.9%；归母净利润达3.6亿元。一度让外界担忧的债务问题也得到较大改善。相较2022年同期，集团合并报表总债务大幅下降超400亿元；总债务占总资本比例进一步降至51.8%。

截至报告期期末，公司的现金、银行结余及定期存款达1 146.8亿元，通过加大非战略性、非核心资产的退出，公司合并报表层面退出项目回笼现金超200亿元；公司合并报表层面的总负债降至2 209.2亿元，其中归属于复星国际集团控股层面的负债降至947亿元。

自2020年起，复星国际已将降债作为财务战略的重点，并通过非战略非核心资产处置来实现这一目标，并在2020年和2021年连续两年兑现投退平衡。

2022年以来，面对外部资本市场的剧烈动荡，集团加大了资产处置力度，在2022年退大于投的基础上，2023年继续执行非战略性、非核心资产的退出，并把资产组合优化的财务战略向下贯彻到附属公司。报告期内，总部层面完成资产退出，实现现金回流超140亿元，合并报表层面完成资产退出实现现金回流超200亿元。

从中报来看，复星国际合并报表总负债为2 209亿元，对比2022年同期的2 611亿元，下降402亿元。总债务占总资本比例进一步降至51.8%，平均债务成本为5.32%。

资料来源　江楚雅. 聚焦主业，积极“瘦身”的复星国际中期业绩亮眼［N］. 长江商报，2023-09-05.引文有删减。

从引例可见，企业举债会提高财务杠杆，但是在获得财务杠杆利益的同时，企业举债也会导致企业风险的加大；反之则反。因此，在企业资本结构中，负债比率不能过大，企业应该不断调整负债与权益筹资的比重，以确定最佳资本结构。

4.1　资金成本

4.1.1　资金成本的含义和作用

1）资金成本的含义

资金成本也称资本成本，是指企业为筹集和使用资金而付出的代价。从广义上讲，企业筹集和使用任何资金都要付出代价。然而，由于企业资金中的长期资金所占比重较大，且成本较高，因而，狭义的资金成本仅指筹集和使用长期资金的成本。

资金成本包括用资费用和筹资费用两部分。**用资费用**是指企业为使用资金而付出的代价，如债务资金的利息和权益资金的股利、分红等，其特点是分次支付，且数额较大。**筹资费用**是指企业在筹资阶段而支付的代价，如债券的发行费用、股票的发行费用及手续费等，其特点是一次性支付，且数额小。

资金成本可以用绝对数表示，也可以用相对数表示，但是因为绝对数不利于不同资金规模的比较，所以在财务管理中，一般采用相对数表示。资金成本率的基本计算公式为：

$$资金成本率=\frac{资金使用费}{筹资总额-资金筹集费用}\times 100\%$$

学习微平台

延伸阅读4-1

也可以表示为：

$$K=\frac{D}{P-F}\times 100\%=\frac{D}{P(1-f)}\times 100\%$$

式中：D为资金使用费；P为筹资总额；F为资金筹集费用；f为筹资费用率。

同步案例4-1

亿安天下银行借款

背景与情境： 为保障亿安天下公司业务发展，更好地满足公司日常生产经营需要，2024年3月，公司拟向北京中关村银行股份有限公司申请借款，借款金额不超过2 000万元，公司控股股东、实际控制人李红明、王雪芳，控股子公司怀来云交换网络科技有限公司、河北亿广云数据有限公司向中关村银行股份有限公司提供无限连带责任保证，借款用于公司补充流动资金，前述担保均为无偿担保，借款期限为1年，利率拟不超过5.2%，具体内容以双方签订的“借款合同”为准。

资料来源　春雨．亿安天下拟向银行申请不超过2000万借款　借款期限为1年［EB/OL］.［2024-03-13］. http：//www.cninfo.com.cn/new/disclosure/detail？orgId=gfbj0870849&announcementId=1219300993&announcementTime=2024-03-13.引文有删减。

问题： 假定公司所得税税率是25%，不考虑借款费用，亿安天下预计银行借款的利息资金成本是多少？

分析提示： 亿安天下预计银行借款的利息资金成本要计算税后利息费用，因此，税后资金成本是5.2%×（1−25%）=3.9%。

2）资金成本的作用

（1）资金成本是企业确定筹资方案和进行资本结构决策的重要依据

企业在筹资过程中，经常面临多种筹资方案的选择问题，筹资方案的选择通常要考虑筹资风险、筹资速度、筹资难易程度、控制权、资金成本等多个方面的因素，其中，资金成本是一个重要的决定因素。例如，个别资金成本是比较各种筹资方式的重要依据；综合资金成本是衡量资金结构是否合理的依据；边际资金成本是选择追加筹资方案的依据。

（2）资金成本是评价投资方案和进行投资决策的重要依据

企业在投资决策中要衡量投资方案是否具有投资可行性，主要考察其是否可以为股东增加财富，即首先要看投资项目的预期收益率能否超过其资金成本，若投资收益弥补资金成本后还有剩余，则该项目可行；否则，该项目不可行。

（3）资金成本是评价企业经营业绩的重要依据

在衡量企业经营业绩时，投资经营利润应高于资金成本，否则表明企业业绩欠佳。

资金成本包括个别资金成本、加权平均资金成本和边际资金成本。

4.1.2　个别资金成本的计算

个别资金成本是指使用各种长期资金的成本，主要包括长期借款的资金成本、债券的资金成本、优先股的资金成本、普通股的资金成本和留存收益的资金成本等。

1）长期借款的资金成本

长期借款的资金成本是指借款利息和筹资费用。由于借款利息一般允许在所得税前支付，因此，企业实际负担的利息为税后利息。企业长期借款的资金成本的计算公式为：

$$K_L=\frac{I_L(1-T)}{L(1-f)}\times100\%=\frac{R_L(1-T)}{1-f}\times100\%$$

式中：I_L为长期借款年利息；T为所得税税率；L为长期借款总额；f为筹资费用率；R_L为长期借款的年利率。

在长期借款附加补偿性余额的情况下，长期借款筹资总额应扣除补偿性余额，从而导致长期借款成本升高。

同步计算4-1

某公司向银行取得200万元的5年期借款，年利率10%，每年付息一次，到期一次还本，借款手续费费率0.3%，所得税税率25%，计算该银行借款的资金成本。

解：该银行借款的资金成本为：

$$K_L=\frac{200\times10\%\times(1-25\%)}{200\times(1-0.3\%)}\times100\%\approx7.52\%$$

2）债券的资金成本

债券的资金成本是指债券利息和筹资费用，其计算公式为：

$$K_b=\frac{I_b(1-T)}{B(1-f)}\times100\%$$

式中：I_b为债券年利息；T为所得税税率；B为债券筹资总额；f为筹资费用率。

值得注意的是：由于债券可以按面值发行，也可以折价或溢价发行，但无论以何种价格发行债券，其年利息均按照面值乘以票面利率来确定，其筹资总额均按实际发行价格计算。

同步计算4-2

某公司发行面值为1 000万元、票面利率为7%的5年期长期债券，利息每年支付一次。发行费为发行价格的5%，公司所得税税率为25%，分别计算债券按面值、按面值的120%以及按面值的90%发行时的资金成本。

解：该公司资金成本计算如下：

债券按面值发行时的资金成本为：

$$K_b=\frac{1\,000\times7\%\times(1-25\%)}{1\,000\times(1-5\%)}\approx5.53\%$$

债券溢价发行时的资金成本为：

$$K_b=\frac{1\,000\times7\%\times(1-25\%)}{1\,000\times120\%\times(1-5\%)}\approx4.61\%$$

债券折价发行时的资金成本为：

$$K_b=\frac{1\,000\times7\%\times(1-25\%)}{1\,000\times90\%\times(1-5\%)}\approx6.14\%$$

3）优先股的资金成本

权益资金的资金占用费是向股东分派的股利和股息，而股息是以所得税税后净利支付的，不能抵减所得税。优先股属于权益资金，所以优先股股利不能抵税。优先股的资金成本的计算公式为：

$$K_P=\frac{D_P}{P_P(1-f)}\times100\%$$

式中：D_P为优先股年利息；P_P为优先股筹资总额；f为筹资费用率。

由于股利是同股同权、同股同利（每一股具有相同的权利，股利相同）的，所以优先股的资金成本可以根据单股资金计算。

同步计算4-3

某企业为了进行一项投资，按面值发行优先股240万元，预计年利率为10%，筹资费用率为5%，计算企业优先股的资金成本。

解：优先股的资金成本为：

$$K_P=\frac{240\times10\%}{240\times(1-5\%)}\times100\%\approx10.53\%$$

4）普通股的资金成本

普通股的筹资费用是指发行普通股时发生的相关费用，包括发行费、印刷费、律师费、财产评估费、公证费等。普通股的使用费用为支付给股东的股利。普通股股利支付的情况比较复杂，它取决于企业的获利水平和股利政策。因此，普通股的资金成本的计算也比较复杂，下面介绍四种常用的普通股资金成本的计算方法。

（1）固定股利模型法

如果股份制企业采用固定股利政策，即每股股票每年可得到相等金额的股利。由于普通股股利税后支付，不具有抵税作用，因此，在固定股利政策下，普通股资金成本的计算与优先股资金成本的计算一样，此处不再赘述。

（2）固定增长股利模型法

如果股份制企业的收益每年按一个固定的比率增长，并采用固定股利分配政策，则股利也会每年按一个固定的比率增长，此时普通股资金成本的计算公式为：

$$K_S=\frac{D_1}{P_0(1-f)}+g$$

式中：D_1为第1年的预计股利；P_0为普通股筹资总额，按发行价格计算；f为筹资费用率；g为股利的预计年增长率。

同步计算4-4

某公司发行面额为1元的普通股1 000万股，每股发行价格5元，筹资费用为筹资额的5%，预计第1年每股股利为0.1元。以后每年递增4%，计算普通股的资金成本。

解：普通股的资金成本为：

$$K_S=\frac{1\ 000\times 0.1}{1\ 000\times 5\times(1-5\%)}+4\%\approx 6.1\%$$

（3）资本资产定价模型法

资本资产定价模型法实质上是一种将股东预期的投资收益率作为企业资金成本的方法。因为股东领取的股利和企业发放的股利是一个事物的两个方面，对股东来说它是投资收益，对企业来说它则是资金成本。而股东的预期投资收益率可以分为无风险收益率和风险收益率两部分，其计算公式为：

$$K_C=R_C=R_f+\beta(R_m-R_f)$$

式中：K_C为普通股资金成本；R_C为股票的预期投资收益率；R_m为股票市场平均必要报酬率；R_f为无风险报酬率；β为某种股票风险程度的指标。

同步计算4-5

某公司股票的β为1.5，无风险报酬率为6%，股票市场平均必要报酬率为12%，计算该股票的资金成本。

解：该普通股的资金成本为：

$$K_C=R_C=6\%+1.5\times(12\%-6\%)=15\%$$

（4）债券风险溢价模型法

与债券投资相比，股票投资的风险更大，这主要表现在以下方面：股利分配金额的不确定性；资本收益的不确定性；普通股股东对剩余财产的最后分配权。因此，股东要求的报酬率要高于债权人要求的投资报酬率。相应地，企业采用股票筹资需要比债券筹资付出更大的代价，加之股息在税后支付，不具有抵税作用，因此，股票筹资的资金成本比债券筹资的资金成本要高。所以，股票资金成本可以用债券资金成本加上一定的风险溢价率表示。根据历史经验，风险溢价率通常在3%~5%。

同步计算4-6

某公司债券的资金成本为6%，根据历史经验，预计风险溢价率为4%，计算股票的资金成本。

解：该普通股的资金成本为：

K_C=6%+4%=10%

课程思政4-1

20多年从未分红的上市公司，上市后还多次募资圈钱！

背景与情境：上市就是为了索取，无论公司盈利多少从来不回报投资者，这样的“铁公鸡”企业买它的股票的意义是什么，赚取股票波动之间的差价吗？那这还是投资吗？股市倡导的是价值投资，既然它们从来不分红，那么你能做的就是远离。

金杯汽车已上市31年，近3年共盈利5.5亿元左右，是上市最早的企业，其间已4次募资，累计超过14亿元，但从未分过红利给投资者，是一家正宗的“铁公鸡”企业；

中毅达上市31年，其间募资2次，已连续盈利4年，也是从未分红的上市公司；

博信股份上市30年，其间募资1次，已连续3年盈利，但仍不分红；

万方发展上市27年，其间再次融资1次，有18年盈利，分红无门；

襄阳轴承上市26年，其间再次募资5次，“铁公鸡”一个；

亚太实业上市26年，其间再次募资2次，有18年盈利，没有一次分红；

山高环能上市25年，其间再次募资4次，有20年盈利，分红不谈；

科新发展上市23年，其间募资2次，有9年盈利，分红从来不提；

皇台酒业上市23年，其间募资1次，有13年盈利，从未分红。

这些上市公司上市23年至31年不等，它们的年报显示大多数时候是盈利的，分红本应是情理之中的事情，却从未实施过，为此监管部门已采取了一系列措施以维护市场的公平性和稳定性。

资料来源　佚名．注意，20多年从未分红的上市公司，上市后还多次募资圈钱！[EB/OL]．[2023-11-19]．https：//www.toutiao.com/article/7302996236066800169/？app.引文有删减。

问题：上市公司不分红对股权融资成本有什么影响？

研判提示：上市公司的股权融资成本较低的主要原因是其用资费用相对较低，其用资费用的多少又取决于上市公司支付的现金股利。上市公司通过少支付甚至不支付现金股利来压低股权融资成本，不考虑回报投资者，此等做法违背了党的二十大中关于“增进民生福祉，提高人民生活品质”的要求和精神。

5）留存收益的资金成本

公司的留存收益从表面上看，似乎没有成本。但实际上，留存收益属于普通股股东，普通股股东同意将其留在公司而不作为股利发放，且要求对其获得与普通股等价的报酬。因此，留存收益也存在成本，其确定方法与普通股资金成本的计算方法基本相同，只是不用考虑筹资费用。留存收益资金成本的计算公式为：

$$K_R=\frac{D_1}{P_0}+g$$

式中：D_1为第1年的预计股利；P_0为普通股筹资总额；g为股利的预计年增长率。

同步计算4-7

某公司发行普通股75万股，每股发行价格15元，筹资费用率为6%，今年刚发放的股利为每股股利1.5元，以后每年按5%递增，计算留存收益资金成本。

解：留存收益资金成本为：

$$K_R=\frac{750\,000\times 1.5\times(1+5\%)}{750\,000\times 15}+5\%=15.5\%$$

同步思考4-1

企业通过长期借款、发行债券获得债务资本；通过发行普通股、优先股和留存收益获得权益资本，二者同为长期资本。

问题：为什么权益资本要比债务资本的成本高?

理解要点：权益资本比债务资本的成本高，主要有两个原因：一是债务资本的投资人风险较小，其要求的报酬率较低，而投资人要求的报酬构成了企业资金成本的主要内容；二是债务利息可以在税前支付，具有抵税作用。

4.1.3　加权平均资金成本的计算

当企业通过多种方式筹资时，综合资金成本比个别资金成本更为重要。**综合资金成本**即加权平均资金成本，是衡量企业筹资的总体代价。加权平均资金成本是企业全部长期资金的总成本，通过对个别资金成本进行加权平均而确定。加权平均资金成本的计算公式为：

$$K_W=\sum_{j=1}^{n}k_jW_j$$

式中：K_W为加权平均资金成本；k_j为第j种筹资方式的资金成本；W_j为第j种筹资方式筹集的资金占筹资总额的比重；n为公司筹资方式的种类数。

对于权重的计算，我们可以利用账面价值为基础计算，也可以利用市场价值为基础计算，还可以利用目标价值为基础计算。但是如果不特指，我们都以账面价值为基础计算权重。

同步计算4-8

某公司共有长期资本（账面价值）1 000万元，其中长期借款100万元、债券200万元、优先股100万元、普通股400万元、留存收益200万元，其个别资金成本分别为6%、6.5%、12%、15%、14.5%，计算该公司的加权平均资金成本。

解：该公司的加权平均资金成本为：

$$K_W=6\%\times10\%+6.5\%\times20\%+12\%\times10\%+15\%\times40\%+14.5\%\times20\%=12\%$$

4.1.4 边际资金成本的计算

边际资金成本属于增量资金成本的范畴，是指企业每增加单位资金而增加的资金成本。在企业筹资数量不断增加的情况下，资金提供者所承担的风险也在不断提高，当筹资额达到一定数量时，资金提供者将提高要求的投资报酬率，最终将导致边际资金成本的提高。边际资金成本计算的目的就是要确定引起边际资金成本变动的“筹资总额突破点”及边际资金成本保持不变的范围。下面举例说明边际资金成本的计算方法。

1）确定目标资本结构

目标资本结构应该是企业的最优资金结构，即资金成本最低、企业价值最大时的资金结构。具体内容将在4.3节中介绍。企业筹资时，应首先确定目标资金结构，并按照这一结构确定各种筹资方式的筹资数量。

同步计算4-9

假定某企业理想的资金结构为长期借款20%、长期债券30%、普通股50%。当企业筹资总额为20 000万元时，计算各种方式的筹资额。

解：各种方式的筹资额分别为：

长期借款：20 000×20%=4 000（万元）

长期债券：20 000×30%=6 000（万元）

普通股：20 000×50%=10 000（万元）

2）确定各种资金不同筹资范围的资金成本

每种筹资方式的资金成本不是一成不变的，往往是筹资数量越多，资金成本就越高。因此，在筹资时要确定不同筹资范围内的资金成本水平。

同步计算4-10

根据【同步计算4-9】的资料，假定企业财务人员根据资本市场状况和企业筹资能力，测算出随筹资增加而不断变化的个别资金成本的资料，见表4-1。

表4-1 不同资金在不同筹资范围内的资金成本

筹资方式	目标资本结构	筹资数量范围	资金成本
长期借款	20%	50万元以内	5%
		50万~500万元	6%
		500万元及以上	7%
长期债券	30%	500万元以内	7%
		500万~2 000万元	8%
		2 000万元及以上	10%
普通股	50%	5 000万元以内	12%
		5 000万~10 000万元	14%
		10 000万元及以上	16%

3）计算筹资总额突破点

筹资总额突破点是某一种或几种个别资金成本发生变化从而引起加权平均资金成本变化时的筹资总额。随着企业筹资总额的增加，每种筹资方式的筹资额也将增加，当筹资增加到一定量时，将引起个别资金成本和综合资金成本的变化，这时的筹资数额即为筹资总额突破点。

在【同步计算4-10】中，当筹资总额达到250万元时，长期借款将达到50万元（250×20%），长期借款资金成本为5%；当筹资总额突破250万元时，长期借款将超过50万元，其资金成本提高到6%，此时，综合资金成本也会发生变化。因此，筹资总额250万元就是一个筹资总额突破点。

筹资总额突破点的计算公式为：

$$BP_i=\frac{TF_i}{W_i}$$

式中：BP_i为筹资总额突破点；TF_i为个别资金成本发生变化时的筹资临界点；W_i为个别资金的目标结构。

根据表4-1的资料计算的不同资金的筹资总额突破点，见表4-2。

表4-2　**各种资金的筹资总额突破点**　金额单位：万元

筹资方式	目标资本结构（W_i）	个别资金成本发生变化时的筹资额（TF_i）	筹资总额突破点（BP_i）
长期借款	20%	50	50÷20%=250
		500	500÷20%=2 500
长期债券	30%	500	500÷30%≈1 667
		2 000	2 000÷30%≈6 667
普通股	50%	5 000	5 000÷50%=10 000
		10 000	10 000÷50%=20 000

4）计算边际资金成本

根据上一步骤计算出的筹资总额突破点排序，可以列出预期新增资金的范围及相应的综合资金成本。值得注意的是：此时的综合资金成本的实质就是边际资金成本，即每增加单位筹资而增加的成本。该企业边际资金成本的计算过程见表4-3。

表4-3　**不同筹资范围的边际资金成本计算表**

新增资金范围（万元）	新增资金种类及筹资额范围（万元）		目标资本结构	个别资金成本	加权平均资金成本	
小于250	长期借款	小于50	20%	5%	20%×5%=1%	9.1%
	长期债券	小于75	30%	7%	30%×7%=2.1%	
	普通股	小于125	50%	12%	50%×12%=6%	

续表

新增资金范围（万元）	新增资金种类及筹资额范围（万元）		目标资本结构	个别资金成本	加权平均资金成本	
250~1 667	长期借款	50~333.4	20%	6%	20%×6%=1.2%	9.3%
	长期债券	75~500.1	30%	7%	30%×7%=2.1%	
	普通股	125~833.5	50%	12%	50%×12%=6%	
1 667~2 500	长期借款	333.4~500	20%	6%	20%×6%=1.2%	9.6%
	长期债券	500.1~750	30%	8%	30%×8%=2.4%	
	普通股	833.5~1 250	50%	12%	50%×12%=6%	
2 500~6 667	长期借款	500~1 333.4	20%	7%	20%×7%=1.4%	9.8%
	长期债券	750~2 000.1	30%	8%	30%×8%=2.4%	
	普通股	1 250~3 333.5	50%	12%	50%×12%=6%	
6 667~10 000	长期借款	1 333.4~2 000	20%	7%	20%×7%=1.4%	10.4%
	长期债券	2 000.1~3 000	30%	10%	30%×10%=3%	
	普通股	3 333.5~5 000	50%	12%	50%×12%=6%	
10 000~20 000	长期借款	2 000~4 000	20%	7%	20%×7%=1.4%	11.4%
	长期债券	3 000~6 000	30%	10%	30%×10%=3%	
	普通股	5 000~10 000	50%	14%	50%×14%=7%	
大于 20 000	长期借款	大于 4 000	20%	7%	20%×7%=1.4%	12.4%
	长期债券	大于 6 000	30%	10%	30%×10%=3%	
	普通股	大于 10 000	50%	16%	50%×16%=8%	

计算结果表明，当新增资金在6 667万~10 000万元时，新增资金的加权平均资金成本为10.4%。假定明年企业有一个投资项目所需资金为8 000万元，那么要使该项目具有财务可行性的最低投资报酬率应为10.4%。

教学互动 4-1

学习微平台

随堂测 4-1

某企业发行债券、优先股、普通股筹集资金。发行债券500万元，票面利率8%，筹资费用率2%；优先股200万元，年股利率12%，筹资费用率5%；普通股300万元，筹资费用率7%，预计下年度股利率14%，并以每年4%的速度递增。若企业适用所得税税率为25%。计算个别资金成本和综合资金成本。

4.2 杠杆原理

4.2.1 杠杆原理概述

1）成本习性及成本分类

成本习性是指成本总额与业务量之间在数量上的依存关系。根据成本习性的不同，企业的成本可以分成三类：

（1）固定成本

固定成本是指其总额在一定时期和一定业务量范围内不随业务量发生任何变动的那部分成本。属于固定成本的主要有按直线法计提的折旧费、保险费、管理人员工资、办公费等。单位固定成本随产量的增加而逐渐变小。

固定成本还可进一步区分为约束性固定成本和酌量性固定成本两类。

① **约束性固定成本**属于企业"经营能力"成本，是企业为维持一定的业务量所必须负担的最低成本，如厂房和机器设备折旧费、长期租赁费等。企业的经营能力一经形成，在短期内很难有重大改变，因而这部分成本具有很大的约束性。

② **酌量性固定成本**属于企业"经营方针"成本，是企业根据经营方针确定的一定时期（通常为1年）的成本，如广告费、开发费、职工培训费等。

应当指出的是，固定成本总额只是在一定时期和一定业务量范围（通常称为相关范围）内保持不变。

（2）变动成本

变动成本是指在一定时期和一定业务量范围内，随着业务量变动而呈正比例变动的那部分成本。直接材料和直接人工等都属于变动成本，但产品单位成本中的直接材料和直接人工保持不变。

与固定成本相同，变动成本也要研究"相关范围"问题，也要讨论特定时间、特定业务量范围，这样才能保证单位变动成本不变。成本总额随着业务量的变化呈正比例变动，单位变动成本不变。

（3）混合成本

混合成本。混合成本按其与业务量的关系又可分为半变动成本和半固定成本。

① **半变动成本**通常有一个初始量，类似于固定成本，在这个初始量的基础上随产量的增长而增长，又类似于变动成本。

② **半固定成本**随产量的变化而呈阶梯式增长，产量在一定限度内这种成本不变，当产量增长到一定限度后，这种成本就跳跃到一个新水平。

总成本习性模型可表示为：

$$y=a+bx$$

式中：y为总成本；a为固定成本；b为单位变动成本；x为业务量。

2）边际贡献

边际贡献是指销售收入减去变动成本后的差额。边际贡献也是一种利润。

边际贡献=销售收入-变动成本

$$M=px-bx=(p-b)x=mx$$

式中：M为边际贡献；p为销售单价；b为单位变动成本；x为产销量；m为单位边际贡献。

3）息税前利润

息税前利润是不扣利息和所得税之前的利润。

息税前利润=销售收入-变动成本-固定生产经营成本

一般固定生产经营成本简称固定成本。

息税前利润=边际贡献-固定成本

EBIT=px-bx-a=（p-b）x-a=M-a

式中：EBIT为息税前利润；a为固定成本。

同步计算4-11

某企业生产A产品，单价为10元，单位变动成本为4元，固定成本为5 000元，计算当销售量为1 000件时的边际贡献与息税前利润。

解：计算步骤如下：

当销售量为1 000件时的边际贡献为：

M=（10-4）×1 000=6 000（元）

当销售量为1 000件时的息税前利润为：

EBIT=6 000-5 000=1 000（元）

4.2.2 经营杠杆

1）经营杠杆的概念

经营杠杆是指企业在生产经营中，由于固定成本的存在和相对稳定而引起的息税前利润变动幅度大于销售变动幅度的杠杆效应。根据成本习性，在相关范围内，销量增加时，固定成本总额保持不变，但会导致单位产品成本下降，从而使息税前利润将以更大的幅度提高。

同步计算4-12

某企业生产A产品，基期产销量为10万件，单价10元，单位变动成本6元，固定成本总额20万元。利息费用10万元，所得税税率25%，该企业普通股股数为10万股。计划下年产销量提高10%，即增加到11万件，其他因素不变。分别计算该企业基期息税前利润、计划期息税前利润、息税前利润变动率。

解：计算步骤如下：

基期息税前利润=100 000×（10-6）-200 000=200 000（元）

计划期息税前利润=110 000×（10-6）-200 000=240 000（元）

$$息税前利润变动率=\frac{240\ 000-200\ 000}{200\ 000}\times100\%=20\%$$

由以上计算可以看出，产销量增加10%，而息税前利润却增加了20%，这种现象称为经营杠杆。

2）经营杠杆的计量

从上述情况可知，只要企业存在固定成本，就存在经营杠杆的作用。但不同企业，经营杠杆作用的程度是不完全一致的，为此，需要对经营杠杆进行计量。对经营杠杆进行计量的最常用指标是经营杠杆系数。**经营杠杆系数**是企业息税前利润变动率与销售额变动率之间的比率。经营杠杆系数的计算公式为：

$$经营杠杆系数=\frac{息税前利润变动率}{销售额变动率}$$

$$DOL=\frac{\Delta EBIT/EBIT}{\Delta S/S}$$

式中：DOL为经营杠杆系数；ΔEBIT为息税前利润变动额；EBIT为基期息税前利润；ΔS为销售额变动数；S为基期销售额。

上述公式是计算经营杠杆系数的常用公式，利用该公式进行计算，必须依据息税前利润和销售额变动前与变动后的有关资料。

我们也可以根据基期资料计算经营杠杆系数，其计算公式为：

$$经营杠杆系数=\frac{基期边际贡献}{基期息税前利润}$$

$$DOL=\frac{Q(p-v)}{Q(p-v)-a}=\frac{M}{EBIT}$$

式中：p为产品单位销售价格；Q为销售数量；v为产品单位变动成本；a为总固定成本。

同步计算4-13

A公司基期和计划期的数据见表4-4。

表4-4 **A公司基期数据和计划期预测数据** 金额单位：元

项目	t=0	t=1	变动百分比
销售收入	100 000	110 000	10%
减：变动成本总额	60 000	66 000	10%
边际贡献总额	40 000	44 000	10%
减：固定成本总额	20 000	20 000	—
息税前利润	20 000	24 000	20%

另外，基期销量为20 000件，单价为5元，单位变动成本为3元，固定成本为20 000元，计划期预计销量为22 000件，计算经营杠杆系数。

解： 经营杠杆系数为：

$$DOL=\frac{20\,000\times(5-3)}{20\,000\times(5-3)-20\,000}=\frac{40\,000}{20\,000}=2$$

同步思考4-2

经营杠杆系数的计算公式为：$DOL=\frac{Q(p-v)}{Q(p-v)-a}=\frac{M}{EBIT}$，其经济含义为销售量或销售额的变化导致息税前利润变化的倍数。

问题： 什么时候经营杠杆系数最大？此时经营杠杆系数的经济含义是什么？

理解要点： 从公式可以看出，息税前利润为零时，经营杠杆系数为无穷大。也就是说，保本时，经营杠杆系数最大。此时经营杠杆系数的经济含义为，销售收入有任何微小的变化都会带来企业盈利性质的改变。

3）经营杠杆和经营风险

引起经营风险的主要原因，是市场需求和成本等因素的不确定性。经营杠杆本身并不是利润不稳定的根源。但是，产销量增加时，息税前利润将以DOL的倍数的幅度增加；而产销量减少时，息税前利润又将以DOL的倍数的幅度减少。

可见，经营杠杆扩大了市场和生产等不确定性因素对利润变动的影响。经营杠杆系数越高，利润变动越剧烈，企业的经营风险就越大。因此，企业经营风险的大小和经营杠杆有重要关系。一般来说，在其他因素不变的情况下，固定成本越高，经营杠杆系数越大，经营风险越大；销售额（销售量）越大，经营杠杆系数越小，经营风险越小；变动成本（单位变动成本）越大，经营杠杆系数越大，经营风险越大。

课程思政4-2

黔源电力降杠杆成效已现

背景与情境：背靠华电集团，贵州水电龙头开启光伏新征程。黔源电力公司为华电集团控股上市公司，截至2023年年底，华电集团直接控股15.89%，长江电力一致行动人乌江电力持有公司10.0%股份。公司控股装机容量403万千瓦，YOY+0.8%。其中水电/光伏分别为323/79万千瓦。2023年公司营业收入19.9亿元，YOY-23.8%；归母净利润2.6亿元，YOY-36.1%，主要系2023年来水偏枯影响，2023年公司水电利用小时数为1 894小时，2018—2022年5年水电利用小时均值为2 772小时。

降杠杆成效已现，财务费用逐年压降。公司自水电进入稳定运营周期以来，财务杠杆不断下降，2023年资产负债率为58.6%，较2015年下降17.8%；截至2023年年底，有息负债81亿元，较2015年下降36%；同时财务费用逐年下行，2023年综合融资成本为4.2%，较2015年下降2.1%，在低利率背景下，未来公司财务费用或有进一步下行空间。

资料来源　海通证券. 黔源电力（002039）水电运营模式稳定，降杠杆成效已现［EB/OL］.［2024-04-25］. https：//finance.sina.cn/2024-04-25/detail-inaszxxu5894323.d.html.引文有删减。

问题：黔源电力为什么要去杠杆？

研判提示：习近平总书记在党的二十大报告中强调："必须增强忧患意识，坚持底线思维，做到居安思危、未雨绸缪。"适度负债有利于降低资金成本、获得杠杆利益，实现企业价值最大化。但是过度负债或者杠杆太高会给企业带来巨大的财务风险，企业的决策者要本着爱岗敬业的精神，保有职业谨慎，保持合理适度的杠杆和偿债能力，才能对债务和债权人做到诚实守信。

学习微平台

延伸阅读4-2

4.2.3　财务杠杆

1）财务杠杆的概念

财务杠杆是指由于债务的存在而引起普通股每股收益变动幅度超过息税前利

润变动幅度的杠杆效应。在企业资金总额和负债总额一定的情况下，随着息税前利润的增长，利息费用相对固定，单位息税前利润负担的利息降低，从而使每股收益以更大的幅度提高；如果息税前利润减少，利息费用相对固定，单位息税前利润负担的利息提高，就会使每股收益以更大的幅度降低。财务杠杆增加了企业每股收益的不确定性，从而加大了企业的财务风险。

同步计算4-14

根据【同步计算4-12】的资料，A公司普通股为10 000股，利息费用为10 000元。在销售额增加10%，息税前利润提高20%的情况下，计算其净收益增长幅度。

解：净收益增长幅度可通过下列步骤计算：

$$\text{基期每股收益}=\frac{(20\,000-10\,000)\times(1-25\%)}{10\,000}=0.75\text{（元）}$$

$$\text{计划期每股收益}=\frac{(24\,000-10\,000)\times(1-25\%)}{10\,000}=1.05\text{（元）}$$

$$\text{每股收益增长率}=\frac{1.05-0.75}{0.75}\times100\%=40\%$$

2）财务杠杆的计量

只要在企业的筹资方式中有固定财务支出的债务和优先股，就存在财务杠杆的作用。但对于不同企业而言，财务杠杆的作用程度是不完全一致的，为此，我们需要对财务杠杆的作用程度进行计量。衡量财务杠杆作用的指标是财务杠杆系数。**财务杠杆系数**是指普通股每股收益的变动率相当于息税前利润变动率的倍数。其计算公式为：

$$\text{财务杠杆系数}=\frac{\text{普通股每股收益变动率}}{\text{息税前利润变动率}}$$

$$DFL=\frac{\Delta EPS/EPS}{\Delta EBIT/EBIT}$$

式中：DFL为财务杠杆系数；ΔEPS为普通股每股收益变动额；EPS为基期普通股每股收益；ΔEBIT为息税前利润变动额；EBIT为基期息税前利润。

财务杠杆系数也可简化为：

$$\text{财务杠杆系数}=\frac{\text{息税前利润}}{\text{息税前利润}-\text{利息}-\dfrac{\text{优先股股利}}{1-\text{所得税税率}}}$$

$$DFL=\frac{EBIT}{EBIT-I-\dfrac{D}{1-T}}$$

式中：I为利息；D为优先股股利；T为所得税税率。

同步计算4-15

某公司基期和计划期的数据见表4-5。

表 4-5 某公司基期的数据和计划期的预测数据 金额单位：元

项目	t=0	t=1	变动百分比
销售收入	100 000	110 000	10.00%
息税前利润（EBIT）	20 000	24 000	20.00%
利息（10%）	5 000	5 000	
税前利润	15 000	19 000	26.67%
所得税（25%）	3 750	4 750	26.67%
税后利润	11 250	14 250	26.67%
减：优先股股息	3 500	3 500	
普通股净收益	7 750	10 750	38.71%
普通股股数	500	500	
每股收益（EPS）	15.5	21.5	38.71%

要求：计算财务杠杆系数。

解：财务杠杆系数为：

$$DFL=\frac{EBIT}{EBIT-I-\frac{D}{1-T}}=\frac{20\,000}{20\,000-5\,000-\frac{3\,500}{1-25\%}}=1.94$$

3）财务杠杆与财务风险

财务风险是指企业为取得财务杠杆利益而利用负债资金时，增加了破产机会或普通股每股利润大幅度变动的机会所带来的风险。由于财务杠杆的作用，当息税前利润下降时，税后利润会以更大的幅度下降，从而给企业所有者造成财务风险。

利息越高，财务杠杆系数越大，每股利润变动幅度会大于息税前利润变动幅度，所获取的财务杠杆利益就越多，财务风险也越大。

4.2.4 总杠杆

1）总杠杆的概念

产销量的变动是最终每股利润变动的源泉，产销量的变动引起息税前利润的变动，然后息税前利润的变动又引起每股利润的变动。**总杠杆**是由于固定生产经营成本和固定财务费用的共同存在，而导致的每股利润变动大于产销量变动的杠杆效应，也可称为复合杠杆。

2）总杠杆的计量

只要企业同时存在固定的生产经营成本和固定的利息费用等财务支出，就会存在总杠杆的作用。但对于不同企业而言，总杠杆的作用程度是不完全一致的，因此，我们需要对总杠杆的作用程度进行计量。计量总杠杆作用程度最常用的指标是总杠杆系数。**总杠杆系数**是指每股利润变动率相当于产销量变动率的倍数。其计算公式为：

$$总杠杆系数=\frac{每股利润变动率}{产销量变动率}$$

总杠杆系数=经营杠杆系数×财务杠杆系数

上式还可以表示为：

$$DCL=\frac{M}{EBIT-I-\frac{D}{1-T}}$$

同步计算4-16

某企业只生产和销售A产品，其总成本习性模型为Y=20 000+4X。假定该企业2024年度A产品销售量为50 000件，每件售价为6元；预测2025年A产品的销售数量将增长20%。

要求：

①计算2024年该企业的边际贡献总额。

②计算2024年该企业的息税前利润。

③计算2025年的经营杠杆系数。

④计算2025年息税前利润增长率。

⑤假定企业2024年负债利息为30 000元，优先股股息为7 500元，所得税税率为25%，计算2025年的总杠杆系数。

解：以上问题可通过下列步骤分别计算：

①2024年该企业的边际贡献总额为：

边际贡献总额=50 000×（6−4）=100 000（元）

②2024年该企业的息税前利润为：

息税前利润=50 000×（6−4）−20 000=80 000（元）

③2025年的经营杠杆系数为：

经营杠杆系数=100 000÷80 000=1.25

④2025年息税前利润增长率为：

息税前利润增长率=1.25×20%=25%

⑤2025年的总杠杆系数为：

财务杠杆系数=80 000÷［80 000−30 000−7 500÷（1−25%）］=2

总杠杆系数=经营杠杆系数×财务杠杆系数=1.25×2=2.5

3）总杠杆与企业风险

从以上分析可以看出，在总杠杆的作用下，当企业经济效益好时，每股利润会大幅度上升；当企业效益差时，每股利润会大幅度下降。企业总杠杆系数越大，每股利润的波动幅度越大。由于总杠杆作用而使每股利润大幅度波动而造成的风险，称为总风险。在其他因素不变的情况下，总杠杆系数越大，总风险越大。

同步案例4-2

大华公司的风险分析

背景与情境：大华公司2023年和2024年部分财务数据见表4-6。

表 4-6　**大华公司2023年和2024年财务数据表**　金额单位：元

项目	2023年度	2024年度	变动率
销售收入	20 000 000	24 000 000	20%
变动成本（变动成本率 50%）	10 000 000	12 000 000	20%
固定成本	8 000 000	8 000 000	0
息税前利润	2 000 000	4 000 000	100%
利息	1 200 000	1 200 000	0
税前利润	800 000	2 800 000	250%
所得税（税率 20%）	160 000	560 000	250%
净利润	640 000	2 240 000	250%
每股收益（普通股 1 万股）	64	224	250%

问题：请根据上述资料分析大华公司总风险构成及如何降低总风险。

分析提示：根据资料计算得到：

经营杠杆系数=息税前利润变动率÷销售额变动率=100%÷20%=5

财务杠杆系数=每股收益变动率÷息税前利润变动率=250%÷100%=2.5

总杠杆系数=经营杠杆系数×财务杠杆系数=5×2.5=12.5

其经营杠杆系数是财务杠杆系数的2倍，由此可见，大华公司的经营风险明显大于财务风险。相对而言，经营风险更加不可控制。因此，为了降低总风险，大华公司应该降低财务风险，做法是降低资产负债率。

业务链接 4-1

经营风险与财务风险的反向搭配

经营风险的大小是由特定的经营战略决定的，财务风险的大小是由资本结构决定的，它们共同决定了企业的总风险。经营风险与财务风险的结合方式，从逻辑上可以分为四种类型。

①高经营风险与高财务风险搭配

这种搭配具有很高的总体风险。例如，一个处于初创期的高科技企业，假设能够通过借款取得大部分资金，其破产的可能性很大，而成功的可能性很小。但这种搭配符合一些风险投资者的要求，他们只需要投入很小的权益资本，就可以开始冒险活动。

②高经营风险与低财务风险搭配

这种搭配具有中等程度的总体风险。例如，一个处于初创期的高科技企业，主要使用权益筹资，而较少使用或不使用负债筹资。这种资本结构对于权益投资人来说有较高的风险，也会有较高的预期报酬，符合他们的要求。

③低经营风险与高财务风险搭配

这种搭配具有中等的总体风险。例如，一个处于成熟期的公用企业，大量使用借款筹资。这种资本结构对于权益投资人来说经营风险低，投资报酬率也低。

④低经营风险与低财务风险搭配

这种搭配具有很低的总体风险。例如，一个处于成熟期的公用企业，只借入很少的负债资本。对于债权人来说，这是一个理想的资本结构，可以放心地为该企业提供贷款。企业有稳定的现金流，而且债务不多，偿还债务有较好的保障。权益投资人很难认同这种搭配，其投资报酬率和财务杠杆系数都较低，自然权益报酬率也不会高。

教学互动4-2

①比奇纸业有限公司年销售额为210万元，息税前利润为60万元，变动成本率为60%；全部资本为200万元，负债比率为40%，负债利率为15%。试计算企业的经营杠杆系数、财务杠杆系数和总杠杆系数。

②华阳通用制造股份公司年销售收入为15 000万元，变动成本率为65%，固定成本为2 625万元，利息费用为360万元。该公司资产总额为10 000万元，资产负债率为45%，负债资金的年均利率为8%，所得税税率为25%。该公司拟改变经营计划，追加投资1 000万元，每年增加固定成本575万元，所需资金以10%的利率借入。预计增资后可以增加销售收入20%，并使变动成本率下降到60%。试计算增资后的经营杠杆系数、财务杠杆系数和总杠杆系数，并运用资本结构管理原理分析说明华阳公司的该项增资方案是否合理。

学习微平台

随堂测4-2

4.3　资本结构

4.3.1　资本结构的含义

资本结构是指企业各种资金的构成及其比例关系。狭义的资本结构是指长期资金结构，广义的资本结构是指全部资金结构。通常，财务管理中的“资本结构”是指狭义的资本结构，即长期资金结构。因为短期资金结构经常变动，很难确定。资本根据来源渠道的不同，可以分为权益资本和负债资本两大类。所以，资本结构的实质是负债和所有者权益之间的比例关系。

资本结构是企业筹资决策的核心问题。企业应综合考虑资本结构的有关影响因素，运用适当的方法确定最优资本结构，并在以后追加筹资的过程中继续保持。若企业现有资本结构不合理，则应通过筹资活动进行调整，使其趋于合理化。

课程思政4-3

山东天同食品有限公司破产重整

背景与情境：2024年6月25日，临沂市河东区人民法院发布受理山东天同食品有限公司破产重整公告，宣布山东天同食品有限公司正式进入破产重整程序。

记者从临沂市地方金融管理局官方网站获悉，山东天同食品有限公司是一家在香港联交所上市的上市公司，股票代码为6836.HK，也是临沂市河东区唯一一家上市公司。

Choice数据显示，以港股上市的天韵国际控股有限公司也在6月25日发布复牌进度季度更新、破产重组及继续暂停买卖公告。该公告显示，天韵国际控股有限公司主要从事生产及销售加工水果产品、饮料产品及新鲜水果贸易。股票于2024年3月26日暂停买卖以来，其附属公司山东天同食品有限公司（山东天同）面临债权人就总额约人民币129 000 000元提出的法律诉讼，同时公司还欠员工工资及社保基金供款约人民币10 950 000元。

据了解，山东天同持有资产约人民币122 000 000元，而其总负债约人民币279 000 000元，已出现严重的资不抵债现象。天韵国际控股有限公司在公告中表示，自公告日起，公司无法核实若干贷款及担保是否存在。法律行动冻结了山东天同的所有银行账户，其厂房、房地产及其他资产亦受法院的财产保全令所限，山东天同的营运暂停。

资料来源 齐鲁壹点．出现严重资不抵债现象！临沂一港股上市公司申请破产重整［EB/OL］．［2024-06-27］．https：//www.toutiao.com/article/7384983158007022115/? app.引文有删减。

问题：如何看待山东天同公司资不抵债问题？

研判提示：相对来说，负债能够降低资本成本，提高企业盈利性。在资本结构决策过程中，过分强调债务资本的低成本优势而忽略其风险的冒进做法，违背了爱岗敬业的精神。不通过创新精神和创新思维来降低经营风险和财务风险、提高企业盈利，是对公司和股东的不负责任；公司造假则有违党的二十大报告中提出的“明大德、守公德、严私德”的公民道德建设要求。

4.3.2 资本结构的影响因素

1）企业销售增长情况

如果预计销量有大幅度上升的趋势，通过经营杠杆效应，每股利润将会更快地增加，并适当地增加负债的比重；如果预计销量有大幅度下降的趋势，其影响则相反。

2）企业所有者和管理人员的态度

股东如果非常重视控制权，则可能避免发行普通股，这样可以避免引入新股东而稀释控制权。如果企业的管理人员喜欢冒险，则可能会安排比较高的负债比例。

3）企业的盈利能力和财务状况

当总资产报酬率大于负债利息率时，利用财务杠杆能获得较高的净资产收益率；反之，当总资产报酬率小于负债利息率时，利用财务杠杆则会降低净资产收益率。由此可见，获利能力是衡量企业负债能力强弱的基本依据。另外，由于债务要以现金来还本付息，因此企业未来必须有足够的现金净流入。企业未来现金净流入越大，财务状况越好，负债能力就越强。

一般来说，获利能力越强，企业财务状况就越好，企业可以适当地增大负债比重。

4）资产结构

一般来说，拥有大量的固定资产的企业，主要通过长期负债和发行股票筹集资金；拥有较多流动资产的企业，更多依赖流动负债来筹集资金；资产适用于抵押贷款的企业，一般举债较多，如房地产公司的抵押贷款就相当多；以技术研究开发为主的企业，一般负债很少。

5）贷款人和信用评估机构的影响

当信用评估机构降低企业信用等级、贷款人压缩贷款限额或提前收回贷款时，社会公众及其他债权人也会降低对企业的信赖，从而减少其债权投资或要求提前收回债权。因此，即使是财务状况好的企业，也应保持合理的负债比例，以保持较好的信用形象。

6）行业因素

不同行业的经济环境、资产构成、运行效率、行业经营风险等往往有很大的差别。因此，在确定资金结构时，这些因素一定要予以考虑。一般而言，经济环境不稳定、固定资产构成比例高、运行效率低、经营风险高的行业不宜过度负债。

7）所得税税率的高低

所得税税率越高，负债抵税的好处越明显，可能会相应地提高负债的比重。

学习微平台

延伸阅读4-3

8）市场利率的变动趋势

如果预测利率将上升，则发行长期债券比较有利；如果预测利率将下降，则筹集短期资金比较有利。

同步思考4-3

利率决定着债务资金成本的高低。如果长期借款或债券利率上升，那么企业应该降低负债比率。

问题：此时企业为何要降低负债比率？

理解要点：企业降低负债比率的原因在于：一是利率上升，债务资金成本低的优势下降，债务筹资的吸引力下降；二是企业需要偿还的利息加大，破产风险加大，为了降低风险，企业应理智地选择降低负债的比率。

4.3.3 资本结构的优化

最优资本结构是指在一定条件下（适度财务风险），使企业加权平均资金成本最低、企业价值最大的资本结构。从理论上讲，最优资本结构是存在的，但由于企业的内部和外部条件经常变化，寻找最优资本结构非常困难。资本结构决策的方法主要有：比较资本成本法和每股收益无差别点分析法。

业务链接4-2

资本结构的MM理论

1958年，美国学者莫迪格莱尼（Franco Modigliani）与米勒（Merton Miller）提出了融资结构理论发展史上经典的MM理论。MM理论为资本结构的研究开辟了先河，标志着现代资本结构理论的建立。

MM理论包括无公司税的MM理论模型与修正的MM理论模型。

①无公司税的MM理论模型

1958年提出的MM理论的无税模型，是MM理论的雏形。该模型最大的贡献在于首次清晰地揭示了资本结构、资本成本，以及企业价值各概念之间的联系。无公司税的MM理论认为，在资本市场充分有效且不考虑市场交易费用，也不存在公司所得税和个人所得税的情况下，企业价值取决于投资组合和资产的获利能力，而与资本结构和股息政策无关。这是一种抽象出来的理想状态，在现实中是不存在的。

②修正的MM理论模型

1963年，无公司税的MM理论模型得到修正，将公司所得税的影响因素引入模型，从而得出了有公司税的MM理论。该理论认为：由于公司所得税的影响，尽管股权资金成本会随负债比率的提高而上升，但上升速度却慢于负债比率的提高，所以，在所得税法允许债务利息费用税前扣除时，负债越多，即资本结构中负债比率越高，资金加权平均成本就越低，企业的收益乃至企业价值就越高。

1）比较资本成本法

比较资本成本法是通过计算不同筹资方案的加权平均资金成本，从中选出加权平均资金成本最低的方案为最佳资本结构方案的方法。

同步计算4-17

某企业现有三个资本结构方案可供选择，有关资料见表4-7。根据表中资料，按照比较资本成本法，可进行资本结构决策，具体计算见表4-8。

表4-7　**各方案的资金构成及资金成本情况表**　金额单位：万元

筹资方式	资本结构甲方案		资本结构乙方案		资本结构丙方案	
	资金额	资金成本	资金额	资金成本	资金额	资金成本
长期借款	3 000	4%	4 000	5%	2 000	3%
公司债券	4 000	6%	3 000	6%	3 000	5%
普通股	3 000	10%	3 000	10%	5 000	8%
合计	10 000	—	10 000	—	10 000	—

表 4-8　　**各方案加权平均资金成本计算表（%）**

筹资方式	甲方案			乙方案			丙方案		
	资本比重	个别资金成本	加权平均资金成本	资本比重	个别资金成本	加权平均资金成本	资本比重	个别资金成本	加权平均资金成本
长期借款	30	4	1.2	40	5	2.0	20	3	0.6
公司债券	40	6	2.4	30	6	1.8	30	5	1.5
普通股	30	10	3.0	30	10	3.0	50	8	4.0
合计	100	—	6.6	100	—	6.8	100	—	6.1

比较以上三个方案的加权平均资金成本，丙方案的加权平均资金成本最低。因此，在不考虑其他因素的情况下，丙方案是最优资本结构方案。

2）每股收益无差别点分析法

每股收益无差别点分析法是通过分析资本结构与每股收益之间的关系，进而来确定合理的资本结构的方法。一般来说，能提高每股收益的资本结构是合理的，反之则不够合理。每股收益的高低不仅仅受资本结构的影响，还受到未来盈利能力的影响，企业盈利能力，一般用息税前利润（EBIT）表示。所谓每股收益无差别点，是指每股收益不受筹资方式影响的息税前利润水平，或者说是使不同的资本结构每股利润相等的息税前利润水平。

每股收益（EPS）的计算公式为：

$$EPS=\frac{(EBIT-I)(1-T)-D}{N}$$

式中：I为负债利息；T为所得税税率；D为优先股股息；N为流通在外的普通股股数。

单纯使用普通股资金或负债资金，其息税前利润和每股收益的关系如图4-1所示。

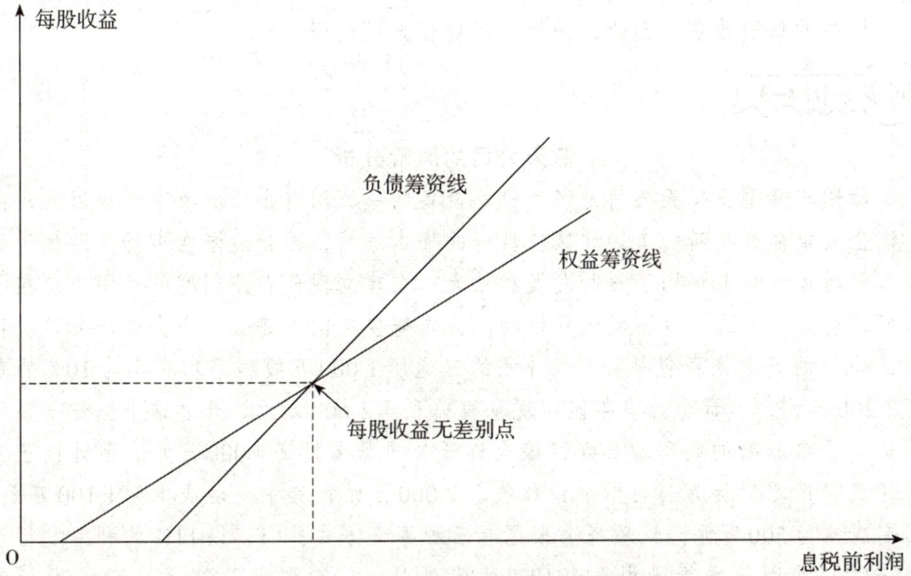

图4-1　每股收益无差别点分析图

在每股收益无差别点上，无论采用负债筹资，还是采用权益筹资，每股收益都是相等的。若EPS_1代表负债筹资，EPS_2代表权益筹资，则有：

$$EPS_1=EPS_2$$

能使上式成立的EBIT为每股收益无差别点的息税前利润，则每股收益无差别点的计算公式为：

$$\frac{(EBIT-I_1)(1-T)-D}{N_1}=\frac{(EBIT-I_2)(1-T)-D}{N_2}$$

解出上式中的EBIT，即可求出每股收益无差别点的息税前利润。

同步计算4-18

某企业目前拥有资本1 000万元，其结构为：债券资本20%（年利息为20万元）、普通股权益资本80%（发行普通股10万股，每股面值80元）。现准备追加筹资400万元，有两种筹资选择：①全部发行普通股：增发5万股，每股面值80元。②全部筹措长期债务：利率10%，利息为40万元。企业追加筹资后，EBIT预计为160万元，所得税税率为25%。计算每股收益无差别点及此时的每股收益，并简要说明企业应该如何选择。

解：每股收益无差别点及此时的每股收益可通过下列步骤分别计算：

$$EPS_1=EPS_2$$

$$\frac{(EBIT-20)\times(1-25\%)}{15}=\frac{(EBIT-60)\times(1-25\%)}{10}$$

EBIT=140万元

$$每股收益=EPS=\frac{(140-20)\times(1-25\%)}{15}=6（元/股）$$

此时，每股收益无差别点的息税前利润为140万元。预计息税前利润（160万元）大于每股收益无差别点的息税前利润（140万元），由于运用负债筹资可获得较高的每股收益，因此，采用负债筹资方式较好。

同步案例4-3

蓝天公司的风险分析

背景与情境：蓝天公司是经营机电设备的一家国有企业。改革开放以来，由于该企业重视开拓新的市场和保持良好的资本结构，因此逐渐在市场上站稳了脚跟，同时也使企业得到了不断发展和壮大，在建立现代企业制度的过程中走在了时代的前面。为进一步拓展国际市场，公司需要在国外建立一个全资子公司。目前，公司的资本来源包括面值为1元的普通股1 000万股和平均利率为10%的负债3 200万元，预计企业当年能实现息税前利润1 600万元。开办这个全资子公司就是为了培养新的利润增长点，该全资子公司需要投资4 000万元。预计该子公司建成投产之后会为公司增加销售收入2 000万元，其中变动成本为1 100万元，固定成本为500万元。该项资金来源有三种筹资方式：（1）以11%的利率发行债券；（2）按面值发行股利率为12%的优先股；（3）按每股20元的价格发行普通股。

问题：在不考虑财务风险的情况下，试分析该公司应选择哪一种筹资方式。

分析提示：利用每股收益无差别点分析法决策。首先计算这三种方案的每股收益无差别点，其次根据预计企业当年能实现息税前利润1 600万元与每股收益无差别点逐个比较大小，最后选择能实现最高每股收益的筹资方案。

教学互动4-3

①某公司拟筹资1 000万元，现有甲、乙两个备选方案。有关资料见表4-9。

表4-9 **甲、乙备选方案资料**

筹资方式	甲方案	乙方案
长期借款	200万元，资金成本9%	180万元，资金成本9%
公司债券	300万元，资金成本10%	200万元，资金成本10.5%
普通股	500万元，资金成本12%	620万元，资金成本12%
合计	1 000万元	1 000万元

要求：

通过比较资本成本法确定该公司的最佳资金结构。

②盛润煤电股份公司当前资本结构见表4-10。

因生产发展需要，公司年初准备增加资金2 000万元，现有两个筹资方案可供选择：甲方案为增发1 000万股普通股，每股市价2元；乙方案为按面值发行每年年末付息、票面利率为10%的公司债券2 000万元。假定股票与债券的发行费用均可忽略不计；适用的企业所得税税率为25%。

表4-10 **盛润煤电股份公司资本结构表** 金额单位：万元

资金种类	金额
长期借款（年利率6%）	1 000
公司债券（年利率8%）	2 000
普通股（4 000万股）	4 000
留存收益	1 000
合计	8 000

要求：

A.计算两种筹资方案下每股收益无差别点的息税前利润。

B.计算处于每股收益无差别点时乙方案的财务杠杆系数。

C.如果公司预计息税前利润为1 000万元，指出该公司应采用哪个筹资方案，并简要说明理由。

D.如果公司预计息税前利润为2 000万元，指出该公司应采用哪个筹资方案，并简要说明理由。

学习微平台

随堂测 4-3

E. 如果公司增资后预计息税前利润在每股收益无差别点上增长10%，计算采用乙方案时该公司每股收益的增长幅度。

同步业务 4-1

某公司资本结构优化决策

业务要求：

如何确定公司应该采用多少债务和股权融资？

如何平衡债务带来的低成本效应与高风险效应？

业务分析：

讨论什么是最佳资本结构。

分析债务增加带来的财务杠杆效应和潜在的财务风险。

讨论影响资本结构决策的其他因素，如公司的成长性、行业特性、市场环境等。

操作程序：

①财务分析：假设公司目前全部采用股权融资，通过财务分析发现公司有稳定的现金流和较高的资产回报率。

②风险评估：评估公司的经营风险较低，可以承受一定程度的债务。

③资本成本计算：计算当前资本成本，并与可能的债务融资成本进行比较。

④最优资本结构确定：使用财务模型（如加权平均资本成本最小化模型）确定债务与股权的最佳比例。

⑤根据模型结果，公司决定通过发行债券融资，将债务比率提高到最佳资本结构时的负债比例，并定期监控财务状况，确保债务水平保持在安全范围内。

深度剖析 4-1

如何调整经营风险和财务风险从而控制企业总风险

难点问题：

如何降低对单一市场的依赖？

如何在不增加过多债务的情况下筹集资金进行多元化经营？

解析与讨论：

企业可以通过市场多元化和产品多元化来降低经营风险。同时，在扩大经营的过程中需要注意对财务风险的控制，避免过度举债。

操作程序：

①市场调研：企业首先进行市场调研，识别新的市场和潜在客户群。

②产品开发：根据新市场的需求，开发新产品或改进现有产品。

③资金筹集：企业可以通过以下方式筹集资金：

——提高内部留存收益，用于投资新市场。

——发行股票，增加股本，而不是增加债务。

——与合作伙伴合资，共同承担风险。

④风险评估：在多元化之前和之后，定期进行风险评估，确保新的业务不会过度增加财务风险。

⑤财务监控：设立财务监控机制，确保企业在多元化的过程中保持良好的财务状况。

第5章 项目投资管理

学习目标

通过本章学习，应该达到以下目标：

理论目标：学习与把握项目投资的特点与意义、项目投资决策程序和可行性分析、项目现金流量、项目投资决策评价指标相关分析等陈述性知识；能够利用所学理论知识指导“项目投资管理”的相关认知活动，正确解答相关“同步思考”和《训练手册》第5章中“客观题”和“主观题”的“理论题”各题型问题；体验本章“初级学习”中技术认知的横向正迁移，以及相关胜任力中“技术认知”要素的阶段性生成。

实务目标：学习与把握项目投资现金流量的分析方法、项目投资决策评价指标计算与评价、项目投资决策方法的应用、“业务链接”等程序性知识；能以其建构“项目投资管理”中的规范与规则意识，正确解析本章“同步计算”、“教学互动”、相关“同步思考”，以及《训练手册》第5章中“客观题”和“主观题”的“实务题”各题型问题；体验本章技术规范与规则“初级学习”中的横向正迁移，以及相关胜任力中“技术规范与规则”要素的阶段性生成。

案例目标：运用本章理论与实务知识研究相关案例，通过多元表征“同步案例”和《训练手册》第5章“客观题”与“主观题”的“案例题”，培养和提高在特定业务情境中分析问题和决策设计能力；能够结合本章教学内容，依照相关规范、要求或标准，对“课程思政5-1”、“课程思政5-2”和《训练手册》第5章“课程思政”中的企业行为进行思政研判，培养高尚的职业道德情操，树立社会主义核心价值观；体验本章“高级学习”中专业知识、通用知识与思政元素的协同性重组迁移，以及相关胜任力中“认知弹性”要素的阶段性生成。

实训目标：以所学“项目投资管理”的理论与实务知识为前提，在正确解答《训练手册》第5章“客观题”与“主观题”之“实训题”各题型问题，并了解和把握本实训所及“能力与道德领域”相关“技术-技能”点的“规范与标准”基础上，参加“‘项目投资分析与决策’胜任力”的实践训练。通过各项实训任务的完成，系列“技术-技能”操作的实施，以及《“投资项目分析与决策”训练报告》的准备与撰写等有质量、有效率的活动，培养“项目投资分析与决策”的专业能力，强化“与人交流”“解决问题”“革新创新”等职业核心能力（中级），并通过“认同级”践行“职业情感”和“职业守则”等行为规范，促进健全职业人格的塑造；体验本章“实践学习”中“专能”“通能”“职业道德”元素的协同性“重组-产生”迁移，以及相关胜任力中“求知韧性”和“复合性‘技术-技能’”要素的阶段性生成。

学习微平台

思维导图5-1

引例 达拉特公司50万千瓦防沙治沙光伏一体化项目投资

背景与情境：中节能达拉特旗太阳能科技有限公司（以下简称达拉特公司）作为主体，投资建设中节能太阳能达拉特旗50万千瓦防沙治沙光伏一体化项目（以下简称达拉特50万千瓦项目），规划投资总额约201 465.92万元。

2024年7月，达拉特公司取得达拉特50万千瓦项目“项目备案告知书”。项目位于内蒙古鄂尔多斯市达拉特旗恩格贝镇，所在地水平面年总辐射量约为6 086.5兆焦/平方米，最佳倾角下年太阳能总辐射量约为7 468.1兆焦/平方米，根据《太阳能资源评估方法》(GB/T37526—2019)，属于太阳能资源“很丰富”区域。达拉特50万千瓦项目拟采用“光伏+治沙”形式建设地面集中式光伏发电项目。治沙部分计划由达拉特公司负责出资，进行总面积约57 500亩土地的生态治理工作。此外，达拉特50万千瓦项目还将配套建设220kV升压站及相关送出线路；在发电侧配套建设75兆瓦/150兆瓦时电化学储能系统。

达拉特50万千瓦项目规划总投资约为201 465.92万元。根据项目可行性研究报告，达拉特50万千瓦项目全部投资财务内部收益率（所得税后）约为5.49%，项目投资回收期（所得税后）约为14.08年，资本金内部收益率（所得税后）约为9.27%，项目具有一定的抗风险能力，财务评价结果显示项目具有可行性。

资料来源 巨潮资讯．关于投资建设中节能太阳能达拉特旗50万千瓦防沙治沙光伏一体化项目的公告［EB/OL］．［2024-08-10］．http：//www.cninfo.com.cn/new/disclosure/detail? orgId=gssz0000591&announcementId=1220833884&announcementTime=2024-08-10.引文有删减。

项目决策关系到企业的生死存亡。从引例可见，企业进行项目投资决策时，需要考察与项目相关的现金流量，包括项目投资额、收入、成本、税收，并且要采用一定方法进行可行性评价。

5.1 项目投资概述

5.1.1 项目投资的特点和意义

项目投资是对特定项目所进行的一种长期投资行为。对工业企业来讲，主要有以新增生产能力为目的的新建项目投资和以恢复或改善原有生产能力为目的的更新改造项目投资两大类。完整的项目投资管理包括投资项目的论证、决策和实施等全过程的管理。本章将重点阐述项目投资决策过程的管理，其中又以投资项目的财务评价为主。

1）项目投资的特点

项目投资具有以下特点：

（1）投资规模较大，投资回收时间较长。项目投资的规模，尤其是新建项目投资的规模往往较大，因而投资的回收时间较长，少则几年，多则几十年，所以项目投资是一种长期投资行为。

（2）投资风险较大。项目投资的风险较大，一方面是由于项目投资的规模大、时间长；另一方面是由于项目投资中的固定资产有其“专用性”，一旦市场发生没有意料到的变化，往往会给企业带来较大的损失。

（3）投资的次数较少。营运资金的投资是经常性的，而项目投资由于自身特点所限，投资次数往往不宜过于频繁，企业必须量力而行。

（4）投资决策必须严格遵守相应的投资程序。对于企业来说，项目投资是十分重要的，有时甚至关系到企业的生死存亡，所以企业必须十分慎重，严格遵守项目投资各个环节的程序。

同步思考5-1

一家造船厂和一家从事远洋运输的海运公司分别建造和购买一艘远洋运输轮船。

问题：这两家企业获得远洋运输轮船的行为性质是否相同？

理解要点：不同。对于造船厂而言，建造远洋运输轮船虽然投资额巨大，且耗时较长，但这种行为却不属于项目投资，而是存货投资，因为其建造成本收回时间相对较短。而远洋运输企业购买远洋运输轮船的行为则是项目投资，投资金额大，回收时间长。

2）项目投资的意义

项目投资有以下三个方面的积极意义：

（1）增强企业经济实力。企业通过项目投资，可以扩大其资本积累规模，提高其收益能力，增强其抵御风险的能力。

（2）提高企业创新能力。企业通过自主研发和购买知识产权，结合投资项目的实施，可以实现科技成果的商品化和产业化，不但可以获得技术创新，而且能够为科技转化为生产力提供更好的业务操作平台。

学习微平台

延伸阅读5-1

（3）提升企业市场竞争能力。市场竞争不仅是人才的竞争、产品的竞争，而且从根本上说是投资项目的竞争。一个不具备核心竞争能力的投资项目，是注定要失败的。无论是投资实践的成功经验还是失败教训，都有利于促进投资者自觉按市场规律办事，不断提升企业的市场竞争力。

5.1.2 项目投资的决策程序

由于项目投资的投资规模较大、风险较大、回收时间较长，对企业未来发展的影响也较大，因此企业必须遵循一定的决策程序。项目投资的决策程序一般包括以下几个步骤：

1）投资项目的提出

一般而言，新增生产能力的投资项目由企业的高层管理者提出，而更新改造的投资项目可以由企业中层或基层管理者提出。

学习微平台

同步链接5-1

2）投资项目的可行性分析

当投资项目提出以后，就必须从多个方面进行可行性分析，写出投资项目的可行性分析报告。投资项目的可行性分析一般应包括以下几个方面：

（1）国民经济可行性分析，即从整个国民经济的现状及发展的角度考虑，宏观地分析该项目是否可行，是否有发展前景，其中尤其应该分析该项目是否满足环保的要求。

（2）财务可行性分析，即从经济效益的角度，分析该项目是否能够盈利。

（3）技术可行性分析，即从技术的角度，分析本企业的技术水平能否达到该项目的要求。

3）投资项目的决策

在写出投资项目可行性分析报告的基础上，企业应做出最后的决策。对于投资额特别大的项目，应由董事会或股东大会投票表决；对于投资额较小的项目，则可以由企业的经理层做出决策。

4）投资项目的实施与控制

在投资项目的实施过程中，企业必须加强对建设进度、建设质量、建设成本等方面的管理，使投资项目能够保质保量地完成。但是，在投资项目的实施过程中，企业如果发现国家政策、市场环境、企业内部环境等方面发生了某些重大的变化，使原来可行的投资项目变得不可行，则必须尽早果断地停止该投资项目的建设，或采取其他补救措施，力求减少损失。

同步案例5-1

华脉科技终止“基于应用切片的网络加速解决方案项目”

背景与情境：南京华脉科技股份有限公司2020年拟利用公司位于江宁区丰泽路66号的现有科教用地中试房（建筑面积约2 000平方米），并购置相关设备，建设“基于应用切片的网络加速解决方案项目”。原定计划建设周期36个月，项目总投资11 625.52万元，预计项目可实现年平均收入11 813.67万元，年平均税后利润1 694.84万元，税后投资回收期（含建设期）4.98年，总投资收益率17.15%，税后项目内部收益率28.18%。

截至2024年5月31日，此项目尚未投入募集资金。公司拟将原募投项目变更为“敏捷智慧绿色数据中心系统研发及产业化项目”。

变更原因是：自2021年以来，电信运营商在全国互联互通节点逐步扩容，网络节点质量大幅提升，逐步消除了跨电信运营商之间的网络瓶颈，导致原有许多市场需求逐渐消失。基于市场环境和公司发展规划考虑，为丰富产品结构，更好地满足公司未来发展的需要，公司主动适应市场变化，着手进行新产品研发，拟终止“基于应用切片的网络加速解决方案项目”，并将尚未使用的募集资金投入到“敏捷智慧绿色数据中心系统研发及产业化项目”中。

资料来源 华脉科技. 关于变更部分募投项目、终止部分募投项目并将剩余募集资金永久补充流动资金的公告［EB/OL］.［2024-07-30］. http://www.cninfo.com.cn/new/disclosure/detail?orgId=9900031495&announcementId=1220746690&announcementTime=2024-07-30. 引文有删减。

问题：项目投资决策程序是什么？

分析提示：由于项目投资的投资规模较大、风险较大、回收时间较长，对企业未来发展的影响也较大，因此企业必须遵循一定的决策程序。项目投资的决策程序一般包括以下几个步骤：投资项目的提出、投资项目的可行性分析、投资项目的决策、投资项目的实施与控制。但是，在投资项目的实施过程中，企业如果发现国家政策、市场环境、企业内部环境等方面发生了某些重大的变化，使原来可行的投资项目变得不可行，则必须尽早果断地停止该投资项目的建设，或采取其他补救措施，力求减少损失。华脉科技科学决策并严格控制投资进度和成本费用是顺利完成项目投资的关键所在。

业务链接5-1

项目投资与固定资产投资

项目投资（project investment）是一种以特定项目为对象，直接与新建项目或更新改造项目有关的长期投资行为。项目投资按其涉及内容还可进一步细分为单纯固定资产投资项目和完整工业投资项目。单纯固定资产投资项目的特点在于：在投资中只包括为取得固定资产而发生的垫支资本投入而不涉及周转资本的投入；完整工业投资项目则不仅包括固定资产投资，还涉及流动资金投资，甚至包括其他非流动资产项目（如无形资产、长期待摊费用等）的投资。与其他形式的投资相比，项目投资具有投资内容独特（每个项目都至少涉及一项固定资产投资）、投资数额大、影响时间长（1年或1个营业周期以上）、发生频率低、变现能力差和投资风险大的特点。

学习微平台

随堂测5-1

5.2 项目投资的现金流量估算

5.2.1 项目计算期与投资资金的确定

1）项目计算期的构成

项目计算期是指投资项目从投资建设开始到最终清理结束整个过程的全部时间，包括建设期和运营期（具体又包括投产期和达产期）。

建设期是指从项目资金正式投入开始到项目建成投产为止所需要的时间，建设期的第1年年初称为建设起点（记作第0年），建设期的最后1年年末称为投产日（记作第s年）。在实践中，通常应参照项目建设的合理工期或项目的建设进度计划合理确定建设期。

项目计算期的最后1年年末称为**终结点**，记作第n年。假定项目最终报废或清理均发生在终结点（更新改造项目除外），从投产日到终结点之间的时间间隔称为**运营期**。运营期一般应根据项目主要设备的经济使用寿命期确定。

项目计算期（n）、建设期（s）和运营期（p）之间的关系用公式表示为：

$$n=s+p$$

2）原始总投资和投资资金的内容

从项目投资的角度看，**原始总投资**是指企业为使该项目完全达到设计生产能力，以及开展正常经营而投入的全部现实资金，包括建设投资（含固定资产投资、无形资产投资和开办费投资）和流动资金投资两项内容。

3）项目投资的投入方式

项目投资的投入方式包括一次投入和分次投入两种形式。**一次投入方式**是指投资行为集中一次发生在项目计算期第1个年度的年初或年末。如果投资行为涉及两个或两个以上年度，或虽然只涉及一个年度但同时在该年的年初和年末发生，则属于分次投入方式。

5.2.2 项目现金流量的构成

1）现金流量的概念

在项目投资决策中，**现金流量**是指该项目投资所引起的现金流入量和现金流出量的统称，它可以动态地反映该投资项目的投入和产出的相对关系。这时的“现金”是一个广义的概念，它不仅包括各种货币资金，还包括项目投资企业所拥有的非货币资金的变现价值。

现金流量是计算项目投资决策评价指标的主要依据和重要信息，也是评价项目投资是否可行的一个基础性指标。为方便项目投资现金流量的确定，首先做出以下假设：

（1）财务可行性分析假设，即假设项目投资决策从企业投资者的立场出发，只考虑该项目是否具有财务可行性，而不考虑该项目是否具有国民经济可行性和技术可行性。

（2）全投资假设，即假设在确定投资项目的现金流量时，只考虑全部投资的运行情况，而不具体考虑和区分哪些是自有资金，哪些是借入资金，即使是借入资金也将其视为自有资金处理。

（3）建设期间投入全部资金假设，即假设项目投资的资金都是在建设期投入的，在生产经营期没有投资。

（4）经营期和折旧年限一致假设，即假设项目的主要固定资产的折旧年限或使用年限与经营期相同。

（5）时点指标假设，即为了便于利用资金时间价值的形式，将项目投资决策所涉及的价值指标都作为时点指标处理。其中，建设投资在建设期内有关年度的年初或年末发生；流动资金投资则在建设期期末发生；经营期内各年的收入、成本、摊销、利润、税金等项目的确认均在年末发生；新建项目最终报废或清理所发生的现金流量均发生在终结点。

2）现金流量的构成

在进行项目投资决策分析时，通常用现金流出量、现金流入量和现金净流量来反映项目投资的现金流量。**现金流出量**是指由项目投资而引起的企业现金支出的增加额。现金流入量是指由项目投资而引起的企业现金收入的增加额。**现金净流量（NCF）**则是指一定时期内现金流入量减去现金流出量的差额。在确定现金流量时，企业可以根据项目投资资金的不同来源分别进行确定。

业务链接 5-2

增量现金流量

一个项目的相关现金流量是什么？基本原则非常简单。一个项目的相关现金流量就是由于决定接受该项目，所直接导致公司整体未来现金流量的改变量。因为相关现金流量被界定为公司现有现金流量的改变量或增加量，所以它们就被称为项目的增量现金流量（incremental cash flow）。

一般来说，项目评估中的增量现金流量包括所有因为接受该项目而直接导致的公司未来现金流量的变动。这个增量现金流量的定义隐含着一个显而易见的推论：任何现金流量，如果不管项目是否被接受，它都存在，那么它就是不相关的。

（1）当投入资金为自有资金时

① **建设期现金流量**，即企业在建设期所发生的现金流入量和现金流出量。一般包括：土地使用费用支出，主要指因投资项目占用土地而支出的土地使用费；固定资产方面的投资，包括固定资产的购入或建造成本、运输成本和安装成本等；流动资产方面的投资，包括投入的现金、材料等；其他方面的投资，包括与固定资产投资有关的职工培训费、注册费等；原有固定资产的变价收入，这主要在更新改造投资项目时考虑。建设期现金流量除原有固定资产的变价收入为现金流入量外，其他部分均为现金流出量。

② **经营期现金流量**，即项目投产后，企业在生产经营期间所发生的现金流入量和现金流出量。经营期现金流量一般按年度进行计算。经营期现金流入量主要是由因生产经营而使企业增加的营业收入和该年的回收额构成。经营期现金流出量则主要由付现成本和所得税构成。付现成本是指每年需要实际支付现金的销货成本。非付现成本是指销货成本中不需要每年实际支付现金的某些成本，如折旧费用等。

经营期现金净流量（NCF）通常可以表示为：

现金净流量=销售收入-付现成本-所得税+该年回收额

=销售收入-（销售成本-非付现成本）-所得税+该年回收额

=营业利润-所得税+非付现成本+该年回收额

=净利润+非付现成本+该年回收额

同步思考 5-2

在现金净流量的计算公式中，存在这样的等式：现金净流量=净利润+非付现成本+该年回收额。

问题：折旧是一项非付现成本，这是否意味着折旧构成了项目投资的现金收入？

理解要点：折旧和无形资产摊销并不会带来现金流入，同样作为非付现成本，也不会直接导致现金流出。现金流入量主要来自营业收入、固定资产的收回、流动资金的收回等。

显然，上述净利润与财务会计中的净利润的计算口径不一致，而非付现成本主要包括该年折旧额和该年摊销额。该年回收额主要包括以下三个方面：①固定资产的残值收入或变价收入；②原来垫支在各种流动资产上的资金收回；③停止使用的土地的变价收入等。

（2）当投入资金为借入资金时

实际上，根据全投资假设，在进行项目投资决策时，一般不需要考虑投入资金的来源，所以当投入资金为借入资金时的现金净流量的确定方法，与投入资金为自有资金时的现金净流量的确定方法基本上是一样的。但由于在现行的会计准则中，有些规定对项目投资的现金净流量产生了某些影响，所以企业应该加以特别注意。这主要表现在以下两个方面：

① 由于规定建设期发生的与购建项目相关的固定资产、无形资产等非流动资产的相关利息支出可以资本化，所以企业在确定固定资产、无形资产等非流动资产的原值时，必须考虑资本化利息。

② 由于规定经营期间的借款利息支出可以在税前列支，因而减少了企业的利润，但根据全投资假设，企业在进行投资决策时，不应该考虑借款利息，所以，企业在确定现金净流量时，必须加上该年的利息支出。

此时，经营期现金净流量可以用下式表达：

现金净流量=销售收入-付现成本-所得税+该年回收额+该年利息费用

=该年净利润+该年折旧+该年摊销额+该年回收额+该年利息费用

课程思政5-1

新建特色小吃店的相关现金流量

背景与情境：ZWG公司是一家著名的专门经营特色小吃的连锁企业，在某市繁华街道A上设有一个连锁店，生意非常火爆，常常出现食客排队的现象。在距离该连锁店所在街道不足50米的另一条街道B上却没有任何特色小吃店。公司投资部投资顾问吴斌建议，在街道B新开设一家连锁店，原因是特色小吃店的食客们在就餐高峰期只需花很短的时间就可从繁华街道A走到街道B，非常便捷，这样就可以增加公司的收入。为证明这一观点，吴斌经过调查收集的资料如下：

在街道B新开一家连锁店，预计门店租金每年10万元，在设备投资、门面装修等方面需要投入资金200万元，在原材料购进、工人工资及其他费用等方面每年需付现金90万元，还需要增加流动资金40万元，预计新连锁店每年收入为150万元，但会分流街道A连锁店的部分食客，从而导致该连锁店收入每年下降大约25万元。新连锁店经营期可达20年，期满后固定资产没有残值，垫支的流动资金可以全数收回。公司要求的投资报酬率为15%。

吴斌认为，不考虑所得税，在街道B上新建连锁店每年会增加净现金流入50万元，值得投资。

问题： 你认为吴斌的分析是否正确？

研判提示： 吴斌的分析是不正确的。公司进行项目投资，必须从公司整体利益的角度出发，而不能站在局部（街道B连锁店）利益上。街道B连锁店会导致街道A连锁店现金流入量的减少，只考虑局部利益而损害整体利益的项目投资违背了大局观念。

5.2.3 项目现金流量的计算

现金流量的计算可以根据现金流量的构成进行。

同步计算 5-1

甲公司准备投资一个新项目，该项目需要投资固定资产10万元，使用寿命5年，采用直线法折旧，期满有残值1万元。另外，需投资2万元用于员工培训，在建设期发生，其他不计。该项目建设期为1年，投产后每年可实现销售收入12万元，每年付现成本8万元。假定所得税税率为25%，试计算该项目的现金净流量。

解： 该项目的现金净流量计算见表5-1。

表 5-1　　**现金净流量计算表**　　单位：万元

项目 年度	投入额	税后利润	折旧额	残值回收	现金净流量
0	12				-12
1	0				0
2		1.65	1.80		3.45
3		1.65	1.80		3.45
4		1.65	1.80		3.45
5		1.65	1.80		3.45
6		1.65	1.80	1	4.45

学习微平台

随堂测 5-2

5.3 项目投资决策评价指标的计算与评价

5.3.1 项目投资决策评价指标的类型

项目投资决策评价的指标主要有投资利润率、静态投资回收期、净现值、净现值率、现值指数、内含报酬率等。

1）按是否考虑资金时间价值分类

评价指标按是否考虑资金时间价值，可分为非贴现评价指标和贴现评价指标两大类。**非贴现评价指标**是指在计算过程中不考虑资金时间价值因素的指标，又称为静态指标。与非贴现评价指标相反，**贴现评价指标**在计算过程中充分考虑和利用资金时间价值，又称为动态指标。

2）按指标性质的不同分类

评价指标按指标性质的不同，可分为在一定范围内越大越好的正指标和在一定范围内越小越好的反指标两大类。投资利润率、净现值、净现值率、现值指数和内含报酬率属于正指标，静态投资回收期属于反指标。

3）按指标数量特征的不同分类

评价指标按指标数量特征的不同，可分为绝对量指标和相对量指标。前者包括以时间为计量单位的静态投资回收期指标和以价值量为计量单位的净现值指标；后者包括净现值率、现值指数、内含报酬率等。

4）按指标重要性的不同分类

评价指标按其在决策中所处的地位不同，可分为主要指标、次要指标和辅助指标。净现值、内含报酬率等为主要指标，静态投资回收期为次要指标，投资利润率为辅助指标。

5）按指标计算的难易程度的不同分类

评价指标按其计算的难易程度不同，可分为简单指标和复杂指标。投资利润率、静态投资回收期、净现值率和现值指数为简单指标，净现值和内含报酬率为复杂指标。

5.3.2 静态评价指标的计算与分析

1）静态投资回收期法

（1）计算方法

静态投资回收期是指在不考虑资金时间价值的情况下，收回全部投资额所需要的时间。该指标一般以年为单位，包括两种情况：①含建设期的投资回收期（以下以P表示）；②不含建设期的投资回收期（以下以PS表示）。

含建设期的投资回收期的计算公式为：

$$P=PS+S$$

式中：S为建设期。

在计算含建设期的投资回收期P的过程中有两种情况：

①当P为整数时，则有：

$$\sum_{t=0}^{P} NCF_t = 0$$

上式表明刚好在第P年收回投资，即含建设期的投资回收期为P。

②由于在通常情况下，P可能不是一个整数，则可以找到一个整数P_0，使得：

$$\sum_{t=0}^{P_0} NCF_t < 0,\ \sum_{t=0}^{P_0+1} NCF_t > 0$$

则该项目含建设期的投资回收期为：

$$P=P_0+\frac{|\sum_{t=0}^{P_0}NCF_t|}{NCF_{P_0+1}}$$

（2）优缺点

静态投资回收期法的优点：①计算简便，选择标准直观，易于理解。②将对现金净流量的预测重点放在“近期”，有利于控制投资风险。

静态投资回收期法的缺点：①没有考虑资金的时间价值，这种缺陷可以用贴现投资回收期法弥补。②没有考虑回收期满后的现金流量状况，可能导致决策者优先考虑急功近利的投资项目。

同步计算5-2

某项目的现金净流量见表5-2，计算该项目的静态投资回收期。

表5-2 **某项目的现金净流量表** 单位：万元

年份	0	1	2	3	4	5
NCF_t	-150	40	50	50	60	70

解：该项目的静态投资回收期可通过下列步骤计算：

计算出该项目的累计现金净流量，见表5-3。

表5-3 **某项目累计现金净流量表** 单位：万元

年份	0	1	2	3	4	5
$\sum NCF_t$	-150	-110	-60	-10	50	120

从累计现金净流量可知，该项目的静态投资回收期满足：3≤P≤4，根据公式有：

$P=3+10\div60=3.17$（年）

2）投资利润率法

（1）计算方法

投资利润率（ROI），又称投资报酬率，是指投资项目投产期间的平均净利润与投资项目的投资额之间的比率，一般以百分比表示。其计算公式为：

$$ROI=\frac{P}{I}\times100\%$$

式中：P为年平均净利润；I为投资总额。

（2）评价标准

如果投资项目的投资利润率高于企业要求的最低收益率或无风险收益率，则该投资项目可行；如果投资项目的投资利润率低于企业要求的最低收益率或无风险收益率，则该投资项目不可行。在多个投资项目的互斥性决策中，项目的投资利润率越高，说明该投资项目的投资效果越好，故应该选择投资利润率高的投资项目。

同步计算5-3

某公司拟建一条生产线，有A、B两个投资方案，两个项目的投资额都是在第一年年初一次性投入，基本情况见表5-4。假设无风险投资收益率为6%，该公司应该选择哪个方案？

表5-4　**A、B投资方案资料表**　单位：万元

项目/年份	A方案		B方案	
	投资额	净利润	投资额	净利润
第1年	50	3	100	7
第2年		5		10
第3年		8		9
第4年		12		6

解：投资方案的选择可通过以下步骤进行：

A方案年平均净利润=（3+5+8+12）÷4=7（万元）

B方案年平均净利润=（7+10+9+6）÷4=8（万元）

A方案的投资利润率=7÷50×100%=14%

B方案的投资利润率=8÷100×100%=8%

通过计算可知，A、B两方案的投资利润率都大于6%，其中A方案的投资利润率大于B方案的投资利润率。如果该企业采用投资利润率法进行决策，则应该选择A方案。

5.3.3　动态评价指标的计算与分析

1）净现值法

（1）计算方法

净现值（net present value，NPV）是指在项目计算期内，按行业基准收益率或企业设定的贴现率计算的投资项目未来各年现金净流量现值的代数和。其计算公式为：

$$净现值（NPV）=\sum_{t=0}^{n}\frac{NCF_t}{(1+i)^t}\quad（其中i为贴现率）$$

净现值的计算一般包括以下步骤：①计算投资项目各期的现金净流量。②按行业基准收益率或企业设定的贴现率，将投资项目各期所对应的复利现值系数通过查表确定下来。③将各期现金净流量与其对应的复利现值系数相乘，计算出现值。④最后加总各期现金净流量的现值，即得到该投资项目的净现值NPV。

当经营期各年的现金净流量相等时，可运用年金的方法简化计算NPV。

（2）评价标准

① 单项决策时，若NPV≥0，则项目可行；若NPV<0，则项目不可行。

② 多项互斥的投资决策，在净现值大于零的投资项目中，应选择净现值较大的投资项目。

（3）优缺点

净现值法是项目投资评价中常用的方法，其主要优点有：①考虑了资金的时间价值，增强了投资经济性评价的适用性。②考虑了项目计算期内全部现金净流量，体现了流动性与收益性的统一。③考虑了投资风险，项目投资风险可以通过提高贴现率加以控制。

净现值法也存在一些缺点，主要有：①净现值是一个绝对数，不能从动态的角度直接反映投资项目的实际收益率，进行互斥性投资决策；当投资额不等时，仅用净现值法往往无法确定投资项目的优劣。②净现值的计算比较复杂，且较难理解和掌握。③净现值的计算需要对现金净流量有较准确的预测，并且要正确选择贴现率，而实际上现金净流量的预测和贴现率的选择都比较困难。

（4）投资项目贴现率的确定

投资项目贴现率可以用以下方法来确定：①以投资项目的资金成本作为贴现率。②以投资的机会成本作为贴现率。③根据投资的不同阶段，分别采取不同的贴现率。④以行业平均资金收益率作为贴现率。

同步计算5-4

学习微平台

延伸阅读5-2

某企业需投资180万元引进一条生产线，该生产线有效期为6年，采用直线法折旧，期满无残值。该生产线当年投产，预计每年可获净利润20万元。如果该项目的行业基准贴现率为8%，试计算其净现值并评价该项目的可行性。

解：该项目的净现值及可行性评价通过以下步骤完成：

NCF_0=-180万元

每年折旧额=180÷6=30（万元）

投产后各年相等的现金净流量（NCF_t）=20+30=50（万元）

NPV=-180+50×（P/A，8%，6）=-180+50×4.6229≈51.15（万元）

由于该项目的净现值大于0，所以该项目可行。

课程思政5-2

经理人投资于净现值为负的项目

背景与情境：20世纪80年代后，美国诸如石油、烟草等行业积累了大量的现金，但是，管理层却未将大量过剩的现金以股利的形式返还给股东，而是将其用于分散化、效率低下的并购交易。在这样的背景下，詹森提出了自由现金流：满足所有具有正的净现值的投资项目所需资金后多余的那部分现金流量，这些投资项目的净现值按相关资本成本贴现计算出来。企业投资行为的出发点是股东价值最大化，但经理人利益并不总与股东利益相一致，他们之间存在着代理问题，经理人为实现私人利益最大化，其最直接的谋求私利的方式是建造“企业帝国”，扩大企业规模。因此，自由现金流量多的企业更容易出现过度投资等非效率投资行为。

Strong和Meyer（1990）发现，自由现金流与任意投资呈显著正相关的关系。若股票市场对企业任意投资公告进行负面评价，表明市场认为经理将现金流用于负NPV项目，从而证明了代理问题导致的过度投资行为。

研究表明，我国一些上市公司将股权融资的资金投资于效益较低的新项目，盲目扩大企业规模；也有一些上市公司盲目地将股权融资的资金投资于不熟悉、与主业毫不相关的产业，甚至非朝阳产业。从投资结果来看，这些投资行为均属于过度投资行为。

资料来源　罗灵萍. 关于自由现金流的研究评述［J］. 商场现代化，2021（22）：112-114.

问题：试研判经理人投资于净现值为负的项目的行为。

研判提示：作为企业的经营者应该爱岗敬业，适度冒险，增加股东财富。从企业价值和股东财富最大化的角度来看，只有净现值为正的项目才是可行的。决策者之所以投资净现值为负的项目显然不是为了企业价值或股东财富最大化，而是为了自己的私利，这违背了对股东的诚实守信和爱岗敬业的精神。

2）净现值率法

（1）计算方法

净现值率（NPVR）是指投资项目的净现值占原始投资现值总和的百分比。其计算公式为：

$$NPVR=\frac{投资项目净现值}{原始投资现值总和}\times 100\%$$

（2）评价标准

净现值率是一个相对量评价指标，采用净现值率法进行投资项目评价的标准是：当NPVR≥0时，项目可行；当NPVR<0时，项目不可行。

（3）优缺点

净现值率法的优点：①考虑了资金时间价值；②可以动态地反映项目投资的资金投入与产出之间的关系。

净现值率法的缺点：①不能直接反映投资项目的实际收益率；②在资本决策过程中，可能导致片面追求较高的净现值率，在企业资本充足的情况下，有降低企业投资利润总额的可能。

同步计算5-5

某投资项目的建设期为1年，经营期为5年，其现金净流量见表5-5，贴现率为10%。计算该项目的净现值率，并评价其可行性。

表5-5　**某投资项目现金净流量表**　单位：万元

年份	0	1	2	3	4	5	6
NCF_t	-120	-60	80	80	80	80	80

解：该投资项目的净现值率及可行性评价可通过以下步骤完成：

从表5-5中可以看出，经营期的现金净流量相等，其净现值可以采用年金的方法计算：

$$NPV=-120-60\times(P/F,\ 10\%,\ 1)+80\times(P/A,\ 10\%,\ 5)\times(P/F,\ 10\%,\ 1)$$
$$=-120-60\times0.9091+80\times3.7908\times0.9091\approx101.15\text{（万元）}$$

然后计算该项目的净现值率：

$$NPVR=\frac{101.15}{120+60\times(P/F,10\%,1)}\approx57.95\%$$

由于该项目的净现值率大于0，故可以投资。

3）现值指数法

（1）计算方法

现值指数（profitability index，PI）法，也称获利指数法，是指项目投产后按行业基准收益率或企业设定的贴现率折算的各年营业期现金净流量的现值合计（报酬总现值）与原始投资的现值合计（投资总现值）之比。其计算公式为：

$$PI=\frac{\sum_{t=s+1}^{n}NCF_t\cdot(P/F,i,t)}{\left|\sum_{t=0}^{s}NCF_t\cdot(P/F,i,t)\right|}$$

从净现值率和现值指数的定义可知，这两个指标存在以下关系：

现值指数（PI）=1+净现值率（NPVR）

（2）评价标准

采用这种方法的评价标准是：如果PI≥1，则该投资项目可行；如果PI<1，则该投资项目不可行。如果几个投资项目的现值指数都大于1，那么现值指数越大，投资项目越好。但在进行互斥性投资决策时，正确的选择原则不是选择现值指数最大的项目，而是在保证现值指数大于1的情况下，使追加投资收益最大化。

（3）优缺点

现值指数法的优点：可以从动态的角度反映投资项目的资金投入与产出之间的关系，可以弥补净现值法在投资额不同的项目之间不便比较的缺陷。

现值指数法的缺点：无法直接反映投资项目的实际收益率，且计算过程比净现值法的计算过程复杂，计算口径也不一致。

同步计算5-6

某投资项目的建设期为1年，经营期为5年，其现金净流量见表5-6，贴现率为10%。计算该项目的现值指数，并评价其可行性。

表5-6 **某投资项目现金净流量表** 单位：万元

年份	0	1	2	3	4	5	6
NCF_t	-120	-60	80	80	80	80	80

解：该项目的现值指数及可行性评价可通过以下步骤完成：

该项目的现值指数为：

$$PI=\frac{80\times(P/A,10\%,5)\times(P/F,10\%,1)}{120+60\times(P/F,10\%,1)}=\frac{80\times3.7908\times0.9091}{120+60\times0.9091}\approx1.58$$

由于该项目的现值指数大于1，根据判断标准，该项目可行。

4）内含报酬率法

（1）计算方法

内含报酬率（internal rate of return，IRR），又称内部收益率，是指投资项目实际可以实现的收益率，亦可将其定义为能使投资项目的净现值等于零时的贴现率。内含报酬率满足下列等式：

$$NPV=\sum_{t=0}^{n}\frac{NCF_t}{(1+IRR)^t}=0$$

内含报酬率的计算是解一个n次方程，通常采用试误法求IRR的值。

（2）评价标准

内含报酬率是一个贴现正指标，采用该方法的评价标准是：①当内含报酬率≥资金成本率（或预期收益率）时，项目可行；否则，项目不可行。②当进行多项目互斥决策时，内含报酬率越大越好。

（3）优缺点

内含报酬率法的优点：①考虑了资金时间价值；②可以反映出投资项目的真实报酬率，且不受行业基准收益率高低的影响，比较客观，有利于对投资额不同的项目进行决策。

内含报酬率法的缺点：①计算比较复杂，特别是对每年现金净流量不相等的投资项目，一般要经过多次测算才能求得答案；②当经营期大量追加投资时，可能导致多个IRR出现，或偏高或偏低，缺乏实际意义；③再投资收益率假设与实际可能不符。

同步计算5-7

某投资项目的现金流量见表5-7。如果该项目的资金成本为10%，试用内含报酬率法判断该项目投资的可行性。

解：该项目的可行性评价通过以下步骤完成：

表5-7　**某投资项目现金净流量表**　单位：万元

年份	0	1	2	3	4	5
NCF_t	−180	70	70	70	70	70

从投资项目的现金净流量表可知，各年的营业期现金净流量均相等，可以采用简化方法计算该项目的内含报酬率：

（P/A，IRR，5）=180÷70≈2.5714

查表得：当t_1=24%时，（P/A，24%，5）=2.7454；当t_2=28%时，（P/A，28%，5）=2.5320。则：

$$IRR=24\%+\frac{2.7454-2.5714}{2.7454-2.5320}\times(28\%-24\%)\approx27.26\%$$

通过计算可知，IRR≈27.26%>10%，则该投资项目可行。

同步思考5-3

作为项目投资可行性评价指标，当净现值大于或等于0，现值指数大于或等于1，内含报酬率大于或等于项目投资要求的必要报酬率时，项目投资才是可行的。

问题： 对于同一项目，这三种指标是否有内在一致性？

理解要点： 事实上，对于同一投资项目，这三种指标的评价结果完全一致。也就是说，净现值大于或等于0等价于现值指数大于或等于1，也等价于内含报酬率大于或等于项目投资要求的必要报酬率，反过来也成立。

同步案例5-2

南京华脉科技股份有限公司平价复合光伏项目投资决策

背景与情境： 南京华脉科技股份有限公司利用现有房屋面积约3 500平方米，实施敏捷智慧绿色数据中心系统研发及产业化项目。敏捷智慧绿色数据中心系统采用能源池、多类型冷源池及弹性解耦等集成化技术，实现了数据中心的集约资源建设、绿色低碳环保；运用物联智控技术、人工智能、HTML5 3D图形化等新技术，实现数据中心及园区智慧运营管理，综合调度，安全可靠运行、节能降耗，符合国家的数字化及”双碳”目标；产品特点为敏捷、绿色和智慧。项目建成达产后，预计每年完成硬件集成业务120套，平台软件业务25套。

建设周期：24个月。

投资计划：本项目总投资4 500万元；在经济效益方面，项目运营第1年至第6年预计收入总额为40 250万元，年平均收入为6 708万元；预计项目总投资收益率为33.86%；项目税前内部收益率为21.86%；投资回收期4.50年（含建设期）。

资料来源 华脉科技. 关于变更部分募投项目、终止部分募投项目并将剩余募集资金永久补充流动资金的公告［EB/OL］.［2024-07-30］. http://www.cninfo.com.cn/new/disclosure/detail? orgId=9900031495&announcementId=1220746690&announcementTime=2024-07-30. 引文有删减。

问题： 项目投资决策主要看哪些指标？该项目是否可行？

分析提示： 项目投资决策主要看净现值、内部收益率等贴现评价指标。由于该项目净现值大于0，因此该项目值得投资。

教学互动5-1

①某投资项目累计净现金流量资料见表5-8。

表5-8　**某投资项目累计净现金流量资料**　单位：万元

年份	0	1	2	3	…	7	8	…	12
累计净现金流量	-200	-300	-300	-240	…	-30	30	…	350

要求：

A.计算该项目的静态投资回收期。

B.该项目的建设期是多少年？资金的投资方式如何？生产经营期为多少年？

②资料：某投资项目的每年净现金流量及相关资料见表5-9。

表5-9　**某投资项目的每年净现金流量及相关资料**　单位：万元

项目 / 年份	建设期		生产经营期								
年份	0	1	2	3	4	5	6	7	8	9	10
净现金流量	-400	-100	80	100	120	150	100	95	95	90	60

学习微平台

随堂测5-3

要求：

A.计算静态投资回收期、净现值、净现值率（假定折现率为10%）。

B.判断该投资项目的财务可行性。

5.4 项目投资决策方法的应用

5.4.1 单一投资项目的财务可行性分析

（1）如果某一投资项目的评价指标同时满足以下条件，则可以断定，该投资项目无论从哪个方面来看，都具备财务可行性，可以接受此投资方案。这些条件是：①NPV≥0；②NPVR≥0；③PI≥1；④IRR≥i（i为资金成本或投资项目的行业基准利率，下同）；⑤$P<P_0$（P为静态投资回收期，P_0为标准静态投资回收期，下同）；⑥ROI≥i（i为基准投资收益率，下同）。

业务链接5-3

财务基准收益率

项目财务基准收益率（IC）是项目财务内部收益率指标的基准判据，也是项目在财务上是否可行的最低要求，还用作计算财务净现值的折现率。因此，财务基准收益率确定得是否合理，对决策项目在财务上是否可行至关重要。如果把该值确定得过高，就有可能把一些本来在财务上合理的项目以财务评价不可行为由拒之；反过来，如果把该值确定得过低，又有可能对一些财务上不具备生存能力的项目放行，造成投资的损失和浪费。

如果有行业发布的本行业基准收益率，即以其作为项目的基准收益率；如果没有行业规定，则由项目评价人员设定。设定方法：一是参考本行业一定时期的平均收益水平并考虑项目的风险系数来确定；二是按项目占用的资金成本加一定的风险系数来确定。

（2）如果某一投资项目的评价指标不满足上述条件，即发生以下情况：①NPV<0；②NPVR<0；③PI<1；④IRR<i；⑤$P>P_0$；⑥ROI<i，则可以断定，该投资项目无论从哪个方面来看，都不具备财务可行性，毫无疑问，此时应当放弃该投资项目。

（3）当静态投资回收期（次要指标）或投资利润率（辅助指标）的评价结论与净现值等主要指标的评价结论发生矛盾时，应当以主要指标的结论为准。

在评价过程中，如果发现某项目的主要指标NPV≥0，NPVR≥0，PI≥1，IRR≥i，但次要指标或辅助指标$P>P_0$或ROI<i，则可断定该项目基本上具有财务可行性。相反，如果出现NPV<0，NPVR<0，PI<1，IRR<i的情况，即使$P<P_0$或ROI≥i，也可基本断定该项目不具有财务可行性。

同步计算5-8

已知某固定资产投资项目的原始投资为100万元，项目计算期为11年（其中生产经营期为10年），基准投资利润率为9.5%，行业基准贴现率为10%，行业标准静态投资回收期为3年。相关投资决策评价指标分别为：ROI=10%，P=5年，NPV=162 648元，NPVR=17.04%，PI=1.1704，IRR=12.73%。判断该项目的可行性。

解：该项目的可行性评价可通过以下步骤完成：

ROI=10%>9.5%，P=5年>3年，NPV=162 648元>0

NPVR=17.04%>0，PI=1.1704>1，IRR=12.73%>i

计算表明，该项目各项主要评价指标均达到或超过相应标准，所以该项目具有财务可行性，只是静态投资回收期较长，超过了行业标准静态投资回收期，有一定风险。

5.4.2 多个互斥项目的财务可行性分析

企业在进行项目投资决策时，常常会碰到必须从多个可供选择的投资项目中选择一个项目的情况，这就是**互斥项目的投资决策问题**。投资决策中的互斥项目决策是指，在决策时涉及多个相互排斥、不能同时并存的投资方案。互斥方案决策过程就是在每一个入选方案已具备财务可行性的前提下，利用具体决策方法比较各个方案的优劣，利用评价指标从各个备选方案中最终选出一个最优方案的过程。

互斥方案决策的方法主要有净现值法、净现值率法、差额投资内含报酬率法和年等额净回收额法等。

1）净现值法和净现值率法

净现值法和净现值率法适用于原始投资相同且项目计算期相等的多方案比较决策，即可以选择净现值或净现值率大的方案作为最优方案。

同步计算5-9

某个固定资产投资项目需要原始投资1 500万元，有A、B、C、D四个相排斥的备选方案可供选择，各方案的净现值指标分别为320.89万元、411.72万元、520.60万元和456.26万元。试用净现值法比较各方案的优劣。

解： 用净现值法进行各方案的优劣比较可通过以下步骤完成：

因为A、B、C、D每个备选项目方案的NPV均大于零，所以这些方案均具备财务可行性。

又因为520.60>456.26>411.72>320.89，所以C方案最优，其次为D方案，再次为B方案，最差为A方案。

由于这些方案的原始投资额相同，采用净现值率法判断时其结果也完全相同。

同步计算5-10

A公司正在使用一台旧设备，其原始成本为100 000元，使用年限为10年，已使用5年，已计提折旧50 000元，使用期满后无残值。如果现在出售该设备，可得收入50 000元；若继续使用该设备，每年可获收入104 000元，每年付现成本62 000元；若采用新设备，购置成本为190 000元，使用年限为5年，使用期满后残值为10 000元，每年可得收入180 000元，每年付现成本为84 000元。假定该公司的资金成本为12%，所得税税率为25%，新旧设备均采用直线法计提折旧，要求做出是继续使用旧设备还是出售旧设备并购置新设备的决策。

解： 方案选择可通过以下步骤完成：

首先，计算两个方案的年营业现金净流量，见表5-10。

表5-10 **两方案营业现金净流量表** 单位：元

项目	使用旧设备	使用新设备
销售收入	104 000	180 000
付现成本	62 000	84 000
年折旧额	10 000	36 000
税前净利润	32 000	60 000
所得税	8 000	15 000
税后净利润	24 000	45 000
营业现金净流量	34 000	81 000

表5-10中折旧额的计算方法如下：

使用旧设备方案：固定资产折旧额=50 000÷5=10 000（元）

使用新设备方案：固定资产折旧额=（190 000-10 000）÷5=36 000（元）

两方案的现金流量，见表5-11。

表5-11 两方案现金流量表 单位：元

项目＼年份	0	1	2	3	4	5
使用旧设备方案						
原始投资 营业现金净流量	-50 000	34 000	34 000	34 000	34 000	34 000
现金流量合计	-50 000	34 000	34 000	34 000	34 000	34 000
使用新设备方案						
原始投资 营业现金净流量	-190 000	81 000	81 000	81 000	81 000	81 000
固定资产残值						10 000
现金流量合计	-190 000	81 000	81 000	81 000	81 000	91 000

其次，计算两方案净现值如下：

使用旧设备方案的净现值=34 000×（P/A，12%，5）-50 000

=34 000×3.6048-50 000

=72 563.2（元）

使用新设备方案的净现值=81 000×3.6048+10 000×0.5674-190 000=107 662.8（元）

通过计算，固定资产更新后，可增加净现值35 099.6元（107 662.8-72 563.2），因此，应进行固定资产更新。

2）差额投资内含报酬率法和年等额净回收额法

差额投资内含报酬率法和年等额净回收额法适用于原始投资不相同的多项目的比较，后者尤其适用于项目计算期不同的多项目的比较决策。

（1）差额投资内含报酬率法

差额投资内含报酬率法是指在计算出两个原始投资额不相等的投资项目的差量现金净流量的基础上，计算出差额内含报酬率，并据以判断这两个投资项目孰优孰劣的方法。在此法下，当差额投资内含报酬率指标大于或等于基准收益率或设定贴现率时，原始投资额大的项目较优；反之，则投资少的项目为优。

差额投资内含报酬率法与内含报酬率法的计算过程一样，只是差额投资内含报酬率法所依据的是差量现金净流量。差额投资内含报酬率法还经常被用于更新改造项目的投资决策。当某项目的差额投资内含报酬率指标大于或等于基准收益率或设定贴现率时，该项目应当进行更新改造；反之，该项目就不应当进行更新改造。

同步计算5-11

某企业有两个可供选择的投资项目，其差量现金净流量见表5-12。假设行业基准贴现率为10%，要求就以下两种不相关的情况选择投资项目。

表5-12 **投资项目差量现金净流量表** 单位：万元

项目＼年份	0	1	2	3	4	5
甲项目的现金净流量	-200	128.23	128.23	128.23	128.23	128.23
乙项目的现金净流量	-100	101.53	101.53	101.53	101.53	101.53
ΔNCF_t	-100	26.70	26.70	26.70	26.70	26.70

①该企业的行业基准贴现率i为8%；

②该企业的行业基准贴现率i为12%。

解：方案选择通过以下步骤完成：

根据所给资料可知，差量现金净流量（甲项目的现金净流量-乙项目的现金净流量）如下：

ΔNCF_0=-100万元

$\Delta NCF_{1\sim5}$=26.70万元

经过计算可知，甲、乙两个项目的差额内含报酬率ΔIRR≈10.47%。

在第①种情况下，由于差额内含报酬率大于8%，所以应该选择甲项目。

在第②种情况下，由于差额内含报酬率小于12%，所以应该选择乙项目。

同步案例5-3

胜利公司的项目决策

背景与情境：胜利公司是一家经济实力较强的生产加工企业，产品供不应求。基于市场的需求，公司计划扩大经营规模，决定再上生产项目。经多方调研、汇总与筛选，公司只能接受A、B两个项目中的一个。其投资额为250万元，资金成本率为10%，两个项目未来的现金流量见表5-13。该公司利用净现值和内部收益率进行项目的可行性分析评价。

表5-13 **A、B项目的预期现金流量表** 单位：万元

项目＼年份	0	1	2	3	4	5	6
A项目	-250	100	100	75	75	50	25
B项目	-250	50	50	75	100	100	125

问题：A、B两个项目的净现值和内部收益率分别为多少？公司该如何决策？

分析提示：A、B两个项目的净现值分别是72.1775万元和94.0750万元，内部收益率分别为23.27%和21.14%。两种指标评价结果出现差异。在这种情况下，应按净现值标准，选择B项目。

（2）年等额净回收额法

年等额净回收额法是指根据所有投资项目的年等额净回收额指标的大小来选

择最优项目的一种投资决策方法。某一方案年等额净回收额等于该方案净现值与相关的资本回收系数的乘积。若某方案净现值为NPV，设定折现率或基准收益率为i，项目计算期为n，则年等额净回收额的计算公式为：

$$A=NPV\cdot(A/P,\ i,\ n)=NPV/(P/A,\ i,\ n)$$

式中：A为该项目的年等额净回收额；（A/P，i，n）为第n年折现率为i的资本回收系数；（P/A，i，n）为第n年折现率为i的年金现值系数。采用年等额净回收额的方法是在所有投资项目中，以年等额净回收额最大的项目为优。

同步计算5-12

某企业拟投资新建一条生产线。现有三个方案可供选择：甲方案的原始投资为200万元，项目计算期为5年，净现值为120万元；乙方案的原始投资为150万元，项目计算期为6年，净现值为110万元；丙方案的原始投资为300万元，项目计算期为8年，净现值为-1.25万元。行业基准折现率为10%。请分析该企业应选择何种方案。

解：方案选择可通过以下步骤完成：

按年等额净回收额法进行决策分析如下：

因为甲方案和乙方案的净现值均大于零，所以这两个方案均具有财务可行性。

因为丙方案的净现值小于零，所以该方案不具有财务可行性，只需对甲、乙两个方案进行评价即可。

甲方案的年等额净回收额=甲方案的净现值÷（P/A，10%，5）=120÷3.7908≈31.66（万元）

乙方案的年等额净回收额=乙方案的净现值÷（P/A，10%，6）=110÷4.3553≈25.26（万元）

因为31.66万元>25.26万元，显然甲方案优于乙方案。

教学互动5-2

A项目与B项目为互斥方案，它们的项目计算期完全相同。A项目原始投资的现值为150万元，净现值为29.97万元；B项目的原始投资的现值为100万元，净现值为24万元。

学习微平台

随堂测5-4

要求：

①分别计算两个项目的净现值率指标（结果保留两位小数）；

②分别按净现值法和净现值率法在A项目和B项目之间做出比较决策。

同步业务5-1

如何降低项目投资总风险

业务要求：

对一个新项目进行全面的风险评估。

提出降低风险的策略，确保项目投资回报最大化。

业务分析：

风险识别：假设一家公司计划投资一个新的生产线，可能面临的风险包括市场需求不足、原材料价格波动、技术实施困难等。

风险评估：通过敏感性分析，发现原材料价格波动对项目的净现值影响最大。

操作程序：

①市场调研

进行市场调研，了解潜在客户的需求和竞争对手的情况，以降低市场风险。

②财务分析

——预测未来现金流量，计算项目的净现值（NPV）和内部收益率（IRR）。

——进行敏感性分析，确定哪些变量对项目回报影响最大。

③风险缓解措施

——与供应商签订长期采购合同，以锁定原材料价格，减少价格波动风险。

——建立多元化销售渠道，减少对单一市场的依赖。

——购买保险，转移部分不可预见的风险。

④决策

基于财务分析和风险评估，公司决定投资该项目，但须实施上述风险缓解措施。

⑤监控和调整

项目实施后，定期监控项目进展情况和市场环境，必要时调整风险缓解策略。

深度剖析5-1

单一项目投资决策分析

难点问题：

如何评估项目的盈利能力和风险？

如何选择净现值（NPV）和内部收益率（IRR）作为投资决策的标准？

如何考虑项目的规模、期限和资本成本？

解析与讨论：

解析净现值（NPV）和内部收益率（IRR）的计算方法及其在投资决策中的应用。

分析不同投资决策模型的优势和局限性。

操作程序：

①项目识别：确定潜在的投资项目，并明确项目的目标和预期结果。

②财务预测：预测项目的未来现金流量，包括初始投资、运营收入和最终残值。

③风险评估：识别项目风险，并评估这些风险对项目现金流量的可能影响。

④资本成本确定：确定用于折现现金流量预测的适当折现率（资本成本）。

⑤决策模型应用：使用财务模型（如NPV、IRR）来评估项目的财务可行性。

⑥决策：基于模型结果和风险评估，做出是否投资的决定。

⑦实施与监控：如果决定投资，实施项目并定期监控项目的财务表现和风险状况。

第6章 证券投资管理

学习目标

通过本章学习，应该达到以下目标：

理论目标： 学习与把握证券投资的概念、特征、目的与分类，债券、股票、基金、证券投资组合的收益与风险表达方式及相关分析等陈述性知识；能够利用所学理论知识指导“证券投资管理”的相关认知活动，正确解答《训练手册》第6章“客观题”和“主观题”的“理论题”各题型问题；体验本章“初级学习”中技术认知的横向正迁移，以及相关胜任力中“技术认知”要素的阶段性生成。

实务目标： 学习与把握债券、股票、基金与证券投资组合的投资价值、投资收益、投资风险的计算与分析方法，债券投资、股票投资、基金投资和证券投资组合的管理，“业务链接”等程序性知识；能以其建构“证券投资管理”中的规范与规则意识，正确解析本章“同步思考”“同步计算”“教学互动”，以及《训练手册》第6章中“客观题”和“主观题”的“实务题”各题型问题；体验本章技术规范与规则“初级学习”中的横向正迁移，以及相关胜任力中“技术规范与规则”要素的阶段性生成。

案例目标： 运用本章理论与实务知识研究相关案例，通过多元表征“同步案例”和《训练手册》第6章“客观题”与“主观题”的“案例题”，培养和提高在特定业务情境中分析问题和决策设计能力；能够结合本章教学内容，依照相关规范、要求或标准，对“课程思政6-1”至“课程思政6-4”，以及《训练手册》第6章“课程思政”中的企业行为进行思政研判，培养高尚的职业道德情操，树立社会主义核心价值观；体验本章“高级学习”中专业技术知识、通用知识与思政元素的协同性重组迁移，以及相关胜任力中“认知弹性”要素的阶段性生成。

实训目标： 以所学“证券投资管理”的理论与实务知识为前提，在正确解答《训练手册》第6章“客观题”与“主观题”之“实训题”各题型问题，并了解和把握本实训所及“能力与道德领域”相关“技术-技能”点的“规范与标准”的基础上，参加“‘证券投资价值分析与决策’胜任力”的实践训练。通过各项实训任务的完成，系列“技术-技能”操作的实施，以及《“证券投资价值分析与决策”训练报告》的准备与撰写等有质量、有效率的活动，培养“证券投资管理”的专业能力，强化“信息处理”“解决问题”“革新创新”等职业核心能力（中级），并通过“认同级”践行“职业作风”和“职业守则”等行为规范，促进健全职业人格的塑造；体验本章“实践学习”中“专能”“通能”“职业道德”元素的协同性“重组-产生”迁移，以及相关胜任力中“求知韧性”和“复合性‘技术-技能’”要素的阶段性生成。

学习微平台
思维导图6-1

引例 士兰微2023年股票投资

背景与情境：国内半导体头部企业士兰微（600460.SH）上市已经20年了，营业收入一路增长至百亿大关，但2023年的净利润却拉垮了：亏了3 578万元，这也是士兰微20年来头一回。

2024年4月8日晚间，士兰微披露了2023年年报。2023年，公司实现营业总收入93.40亿元，同比增长12.77%；归母净利润亏损3 578.58万元，上年同期为盈利10.52亿元；扣非净利润5 889.92万元，同比下降90.67%；经营活动产生的现金流量净额为3.17亿元，同比增长55.50%。

对于2023年公司业绩下降的主要原因，士兰微在财报中总结了五点，其中最大的亏损来源是持股其他两家公司的股票大跌。公司表示，报告期内，公司持有的其他非流动金融资产中昱能科技、安路科技股票价格下跌，导致其公允价值变动产生的税后净收益为-4.52亿元。

资料来源 潮新闻．“炒股”亏了4.52亿元！士兰微上市20年首次亏损，2023年净亏3 578万元［EB/OL］．［2024-04-09］．https：//www.fpdisplay.com/news/show-205408.html.引文有删减。

从引例可见，证券投资是一种流动性强，可能是高收益也可能是低收益的投资，因此其风险较高。对于公司而言，由于客观原因导致其现金流入与流出并非同步，因此，客观上存在着在某一时期，公司会出现闲置的资金，这为公司从事证券投资提供了物质基础。然而，进行证券投资并非总能实现高额收益，公司也要承担较高的投资风险。

6.1 证券投资概述

6.1.1 证券投资的目的和特征

1）证券投资的含义和目的

证券投资是指投资者将资金投资于股票、债券、基金及衍生证券等资产，从而获取收益的一种投资行为。证券投资能够使投资者灵活运用资金，从而获得更多的投资收益。

对于经营实业的公司而言，进行证券投资的主要目的有以下几个方面：

（1）与企业长期资金计划相配合。企业进入成长期后，需要多次发行证券，以进行大规模的筹资。但是，发行长期证券筹集的资金在短期内往往不可能使用完毕，而要配合企业投资项目的进度分次投入，这样就可以将企业暂时不用的资金投资于证券，按投资项目的需要合理选择不同期限的证券，进而获取较高的投资收益。

（2）存放暂时闲置的资金。企业在生产经营过程中，需要维持一定的现金余额。但是，现金不能产生收益，因此，在日常现金管理中，企业财务人员都选择将闲置的资金进行证券投资。选择流动性强、有稳定收益的证券来代替现金，既能获得投资收益，又能在企业需要现金时将其迅速变现，换回企业所需资金。此

学习微平台

同步链接6-1

时，证券投资的目的就是将证券投资看作现金的替代物。

（3）获得长期稳定的投资收益。企业有时会拥有大量闲置资金，且在较长的时间内没有大量的现金支出计划，也没有收益较强的投资项目，那么，企业就可以利用这笔资金进行长期投资。与短期投资不同，长期投资的收益主要来自投资期间内现金形式的利息、股利和价值增长。

学习微平台

延伸阅读6-1

（4）获得被投资企业的控制权。持有某一企业一定量的股票就可影响甚至控制该企业的经营决策。因此，通过长期投资股票，企业就可以达到控制被投资企业的目的。很多企业在发展过程中，需要控制与其处于同一产业或者相关产业链上的企业，往往就采取投资目标企业股票的方式来达到目的。

2）证券投资的特征

相对于实物投资而言，证券投资具有如下特点：

（1）流动性强。证券资产的流动性明显高于实物资产。

（2）价格不稳定。证券相对于实物资产来说，受人为因素影响较大，且没有相应的实物作保证，其价值受政治、经济环境等各种因素的影响较大，具有价值不稳定、投资风险较大的特征。

（3）交易成本低。证券交易过程快速、简便，成本较低。

6.1.2 证券投资的种类

金融市场上的证券很多，其中可供企业投资的证券主要有国债、短期融资券、可转让存单、企业股票与债券、投资基金、衍生证券等。证券投资具体可以分为以下几类：

1）债券投资

债券投资是指投资者购买债券以取得资金收益的一种投资活动。

2）股票投资

股票投资是指投资者将资金投向股票，通过股票的买卖和收取股利来获得收益的投资行为。

3）基金投资

基金投资是指投资者通过购买投资基金股份或受益凭证来获取收益的投资方式。这种方式可以使投资者享受专家服务，有利于分散风险，获得较高的、较稳定的投资收益。

4）期货投资

期货投资是指投资者通过买卖期货合约，规避价格风险或赚取利润的一种投资方法。所谓期货合约，是指在将来一定时期以指定价格买卖一定数量和质量的商品而由商品交易所制定的统一的标准合约，它是确定期货交易关系的一种契约，是期货市场的交易对象。

5）期权投资

期权投资是指为了实现盈利目的或者规避风险而进行期权买卖的一种投资方式。

6）证券组合投资

证券组合投资是指企业将资金同时投资于多种证券，是企业等法人单位进行证券投资时常用的投资方式。

课程思政 6-1

“西北啤酒王”“炒股养家”亏了2 900万元

背景与情境： 兰州黄河（000929.SZ）2014年1月29日晚间发布业绩预告，预计2023年归属于上市公司股东的净利润亏损3 600万~4 200万元。基本每股收益亏损0.1938~0.2261元，上年同期每股收益亏损0.1574元。公告介绍，业绩变动主要原因是，2023年公司属地市场啤酒消费需求有所下降，公司啤酒产品在市场规模、品牌效益等方面与竞争对手相比仍存在一定差距，导致公司本期主营业务业绩出现较大亏损。

兰州黄河曾一度被外界称为啤酒界的“西北王”，其啤酒产品市场主要集中在甘肃、青海等西北市场。2023年1—6月，兰州黄河的营业收入构成为：啤酒占比71.84%，饮料占比11.66%，麦芽占比9.09%，其他业务占比7.41%。2023年，除了主营产品的销量下滑，兰州黄河辗转A股炒股亦陷不利境地。兰州黄河公告称，公司2023年度预计非经常性损益累计亏损约800万元，其中主要为公司控股子公司天水黄河嘉酿啤酒有限公司处置所持甘肃庆河嘉源置业有限公司40%股权，为公司带来收益约1 800万元。但2023年下半年以来，受A股市场持续震荡下行影响，公司证券投资处置及持有收益较上年同期大幅下降，形成亏损约2 900万元。

资料来源　王月龙，李泽东.“炒股养家”亏了2900万元，A股“西北啤酒王”回应了！900多家上市公司参与证券投资，结果如何？[N]. 每日经济新闻，2024-02-05.引文有删减。

问题： 企业是否应该进行证券投资？如何进行证券投资才能够取得良好的回报，同时又不影响其主业发展？

研判提示： 党的二十大报告提出：“加强和完善现代金融监管，强化金融稳定保障体系，依法将各类金融活动全部纳入监管，守住不发生系统性风险底线。健全资本市场功能，提高直接融资比重。”兰州黄河在主业遇到困难的时候，没有通过创新思维，发扬爱岗敬业精神，专注主业，而是希望通过证券投资来增加利润，结果加剧了其亏损。

6.1.3　证券投资的基本程序

企业初次进行证券投资，其投资程序一般按下列步骤进行：

1）开户

证券投资大多要在证券交易所内进行，而一般的投资者不能直接在交易所进行证券交易。投资者必须委托有资格进入证券交易所进行证券交易的证券商代为买卖证券。因此，投资者应该首先确定证券商。选定后，投资者要按照《市场交易规则》的规定，在证券商处开立账户。投资者开立的账户有证券账户和资金账户，其中资金账户的资金由证券商代为转存银行，利息自动转入该账户。当账户具有足够的资金时，即可委托证券商购买证券。

2）委托买卖

委托者开立账户后，就可以委托证券商进行证券的买卖了。投资者在委托买卖时必须说明委托的内容，其委托的主要内容如下：

① 购买证券的名称。投资者应该考虑各种证券的盈利性、流动性和风险性，正确选择投资对象。

② 买进的数量及价格。买进的价格分为市价委托和限价委托等。

③ 委托的有效期。投资者要说明委托是当天有效还是几日内有效，一般当天有效的委托居多。

3）清算交割

证券交易成功后，买卖双方要按交易的数量和价格相互交换证券和价款。投资者买入一笔股票，买卖成交后要向股票的卖方交付价款，收取股票；而卖方则要向投资者交付股票，收取价款，这一过程为证券的交割。交割并不是逐笔进行的，一般采用清算制度，即将投资者买卖证券的数量、金额相互抵消，然后就抵消后的净额进行交割。这种抵消金额、只支付其净额的办法就是清算制度。

4）过户

过户是指投资者买进股票后，持所买股票到发行公司办理变更股东名册登记的手续。过户后，新股东即可享有发行公司的一切股东权益，股票的委托交易过程至此才算终结。但是，由于现在结算公司实行证券集中存管和无纸化交收，股票的过户手续在清算交割后就已经由电脑自动完成，因此无须投资者本人专门到证券营业部办理股票过户手续。

业务链接6-1

我国A股、基金、债券的基本交易规则

竞价原则：价格优先、时间优先。成交时的价格优先原则为：较高价格买进申报优先于较低价格买进申报，较低价格卖出申报优先于较高价格卖出申报。成交的时间优先原则为：买卖方向、价格相同的，先申报者优先于后申报者。先后顺序按交易主机接受申报的时间确定。

股票交易单位为股，每100股为1手，委托买卖必须以100股或其整数倍进行。债券以人民币1 000元面额为1手。债券回购以1 000元标准券或综合券为1手。100股以下的零股交易只能卖出不能买入，且零股只能一次性委托卖出。

计价单位：股票为“每股价格”；基金为“每份基金价格”；债券为“每百元面值的价格”；债券回购为“每百元资金到期年收益”。

申报价格最小变动单位：《上海证券交易所交易规则》规定，A股、债券和债券买断式回购交易为0.01元人民币，基金、权证交易为0.001元人民币，B股交易为0.001美元，债券质押式回购交易为0.005元人民币；《深圳证券交易所交易规则》规定，A股、债券、债券质押式回购交易为0.01元人民币，基金交易为

0.001元人民币，B股交易为0.01港元。

交易时间：上午9：15—9：25为集合竞价时间；上午9：30—11：30、下午1：00—3：00为连续竞价时间。

委托方式：人工、电话、磁卡、电脑终端自动委托、网上交易、远程交易等。

学习微平台

随堂测6-1

6.2 债券投资

6.2.1 债券投资的目的和特点

1）债券投资的目的

债券投资的对象是债券。了解债券本身的性质和特点是投资者做出明智决策的前提。**债券**是企业和政府发行的信用票据，是发行者为筹集资金而向债权人发行的，在约定时间支付一定比例的利息，并在到期时偿还本金的一种有价证券。政府债券通常称为国库券或国债，而公司发行的债券通常称为公司债券。

企业进行短期债券投资的目的主要是合理利用暂时闲置资金，调节现金余额，获得收益。当企业现金余额太多时，便投资债券，使资金余额降低；当企业现金余额太少时，便出售债券，收回现金，使资金余额提高。企业进行长期债券投资的目的主要是获得稳定的收益。

2）债券投资的特点

学习微平台

延伸阅读6-2

债券作为一种重要的融资手段和金融工具，有以下特点：

（1）期限性

债券必须到期偿还，它具有一定的期限性。

（2）流动性

债券的流动性是指债券具有可及时转换为货币资金的能力。这种流动性往往受债券期限长短、发行单位信誉、利率形式以及债券市场发达程度等因素的影响。一般期限短、发行单位信誉高、利率走势好的债券，其流动性较强。

（3）安全性

债券的安全性是指债券避免市场价格波动引起价值损失的能力。债券发行单位履约的程度及市场利率的变动是影响债券安全性的主要因素。

（4）收益性

债券的收益性主要是指投资债券取得利息的水平和能力。债券的收益性主要表现在两个方面：一是投资债券可以给投资者定期或不定期地带来利息收入；二是投资者可以利用债券价格的变动，买卖债券赚取差额。一般来说，债券的收益是固定的，但债券价格会随市场利率的变化而变化。当市场利率大于该债券的票面利率时，债券的价格会低于其面值；当市场利率小于该债券的票面利率时，债券的价格会高于其面值。

企业投资债券的目的是获得高收益和承担低风险。企业决定是否购买某种债券，必须先进行收益评价，即评价债券的收益和风险。评价债券收益水平的指标主要有两个，即债券的价值和债券的到期收益率。

6.2.2 债券价值的计算与分析

债券的价值也称债券的内在价值，是指债券未来现金流入的现值。债券投资的现金流出是其购买债券的价格，其现金流入主要包括利息和到期归还的本金或出售时获得的现金。在考虑资金时间价值时，要比较债券投资的现金流入与流出的现值，即比较债券的价值和债券的购买价格。当债券的价值大于购买价格时，该债券才值得购买。

债券价值计算的基本模型是：

$$V=\sum_{t=1}^{n}\frac{I_t}{(1+i)^t}+\frac{M}{(1+i)^n}$$

式中：V为债券的价值；I_t为第t年的债券利息；n为现在至债券到期的年限；i为贴现率，一般采用当时的市场利率或投资人要求的最低报酬率；M为债券的面值。

若债券是固定利率，每年计算并支付利息，到期归还本金，则债券的价值可表示为：

$$V=I\cdot(P/A,\ i,\ n)+M\cdot(P/F,\ i,\ n)$$

同步计算 6-1

某企业于2024年6月1日购买了一张面值为10 000元的债券，其票面利率为8%，每年6月1日计算并支付一次利息。该债券于5年后的5月31日到期。到时市场利率为6%，债券的价格为10 500元。通过计算判断该企业购买该债券的决策是否正确。

解：该企业购买该债券的决策是否正确可通过下式计算：

$$V=10\,000\times8\%\times(P/A,\ 6\%,\ 5)+10\,000\times(P/F,\ 6\%,\ 5)$$
$$=800\times4.2124+10\,000\times0.7473$$
$$=10\,842.92\text{（元）}$$

可见，该债券的价值大于其价格，是值得购买的，该企业的决策正确。

6.2.3 债券到期收益率的计算

投资者在投资债券时，最关心的就是债券收益的多少。债券的收益来自两个方面：一是持有期分得的债券利息；二是买卖债券的价差收益。人们一般使用债券收益率这个指标来衡量债券的投资收益。债券收益率是债券收益与其投入本金的比率，通常用年率表示。决定债券收益率的主要因素有债券的票面利率、期限、面值和购买价格。

衡量债券收益，一般使用债券到期收益率这个指标。**债券到期收益率**是指投资者购进债券后，一直持有至到期日可获得的收益率。这个收益率也称债券投资的实际收益率，它是按复利计算的收益率，是能够使债券未来现金流入现值等于债券购入价格的贴现率。

计算债券到期收益率的方法是求解含有贴现率的方程。若债券是固定利率且每年计算并支付利息，到期归还本金，则其到期收益率的计算可求解如下方程：

现金流出=现金流入

购进价格=每年利息×年金现值系数+面值×复利现值系数

$$V=I\cdot(P/A,\ i,\ n)+M\cdot(P/F,\ i,\ n)$$

式中：V为债券的购买价格；I为每年的债券利息；n为到期的年数；i为贴现率；M为债券的面值。

试误法比较麻烦，为方便计算，债券的到期收益率也可用简便算法求得近似结果：

$$R=\frac{I+(M-P)/n}{(M+P)/2}\times 100\%$$

式中：R为债券的到期收益率；I为每年的债券利息；M为债券的面值；P为债券的购买价格；n为年数。

实际收益率是指导选购债券的标准，它可以反映债券投资按复利计算的真实收益率。如果实际收益率高于投资人要求的报酬率，则应该买进该债券；否则就应放弃。实际收益率的计算方法与债券真实价值的计算方法相同。

同步计算6-2

某企业于2024年2月1日购买了10张面值100元的债券，债券的价格为110.5元/张，其票面利率为8%，每年2月1日计算并支付一次利息。该债券于5年后的1月31日到期，企业持有该债券至到期日。计算该债券的到期收益率。

解：该债券的到期收益率可通过如下步骤计算：

$$1\ 105=1\ 000\times 8\%\times(P/A,\ i,\ 5)+1\ 000\times(P/F,\ i,\ 5)$$

采用试误法求解该方程。

用i=6%试算：

$$V=1\ 000\times 8\%\times(P/A,\ 6\%,\ 5)+1\ 000\times(P/F,\ 6\%,\ 5)$$
$$=80\times 4.2124+1\ 000\times 0.7473$$
$$=1\ 084.29\text{（元）}$$

贴现结果1 084.29元小于1 105元，可以判断该债券的到期收益率低于6%，故应减小贴现率。

用i=4%试算：

$$V=1\ 000\times 8\%\times(P/A,\ 4\%,\ 5)+1\ 000\times(P/F,\ 4\%,\ 5)$$
$$=80\times 4.4518+1\ 000\times 0.8219$$
$$=1\ 178.04\text{（元）}$$

贴现结果1 178.04元高于1 105元，可以判断该债券的到期收益率介于4%~6%之间。用插值法计算如下：

$$R=4\%+\frac{1\ 178.04-1\ 105}{1\ 178.04-1\ 084.29}\times 100\%\times(6\%-4\%)\approx 5.6\%$$

将上例数据代入简便计算公式：

$$R=\frac{80+(1\,000-1\,105)\div 5}{(1\,000+1\,105)\div 2}\times 100\%\approx 5.6\%$$

从简便计算公式可以看出：若买价和面值不等，则债券到期收益率和票面利率不同。

如果该债券不是定期付息，而是到期时一次还本付息或用其他方式付息，那么即使债券按面值发行，其到期收益率也可能与票面利率不同。

同步计算6-3

某企业2024年2月1日平价购入一张面值为500元的债券，其票面利率为8%，按单利计息，2029年1月31日到期，一次还本付息，企业持有该债券至到期日，计算该债券的到期收益率。

解：该债券的到期收益率可通过如下步骤计算：

500=500×（1+5×8%）×（P/F，i，5）

（P/F，i，5）=500÷700≈0.7143

5年期的复利现值系数等于0.7143，则到期收益率为6.96%。

6.2.4 债券投资的风险评价

债券投资的风险主要包括违约风险、利率风险、购买力风险、流动性风险和期限性风险。

1）违约风险

违约风险是指借款人无法按时支付债券利息和偿还本金的风险。

一般来讲，财政部发行的国库券，由于有政府作担保，所以没有违约风险。除中央政府以外的地方政府和公司发行的债券或多或少都有违约风险。造成违约的原因主要有：①政治、经济形势发生重大变化；②发生自然灾害；③企业经营不善，成本高、浪费大；④企业在市场竞争中失败，主要客户消失；⑤企业财务管理失误，不能及时清偿到期债务。避免违约风险的方法是不买质量差的债券。

同步思考6-1

在低利率时代，国债对于投资者的吸引力极为有限。但是，作为最安全的投资品种，国债的投资价值也不容忽视。在2008年国际金融危机所引发的债市的牛市行情中，国债市场投资者仍获益不菲。

目前，我国投资者投资国债的渠道有很多。我国的国债品种可以分为储蓄式国债和记账式国债两种。面向个人投资者发行的主要是储蓄式国债，投资者可以通过各大银行、邮政储蓄部门等渠道购买，但是只有在国债规定的发行期内才可以买到。

问题：国债值得投资吗？说明原因。

理解要点：一般而言，国债是值得投资的。因为其投资风险相对最低，适合资金稳定、对资金流动性要求不高、风险偏好低的投资者购买。

2）利率风险

债券的利率风险是指由于利率变动而使投资者遭受损失的风险。债券的价格随着利率的变动而变动。一般而言，银行利率下降，则债券价格上升；银行利率上升，则债券价格下降。由于债券价格会随利率的变动而变动，即使没有违约风险的国库券也有利率风险。

3）购买力风险

购买力风险是指由于通货膨胀而使货币的购买力下降的风险。在通货膨胀期间，购买力风险对于投资者相当重要。一般而言，预期报酬率会上升的资产的购买力风险会低于报酬率固定的资产的购买力风险。因此，收益长期固定的债券受通货膨胀的影响较股票、房地产等资产大。

4）流动性风险

流动性风险也称变现力风险，是指无法在短期内以合理价格卖掉资产的风险。一种能在短期内按市价大量出售的资产，是流动性较高的资产，这种资产的流动性风险较小；反之，如果一种资产不能在短期内按市价出售，则属于流动性较低的资产，这种资产的流动性风险较大。一般国库券的变现力较强，其流动性风险较其他公司债券的流动性风险要小。

5）期限性风险

由于债券投资期限长而给投资者带来的风险，叫作**期限性风险**，又称到期风险。一项投资，距离到期日越长，投资者所承受的不确定因素就越多，承担的风险也越大。所以，一般来说，长期债券的利率要高于短期债券的利率。

但有时也会出现相反的情况，这是因为短期债券投资有另一种风险，即购买短期债券的投资者在债券到期时，由于市场利率的下降，找不到获利较高的投资机会，还不如当初投资于长期债券，这种风险叫作再投资风险。例如，长期债券的利率为8%，短期债券的利率为6%，为减少利率风险，投资者购买了短期债券。在短期债券到期收回现金时，如果利率降到5%，投资者只能找到报酬率大约为5%的投资机会，不如当初购买长期债券，现在仍可获得8%的报酬率，这就是债券的再投资风险。

业务链接6-2

标准普尔公司和穆迪投资者服务公司的信用等级评价

目前，国际上公认的最具权威性的信用评级机构，主要有美国标准普尔公司和穆迪投资者服务公司。上述两家公司负责评级的债券很广泛，包括地方政府债券、公司债券、外国债券等。由于它们占有详尽的资料，采用先进科学的分析方法，又有丰富的实际经验和大量专门人才，因此，它们做出的信用等级评价具有很高的权威性。标准普尔公司的信用等级评价标准从高到低可划分为：AAA级、AA级、A级、BBB级、BB级、B级、CCC级、CC级、C级。穆迪投资者服务公司的信用等级评价标准从高到低可划分为：Aaa级、Aa级、A级、Baa级、Ba级、B级、Caa级、Ca级、C级。其中，前四个级别的债券信誉高，违约风险小，是投资级债券；第五级及以后级别的债券信誉低，是投机级债券，见表6-1。

表6-1 债券评级说明

标准普尔公司信用等级	穆迪投资者服务公司信用等级	品质说明
AAA	Aaa	质量最高
AA	Aa	质量高
A	A	中等偏上
BBB	Baa	中等
BB	Ba	包含投机因素
B	B	彻底的投机性
CCC	Caa	绝对有违约可能
CC	Ca	有违约风险，仅有部分清偿可能
C	C	有违约风险，几乎无清偿可能

美国标准普尔公司和穆迪投资者服务公司都是独立的私人企业，既不受政府控制，也独立于证券交易所和证券公司。它们所做的信用评级不具有向投资者推荐这些债券的含义，只是供投资者在决策时参考。因此，它们对投资者负道义上的义务，但并不承担任何法律上的责任。

课程思政6-2

次贷危机与道德风险

背景与情境：道德风险是指一方对另一方的利益负有责任，但有动机把自身的利益放在首位。

从前，银行发放按揭贷款时一般会持有到期。如果借款人违约，银行通常会遭受损失。因此，银行就有动力慎重审查贷款对象，借款申请人会被小心挑选，潜在的次贷借款者得到贷款的可能性不大。然而，如果银行放出按揭贷款后期望将其转手（通过银行资产证券化），这种审慎贷款的动力就被严重弱化了。实际上，如果该银行将按揭贷款转卖给第三方，它就只关心从贷款的发放中能够赚多少钱，而对于该笔贷款是否会违约不感兴趣。最终的恶果就是，银行发放按揭贷款时很少甚至毫不考虑风险。在这种情况下，即使是最懒惰的按揭经纪人都能够给最缺乏信用的借款者弄到次贷按揭。借款人不能偿还按揭的成本在按揭证券化定价的过程中被神奇地体现出来：这样的按揭贷款打包后被卖给被其最初的高收益率所吸引的银行。所有人都在交易中赚到了钱，所有人都很开心。只要房价不断上涨，市场中不断有新的参与者，这个巨大的骗局就能够延续下去。然而，一旦利率上涨伴随着房价下跌，傻瓜参与者的供给必然会枯竭，整个体系的崩溃也就不可避免。

在这个过程中，投资银行将次级抵押贷款包装成担保债务凭证（CDO），创造了贷款二级市场。80%的次贷债券因为承担违约风险而排序在后，却被评级为AAA级债券，并被推荐给保险公司与退休基金购买。投资银行在赚取高额手续费之时，并没有估算此产品是否适合客户，同时自己保留的优先承担违约风险的次贷债券也遭受了巨额损失。

而信用评级公司因收费与评级有利益冲突，没有保持中立角色，没有发挥其把关功能，将原本品质不佳的“次贷毒药”包装上“糖衣”，给予AAA的评级，辜负了投资者的信任。

问题：次贷危机是否可以避免？在债券投资中，职业道德操守是否重要？

研判提示：党的二十大报告指出：“加强和完善现代金融监管，强化金融稳定保障体系，依法将各类金融活动全部纳入监管，守住不发生系统性风险底线。”实际上，次贷危机是可以避免的。导致次贷危机的原因很多，但财务专业人士的职业道德水平不高，无疑是主因之一。如果上述各类专业人士都能以客户至上的原则工作，相信国际金融危机发生的概率不会高。

教学互动6-1

A公司拟购买某公司债券作为长期投资（打算持有至到期日），要求的必要收益率为6%。现有3家公司同时发行5年期，面值均为1 000元的债券。其中：甲公司债券的票面利率为8%，每年付息一次，到期还本，债券发行价格为1 041元；乙公司债券的票面利率为8%，单利计息，到期一次还本付息，债券发行价格为1 050元；丙公司债券的票面利率为零，债券发行价格为750元，到期按面值还本。

要求：

①计算甲公司债券的价值和收益率。

②计算乙公司债券的价值和收益率。

③计算丙公司债券的价值和收益率。

④根据上述计算结果，评价甲、乙、丙三种公司债券是否具有投资价值，并为A公司做出购买何种债券的决策。

⑤若A公司购买并持有甲公司债券，1年后将其以1 050元的价格出售，计算该项投资收益率。

学习微平台

延伸阅读6-3

学习微平台

随堂测6-2

6.3 股票投资

6.3.1 股票投资的目的和特点

1）股票投资的目的

股票是股份公司发给股东（出资者）证明其投资入股，并有权取得股息收入的凭证，也是股份公司对出资者表示股东权利的证书。股票作为股份公司发给股东的入股凭证并借以取得股息的一种有价证券，代表着对一定经济利益的分配与支配权，也是在市场上可以转让、买卖、流通的一种有价证券。

企业进行股票投资的目的主要有两个：一是获利，即作为一般的证券投资，获得股利收入及股票买卖价差收入；二是控股，即通过购买某一企业的大量股票达到控制该企业的目的。

2）股票投资的特点

股票投资的基本特点为：

（1）永久性

永久性即股票投资者的长期性。一旦买入某一公司的股票，投资者就不能中途向公司退股，抽回投资。但是，由于存在股票交易所，投资者可以通过股票交易所卖出或转让他的股票，收回投资。

（2）参与性

参与性即股票投资者具有参与股份公司经营、盈利分配和承担有限责任的权利和义务。

（3）流通性

流通性即股票可以随时在股票市场上买卖和转让。由于股票也可以作为一种抵押品，所以股票持有者可以随时将股票买卖和转让，从而获得现金。无记名股票的转让只要将股票交付给受让人，即可达到转让的法律效果。记名股票的转让则要在卖出人背书盖章后才可生效。

（4）风险性

风险性即股票投资收益存在风险。

业务链接6-3

我国A股股票网上交易费用

从上海证券交易所和深圳证券交易所的公开数据可知，目前我国A股网上交易的费用主要有以下项目：

①印花税

印花税为卖方按成交金额的0.1%缴纳，买方不需要缴纳。

②过户费

深圳证券交易所不收过户费；上海证券交易所收过户费，过户费为每1 000股收1元，起点为1元。

③交易佣金

交易佣金最高为3‰，不得超过，但可以下浮，起点为5元。交易佣金的具体标准各家证券商不同，投资者可在0.2‰内与证券商协商达成一致。

6.3.2 股票价值计算的基本模型

股票价值的计算类似于债券价值的计算，也就是计算股票未来现金流入的现值。由于股票的期限无法估计，一般公司存在，该股票就存在，而企业的经营假定都是持续经营，则对于永久性持有该公司股票的投资者来说，其现金的流入主要是股利的流入。在实际运用中，一般股利的测定主要是考虑每股的盈利水平和股利的支付率。对其估计通常以历史资料为依据，并采用一系列统计方法来测定。

股票价值计算的基本模型为：

$$V=\frac{D_1}{(1+R_s)^1}+\frac{D_2}{(1+R_s)^2}+\cdots+\frac{D_t}{(1+R_s)^t}+\cdots=\sum_{t=1}^{\infty}\frac{D_t}{(1+R_s)^t}$$

式中：V为股票的价值；D_t为第t年的股利；R_s为贴现率，即股票必要的报酬率；t为年份。

若投资者不打算永久地持有该股票，而准备在一段时间后出售，则他的未来现金流入是几次股利和出售时的股价之和，此时的模型为：

$$V=\sum_{t=1}^{n}\frac{D_t}{(1+R_s)^t}+\frac{P_n}{(1+R_s)^n}$$

式中：V为股票的价值；D_t为第t年的股利；R_s为股票最低或必要的报酬率；t为年份；P_n为第n年股票的市场价格，即投资者出售股票时的市场价格。

6.3.3 股票价值计算的具体应用

1）零成长股票的价值

零成长股票是指预期每年股利金额是固定的，即$D_1=D_2=D_3=\cdots=D_n$（n为∞），则支付的股利是一个永续年金。由于永续年金的现值是由每年年金数除以贴现率来决定的，故该种股票的价值为：

$$V=D\div R_s$$

同步计算6-4

某种股票每年股利均为2元，投资者要求的最低报酬率为5%，计算该股票的价值。

解：该股票的价值为：

$$V=D\div R_s=2\div 5\%=40\text{（元）}$$

也就是说，在该股票每年股利为2元，市场报酬率为5%的条件下，当该股票市价为40元或40元以下时便可投资。如果当时投资者买入该股票的市价为45元，每年获取2元的固定股利，则其实际的投资报酬率为：

$$R_s=D\div V=2\div 45\times 100\%\approx 4.44\%$$

同样，当市价低于股票价值时，实际的投资报酬率便会高于投资者所要求的最低报酬率。

在实际中，普通股的股利一般不是固定不变的，而是不断增长的，但优先股的股利基本上每年都是固定的。所以，零成长股票价值的计算方法非常适合计算优先股股票的价值。

2）固定成长股票的价值

由于企业是在不断发展的，因此股票的股利也应当是变化的。在稳定增长的股利政策下，企业的股利可能会按一定的比率稳定上升。如果企业股利不断稳定增长，并假设每年股利增长率均为g，目前的股利为D_0，则第t年的股利为：

$D_t=D_0(1+g)^t$

固定成长股票的价值的计算公式为：

$$P=\sum_{t=1}^{\infty}\frac{D_0(1+g)^t}{(1+R_s)^t}$$

当g固定时，上述公式可简化为：

$$P=\frac{D_0(1+g)}{R_s-g}=\frac{D_1}{R_s-g}$$

如果要计算股票投资的预期报酬率，则只要求出上述公式中的R_s即可。R_s的计算公式为：

$$PR_s=\frac{D_1}{P_0}+g$$

同步计算6-5

某企业股票目前的股利为2元，预计年增长率为3%，投资者期望的最低报酬率为8%，计算该股票的内在价值。

解：该股票的内在价值为：

$$P=\frac{D_0(1+g)}{R_s-g}=\frac{2\times(1+3\%)}{8\%-3\%}=41.2\text{（元）}$$

若该企业按41.2元买进，则下年度预计的投资报酬率为：

$R_s=D_1\div P_0+g=2\times(1+3\%)\div41.2+3\%=8\%$

3）非固定成长股票的价值

在现实生活中，任何企业的股利都不可能是绝对固定的。实际上，企业可能在一段时期内成长很快，而在另一段时期内成长较慢，甚至固定不变。在这种情况下，股票的投资价值一般要分段计算才能确定。也可以说，非固定成长股票价值的计算，实际上就是固定成长股票价值计算的分段运用。

同步计算6-6

预计某公司股票的股利在未来3年内高速增长，增长率达到15%，以后转为正常增长，增长率为10%。已知该公司最近支付的股利为每股3元，投资者要求的最低报酬率为12%。计算该公司股票目前的市场价值。

解：该公司股票的市场价值可通过如下步骤计算：

首先，计算前3年的股利现值，见表6-2。

表6-2 **该公司前3年的股利现值** 金额单位：元

年份	股利（D_t）	现值系数（12%）	现值（PV）
第1年	$3\times(1+15\%)$	0.8929	3.0805
第2年	$3\times(1+15\%)^2$	0.7972	3.1629
第3年	$3\times(1+15\%)^3$	0.7118	3.2477
合计	—	—	9.4911

然后，计算第3年年底该股票的价值：

$V=D_4/(R_s-g)=3\times(1+15\%)^3\times(1+10\%)\div(12\%-10\%)\approx250.94$（元）

再计算第3年年底该股票价值的现值：

$PV=250.94\div(1+12\%)^3=250.94\times0.7118\approx178.619$（元）

最后，将上述两步所计算的现值相加，便得到目前该公司股票的市场价值为：

$V=9.4911+178.619\approx188.11$（元）

这里，我们需要注意的是：前面所研究的预期股票股价和预期报酬率，可能会与后来的实际发展有所差别，因为我们使用的数据都是预测的，不可能十分精确。而且，股票的价格往往还会受到诸如利率变化、国家经济动荡、整个股市兴衰等因素的影响。但是，这种分析方法在股票投资决策中仍具有非常重要的作用，因为它是根据股票价值的差别来进行决策的，预测的误差只会影响其绝对值，一般不会影响其股票投资的优先次序。由于不可预见的和被忽略的因素对所有股票都是相同的，而不仅存在于个别股票中，因此，这些因素对选择决策的正确性往往影响不大。所以，该种方法对于股票投资的选择决策具有一定的参考价值。

4）以市盈率分析法计算股票的价值

市盈率分析法是以股票的市盈率和每股收益的乘积来评价股票价值的方法。市盈率分析法的具体步骤是：首先根据证券机构或刊物中提供的同行业股票过去若干年的平均市盈率，乘以该股票的每股收益，推导出股票的价值；然后用该股票的市盈率，乘以该股票的每股收益，得出该股票的价格，用公式表示为：

股票价值=行业平均市盈率×该股票每股收益

股票价格=该股票市盈率×该股票每股收益

用股票价值与股票价格比较，可以看出该股票是否值得投资。

市盈率指标在证券投资中是一个非常重要的概念。一般认为，股票的市盈率高，则表明投资者对公司的未来充满信任，愿意为每1元盈余多付买价；股票的市盈率低，则表明投资者对公司的未来缺乏信心，不愿意为每1元盈余多付买价。但市盈率过高或过低都不好，都意味着该股票的风险增大。所以，在股票投资中，企业应研究拟投资股票市盈率的长期变化，估计其正常值，并作为分析的基础。决定和影响市盈率的因素有股利增长率、股利折现率、股利付息率。其中，股利增长率是决定市盈率的主要因素，发行公司股票的股利增长率越高，则股票市盈率越大；折现率与市盈率成反比，折现率越大，市盈率越小；付息率与市盈率成正比，付息率越高，市盈率越大。

同步计算6-7

某公司的市盈率为15倍，该公司股票的每股收益为0.8元，行业同类企业股票的平均市盈率为20倍。计算该股票的价值和价格。

解：该股票的价值和价格分别为：

股票价值=20×0.8=16（元）

股票价格=15×0.8=12（元）

计算结果说明，市场对该股票的评价略低，股价基本正常，有一定的吸引力。

同步案例6-1

青岛双星股价复牌首日上演剧烈"天地板"

背景与情境：青岛双星在2024年4月9日的复牌首日，股价经历了剧烈的波动，从涨停价6.27元快速下跌至跌停价5.13元，振幅达到了20%。这一波动与公司发布的重组计划公告密切相关。根据公告，青岛双星计划通过其全资子公司叁伍玖公司向双星集团、城投创投、国信资本发行股份，并支付现金购买资产，旨在间接持有锦湖轮胎45%的股份并实现控股。锦湖轮胎作为全球知名的轮胎制造商，此次交易若顺利完成，将为青岛双星带来显著的业务扩展和市场竞争力提升。然而，目前交易的具体价格尚未确定，因为标的公司的审计和评估工作还在进行中。这一不确定性可能是导致股价波动的一个重要因素。此外，募集配套资金总额不超过8亿元，用于支付现金对价、补充流动资金或偿还债务等，这一计划的实施也可能对公司的财务状况产生影响。

资料来源 佚名．青岛双星重组预案披露，股价复牌首日上．经济观察报，2024-04-09．引文有删减。

问题：股票投资有什么特点？

分析提示：股票投资收益来自两个方面：股利收益和股票价差收益。股票投资具有永久性、参与性和流动性强的特点，股票投资最大的特点是风险较大，股票价差波动较大，因此收益可能很高，也可能是负数，投资者需谨慎。

课程思政6-3

两人操纵4股赚2 400万，证监会：罚没9 600万！

背景与情境：2024年8月16日，证监会公布了一则操纵证券市场的罚单。冯越峰、宋晓平累计控制近百个股票账户，操纵“镇海股份”“美芝股份”“华体科技”“日盈电子”等4只股票，累计获利近2 400万元，最终被证监会罚没9 600万元。

在2017年3月20日至10月11日期间，冯越峰实际控制使用包括本人证券账户在内的43个证券账户（以下简称“冯越峰账户组”），宋晓平控制使用“沈某糯”西南证券账户等54个证券账户（以下简称“宋晓平账户组”）。

2017年间，冯越峰长期派遣交易员携带电脑前往宋晓平办公场所办公，交易员在宋晓平办公场所办公期间，分别听从冯越峰、宋晓平的指令下单交易。宋晓平及其员工也曾在冯越峰办公场所下单交易。

经计算，两账户组操纵“镇海股份”亏损3 356.85万元；操纵“美芝股份”获利877.98万元；操纵“华体科技”获利846.51万元；操纵“日盈电子”获利

680.81万元。获利约2 400万元。

资料来源　券商中国．两人操纵4股赚2 400万，证监会：罚没9 600万！[EB/OL]．[2024-08-16]．https：//export.shobserver.com/toutiao/html.引文有删减。

问题：为什么会有人操纵股价？证监会为什么要对股价操纵者予以惩罚？

研判提示：操纵股价是指少数人以获取利益或者减少损失为目的，利用其资金、信息等优势或者滥用职权，影响证券市场价格，制造证券市场假象，诱导或者致使普通投资者在不了解事实真相的情况下进行证券投资，扰乱证券市场秩序。这种行为违背了党的二十大关于"依法规范和引导资本健康发展"的精神。根据《中华人民共和国证券法》的规定，中国证监会可依法做出行政处罚，具有《中华人民共和国刑法》第一百八十二条所述情形的，检察院可依法提起公诉。投资者也可依法起诉，要求内幕交易人承担侵权民事责任并赔偿投资损失。

教学互动6-2

甲企业计划利用一笔长期资金投资购买股票。现有M公司股票和N公司股票可供选择，甲企业只准备投资一家公司股票。已知M公司股票现行市价为每股9元，上年每股股利为0.15元，预计以后每年以6%的增长率增长。N公司股票现行市价为每股7元，上年每股股利为0.60元，股利分配将坚持固定股利政策。甲企业所要求的投资必要报酬率为8%。

学习微平台

随堂测6-3

要求：

①利用股票估价模型，分别计算M、N公司股票价值。

②代甲企业做出股票投资决策。

6.4　基金投资

6.4.1　基金投资的含义和种类

学习微平台

延伸阅读6-4

1）基金投资的含义

证券投资基金是一种利益共享、风险共担的集合证券投资方式，即通过发行基金单位，集中投资者的资金，由基金托管人托管，由基金管理人管理和运用资金，从事股票、债券等金融工具投资，并将投资收益按基金投资者的比例进行分配的一种间接投资方式。

国际经验表明，基金在引导储蓄资金转化为投资、稳定和活跃证券市场、提高直接融资比例、完善社会保障体系、完善金融结构等方面起到了极大的促进作用。我国证券投资基金的发展历程也表明，基金的发展与壮大，推动了证券市场的健康稳定发展，有利于金融体系的健全完善，在国民经济和社会发展中发挥着日益重要的作用。

2）基金投资的种类

证券投资基金的种类繁多，可按不同的方式进行分类。

（1）根据组织形态的不同分类

根据组织形态的不同，证券投资基金可分为公司型基金与契约型基金。

①公司型基金。公司型基金又叫共同基金，是指按照公司法以公司形态组成的，通过发行股份的方式筹集的资金。一般投资者购买该公司的股份即为认购基金，也就成为该公司的股东，投资者凭其持有的基金份额依法享有投资收益。

②契约型基金。契约型基金又称单位信托基金，是指把受益人（投资者）、管理人、托管人三者作为基金的当事人，由管理人与托管人通过签订信托契约的形式发行受益凭证而设立的一种基金。契约型基金由基金管理人负责基金的管理操作，由基金托管人作为基金资产的名义持有人，负责基金资产的保管和处置，对基金管理人的动作进行监督。

专门的投资机构（银行和企业）共同出资组建一家基金管理公司，基金管理公司作为委托人通过与受托人签订信托契约的形式发行受益凭证——“基金单位持有证”，以此来募集社会上的闲散资金。

③公司型基金与契约型基金的区别。A.资金的性质不同。公司型基金的资金为公司法人的资本，契约型基金的资金是信托资产。B.投资者的地位不同。公司型基金的投资者购买基金公司的股票后成为该公司的股东，以股息或红利的形式取得收益；契约型基金的投资者购买受益凭证后成为基金契约的当事人之一，即受益人。因此，契约型基金的投资者没有管理基金资产的权利，而公司型基金的股东通过股东大会和董事会享有管理基金资产的权利。C.资金的运营依据不同。公司型基金依据基金公司的章程运营基金，契约型基金依据基金契约运营基金。

（2）根据变现方式的不同分类

根据变现方式的不同，证券投资基金可分为封闭式基金和开放式基金。

① 封闭式基金。封闭式基金是指基金资本总额及发行份数在未发行之前就已确定下来，在发行完毕后和规定的期限内，不论出现何种情况，基金的资本总额及发行份数都固定不变的投资基金。由于封闭式基金的份数不能被追加认购或赎回，投资者只能通过证券经纪商在证券交易所进行基金的买卖。封闭式基金在取得收益后，以股利、利息和可实现的资本利得等形式支付给投资者。

② 开放式基金。开放式基金是指基金发起人在设立基金时，基金单位或股份总规模不固定，可视投资者的需求，随时向投资者出售基金单位或股份，并可应投资者要求赎回发行在外的基金单位或股份的一种基金运作方式。投资者既可以通过销售机构购买基金，使基金资产和规模由此相应增加，也可以将所持有的基金份额卖出并收回现金，使得基金资产和规模相应减少。

③ 封闭式基金和开放式基金的区别。A.基金持有份额的发行方式不一样。封闭式基金是固定的；开放式基金是不固定的。B.变现方式不一样。封闭式基金只能通过委托经纪人在市场上出售基金份额的方式变现；开放式基金的持有者则可随时要求发行人按照基金份额的价值赎回股份。C.买卖价格不一样。由于封闭式基金份额的转让价格主要取决于市场的需求，因此封闭式基金的市场价格可能

会高于或低于其所代表的净资产的价格；开放式基金的赎回价格一定是等于其所代表的净资产的价格。D.投资比例不一样。封闭式基金由于不考虑基金份额的赎回问题，因此可以将募集到的资金全部用于投资；开放式基金由于必须保证随时在持有者要求基金赎回份额时拥有足够多的现金和高度流动性的资产，因此不可能将募集到的资金都用于投资。E.投资的绩效不一样。由于开放式基金必须保留一定数量的现金以备赎回的需要，因此从投资的绩效上看，封闭式基金要高于开放式基金。

（3）根据投资标的的不同分类

根据投资标的的不同，证券投资基金可分为股票基金、债券基金、货币基金、期货基金、期权基金、认股权证基金、专门基金等。

①股票基金。股票基金是所有基金品种中最流行的一种类型，它是指投资于股票的投资基金，其投资对象通常包括普通股和优先股，其风险程度较个人投资股票市场要低得多，且具有较强的变现性和流动性，因此它也是一种比较受欢迎的基金类型。

同步思考6-2

易方达消费行业股票型证券投资基金，代码为110022，是一只开放型股票基金，其投资目标为消费行业股票，在严格控制风险的前提下，追求超越业绩比较基准的投资回报。投资者如果购买易方达消费行业股票型证券投资基金，实际上是将资金交由证券投资基金，再由证券投资基金投资于股票。因此，投资者投资股票基金的投资收益最终来源于股票投资收益。

问题：为什么投资者不自己直接投资相应的股票？

理解要点：投资者投资股票基金，进而间接投资股票，是因为证券投资基金在投资股票方面具有专家理财、投资门槛低、投资范围广，以及投资交易费用低等优势。

②债券基金。债券基金是投资管理公司为稳健型投资者设计的，投资于政府债券、市政公债、企业债券等各类债券品种的投资基金。债券基金一般情况下是定期派息，其风险和收益水平通常较股票基金低。

③货币基金。货币基金是指由货币存款构成投资组合，协助投资者参与外汇市场投资，赚取较高利息的投资基金。货币基金的投资工具包括银行短期存款、国库券、政府公债、公司债券、银行承兑票据及商业票据等。这类基金的投资风险小，投资成本低，安全性和流动性较高，在整个基金市场上属于低风险的安全基金。

④期货基金。期货基金是指投资于期货市场以获取较高投资回报的投资基金。由于期货市场具有高风险和高回报的特点，因此投资期货基金既可能获得较高的投资收益，同时也面临着较大的投资风险。

⑤期权基金。期权基金就是以期权作为主要投资对象的基金。期权交易就是期权购买者向期权出售者支付一定费用后，取得在规定时期内的任何时候，以事

先确定好的协定价格，向期权出售者购买或出售一定数量的某种商品合约的权利的一种买卖。

⑥认股权证基金。认股权证基金就是指以认股权证为主要投资对象的基金。认股权证是指由股份有限公司发行的，能够按照特定的价格、在特定的时间内购买一定数量该公司股票的选择权凭证。认股权证的价格是由公司的股价决定的，一般来说，认股权证的投资风险较通常的股票要大得多，因此，认股权证基金也属于高风险基金。

⑦专门基金。专门基金由股票基金发展演化而成，属于分类行业股票基金或次级股票基金。专门基金包括黄金基金、资源基金、科技基金、地产基金等，这类基金的投资风险较大，收益水平较易受到市场行情的影响。

业务链接 6-4

开放式基金申购和赎回的原则

开放式基金的申购和赎回包括如下原则：

A.“未知价”原则，即申购、赎回价格以申请当日的基金单位资产净值为基准进行计算。

B.“金额申购、份额赎回”原则，即申购以金额申请，赎回以份额申请。

C.基金存续期间单个基金账户最高持有基金单位的比例不超过基金总份额的10%。由于募集期间认购不足、存续期间其他投资者赎回或分红再投资等原因而使单个基金账户持有比例超过基金总份额的10%时，不强制赎回但限制追加投资。

D.基金存续期内，单个投资者申购的基金份额加上一开放日其持有的基金份额不得超过上一开放日基金总份额的10%，超过部分不予确认。

6.4.2 基金投资的价值与报价

1）基金单位净值

基金单位净值是指在某一时点每一基金单位（或基金股份）所具有的市场价值，其计算公式为：

基金单位净值=基金净资产价值总额÷基金单位总份额

基金净资产价值总额=基金资产总额-基金负债总额

2）基金的报价

封闭式基金的买卖价格受市场供求关系的影响，并不必然反映公司的净资产值。开放式基金的柜台交易价格完全以基金单位净值为基础，基本不受市场供求关系的影响，其通常采用两种报价形式：认购价（卖出价）和赎回价（买入价）。认购价一般是基金单位资产净值加5%左右的首次购买费，赎回价是基金单位资产净值减去一定的赎回费。

基金认购价=基金单位净值+首次认购费

基金赎回价=基金单位净值-基金赎回费

6.4.3　基金投资的收益率

基金收益率用以反映基金增值的情况，它通过基金净资产的价值变化来衡量。基金收益率的计算公式为：

$$基金收益率=\frac{\text{年末持有份数}\times\text{基金单位净值年末数}-\text{年初持有份数}\times\text{基金单位净值年初数}}{\text{年初持有份数}\times\text{基金单位净值年初数}}$$

同步计算6-8

某基金公司目前基金资产账面价值为20 000万元，负债账面价值为5 000万元，基金资产目前的市场价值为30 000万元，基金单位数为10 000万股，假设公司收取首次认购费，认购费率为基金资产净值的4%，不再收取赎回费。

要求：

（1）计算该基金公司基金净资产价值总额。

（2）计算基金单位净值。

（3）计算基金认购价。

（4）计算基金赎回价。

解：以上问题可通过下列步骤分别计算：

（1）该基金公司基金净资产价值总额为：

基金净资产价值总额=基金资产总额-基金负债总额=30 000-5 000=25 000（万元）

（2）基金单位净值为：

基金单位净值=基金净资产价值总额÷基金单位总份额=25 000÷10 000=2.5（元）

（3）基金认购价为：

基金认购价=基金单位净值+首次认购费=2.5+2.5×4%=2.6（元）

（4）基金赎回价为：

基金赎回价=基金单位净值-基金赎回费=2.5-0=2.5（元）

同步案例6-2

基金投资决策案例

背景与情境：已知ABC公司是一家基金公司，相关资料如下：

资料一：2023年1月1日，ABC公司的基金资产总额（市场价值）为270 000万元，其负债总额（市场价值）为30 000万元，基金单位总份额为80 000万股。在基金交易中，该公司收取首次认购费和赎回费，认购费率为基金单位净值的2%，赎回费率为基金单位净值的1%。

资料二：2023年12月31日，ABC公司按收盘价计算的资产总额为267 890万元，其负债总额为3 450万元，已售出基金份额100 000万股。

资料三：假定2023年12月31日，某投资者购买该基金2万股，到2024年12月31日，该投资者持有的基金单位份额不变，预计此时基金单位净值为3.05元。

资料四：假设该基金在2024年没有进行过任何分红。

学习微平台

随堂测6-4

问题： 投资者2024年投资该基金的投资收益率是多少？

分析提示： 投资者投资该基金的投资收益率取决于2024年12月31日的基金赎回价，而这一日的基金赎回价又取决于其基金单位净值和赎回费率，基金单位净值则取决于该日基金净资产价值总额和发行在外的基金单位总份额，以及2023年12月31日基金单位净值与认购费率。

6.5 证券投资组合决策

6.5.1 证券投资组合的含义

证券投资组合又称证券组合，是指投资者在进行证券投资时，不是将所有的资金都投向单一的某种证券，而是有选择地投向一组证券。换句话说，这种同时投资多种证券的做法便称为证券投资组合。

证券投资的获利性吸引了众多投资者，但证券投资的风险性又使许多投资者望而却步。如何才能有效地解决这一难题呢？科学地进行证券的投资组合就是一个比较好的方法。有效的证券投资组合，可以达到降低风险的目的。

投资风险存在于各个国家的各种证券中，并随着经济环境的变化而不断变化，时大时小，此起彼伏。简单地把资金全部投向一种证券，要承受巨大的风险，一旦失误，就会满盘皆输。因此，证券市场上经常会听到这样一句名言："不要把全部鸡蛋放在同一个篮子里。"证券投资组合是证券投资的重要武器，它可以帮助投资者全面捕捉获利机会，降低投资风险。

同步案例6-3

前海开源公用事业股票基金的投资组合

背景与情境： 前海开源公用事业股票基金主要通过精选A股和港股通标的股票中受经济周期影响较小、分红相对稳定的公用事业行业相关股票，在合理控制风险并保持基金资产良好流动性的前提下，力争实现基金资产的长期稳定增值。以下是其投资组合中资产构成（如图6-1所示）和2024年6月30日的十大重仓股情况（见表6-3）。

图6-1 投资组合资产构成

表6-3 2024年6月30日十大重仓股 金额单位：元

序号	股票代码	股票名称	最新价	涨跌幅	占净值比例	持股数（万股）	持仓市值（万元）
1	02380	中国电力	3.56	-0.28%	9.71%	31 674.80	117 081.27
2	00902	华能国际电力股份	4.62	-0.43%	9.60%	21 904.80	115 754.10
3	00836	华润电力	22.55	0.22%	9.53%	5 258.60	114 946.09
4	600563	法拉电子	78.27	-1.00%	5.68%	899.65	68 535.70
5	600483	福能股份	10.25	2.19%	5.26%	5 443.85	63 475.34
6	01071	华电国际电力股份	4.12	-0.72%	4.93%	13 778.80	59 482.75
7	00956	新天绿色能源	3.20	1.27%	4.78%	17 854.90	57 687.17
8	01811	中广核新能源	2.18	0.00%	3.91%	20 233.80	47 090.81
9	300360	炬华科技	13.60	0.22%	2.88%	2 044.96	34 764.26
10	002074	国轩高科	18.12	-0.49%	2.77%	1 742.65	33 371.78

资料来源 根据天天基金网相关资料整理。

问题：前海开源公用事业股票基金的投资对象是什么？

分析提示：其投资范围限于具有良好流动性的金融工具，包括国内依法公开发行上市的股票、债券及中国证监会允许基金投资的其他金融工具。其中投资的重点是预期利润或收入具有良好增长潜力的成长型上市公司所发行的股票，这部分投资比例不低于整个基金股票资产的80%。该基金2024年第二季度对股票投资呈高度分散的特点，最高持股比例也仅占基金净值比例的7.74%。

6.5.2 证券投资组合的风险与收益率

由于证券投资组合能够降低风险，因此，绝大多数法人投资者都同时投资多种证券，即使个人投资者，一般也持有证券的投资组合，而不只是投资某一个公司的股票或债券。所以，投资者必须了解证券投资组合的风险与收益率。

1）证券投资组合的风险

证券投资组合的风险可以分为两种性质完全不同的风险，即非系统性风险和系统性风险。

（1）非系统性风险

非系统性风险又称可分散风险或公司特有风险，是指某些因素对单个证券造成经济损失的可能性，如公司在市场竞争中的失败等。这种风险可通过证券持有的多样化来抵消，即多买几家公司的股票，在一些公司的股票收益下降时，另外一些公司的股票收益上升，从而抵消风险。

一般而言，当两种股票完全负相关时，所有的风险都可以分散掉；当两种股票完全正相关时，从降低风险的角度来看，分散持有股票没有好处。实际上，大部分股票都是正相关的，但又不是完全正相关。一般来说，随机取两种股票，它们的相关系数为+0.6左右的最多，也就是说，两种股票的相关系数多数位于+0.5~+0.7之间。在这种情况下，两种股票的组合能降低风险，但不能完全消除风险。不过，如果股票种类较多，则可以分散掉大部分风险；当股票种类足够多时，几乎可以分散掉所有的非系统性风险。

（2）系统性风险

系统性风险又称不可分散风险或市场风险，是指由于某些因素而给市场上所有的证券都带来经济损失的可能性。例如，宏观经济状况的变化、国家税法的变化、国家财政政策和货币政策的变化，以及世界能源状况的改变等都会使股票收益发生变动。这些风险影响到所有的证券，因此，不能通过证券组合分散掉。对于投资者来说，这种风险是无法消除的，故称不可分散风险，但这种风险对不同的企业也有不同的影响。

不可分散风险的程度，通常用β系数来计量。β系数有多种计算方法，实际计算过程也十分复杂，但幸运的是，β系数一般不需要投资者自己计算，而是由一些投资服务机构定期计算并公布。作为整体的证券市场的β系数为1。如果某种股票的β系数等于1，说明其风险情况与整个证券市场的风险情况一致；如果某种股票的β系数大于1，说明其风险大于整个证券市场的风险；如果某种股票的β系数小于1，说明其风险小于整个证券市场的风险。单个证券的β系数可以由有关的投资服务机构提供。那么，投资组合的β系数应该怎样计算呢？投资组合的β系数是单个证券β系数的加权平均数，权数为各种证券在投资组合中所占的比重。投资组合的β系数的计算公式为：

$$\beta_p=\sum_{i=1}^{n}X_i\cdot\beta_i$$

式中：β_p为证券组合的β系数；X_i为证券组合中第i种股票所占比重；β_i为第i种股票的β系数；n为证券组合中股票的数量。

通过以上分析，可得出如下结论：

① 一个股票的风险由两部分组成，它们是可分散风险和不可分散风险。

② 可分散风险可通过证券组合来消减，随证券组合中股票数量的增加而逐渐减少。

③ 不可分散风险由市场变动所产生，它对所有股票都有影响，不能通过证券组合消除。不可分散风险是通过β系数来测量的，一些标准的β系数值举例如下：

β=0.5，说明该股票的风险只有整个市场股票风险的50%。

β=1.0，说明该股票的风险等于整个市场股票的风险。

β=2.0，说明该股票的风险是整个市场股票风险的2倍。

同步思考6-3

假设当前国库券的年利率为9%，股票市场的平均投资报酬率为14%。甲公司股票的β系数为0.75。目前，甲公司当年支付的现金股利为3元/股，投资者预期该公司的股利将以5%的增长率长期增长下去。另外，甲公司已经完成了产业转型，其β系数调整后上升到了1.5。其他因素不变。

问题： 甲公司股票的市场价格在什么范围以内值得投资？

理解要点： 公司股票的投资，取决于股票内在价值与股票市场价格的对比，只有股票市场价格小于股票内在价值时，股票才值得投资。本例中，先要根据调整后的β系数计算其投资报酬率，然后再根据未来股利求得其内在价值，这个内在价值就是甲公司股票值得投资的市场价格的上限。

2）证券投资组合的风险收益率

投资者进行证券组合投资与进行单项投资一样，都要求对承担的风险进行补偿。股票的风险越大，要求的收益就越高。但是，与单项投资不同，证券投资组合要求补偿的风险只是不可分散风险，而不要求对可分散风险进行补偿。如果股票收益中有可分散风险的补偿存在，那么善于科学地进行投资组合的投资者将购买这部分股票，并抬高其价格，其最后的收益率只反映不可分散的风险。因此，证券组合的风险收益是投资者因承担不可分散风险而要求的、超过时间价值的那部分额外收益。证券组合的风险收益率的计算公式为：

$$R_p=\beta_p\cdot(K_m-R_F)$$

式中：R_p为证券组合的风险收益率；β_p为证券组合的β系数；K_m为所有股票的平均收益率，也就是由市场上所有股票组成的证券组合的收益率，简称市场收益率；R_F为无风险收益率，一般用政府公债的利息率来衡量。

同步计算6-9

某公司持有A、B、C三种股票构成的证券组合，它们的β系数分别是2.0、1.0和0.5，它们在证券组合中所占的比重分别是60%、30%和10%，股票的市场收益率为14%，无风险收益率为10%。计算该种证券投资组合的风险收益率。

解： 该证券投资组合的风险收益率可通过如下步骤计算：

（1）该种证券组合的β系数为：

$$\beta_p=\sum_{i=1}^{n}X_i\cdot\beta_i=60\%\times2.0+30\%\times1.0+10\%\times0.5=1.55$$

（2）该种证券组合的风险收益率为：

$$R_p=\beta_p\cdot(K_m-R_F)=1.55\times(14\%-10\%)=6.2\%$$

计算出风险收益率后，我们便可根据投资额和风险收益率计算出风险收益的数额。从以上计算可以看出，在其他因素不变的情况下，风险收益取决于证券组合的β系数，β系数越大，风险收益就越大；β系数越小，风险收益就越小。

3）风险和收益率的关系

在西方金融学和财务管理学中，有许多模型论述风险和收益率的关系，其中一个重要的模型为资本资产定价模型（capital asset pricing model，CAPM）。资本资产定价模型为：

$K_i=R_F+\beta_i\cdot(K_m-R_F)$

式中：K_i为第i种股票或第i种证券组合的必要收益率；R_F为无风险收益率；β_i为第i种股票或第i种证券组合的β系数；K_m为所有股票或所有证券组合的平均收益率。

同步计算6-10

某公司股票的β系数为1.5，无风险收益率为6%，市场上所有股票的平均收益率为10%。计算该公司股票的收益率。

解：该公司股票的收益率为：

$K_i=R_F+\beta_i\cdot(K_m-R_F)=6\%+1.5\times(10\%-6\%)=12\%$

也就是说，该公司股票的收益率达到或超过12%时，投资者方肯进行投资；如果该公司股票的收益率低于12%，则投资者不会购买。

6.5.3 证券投资组合的策略与方法

通过以上分析我们知道，证券投资组合能有效地分散风险，那么，企业在进行证券投资组合时应采用什么策略，应用何种方法进行组合呢？现简要说明如下：

1）证券投资组合策略

证券投资组合理论在发展过程中，形成了各种各样的派别，也形成了不同的组合策略，现介绍其中最常见的几种。

（1）保守型策略

保守型策略认为，最佳证券投资组合策略要尽量模拟市场现状，将尽可能多的证券包括进来，以便分散全部可分散风险，得到与市场所有证券的平均收益相同的收益。1976年，美国先锋基金公司创造的指数信托基金，便是这一策略的最典型代表。这种基金投资于标准普尔股票价格指数中所包含的全部500种股票，其投资比例与500家企业价值比重相同。这种投资组合有以下好处：①能分散掉全部可分散风险；②不需要高深的证券投资专业知识；③证券投资的管理费比较低。但这种组合获得的收益不会高于证券市场上所有证券的平均收益。由于这种策略属于收益不高、风险不大的策略，故称为保守型策略。

（2）冒险型策略

冒险型策略认为，与市场主流完全一样的组合不是最佳组合，只要投资组合做得好，就能击败市场和超越市场，取得远远高于平均水平的收益。在这种组合中，成长型的股票比较多，而那些低风险、低收益的证券不多。另外，这种组合的随意性强，变动频繁。采用这种策略的人都认为，收益就在跟前，何必死守苦等；而对于追随市场的保守派来说，他们对这种策略是不屑一顾的。由于这种策略收益高、风险大，因此称为冒险型策略。

（3）适中型策略

适中型策略认为证券的价格，特别是股票的价格，是由特定企业的经营业绩来决定的。市场上股票价格的一时沉浮并不重要，只要企业经营业绩好，股票一定会升到其本来的价值水平。采用这种策略的人，一般都善于对证券进行分析，如行业分析、企业业绩分析、财务分析等，通过分析，选择高质量的股票和债券，组成投资组合。适中型策略如果做得好，投资者可获得较高的收益，且不会承担太大的风险。由于这种投资策略风险不太大，收益却比较高，所以是一种最常见的投资组合策略。各种金融机构、投资基金和企事业单位在进行证券投资时，一般都采用此种策略。

课程思政6-4

基本养老保险基金2022年财务状况与投资收益

背景与情境：2022年年末，基本养老保险基金资产总额18 453.73亿元；负债总额2 255.58亿元（主要是基本养老保险基金在投资运营中形成的短期负债，以及待返还的委托省份到期结算本息资金）；权益总额16 198.15亿元。

在基本养老保险基金权益总额16 198.15亿元中，其中，直接投资6 304.98亿元，占比38.92%；委托投资9 893.17亿元，占比61.08%。委托省份基本养老保险基金权益16 033.42亿元（包括委托省份委托本金14 409.43亿元，记账收益1 606.69亿元，风险准备金17.30亿元）；按年计入风险基金113.20亿元；到期据实计提风险基金51.53亿元。

2022年，基本养老保险基金权益投资收益额51.05亿元，投资收益率0.33%，其中，已实现收益额458.71亿元（已实现收益率3.10%），交易类资产公允价值变动额−407.66亿元。

基本养老保险基金自2016年12月受托运营以来，累计投资收益额2 670.82亿元，年均投资收益率5.44%。面对相对不利的形势，社保基金保持战略定力，积极主动把握市场机会开展动态配置，逆市追加股票投资1 300亿元。总体来看，虽然当年产生一定的账面浮亏，但也为获取长期较好收益打下了基础。而全年社保基金相关资产均跑赢了对应市场指数，并在基金所能承担的风险水平之内，符合风险预算要求。

资料来源　《全国社会保障基金理事会基本养老保险基金受托运营年度报告（2022年度）》。

问题：请研判社保基金的投资收益与投资风格。

研判提示：党的二十大报告强调："以科学的态度对待科学、以真理的精神追求真理。"为满足被保险人的支付需求，保险资金要求将降低风险放在最重要的位置。股票等投资收益显然要高于银行存款的投资收益，但其投资风险也较大。保险公司投资股票的比例较低，是为了控制投资风险，这种做法有利于维护被保险人等债权人的利益，符合爱岗敬业的思想，也有利于社会的稳定团结与和谐发展，为我国的养老事业提供坚实的保障。

2）证券投资组合的方法

证券投资组合的方法有很多，最常见的方法通常有以下几种：

（1）选择足够数量的证券进行组合

这是一种最简单的证券投资组合方法。在采用这种方法时，投资者不是进行有目的的组合，而是随机选择证券，随着证券数量的增加，可分散风险会逐步减少，当证券数量足够多时，大部分可分散风险都能被分散掉。投资专家估计，在美国纽约证券市场上随机购买40种股票，其中的大多数可分散风险都能被分散掉。为了有效地分散风险，每个投资者拥有股票的数量最好不少于14种。我国的股票数量还不太多，同时投资于10种股票，就能达到分散风险的目的了。

（2）把风险大、风险中等、风险小的证券放在一起进行组合

这种组合方法又称1/3法，是指把全部资金的1/3投资于风险大的证券，1/3投资于风险中等的证券，1/3投资于风险小的证券。一般而言，风险大的证券对经济形势的变化比较敏感，当经济处于繁荣时期时，风险大的证券可以获得高额收益，但当经济衰退时，风险大的证券却会遭受巨额损失；相反，风险小的证券对经济形势的变化则不十分敏感，一般都能获得稳定的收益，不致遭受损失。因此，这种1/3的投资组合法，是一种“进可攻，退可守”的组合方法，虽不会获得太高的收益，但也不会承担巨大的风险，是一种常见的组合方法。

（3）把投资收益呈负相关的证券放在一起进行组合

一种证券的收益上升而另一种证券的收益下降的两种证券，称为负相关证券。把收益呈负相关的证券组合在一起，能有效地分散风险。例如，某企业同时持有一家汽车制造公司的股票和一家石油公司的股票，当石油价格大幅度上升时，这两种股票便呈负相关。因为油价上涨，石油公司的收益会增加，但油价的上升，会影响汽车的销量，使汽车公司的收益降低。只要选择得当，这样的组合对降低风险具有十分重要的意义。

教学互动6-3

现行国库券的利率为5%，证券市场组合平均收益率为15%，市场上A、B、C、D四种股票的β系数分别为0.91、1.17、1.8和0.52；B、C、D股票的必要收益率分别为16.7%、23%和10.2%。

要求：

①采用资本资产定价模型计算A股票的必要收益率。

②计算B股票价值，为拟投资该股票的投资者做出是否投资的决策，并说明理由。假定B股票当前每股市价为15元，最近一期发放的每股股利为2.2元，预计年股利增长率为4%。

③计算A、B、C投资组合的β系数和必要收益率。假定投资者购买A、B、C三种股票的比例为1∶3∶6。

④已知按3∶5∶2的比例购买A、B、D三种股票，所形成的A、B、D投资组合的β系数为0.96，该组合的必要收益率为14.6%。如果不考虑风险大小，请在A、B、C和A、B、D两种投资组合中做出投资决策，并说明理由。

学习微平台

随堂测6-5

同步业务6-1

A股票投资决策

业务要求：

分析一家上市公司的财务状况和市场表现。

决定是否购买该公司的股票。

业务分析：

公司分析：假设选择了A公司，分析其最新的年度报告和季度报告，包括收入、利润、现金流等关键财务指标。

行业分析：分析A公司所在行业的当前状况和未来发展趋势。

市场分析：考察整体市场环境，包括经济指标、市场情绪等。

操作程序：

①收集信息：收集A公司的财务报表、行业报告、市场新闻等。

②财务比率分析：计算并分析A公司的财务比率，如市盈率（P/E）、市净率（P/B）、股息收益率等。

③估值分析：使用折现现金流（DCF）模型或其他估值方法，估算A公司股票的内在价值。

④比较分析：将A公司的估值与同行业其他公司的估值进行比较。

⑤风险评估：识别可能影响股票表现的风险因素，如市场波动、政策变化、竞争压力等。

⑥投资决策：基于上述分析，如果A公司的股票被低估，且风险评估显示风险可控，则做出购买决策。

⑦监控与调整：定期监控股票的表现和公司的财务状况，必要时调整投资组合。

深度剖析6-1

证券投资组合的构建与管理

难点问题：

如何确定投资组合中各类资产的比例？

如何评估和监控投资组合的风险？

解析与讨论：

分析可以投资的证券投资种类。

如何使用计算分析评估投资组合的风险调整回报。

操作程序：

①确定投资目标

明确投资者的风险承受能力、投资期限和回报目标。

②资产配置

根据投资目标，决定在股票、债券、现金等不同资产类别之间的分配比例。

③证券选择

在每个资产类别中，选择具体的证券进行投资。这可能涉及基本面分析和技术分析。

④构建投资组合

根据资产配置和证券选择的结果，构建投资组合。

⑤风险管理

使用方差、标准差、β系数等工具来评估投资组合的风险。

⑥执行交易

根据构建的投资组合进行买卖。

⑦监控与调整

——定期监控投资组合的表现，包括回报率和风险水平。

——根据市场变化、投资组合表现或个人情况的变化，调整投资组合。

第7章

营运资金管理

学习目标

通过本章学习，应该达到以下目标：

理论目标： 学习与把握营运资金的含义与特点，持有现金的动机和最佳持有量，应收账款的功能与持有成本、信用政策的制定，存货的功能、持有成本、最佳持有量的确定及相关分析等陈述性知识；能够利用所学理论知识指导“营运资金管理”的相关认知活动，正确解答《训练手册》第7章“客观题”和“主观题”的“理论题”各题型问题；体验本章“初级学习”中技术认知的横向正迁移，以及相关胜任力中“技术认知”要素的阶段性生成。

实务目标： 学习与把握现金与存货持有成本的测算，最佳现金持有量、最佳存货数量的确定，信用政策的制定，“业务链接”等程序性知识；能以其建构“营运资金管理”中的规范与规则意识，正确解析本章“同步思考”“同步计算”“教学互动”，以及《训练手册》第7章中“客观题”和“主观题”的“实务题”各题型问题；体验本章技术规范与规则“初级学习”中的横向正迁移，以及相关胜任力中“技术规范与规则”要素的阶段性生成。

案例目标： 运用本章理论与实务知识研究相关案例，通过多元表征“同步案例”和《训练手册》第7章“客观题”与“主观题”的“案例题”，培养和提高在特定业务情境中分析问题和决策设计能力；能够结合本章教学内容，依照相关规范、要求或标准，对“课程思政7-1”至“课程思政7-3”和《训练手册》第7章“课程思政”中的企业行为进行思政研判，培养高尚的职业道德情操，树立社会主义核心价值观；体验本章“高级学习”中专业知识、通用知识与思政元素的协同性重组迁移，以及相关胜任力中“认知弹性”要素的阶段性生成。

实训目标： 以所学“营运资金管理”的理论与实务知识为前提，在正确解答《训练手册》第7章“客观题”与“主观题”之“实训题”各题型问题，并了解和把握本实训所及“能力与道德领域”相关“技术-技能”点的“规范与标准”基础上，参加“‘营运资金管理策略’胜任力”的实践训练。通过各项实训任务的完成，系列“技术-技能”操作的实施，以及《“营运资金管理策略”训练报告》的准备与撰写等有质量、有效率的活动，培养“营运资金管理”的专业能力，强化“与人合作”“解决问题”“革新创新”等职业核心能力（中级），并通过“认同级”践行“职业理想”和“职业守则”等行为规范，促进健全职业人格的塑造；体验本章“实践学习”中“专能”“通能”“职业道德”元素的协同性“重组-产生”迁移，以及相关胜任力中“求知韧性”和“复合性‘技术-技能’”要素的阶段性生成。

学习微平台

思维导图7-1

引例　美亚光电2024年上半年营运能力分析

背景与情境：2024 年上半年，美亚光电公司实现营业收入 9.30 亿元，同比下降 3.83%，实现归母净利润 2.72 亿元，同比下降 21.48%，实现扣非归母净利润 2.65 亿元，同比下降 22.25%；其中，2024 年第二季度，公司实现营业收入 5.99 亿元，同比增长 6.87%，实现归母净利润 1.71 亿元，同比下降 22.71%，实现扣非归母净利润 1.68 亿元，同比下降 22.42%；略低于市场预期。

2024 年上半年，公司存货周转加快，存货周转天数为 171.71 天，同比减少 19.64 天；应收账款周转天数为 109.42 天，同比增加 37.05 天，主要是因为在口腔行业竞争压力下，账期较长的色选机收入占比提升，影响短期营运能力，总体来说公司有着远高于同行的优秀营运能力；经营性现金流量净额为 1.75 亿元，同比下降 9.67%，主要是因为销售收入减少、采购付款增加、职工支付现金增加；预计下半年收入业绩释放后有望回升。

资料来源　王可，郑雅梦．美亚光电（002690）：2024Q2收入恢复正增 业绩受汇兑损益波动影响大［EB/OL］．［2024-08-22］．http：//stock. finance. sina. com. cn/stock/go. php/vReport_Show/kind/search/rptid/777642184819/index.phtml.引文有删减。

从引例中我们可以看出，营运资金的管理涉及流动资产的投资和流动资金的补充，是企业日常财务管理的内容。营运资金管理的好坏关系到企业的财务活动是否能够持续，关系到企业财务管理目标能否实现。

7.1　营运资金概述

7.1.1　营运资金的含义与管理目的

1）营运资金的含义

营运资金有广义和狭义之分。**广义的营运资金**又称总营运资金，是指一个企业投放在流动资产上的资金，具体包括现金、有价证券、应收账款、存货等占用的资金。这是一个具体的概念，主要用来研究企业资产的流动性和周转状况，而这些具体的营运资金的控制、持有状况的确定等方面的管理，是企业日常财务管理中的重要部分。**狭义的营运资金**是指流动资产与流动负债的差额。这是一个抽象的概念，并不特指某项资产，但它是判断和分析企业流动资金运作状况和财务风险程度的重要依据，这个概念主要在研究企业的偿债能力和财务风险时使用。因此，企业营运资金的持有状况和管理水平直接关系到企业的盈利水平和财务风险两个方面。营运资金管理的内容包括流动资产的管理和流动负债的管理。

2）营运资金的管理目的

营运资金是企业总资产管理的一个重要组成部分，所以，营运资金的管理目的，必须符合企业整体财务管理的目的。一般来说，营运资金管理的目的是通过管理活动的实施，保证企业的营运资金具有足够的流动性，同时努力提高企业的盈利能力。流动性是蕴含于企业经营过程中的动态意义上的偿付能力，也是企业资产运用的固有特征。保持营运资金适度的流动性，有利于企业应付日常经营需要，使企业具有良好的偿债能力。企业营运资金管理的基本目标就是最大限度地服务于企业的长远财务规划，围绕经营活动现金流量的创造，实现企业价值最大化。当然，流动资产自身没有创造现金流量的能力，对企业价值的形成也没有直接的影响。但在资本投资性质及效率既定的情况下，无能的、低效的营运资金管理却会在很大程度上抵减企业经营活动现金流量的创造力。因此，企业应合理确定现金持有量，保持良好的流动资产结构，加快应收账款的回收，使企业整个营运资金按照营运资金政策预定的目标进行运营，促使企业实现价值最大化。

为达到这一目的，在营运资金管理的过程中，企业应做好以下几点：

（1）合理确定企业营运资金的占用数量；

（2）合理确定短期资本的来源结构；

（3）加快资金周转，提高资本的利用效率。

同步案例7-1

百奥泰补充流动资金

背景与情境：截至2024年6月30日，百奥泰生物制药股份有限公司（以下简称“公司”或“百奥泰”）累计使用募集资金1 620 947 119.91元，公司募集资金余额为46 499 149.34元（包括累计收到的银行存款利息扣除预提所得税、银行手续费及部分上市发行费用后的净额，不包括期末用于现金管理的暂时闲置募集资金金额、暂时补充流动资金）。

根据募集资金投资项目的资金使用计划及项目的建设进度，在确保不影响募集资金投资项目建设进度的前提下，为了提高募集资金使用效率，降低公司财务成本，公司拟使用不超过人民币1亿元闲置募集资金暂时补充流动资金，使用期限自公司董事会审议通过之日起不超过12个月，并且公司将随时根据募投项目的进展及需求情况及时归还至募集资金专用账户。本次使用部分闲置募集资金暂时补充流动资金仅用于公司的业务拓展、日常经营等与主营业务相关的生产经营使用，不得通过直接或间接的安排用于新股配售、申购，或者用于股票及其衍生品种、可转换公司债券等交易，不会变相改变募集资金用途，不会影响募集资金投资计划的正常进行。

资料来源 百奥泰. 百奥泰关于使用部分闲置募集资金暂时补充流动资金的公告［EB/OL］.［2024-08-23］. http://www.cninfo.com.cn/new/disclosure/detail?orgId=9900039904&announcementId=1220950564&announcementTime=2024-08-23.引文有删减。

问题：百奥泰用权益资金补充营运资金的目的是什么？

分析提示：权益资金是长期资金，营运资金则是短期资金。百奥泰通过发行股票筹集权益资金来补充营运资金，这样可以在满足扩大生产经营对短期资金需求的同时，降低企业经营风险。

7.1.2 营运资金的特点

要想有效地管理企业的营运资金，企业必须认真研究营运资金的特点，以便在营运资金运作过程中采取有针对性的措施。营运资金一般具有四个方面的特点。

1）营运资金周转期短

企业的营运资金周转速度较快，周转期较短，通常是在1年或一个营业周期内收回。根据这一特点，企业营运资金的供应，可以通过利用银行短期借款、商业信用等短期筹资方式加以解决。

2）营运资金形态波动大

营运资金的实物形态除了按货币资产、储备资产、生产资产、成品资产、结算资产之间的顺序转化外，其占用的数量也会随着企业内外经营条件的变化而变化，时高时低，波动很大。因此，企业在流动资产的管理上，必须对各项流动资产进行合理配置，并根据营运资金的波动情况，随时调整其数量。

3）营运资金变现性强

学习微平台

延伸阅读7-1

营运资金中的大部分资产一般都具有较强的变现能力，即便在企业出现紧急状况时，其相比非流动资产而言，也更容易变现，从而可以满足企业生产经营中的急需。

4）营运资金来源多而灵活

营运资金的来源渠道多，期限的选择也较为灵活。

业务链接7-1

零营运资金管理

学习微平台

随堂测7-1

零营运资金管理通过减少在流动资产上的投资，使营运资金占企业总营业额的比重趋于最小，便于企业把更多的资金投入收益较高的固定资产或长期投资；通过大量举借短期负债来满足企业对营运资金的需求，从而降低企业的资金成本。由此，零营运资金管理从两个方面增加了企业的收益。以零营运资金为目标，对企业的营运资金实行零营运资金管理的方法，已成为20世纪90年代以来企业财务管理中一项卓有成效的方法。随着现代企业制度改革的深化和企业经营管理的加强，企业理财的重要性也与日俱增，因此，零营运资金管理的方法对企业也有着十分重要的借鉴意义。

7.2 现金管理

7.2.1 持有现金的动机与成本

1）持有现金的动机

（1）交易动机

交易动机是指企业为满足生产经营活动中的各种支付需要（如购买原材料、支付工资、偿还利息、支付现金股利等）而持有现金的动机。由于企业在生产经营活动中不可能始终保持现金收入与现金支出相等，因此，保持一定的现金余额以应付各种日常开支是十分必要的。通常情况下，企业的销售量越大，所要保持的现金余额也越大。

（2）预防动机

预防动机是指企业为应付意外情况而保持一定的现金余额的动机。企业生产经营活动中的正常现金需要量，可通过资金预测和计划来估算，但许多意外事件的发生将会影响和改变企业的正常现金需要量。例如，自然灾害、生产事故、客户款项不能如期支付，以及国家政策的某些突然变化等，都会打破企业原先预计的现金收支平衡。因此，企业需要保持一定的现金余额来应付可能发生的意外情况。一般来讲，企业保持的用于应付意外情况的现金余额的多少取决于以下几个因素：①现金收支预测的可靠程度；②企业的临时借款能力；③企业其他流动资产（如有价证券等）的变现能力；④企业对意外事件发生的可能性大小的判断和风险承受能力。

（3）投机动机

投机动机是指企业为了在证券市场上炒作或在原材料市场上投机买卖来获取投机收益而持有现金的动机。例如，当企业预计原材料价格将有较大幅度上升时，企业可利用手中多余的现金以目前较低的价格购入原材料，以便在将来价格上升时少受影响。投机动机只是企业确定现金余额所需考虑的次要因素之一，企业因投机动机而持有的现金余额往往与企业在金融市场上的投资机会和企业对待风险的态度有关。

同步案例7-2

绿色动力2024年上半年现金流大幅改善

背景与情境：绿色动力公司为北京国资委旗下垃圾焚烧上市平台，业绩主要为稳定的运营利润贡献。公司深耕垃圾焚烧20余年，是国内首家A+H垃圾焚烧上市公司。北京国资委为公司实控人，持股44.41%，对公司提供大力支持。运营收入为公司核心利润来源，2023年公司运营收入占比达77%，毛利润占比则达91%。

2023年公司经营现金流净额9.78亿元（若剔除《企业会计准则解释第14号》影响，公司经营现金流净额为13.14亿元），Capex为7.22亿元（若剔除《企业会计准则解释第14号》影响，Capex为10.8亿元），自由现金流为2.56亿元，未来伴随Capex降低+应收款解决，公司现金流有望进一步明显好转，其中Capex自2024年有望伴随项目全面投产而显著降低。应收账款方面，2023公司应收账款大幅提升至19.73亿元，其中垃圾处理占比45%，国补40%，基础电费15%，未来有望伴随国补加速下发而改善。伴随现金流改善，公司分红有望提升，2024年7月公司发布《2024年度“提质增效重回报”行动方案》，明确拟制定新阶段分红规划。我们预计公司分红率有望在2023年33%的基础上进一步提升。假设公司2024年净利润6.97亿元，分红率提升至50%，则公司A股股息有望达4.3%，港股股息有望达10.1%。

资料来源 莫龙庭．绿色动力（601330）：运营利润稳步提升 现金流大幅改善 分红提升可期［EB/OL］．［2024-08-23］．https：//stock.hexun.com/2024-08-02/213825540.html.引文有删减。

问题：公司持有现金有哪些好处，又有哪些成本？

分析提示：持有现金可以满足日常交易性需求和防止意外事件发生，也可以获得投机机会，持有一定数量现金是保持企业持续运转的必要条件。但持有现金过多，也会造成诸如机会成本、管理成本和转换成本上升。因此，企业在扩大经营规模的同时，切不可忽视其资金的流动性，企业持有的现金应当与其规模相适应。

2）持有现金的成本

持有现金的成本是指企业持有现金付出的各种代价，包括机会成本、管理成本、转换成本、短缺成本等。

（1）机会成本

机会成本是指企业因持有现金而丧失的再投资收益，一般可用企业投资收益率来表示。假设某企业的投资收益率为10%，年平均持有现金50万元，则该企业每年的机会成本为5万元（50×10%）。机会成本与现金持有量呈正相关关系，即现金持有越多，机会成本越高。

（2）管理成本

管理成本是指企业为管理现金而发生的管理费用，如管理人员工资和安全措施费等。管理成本具有固定成本的性质，它与现金持有量之间无明显的比例关系。

（3）转换成本

转换成本是指现金与有价证券转换过程中所发生的固定成本，如经纪人佣金、税金和其他管理成本等。转换成本一般只与交易的次数有关，而与现金持有量的多少无关。

学习微平台

延伸阅读7-2

（4）短缺成本

短缺成本是指企业因现金短缺而遭受的损失，如不能按时支付购料款而造成的信用损失，以及不能按期缴纳税款而被罚缴的滞纳金等。短缺成本随现金持有量的增加而下降，即与现金持有量呈负相关关系。

7.2.2 最佳现金持有量的确定

1）成本分析模式

成本分析模式是根据企业持有现金的机会成本、管理成本和短缺成本来确定最佳现金持有量的一种方法。成本分析模式的计算公式为：

现金总成本=机会成本+管理成本+短缺成本

成本分析模式通过对机会成本、管理成本和短缺成本进行分析，找出三种成本之和最低点时的现金持有量，此时的现金持有量就是最佳现金持有量。总成本、机会成本、管理成本、短缺成本和现金持有量之间的关系如图7-1所示。

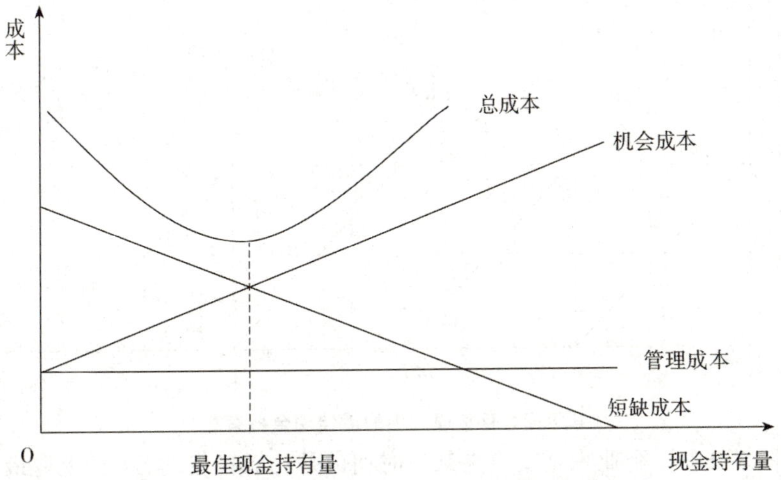

图7-1 总成本、机会成本、管理成本、短缺成本和现金持有量的关系图

同步计算7-1

某企业为寻求最佳现金持有量，现拟订四种现金持有方案，见表7-1。要求确定最佳现金持有量。已知该企业的投资收益率为15%。

表7-1 现金持有方案 单位：元

项目＼方案	甲方案	乙方案	丙方案	丁方案
现金持有量	25 000	50 000	75 000	100 000
机会成本	3 750	7 500	11 250	15 000
管理成本	10 000	10 000	10 000	10 000
短缺成本	12 000	6 500	2 500	0
总成本	25 750	24 000	23 750	25 000

解： 由表7-1可知，四个方案中，丙方案的总成本最低，因此，该企业的最佳现金持有量是75 000元。

成本分析模式适用范围广泛，尤其适用于现金收支波动较大的企业。但是，持有现金的短缺成本较难准确预测。

2）存货模式

存货模式是一种将现金看成企业的一种特殊存货，按照存货管理中经济批量法的原理，确定企业最佳现金持有量的方法。这一模式最早是由美国经济学家W.J.Baumol于1952年提出的，故又被称为“鲍莫模型”。

采用存货模式测算最佳现金持有量是建立在下列假设基础上的：（1）企业未来年度的现金需求总量可以预测；（2）可通过出售短期有价证券来获得所需现金；（3）现金支出是均匀的，而且每当现金余额接近0时，短期证券可随时转换为现金。我们用图7-2加以说明。

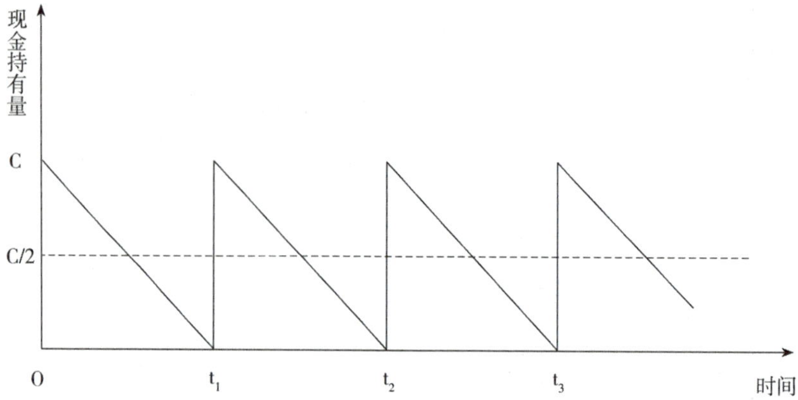

图7-2 存货模式下的最佳现金持有量

在图7-2中，企业现金支出在某一时期内是比较稳定的，C为企业最高的现金持有量，在每隔时间t内，C元现金被均匀地消耗掉，企业便可通过出售短期有价证券获得C元现金来补足，如此不断反复。

存货模式的目的是计算出能使现金管理总成本最小的C值。在此模式中，现金管理总成本包括持有成本（机会成本）和转换成本两个方面。现金管理总成本的计算公式为：

$$TC=\frac{C}{2}R+\frac{T}{C}F$$

式中：TC为现金管理总成本；C为现金持有量；R为有价证券利息率；F为每次的转换成本；T为一定时期内的现金总需求量。

如果现金持有量大，则持有成本较高，但由于减少了转换次数，所以转换成本可降低；反之，现金持有量小，则持有成本较低，但转换成本又会上升。最佳现金持有量就是使两种成本之和最低时的现金持有量。

总成本、持有成本、转换成本和现金持有量的关系如图7-3所示。

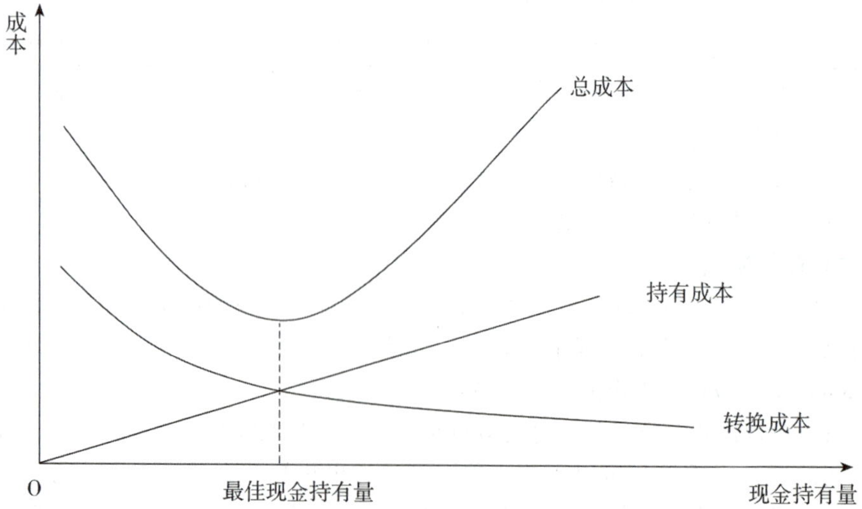

图7-3 总成本、持有成本、转换成本和现金持有量的关系图

在图7-3中，现金管理总成本与现金持有量呈“U”形曲线关系，可用导数的方法求出最小值。最佳现金持有量的计算公式为：

$$最佳现金持有量\ C^*=\sqrt{\frac{2TF}{R}}$$

同步计算7-2

某企业预计全年现金需要量为16 000元，现金与有价证券的转换成本为每次50元，有价证券的年利率为10%，计算最佳现金持有量。

解：最佳现金持有量为：

$$C^*=\sqrt{\frac{2\times 16\,000\times 50}{10\%}}=4\,000（元）$$

存货模式的优点是计算结果比较精确，它以现金支出均匀发生、持有成本和转换成本易于预测为前提条件。当企业现金收支波动较大时，这种方法的应用就受到了限制。

7.2.3 现金的日常管理

企业在确定最佳现金持有量后，还应采取各种措施，加强现金的日常管理。尽快加速账款的回收和现金的周转，尽量延缓现金支出的时间，充分利用闲置现金，从而提高现金的使用效率。

1）加速收款

加速收款主要是指尽可能缩短从客户汇款或开出支票，到企业收到客户汇款或将其支票兑现这一过程所需的时间。企业加速收款不仅要使客户尽量早付款，而且要尽快使这些付款转化为可用现金。企业账款收回的时间一般包括客户给企业邮寄支票的时间、企业收到支票并将支票交付银行的时间和支票结算的时间。前两段时间的长短不但与客户、企业、银行之间的距离有关，而且与收款的效率有关。在实际工作中，缩短这两段时间一般采用锁箱法、集中银行法等方法。

（1）锁箱法

锁箱法又称邮政信箱法。企业利用锁箱法来加速收款的具体做法是：①企业在业务比较集中的地区租用加锁的专用信箱；②通知客户将货款邮寄到指定的信箱；③企业授权邮政信箱所在地的开户银行，每天数次收取邮政信箱中的支票并存入该企业账户，然后将扣除补偿性余额后的现金及附带单证定期送往企业总部。

该种方法的优点是，不仅缩短了支票邮寄时间，还免除了企业收取支票并将支票送存银行的手续，因而缩短了收款时间，提高了收款效率。这种方法的缺点是，成本较高，被授权开启邮政信箱的当地银行除了要求补偿性余额外，还要收取劳务费。

企业是否采用锁箱法，要看节约资金带来的收益与增加的费用支出孰大孰小。如果增加的费用小于收益，则企业可采用该方法；反之，企业就不宜采用该方法。

(2) 集中银行法

集中银行法是一种通过设立多个收款中心来代替在企业总部设立的单一收款中心，以加速账款回收的方法。其目的是缩短从客户寄出支票到现金进入企业账户之间的时间。集中银行法的具体做法是：①企业指定一个主要开户行（通常是总部所在地）为集中银行，并在收款业务较多的若干地区设立若干个收款中心；②企业通知客户将货款直接汇给当地收款中心，该中心收款后将其立即存入当地银行；③当地银行在扣除补偿性余额后立即将款项汇入企业总部所在地的开户行，即集中银行。

集中银行法能大大缩短客户邮寄支票的时间和支票兑现的时间。但是，这种方法需要在多地设立收款中心，从而增加了相应的费用支出。因此，企业应对设立收款中心的成本和效益进行权衡，合理确定收款中心的数量和设置地点。

2）控制支出

企业在收款时，应尽量加快收款的速度；而在控制现金支出时，应尽量延缓现金支出的时间。企业现金支出的控制主要包括金额上的控制和时间上的控制。控制现金支出的方法有以下几种：

(1) 合理利用现金浮游量

现金浮游量是指企业账户上的现金余额与银行账户上列示的存款余额之间的差额。由于从企业开出支票，到收款人将支票送存银行，直至银行将款项划出企业账户，通常需要一定的时间，现金在这段时间内的占用量称为现金浮游量。因此，“浮游量”实际上是企业与银行双方在款项接收和划转上的时间差造成的。如果能够正确预测“浮游量”并加以利用，则企业可以节约大量现金。但是，企业一定要控制好使用的时间，否则会发生银行存款透支的现象。

课程思政 7-1

迪马股份现金管理不善导致4.5亿债券违约

背景与情境：2024年5月6日，迪马股份（600565.SH）公告称，公司债券“21迪马01”由于公司销售及回款下降、流动性紧张等综合因素，未能于本期债券到期日2024年4月30日按期足额偿付本息。

公开资料显示，“21迪马01”发行于2021年4月29日，发行规模4.5亿元，票息7%，应于2024年4月30日到期。也就是说，本次迪马股份债券违约本息合计4.82亿元。

“小债看市”统计，目前迪马股份存续债券3只，存续规模11.41亿元，均为企业ABS。截至2024年一季度末，迪马股份总资产522.48亿元，总负债443.23亿元，净资产79.25亿元，资产负债率为84.83%。“小债看市”分析债务结构发现，迪马股份主要以流动负债为主，占总负债的88%，债务结构不合理。

截至相同报告期，迪马股份流动负债390.72亿元，主要为其他应付款，其一年内到期的短债合计97.05亿元。

相较于短债压力，迪马股份的流动性很紧张，其账上货币资金仅剩12.47亿元，不足以覆盖短债，现金短债比为0.13，且其经营性现金流为净流出，公司面临较大短期偿债压力。

从现金流看，2022年至今，迪马股份筹资性现金流净额均为净流出状态，2022年、2023年和2024年一季度该指标分别为−42.57亿元、−21.89亿元以及−3.26亿元，公司面临一定再融资压力。

资料来源 小债看市．迪马股份4.5亿债券违约，连亏三年股票被ST［EB/OL］．［2024-05-07］．https：//cj.sina.com.cn/articles/view/7245035865/1afd6795900101k4je？finpagefr=p_103. 引文有删减。

问题：研判迪马股份债务违约现象。

研判提示：企业在日常管理中需要持有一定数量的现金，要根据日常交易等需求和现金来源，合理安排现金收支活动。迪马股份由于没有做好现金管理，导致了没有足够现金支付到期债务，这既违背了党的二十大精神，也违背了"诚实守信"的道德要求。

（2）推迟支付应付款

为了最大限度地利用现金，企业在不影响自身信誉的前提下，可采取一定的措施，尽可能地推迟应付款的支付时间。例如，企业在采购材料时，卖方的付款条件是（2/10，n /30），如果企业资金宽裕，则应争取享受折扣，在第10天付款；如果企业资金较紧张，无法享受折扣，则应争取在第30天付款。这样，在不同情况下，企业可以最大限度地利用这笔现金。

（3）改进工资支付方式

企业通常会为支付工资而设立一个专门的存款账户。为了减少这一存款数额，企业可以预先估计出从开出支付工资支票到银行兑现的具体时间，合理安排工资存款账户的存款数额，达到节约使用现金的目的。

同步思考7-1

用"改进工资支付方式"控制现金支出，具体而言，是将原本应一次性发放的工资改为根据职工到银行兑现工资的时间和数额逐步将现金从企业账户划转到职工个人的工资账户。这样可以推迟企业的部分现金支出。

问题：这种做法对企业有利，但对职工是否无害？

理解要点：当企业职工人数多、工资支付数额庞大时，企业这样做会节约大量的利息支出。但对于职工来说，工资账户上的现金会产生活期利息，如果工资数额较小，那么利息可以忽略，但如果工资数额较大，那么利息就会因为企业推迟存款而减少。因此，实质上，改进工资支付模式可能会损害职工利益。

（4）力争现金流量同步

如果企业能尽量使它的现金流入和现金流出发生的时间趋于一致，就可以使企业所持有的交易性现金余额降到最低水平，这就是所谓的现金流量同步。为此，企业可通过编制合理的现金预算，并依照现金预算来安排现金流入和现金流出的方法，尽量使现金流入和现金流出实现同步。

3）闲置现金的投资管理体制

企业在筹资和经营过程中，会产生大量的现金，这些现金在用于资本投资或其他业务活动之前，通常会闲置一段时间。因此，对暂时闲置的现金，企业可投资于流动性高、风险性低的短期有价证券，以获取利息收入或资本利得。在货币市场上，财务人员通常可选择国库券、短期融资券、可转让存单等证券进行投资。

教学互动 7-1

某企业有四种现金持有方案，各方案有关成本资料见表 7-2。

表 7-2 **某企业四种现金持有方案** 金额单位：元

项目＼方案	甲	乙	丙	丁
现金持有量	15 000	25 000	35 000	45 000
机会成本率	10%	10%	10%	10%
短缺成本	8 500	4 000	3 500	2 200

要求：计算该企业的最佳现金持有量。

学习微平台

随堂测 7-2

7.3 应收账款管理

7.3.1 应收账款的功能与成本

1）应收账款的功能

应收账款的功能主要体现在以下三个方面：

（1）增加销售

随着企业经营环境的日趋复杂，为了增加销售、获取更多的利润，企业一般都会采取赊销的政策，而这就必然导致应收账款增加。

（2）扩大市场占有率或开拓新市场

企业为了扩大市场占有率或开拓新的市场领域，一般都会采用较优惠的信用条件促进销售，以提高竞争力。当企业力图占领某一市场领域时，企业就可能把有利的信用条件当作工具来增加产品市场份额。

（3）减少存货

在某些产品的销售淡季，企业的产成品存货积压较多。企业持有产成品存货，要支付管理费、财产税和保险费等成本费用，而企业持有应收账款则无须支付上述费用。因此，企业在淡季一般会采用较优惠的信用条件进行销售，以便把存货转化为应收账款，降低各种费用的支出。

课程思政7-2

证通电子虚构回款

背景与情境： 2024年5月6日，证通电子因被实施其他风险警示股价一字跌停。导致公司被戴“帽”的原因是，公司2020年度向深圳市永泰晟建筑工程有限公司以工程款名义支付3 998万元，截至2023年12月31日该笔款项一直挂在其他应收款中。审计机构对于该笔资金的最终去向无法获取充分、适当的审计证据，同时无法判断其余额是否可以全部收回，因此对年度审计报告和内控报告出具保留意见和否定意见。根据《深圳证券交易所股票上市规则》，公司将被实施其他风险警示。

事实上，公司在年报披露的同时已经对该笔资金进行差错更正，将其调整到其他应收款；同时，经公司自查发现，公司客户于2021年度回款的4 000万元主要来源于公司正常预付的工程款、提前支付的工程款以及正常应付未付的工程款。虽然供应商已经归还了提前支付的2 700万元，但是公司并未对虚构的应收款还款进行还原，相反仅增加了其他应收款。

在年度报告“内部控制重大缺陷的具体情况”中，公司承认提前支付工程款，通过供应商转移资金至客户用于支付公司应收账款，形成利益相关方资金占用。虽然期后已收回款项且进行了账务调整，但表明公司报告期内内部控制存在重大缺陷。

资料来源 佚名. 证通电子（002197）：虚构回款形成资金占用，内控被否被实施风险警示［EB/OL］.［2024-05-08］. https: //caifuhao. eastmoney. com/news/20240508151220609215320.引文有删减。

问题： 请研判证通电子在应收账款管理中存在的问题。

研判提示： 作为企业一项重要流动资产，企业进行应收账款投资的主要目的是适应市场竞争，降低存货，增加企业利润。企业应该加强应收账款管理，客观准确记载应收账款也是应收账款事中管理的一项任务。证通电子在应收账款管理中，虚假陈述应收账款，违背了党的二十大精神，也违反了诚实守信的原则。

2）持有应收账款的成本

（1）管理成本

管理成本是指企业对应收账款进行管理而耗费的开支，是应收账款成本的重要组成部分。管理成本主要包括对顾客信用情况调查的费用、收集信息的费用、催收账款的费用和账簿的记录费用等。

（2）机会成本

机会成本是指企业将资金投资于应收账款，而不能进行其他投资所丧失的收益。这一成本的大小通常与企业维持赊销业务所需要的资金数量和资金成本率有关。机会成本的计算公式为：

应收账款的机会成本=日赊销额×平均收现期×变动成本率×资金成本率

（3）坏账成本

坏账成本是指由于某种原因导致企业的应收账款不能收回而给企业造成的损

学习微平台

延伸阅读7-3

失，这一成本与应收账款数量成正比。

同步案例7-3

珂玛科技应收账款占比增大

背景与情境：2024年8月，苏州珂玛材料科技股份有限公司（以下简称“珂玛科技”）正式启动了IPO招股程序，拟冲刺创业板上市，保荐机构为中信证券。

招股书显示，珂玛科技成立于2009年，主营业务为先进陶瓷材料零部件的研发、制造、销售、服务以及泛半导体设备表面处理服务，注册资本为3.61亿元，实际控制人为刘先兵，其持有该公司60.04%的股份。

此次IPO，珂玛科技拟公开发行股票1.20亿股，拟募资9.00亿元，其中3.50亿元用于先进材料生产基地项目，1.20亿元用于泛半导体核心零部件加工制造项目，2.80亿元用于研发中心建设项目，1.50亿元用于补充流动资金。

业绩方面，2021—2023年，珂玛科技的营业收入分别为3.45亿元、4.62亿元、4.80亿元，净利润分别为6 708.88万元、9 323.62万元、8 186.07万元，综合毛利率分别为42.98%、42.25%、39.78%。

2021—2023年，珂玛科技的应收账款账面价值分别为1.23亿元、1.60亿元、2.46亿元，占总资产的比例分别为15.88%、15.62%、18.26%。

2021—2023年，珂玛科技的存货账面价值分别为8 691.10万元、1.37亿元、1.69亿元，逐年增大。

资料来源　郝晓东．珂玛科技IPO：毛利率逐年下降 应收账款占比增大［EB/OL］．［2024-08-07］．http：//www.jncj.org.cn/IPO/2024-08-07/5797.html.引文有删减。

问题：一般来说，企业持有应收账款的原因是什么？应收账款的增加会对企业产生哪些影响？

分析提示：企业持有应收账款，主要是为了增加销售额和增强竞争力。应收账款的增加，一方面会使公司的营业收入增加、所得税等税收增加、现金流量减少；另一方面，应收账款的增加也可能导致公司的坏账增加，以及管理成本和机会成本相应增加。

7.3.2 信用政策的制定

信用政策也称赊销政策，是指企业基于对客户资信情况的认定，而对客户给予先交货、后收款的结算优惠。这种优惠实质上是企业对客户的一种短期融资。企业应收账款管理的重点，就是要根据企业的实际经营情况和客户不同的信誉情况制定合理的信用政策，这也是企业财务管理的一个重要内容。因此，企业在制定信用政策时，一方面要考虑信用政策要有利于扩大销售；另一方面要考虑信用政策要有利于降低应收账款占用的资金，缩短应收账款的回收期，防止发生坏账损失。信用政策由信用标准、信用期限、现金折扣政策、收账政策等组成。

1）制定信用标准

信用标准是指客户获得企业商业信用所应具备的条件，一般用坏账损失率表示。如果客户达不到企业规定的标准，就不能享受企业按商业信用赋予的各种优惠，或只能享受较低的信用优惠。那么，具备什么条件的客户才算达到信用标准呢？企业在做出正确评价之前，应对申请赊购的客户进行信用状况分析，一般可采用定性分析、定量分析或者两者结合的方法。

（1）定性分析

信用标准的定性分析主要考虑以下三个方面的问题：

① 同行业竞争对手的情况。如果竞争对手实力很强，企业就应考虑是否采取较低的信用标准，增强对客户的吸引力；反之，如果竞争对手实力较弱，则可以考虑制定较严格的信用标准。

② 企业承担违约风险的能力。如果企业具有较强的违约风险承担能力，就可以考虑采用较低的信用标准，以提高企业产品的竞争能力；反之，如果企业承担违约风险的能力较弱，则可以制定较严格的信用标准，谨防坏账的发生。

③ 对客户的资信情况进行调查，然后在此基础上判断客户的信用状况，并决定是否给该客户提供商业信用。衡量客户信用程度一般采用“5C”分析法，即考虑客户的品德（character）、能力（capacity）、资本（capital）、抵押品（collateral）和条件（condition）。

品德是指客户有没有按期偿还贷款的诚意。市场经济是法治经济，也是信用经济。市场经济的参与者不但要受到法律法规的约束，同时也要受到商业道德的约束。交易双方有无遵守商业信用的诚意是进行信用分析的首要因素。

能力是指客户的支付能力，主要是通过对客户以往经营活动的支付行为和其现有资产状况的分析来获得这方面的信息。

资本是指客户的财务状况与财务实力。

抵押品是指客户为其应付账款提供的资产担保的强弱。

条件是指可能影响客户偿债能力的各种经济环境。

（2）定量分析

信用标准的定量分析即利用客户财务报表所提供的数据，通过计算基本的财务指标来判断客户的信用级别。

模型一：$Y=\alpha_1\chi_1+\alpha_2\chi_2+\cdots+\alpha_n\chi_n=\sum_{i=1}^{n}\alpha_i\chi_i$

式中：Y为信用分析对象的信用分数；α_i为第i个信用分析指标的权重系数；χ_i为第i个信用分析指标的数值（财务比率）。

模型二：$Y=b_1z_1+b_2z_2+\cdots+b_nz_n=\sum_{i=1}^{n}b_iz_i$

式中：Y为信用分析对象的信用分数；b_i为第i个信用分析指标的权重系数（权重系数之和为1）；z_i为第i个信用分析指标的分数（0~100分）。

同步计算7-3

东方公司目前正在着手评价宏远公司的信用标准。经考察，东方公司拟利用宏远公司的利息保障倍数（χ_1）、速动比率（χ_2）、资产负债比率（χ_3）、存续时间（χ_4）作为信用分析指标。这些指标对应的数值依次为8.3、2.8、0.3、3.2，各项指标对应的权重系数分别为3.2、11.0、-28.0、1.5。东方公司的信用等级标准是：40分以下为信用状况较差，40~50分为信用状况一般，50分以上为信用状况良好。利用模型一，判断宏远公司的信用状况。

解：利用模型一，判断宏远公司的信用状况可通过如下步骤分析：

$Y=\alpha_1\chi_1+\alpha_2\chi_2+\cdots+\alpha_n\chi_n=3.2\times8.3+11.0\times2.8+(-28.0)\times0.3+1.5\times3.2=53.76$（分）

计算结果表明，宏远公司的信用状况良好。

同步计算7-4

东方公司目前正在着手评价宏远公司的信用标准。经考察，东方公司拟利用宏远公司的利息保障倍数（χ_1）、速动比率（χ_2）、资产负债比率（χ_3）、存续时间（χ_4）作为信用分析指标。这些指标对应的数值依次为8.3、2.8、0.3、3.2，各项指标折算的信用分数分别为90分、90分、85分、60分，各项指标对应的权重系数依次为0.4、0.25、0.2、0.15。东方公司的信用等级标准是：60分以下为信用状况较差，60~80分为信用状况一般，80分以上为信用状况良好。利用模型二，判断宏远公司的信用状况。

解：利用模型二，通过如下步骤判断宏远公司的信用状况：

$Y=b_1z_1+b_2z_2+\cdots+b_nz_n=90\times0.4+90\times0.25+85\times0.2+60\times0.15=84.5$（分）

计算结果表明，宏远公司的信用状况良好。

2）确定信用期限

信用期限是指企业允许客户从购货到付款之间的时间，即企业为客户规定的最长付款期限。通常，延长信用期限，有利于企业扩大销售、增加收入，但应收账款占用资金的数量和时间也会相应增加，从而导致机会成本等信用成本的增加。若缩短信用期限，虽然能减少信用成本的发生，但可能难以吸引客户，不利于企业扩大销售，甚至会使企业收入减少。因此，企业应进行利弊分析，将信用期限延长产生的边际收益与成本进行比较，以确定最佳信用期限。

同步计算7-5

某企业目前采用现金交易销售方式，每年销售产品120 000件，单位售价为15元，变动成本率为60%，固定成本为10 000元。为了扩大产品销售，企业拟订了两个信用条件备选方案，假设有价证券利息率为20%，试为该企业做出信用期限决策。有关资料见表7-3。

表 7-3 **信用期限备选方案** 金额单位：元

备选方案	信用条件	增加销售（%）	坏账损失率（%）	收账费用
A	n/30	25	3	22 000
B	n/60	30	4	30 000

解： 企业信用期限的决策过程如下：

根据以上资料计算，见表7-4。

表 7-4 **A、B备选方案比较** 单位：元

项目 \ 方案	A方案（n/30）	B方案（n/60）
年赊销额	120 000×15×（1+25%）= 2 250 000	120 000×15×（1+30%）=2 340 000
变动成本	2 250 000×60% = 1 350 000	2 340 000×60% = 1 404 000
边际收益	2 250 000−1 350 000 = 900 000	2 340 000−1 404 000 = 936 000
信用成本		
机会成本	2 250 000÷360×30×60%×20%=22 500	2 340 000÷360×60×60%×20%=46 800
坏账成本	2 250 000×3%=67 500	2 340 000×4%=93 600
收账成本	22 000	30 000
小计	112 000	170 400
净收益	900 000−112 000 =788 000	936 000−170 400= 765 600

以上计算表明，A方案增加的净收益较多，故应采用A方案。

同步思考 7-2

应收账款的机会成本会减少应收账款的投资收益。

问题： 应收账款的机会成本是否会在企业利润表中体现？

分析提示： 应收账款的机会成本是一种潜在的损失，是决策中用到的成本概念，并非财务会计中的成本概念，不会在利润表中体现。

3）制定现金折扣政策

现金折扣是企业为了鼓励客户尽早（在规定的期限内）付款而给予的价格扣减。现金折扣包括两方面的内容：一是折扣期限，即客户在多长时间内付款给予折扣；二是现金折扣率，即在折扣期内给予客户多少现金折扣。现金折扣通常用如“4/10，2/20，n/30”这样的一些符号来表示。上述符号的含义为，客户在10天内付款可享受4%的价格优惠，客户在20天内付款可享受2%的价格优惠，客户在30天内付款需全额付款，客户如在30天后付款则意味着信用关系遭到破坏。

企业采用什么程度的现金折扣，要与信用期限结合起来考虑。例如，企业要求客户最迟不超过30天付款，若企业希望客户在20天付款、10天付款，能给予客户多大折扣？或者企业给予客户4%、2%的折扣，能吸引客户在多少天内付

款？不论是信用期限还是现金折扣，都可能会给企业带来收益，但也会增加成本。当企业给予客户某种现金折扣时，企业应当考虑折扣所能带来的收益与成本孰高孰低，权衡利弊，最终确定最佳方案。

同步计算 7–6

根据【同步计算 7–5】，如果该企业采用 A 方案，但为了加速应收账款的回收，企业决定提供现金折扣，将信用条件改为“2/10，1/20，n/30”（C 方案），预计有 60% 的客户利用 2% 的折扣，20% 的客户利用 1% 的折扣，坏账损失率下降到 2%，收账成本下降到 10 000 元。试做出是否采用现金折扣方案的决策。

解：企业现金折扣的决策过程如下：

根据以上资料计算的结果见表 7–5。

表 7–5 信用政策比较 单位：元

项目＼方案	A 方案（n/30）	C 方案（2/10，1/20，n/30）
年赊销额	2 250 000	2 250 000
变动成本	1 350 000	1 350 000
边际收益	900 000	900 000
信用成本		
机会成本	225 000	2 250 000÷360×（60%×10+20%×20+20%×30）×60%×20%=12 000
坏账成本	67 500	2 250 000×2%=45 000
收账成本	22 000	10 000
现金折扣成本		2 250 000×（60%×2%+20%×1%）=31 500
小计	112 000	98 500
净收益	788 000	900 000−98 500=801 500

以上计算表明，C 方案比 A 方案对企业更为有利，因此，企业可以采用现金折扣的方案。

4）制定收账政策

收账政策是指当企业的应收账款不能如期收回时，企业所采取的收账策略和方法。对于短期拖欠的账款，企业可以采取发信或打电话催收的方法；对于拖欠期较长的账款，企业可以采用派人上门催款或请公司法律顾问协助等方法；对于长期拖欠的账款，企业可以采用请有关代理机构帮助催收或向法院起诉等方法。一般来讲，积极的收账政策会产生较好的收账效果，减少坏账损失，但积极的收账政策也必然产生较高的收账费用，如出差人员的差旅费、聘请律师的费用、交付给代理机构的费用等显性费用，以及与客户关系的破裂、与地方保护主义的矛盾等难以量化的、很可能影响企业以后的经营活动的隐性费用。因此，合理的收账政策应在权衡增加的收账费用和减少的坏账损失后制定出。

7.3.3　应收账款的日常管理

企业在制定信用政策后，对于已经发生的应收账款，还应进一步加强日常管理工作，及时发现问题，采取有力的措施减少坏账损失。日常管理措施主要包括调查客户信用状况、分析应收账款账龄、组织应收账款回收和建立坏账准备。

1）信用调查

企业的信用调查是指企业通过收集有关信息资料，对客户的偿债能力和主观愿望做出判断和估计，以便企业制定出正确、合理的信用政策。信用调查的方法主要有两类：

（1）直接调查

直接调查是指企业调查人员通过对客户当面采访、询问、观看、记录等方式获取信用资料的一种方法。这种方法的优点是保证收集资料的准确性和及时性，但若不能得知被调查客户的合作诚意，则会使调查资料不完整或部分失真。

（2）间接调查

间接调查是指企业通过信用评估机构、商业银行的信用部门和财务咨询公司等取得信用资料、了解客户信用情况的一种调查方法。这些信用资料主要来源于：①财务报表。这是信用资料的主要来源，它包括资产负债表、利润表、现金流量表及有关说明。通过对客户的流动性、支付能力和经营业绩等方面的分析，企业基本上可以掌握客户的财务状况和盈利水平。②信用评估机构。许多国家都有专门的信用评估机构，这些机构的评估方法先进，调查细致，程序合理，可信度较高。③银行。银行是信用资料的一个重要来源，每家银行都设有信用部，并为其客户提供服务。企业可以通过银行了解到客户的一些信用情况。④其他。如财政税务部门、消费者协会、市场监督管理部门、证券交易部门等，都可以作为了解客户信用状况的渠道。

2）应收账款账龄分析

企业已发生的应收账款的时间有长有短，对于已经超过信用期限的应收账款，企业要特别关注。一般来说，应收账款逾期拖欠时间越长，催收越困难，形成坏账的可能性越大。因此，企业应定期分析应收账款的账龄，密切注意应收账款的回收情况，加强对应收账款的监督和控制。对企业应收账款账龄的分析，主要是通过定期编制应收账款账龄分析表来进行。

3）应收账款回收

企业对不同拖欠时间的账款和不同信用品质的客户，应采用不同的收账方法，制订经济可行的收账方案。比如，对刚过信用期的客户，企业可不予过多打扰；对拖欠期稍长的客户，企业可措辞婉转地写信催款；对过期较长的客户，企业可进行频繁的信件催款并电话催询；对过期很长的客户，企业在催款时可以措辞严厉，必要时可提请有关部门仲裁或提请诉讼。一般来说，企业收回账款应从收账费用最小的方法开始，逐渐增加收账费用，即从信函通知、电讯催收、派员面谈直至诉诸法律。

4）建立坏账准备

无论企业采取怎样严格的信用政策，只要存在商业信用行为，坏账损失的发生就无法避免。一般来说，确定坏账损失的标准主要有两条：一是债务人破产或者死亡，企业以其破产财产或者遗产清偿后，仍然不能收回应收账款；二是债务人逾期未履行偿债义务，且具有明显特征表明应收账款无法收回。

企业的应收账款只要符合上述任何一个条件，就应作为坏账损失处理。为了适应市场经济的需要，增强风险意识，企业应遵循谨慎性原则，对坏账损失的可能性预先进行估计，并建立坏账准备金制度。提取坏账准备金，不仅可以增强企业抵御坏账风险的能力，而且有利于企业资金的周转，提高经济效益。

业务链接7-2

应收账款保理

应收账款保理是指企业将应收账款按一定折扣卖给第三方（保理机构），从而获得相应的融资款，以利于现金的尽快取得。应收账款保理业务的分类如下：

①有追索权保理是指销售合同并不真正转让给银行，银行只是拿到该合同的部分收款权，一旦采购商最终没有履行合同的付款义务，银行有权向销售商要求付款。无追索权保理是指银行将销售合同完全买断，并承担全部的收款风险。

②明保理是指银行和销售商需要将销售合同被转让的情况通知采购商，并签订银行、销售商、采购商之间的三方合同。暗保理是指销售商为了避免让客户知道自己因流动资金不足而转让应收账款，并不将债权转让情况通知客户，货款到期时仍由销售商出面催款，再向银行偿还借款。

③折扣保理又称融资保理，即在销售合同到期前，银行将剩余未收款部分先预付给销售商，一般不超过合同总额的80%。到期保理是指银行并不提供预付账款融资，而是在赊销到期时才支付，届时不管货款是否收到，银行都必须向销售商支付货款。

教学互动7-2

某公司的年赊销收入为720万元，平均收账期为60天，坏账损失为赊销额的10%，年收账费用为5万元。该公司认为，通过增加收账人员等措施，可以使平均收账期降为50天，坏账损失降为赊销额的7%。假设公司的资金成本率为6%，变动成本率为50%。

要求：为使上述变更经济、合理，计算新增收账费用的上限（每年按360天计算）。

学习微平台

随堂测7-3

7.4 存货管理

7.4.1 存货的功能与成本

1）存货的功能

存货的功能是指存货在生产经营过程中的作用，具体表现在如下方面：

（1）保证正常生产经营活动

生产过程中所需要的原材料，是生产中必需的物质资料。由于各厂商在分工协作、信息交流等方面不够完善，以及需求的不确定性，为了保证生产顺利进行，企业必须适当地储备一些生产所需的存货，以防停工待料事件的发生，维持生产的连续性。同时，在原材料生产不均衡和商品供求波动时，存货也可起到缓和矛盾的作用。

（2）适应市场需求的变化

市场需求处于不断变化之中，一旦市场需求下降，就会导致企业的库存积压；而市场需求上升，则可能会导致企业存货不足。因此，适量的原材料存货和在制品、半成品存货是企业生产正常进行的前提和保障，适当储备存货能增强企业在生产和销售方面的机动性以及适应市场需求变化的能力。

（3）便于均衡组织生产

对于那些生产所需原材料的供应具有季节性的产品，企业为实现均衡生产、降低生产成本，就必须适当储备一定的半成品存货或保持一定的原材料存货。

（4）可以降低进货成本

很多企业为了扩大销售规模，对购货方提供较优厚的商业折扣待遇，即购货达到一定数量时，便在价格上给予相应的折扣优惠。企业采取批量集中进货，可以获得较多的商业折扣。此外，企业通过增加每次购货数量、减少购货次数，也可以降低采购费用的支出。

2）存货的成本

（1）取得成本

取得成本是指为取得某种存货而支出的成本，通常用TC_a来表示。取得成本又可分为订货成本和购置成本。

①订货成本

订货成本是指取得存货订单的成本，如办公费、邮资、电报和电话等费用支出。订货成本有一部分与订货次数无关，如常设机构的基本开支等，称为**订货的固定成本**，用F_1表示；订货成本的另一部分与订货次数有关，如邮资和差旅费等，称为订货的变动成本，每次订货的变动成本用K表示，订货次数等于存货年需求量D与每次进货量Q之商。订货成本的计算公式为：

$$\text{订货成本}=F_1+\frac{D}{Q}K$$

课程思政 7-3

保利发展去库存战略

背景与情境：如何兼顾房企的风险防范与规模扩张？房企的新发展模式是什么？在2023年，保利发展尝试给出自己的答卷。2023年，保利发展全年实现营收规模3 468.28亿元，归母净利润120.67亿元，截至年末，公司货币资金余额1 480亿元。在经营层面，去库存战略的执行帮助保利发展实现房企中唯一的4千亿级销售。同时，在连续6年经营活动现金流为正的前提下，保利发展持续聚焦核心城市，拓展金额中99%位于核心38城。

市场占有率不断提升。公司2023年市场占有率3.6%，同比提升0.2个百分点，其中，核心38城的市场占有率达6.8%，同比提升0.7个百分点；市场占有率超过10%的城市共27个，单城市场占有率天花板不断突破提升。

存量项目去化成效显著。公司加大对2022年之前获取的存量项目的去化力度，存量项目签约金额2 575亿元，占全年销售金额的61%；签约面积1 643万平方米，占全年销售面积的69%。人均效能进一步提升。2023年，保利发展人均签约金额与2022年持平，人均交付套数比2022年提升26%；下属物业公司、商旅公司、代理公司等规模较大的产业公司，2023年人均效能均有不同幅度提升。

资料来源　证券时报·e公司. 保利发展面对地产周期：去库存保障销售领跑 以“品质”破题新发展模式［EB/OL］.［2024-04-22］. https: //finance.eastmoney.com/a/202404223054631777.html.引文有删减。

问题：企业大量持有存货的目的是什么？试分析公司应该如何加强存货管理。

研判提示：企业大量购进存货的目的一般是降低订货成本和保持生产的持续性，从而增强市场的适应性和竞争力。鉴于存货盘点的重要性和敏感性，存货异常容易受到市场关注。而存货项目因其品种繁多、流动性强、计价方式多样等特点，容易被操纵。加强存货管理，可以及时发现并清理呆滞品，提高资产使用效率。保利发展在存货管理方面发扬爱岗敬业精神，加强存货管理，提升了企业效益。

②购置成本

购置成本是指存货本身的价值，一般用数量与单价的乘积来确定。

订货成本与购置成本之和，便为存货的取得成本。取得成本的计算公式为：

$$TC_a=F_1+\frac{D}{Q}K+DU$$

式中：D为年需求量；U为单价；DU为购置成本。

（2）储存成本

储存成本是指为保持存货而发生的成本，包括存货占用资金应计的利息（即机会成本）、仓储成本、保险费用、存货破损和变质损失等，通常用TC_c表示。

储存成本可分为固定成本和变动成本。**固定成本**与存货数量的多少无关，如仓库折旧、仓库职工的工资等，常用F_2表示。**变动成本**与存货的数量有关，如存货资金的应计利息、存货的破损和贬值损失、存货的保险费用等，其单位变动成本可用K_c表示。储存成本的计算公式为：

$$TC_c=F_2+K_c\frac{Q}{2}$$

（3）缺货成本

缺货成本是指由于存货供应中断而造成的损失，包括材料供应中断造成的停工损失、产成品库存缺货造成的拖欠发货损失、丧失销售机会的损失等，常用TC_s表示。

如果以TC表示与存货相关的成本，则存货成本的计算公式为：

$$TC=TC_a+TC_c+TC_s=F_1+\frac{D}{Q}K+DU+F_2+K_c\frac{Q}{2}+TC_s$$

企业存货的最优化，就是使上式中的TC值最小。

学习微平台

延伸阅读7-4

同步案例7-4

戴尔的零库存

背景与情境：戴尔的竞争力在哪里？专家研究后发现，戴尔的竞争力主要体现在零库存方面。戴尔的库存时间比联想少18天，效率比联想高90%。当客户把订单传至戴尔信息中心时，戴尔的控制中心会将订单分解为子任务，并通过国际互联网和企业间的信息网将这些子任务分派给上游配件制造商。各制造商按电子订单进行配件生产组装，并按控制中心的时间表供货。戴尔只需在成品车间完成组装和系统测试，剩下的工作就是客户服务中心的事情了。一旦获得由世界各地发来的源源不断的订单，生产就会循环往复，形成规模。在得克萨斯州圆石镇，戴尔公司的托普弗制造中心的巨大厂房可以容纳5个足球场，而其零部件仓库却只有一个普通卧室大小。工人们根据订单，三五分钟就可以组装出一台新的台式PC。

戴尔的零库存是建立在对供应商库存的使用或者借用的基础上的。在厦门设厂的戴尔，自身并没有零部件仓库和成品仓库。零部件实行供应商管理库存（VMI），且库存量根据戴尔订单情况的变化而变化。每天的订单量不一样，要求供应商的送货量也不一样。为了方便给戴尔送货，供应商在戴尔工厂附近租赁仓库来存储配件，以保障及时完成送货。戴尔通过对供应商库存的充分利用来降低自己的库存，并把主要精力放在凝聚订单上。而戴尔的成品管理则完全是采取订单式，用户下单，戴尔组装送货。由于采取了以VMI、CRM等信息技术为基础的订单制度，戴尔在库存管理方面基本上实现了零库存。

资料来源 佚名．解析戴尔的“零库存”[EB/OL]．[2023-03-06]．https：//wenku.baidu.com/view/1e2e9cdabfeb19e8b8f67c1cfad6195f302be804.html.

问题：戴尔的零库存优势是如何形成的？

分析提示：戴尔的经营模式主要包括如下内容：精确预测客户需求；评选出最有专业性、经验及品质的供应商；保持畅通、高效的信息系统；最关键的是保持戴尔对供应商的强势影响力。通过上述方法，戴尔就能超越供给和需求不匹配的市场经济常态的限制，打造出自己的零库存优势。

7.4.2 存货经济批量模型

经济订货批量是指一定时期储存成本和订货成本之和最低时（不考虑缺货成本）的采购批量。

储存成本与采购批量的大小直接相关，这是因为储存成本的高低取决于存货的储存量，而储存量又是由每次的采购批量所决定的。在存货需求量一定的条件下，每次的采购批量越大，存货的平均储存量就越大，储存成本就越大；反之，储存成本就越小。订货成本与每次采购批量的大小无关，它与订货的次数相关，即订货成本会随着订货次数的增加而上升。

由此可以看出，企业减少储存成本的同时会引起订货成本的上升，这两种成本是互为消长的关系。存货控制的目的就是要找到能使这两种成本合计数最低的点，即经济订货批量。

1）经济订货批量的基本模型

（1）假设条件

经济订货批量是建立在一系列假设条件基础之上的，这些假设条件包括：①存货需求量稳定并且能预测确定；②存货的耗费或销售比较均衡；③不允许缺货，即无缺货成本，这是因为良好的存货管理本身就不应出现缺货成本；④存货单位采购成本不变，不考虑数量折扣；⑤企业现金充足，不会因现金短缺而影响进货；⑥市场供应充足，能及时补充存货，即需要订货时便可立即取得存货。

（2）基本模型

$$TC=TC_a+TC_c+TC_s=F_1+\frac{D}{Q}K+DU+F_2+K_c\frac{Q}{2}+TC_s$$

采用微分极值定理，可得出相关公式如下：

经济订货批量 $Q^*=\sqrt{\frac{2KD}{K_c}}$

每年最佳订货次数 $N^*=\sqrt{\frac{DK_c}{2K}}$

与批量有关的存货总成本 $TC^*=\sqrt{2KDK_c}$

最佳订货周期 $t^*=\frac{1}{\sqrt{\frac{DK_c}{2K}}}$

经济订货批量占用资金 $I^*=\sqrt{\frac{KD}{2K_c}}U$

同步计算 7-7

宏远公司全年需要耗用A材料10 800千克，该材料的单位采购价格为20元，每千克材料年储存平均成本为5元，平均每次订货成本为120元。计算经济订货批量模型下的订货批量、最佳订货次数与相关总成本。

解： 宏远公司的经济订货批量模型下的订货批量、最佳订货次数与相关总成本可通过如下步骤计算：

经济订货批量 $Q^*=\sqrt{\frac{2KD}{K_c}}=\sqrt{\frac{2\times120\times10\,800}{5}}$=720（千克）

最佳订货次数 $N^*=\sqrt{\frac{DK_c}{2K}}=\sqrt{\frac{10\,800\times5}{2\times120}}$=15（次）

相关总成本 $TC^*=\sqrt{2KDK_c}=\sqrt{2\times120\times10\,800\times5}$=3 600（元）

2）基本模型的改进

经济订货批量的基本模型是在前述各种假设条件下建立的，但在现实生活中，能够满足这些条件的情况罕见。为使模型更接近实际情况，且具有较高的可用性，我们需要对基本模型的条件进行放宽，同时改进模型。

（1）再订货点

再订货点是订购下一批存货时本批存货的储存量。它的大小取决于订货提前期的长短和平均每天正常用量的多少。再订货点的计算公式为：

再订货点=每天平均正常用量×订货提前期

式中：订货提前期是指从发出订货单到存货运抵企业验收入库所用的时间。

（2）保险储备

企业按照某一订货批量（如经济订购批量）和再订货点发出订单后，如果存货用量突然增大或到货延迟，就会发生缺货或供应中断。为了防止由此造成的损失，企业就需要在正常存货储备的基础上，多储备一些存货以备应急之用，即企业需要建立保险储备。

保险储备又称安全存量，是指为防止耗用突然增加或交货误期等意外情况而建立的储备。

保险储备量=（预计每天最大用量-平均每天正常用量）×订货提前期

若有保险储备，则再订货点将会提高，此时再订货点的计算公式为：

再订货点=平均每天正常用量×订货提前期+保险储备

同步思考7-3

再订货点的大小取决于订货提前期的长短和平均每天正常用量的多少，其计算公式为：

再订货点=每天平均正常用量×订货提前期

问题：再订货点是否影响企业每次的订货数量？

分析提示：再订货点不同于保险储备，它不影响企业每次的订货数量，只影响订货时间。

业务链接7-3

零存货与适时制生产

企业追求零存货是由于存货管理是价值不增值作业，但是零存货也给企业产品的生产带来了很大风险。因此，零存货的前提是企业必须有良好合作关系的供应商与客户，与此相关的就是适时制生产方法。适时制生产努力做到所生产的产品和数量恰是顾客所需求的。需求通过生产流程来决定产品，每一环节仅进行为满足下一环节需要的生产，只有当下一环节显示需要进行生产时才会有生产任务。同时，零部件和原材料也恰巧在有生产任务时送达。

适时制生产明显降低了企业的存货水平，提高了企业质量控制的重要性，并且从根本上改变了企业生产活动的组织和开展方式。适时制生产的重点在于通过缩减存货成本和处理其他的经济问题来使企业获得持续发展。从传统的生产向适时制生产的转变，使得企业可以把更多的精力放在提高产品质量和生产效率上，也使得企业可以对产品的成本做出更精确的估计，从而提高了企业的竞争能力。

同步计算7-8

承【同步计算7-7】，A材料的日均正常用量为30千克，订货提前期为15天，计算A材料的再订货点。

解： A材料的再订货点为：

A材料再订货点=30×15=450（千克）

通过计算可知，当A材料尚存450千克时，就应当再次订货，等到下批订货到达时，原有A材料刚好用完。

同步计算7-9

承【同步计算7-8】，预计A材料的每天最大用量为40千克，试确定A材料的保险储备及再订货点。

解： A材料的保险储备及再订货点可通过如下步骤计算：

A材料的保险储备为：

保险储备量=（40-30）×15=150（千克）

A材料的再订货点为：

再订货点=30×15+150=600（千克）

7.4.3 存货的日常管理

存货的日常管理是指企业在日常生产经营活动中，根据存货计划和生产经营活动的实际要求，对各种存货的使用和周转状况进行组织、调节和监督，从而将存货数量保持在一个合理的水平上。最常见的方法为存货ABC分类管理法。

存货ABC分类管理法（以下简称“ABC分类法”），是意大利经济学家巴雷特（Pareto）于19世纪首创的，经过不断发展和完善，现已广泛用于存货管理、成本管理和生产管理中。对于企业尤其是大型企业而言，有成千上万种存货项目，其数量、价值各不相同，甚至相差很远。如果不分主次、面面俱到，就抓不住重点，无法有效地控制主要存货资金。ABC分类法就是遵循“保证重点，照顾一般”的原则，采用科学的分析方法，把重点存货与一般存货加以划分，分别进行管理的一种有效的管理方法。

1）ABC分类法的分类标准

ABC分类法是按照一定的标准，将企业的存货划分为A、B、C三类，分别实行按品种重点管理、按类别一般控制和按总额灵活掌握的存货管理方法。其分类标准主要有两个：一是金额标准；二是品种数量标准。其中，金额标准是最基本的，品种数量标准仅作为参考。其具体做法是：

A类：金额巨大，但品种数量较少的存货（品种数量占总品种数量的10%左右，金额占总金额的70%左右）；

B类：介于A、C两类之间的存货（品种数量占总品种数量的20%左右，金额占总金额的20%左右）；

C类：金额微小，但品种数量众多的存货（品种数量占总品种数量的70%左右，金额占总金额的10%左右）。

2）ABC分类法的运用

把存货划分为A、B、C三大类，其目的是实现最经济、最有效的管理。ABC分类法的具体内容见表7-6。

表7-6　**存货ABC分类管理表**

管理项目	A类存货	B类存货	C类存货
控制方法	按品种严格控制	按类别控制	按总额控制
采购批量	按经济订购量控制	适当放宽	简单估算
盘点要求	实行永续盘存制	定期检查	实行实地盘存制
记录要求	序时记录	定期记录	定期汇总记录
保险储备	按品种确定	按类别确定	视情况而定

综上所述，ABC分类法的特点在于使企业分清主次，突出重点，照顾一般，提高存货资金管理的整体效果。

教学互动7-3

某公司年度需耗用乙材料36 000千克，该材料采购成本为200元/千克，年度储存成本为16元/千克，平均每次进货费用为20元。

要求：

①计算本年度乙材料的经济进货批量；

②计算本年度乙材料经济进货批量下的相关总成本；

③计算本年度乙材料经济讲货批量下的平均资金占用额；

④计算本年度乙材料最佳进货批次。

学习微平台

随堂测7-4

同步业务7-1

确定ABC公司最佳现金持有量

业务要求：

分析ABC公司的现金流量状况，确定ABC公司合理的现金持有量，以保持良好的流动性和降低机会成本。

业务分析：

——现金流量分析：通过审查ABC公司的现金流量表，发现公司每月的现金流入和流出存在波动，但总体上保持稳定。

——财务需求评估：评估公司的日常运营、债务偿还和投资需求，确定必要的现金储备。

操作程序：

①收集数据：收集ABC公司过去一年的现金流量数据。

②预测现金流量：基于历史数据和未来业务计划，预测未来一段时间内的现金流量。

③确定现金需求：分析公司的运营周期，确定最低现金需求，以覆盖短期内的运营成本和意外支出。

④考虑机会成本：评估持有现金的机会成本，即现金如果不持有而投资于其他资产可能获得的回报。

⑤应用现金管理模型：使用成本分析模式或存货来计算最佳现金持有量。

⑥制定现金管理策略：

——根据计算结果，确定ABC公司应持有的现金量。

——制定现金回收和支付政策，以优化现金流量。

⑦监控与调整：定期监控现金流量和现金持有量，根据实际情况调整策略。

深度剖析7-1

制定有效的信用政策

难点问题：

如何设置信用标准以吸引更多客户而不增加坏账？

如何平衡信用政策与公司的现金流需求？

解析与讨论：

分析信用政策对公司收入和风险的影响。

讨论不同信用政策对公司财务状况的潜在影响。

操作程序：

①市场调研：调研行业标准和竞争对手的信用政策，了解市场趋势。

②客户分析：分析现有客户的支付行为和信用历史。

③风险评估：使用统计方法或信用评分模型来评估潜在客户的信用风险。

④设定信用标准：确定信用期限、信用限额和信用条件，以及如何评估客户的信用等级。

⑤制定信用政策：根据风险评估和公司目标，制定具体的信用政策。

⑥实施与沟通：将信用政策传达给销售和财务部门，确保一致执行。

⑦监控与调整：

——定期监控应收账款、坏账损失和现金流状况。

——根据监控结果和市场变化，调整信用政策。

第8章 收益分配管理

学习目标

通过本章学习，应该达到以下目标：

理论目标： 学习与把握收益分配的原则与程序，股利分配方案的确定和股票股利、股票分割与股票回购等活动的相关分析等陈述性知识；能够利用所学理论知识指导“收益分配管理”的相关认知活动，正确解答《训练手册》第8章“客观题”和“主观题”的“理论题”各题型问题；体验本章“初级学习”中技术认知的横向正迁移，以及相关胜任力中“技术认知”要素的阶段性生成。

实务目标： 学习与把握收益分配的程序，股利分配方案的确定，股票分割、股票回购的操作和优劣势比较分析，“业务链接”等程序性知识；能以其建构“收益分配管理”中的规范与规则意识，正确解析本章“同步思考”“同步计算”“教学互动”和《训练手册》第8章中“客观题”和“主观题”的“实务题”各题型问题；体验本章技术规范与规则“初级学习”中的横向正迁移，以及相关胜任力中“技术规范与规则”要素的阶段性生成。

案例目标： 运用本章理论与实务知识研究相关案例，通过多元表征“同步案例”和《训练手册》第8章“客观题”与“主观题”的“案例题”，培养和提高在特定业务情境中分析问题和决策设计能力；能够结合本章教学内容，依照相关规范、要求或标准，对“课程思政8-1”至“课程思政8-3”，以及《训练手册》第8章“课程思政”中的企业行为进行思政研判，培养高尚的职业道德情操，树立社会主义核心价值观；体验本章“高级学习”中专业知识、通用知识与思政元素的协同性重组迁移，以及相关胜任力中“认知弹性”要素的阶段性生成。

实训目标： 以所学“收益分配管理”的理论与实务知识为前提，在正确解答《训练手册》第8章“客观题”与“主观题”之“实训题”各题型问题，并了解和把握本实训所及“能力与道德领域”相关“技术-技能”点的“规范与标准”基础上，参加“‘收益分配管理’胜任力”的实践训练。通过各项实训任务的完成，系列“技术-技能”操作的实施，以及《“收益分配管理”训练报告》的准备与撰写等有质量、有效率的活动，培养“收益分配管理”的专业能力，强化“信息处理”、“解决问题”和“革新创新”等职业核心能力（中级），并通过“认同级”践行“职业态度”和“职业守则”等行为规范，促进健全职业人格的塑造；体验本章“实践学习”中“专能”“通能”“职业道德”元素的协同性“重组-产生”迁移，以及相关胜任力中“求知韧性”和“复合性‘技术-技能’”要素的阶段性生成。

学习微平台

思维导图8-1

引例　招商积余2023年年度利润分配实施公告

背景与情境： 2024年6月25日，招商局积余产业运营服务股份有限公司（以下简称“公司”或“本公司”）2023年度股东大会审议通过了公司2023年年度利润分配方案。具体内容为：以2023年年末公司总股本1 060 346 060股为基数，向全体股东每10股派发现金红利1.70元（含税），不送红股，不以公积金转增股本，本次合计分配现金180 258 830.20元。本次利润分配方案实施时，如享有利润分配权的股份总额发生变动，则以实施分配方案时股权登记日的享有利润分配权的股份总额为基数，按照分配总额不变的原则对每股分红金额进行调整。

（1）股权登记日为：2024年8月20日；

（2）除权除息日为：2024年8月21日。

本次分派对象为：截至2024年8月20日下午深圳证券交易所收市后，在中国证券登记结算有限责任公司深圳分公司登记在册的公司全体股东。

资料来源　招商积余. 2023年年度利润分配实施公告［EB/OL］.［2024-08-14］. http://www.cninfo.com.cn/new/disclosure/detail? stockCode=001914&announcementId=1220861614&orgId=gssz0000043&announcementTime=2024-08-14.引文有删减。

从引例可见，公司的股利分配与公司的盈利有关且应遵循一定的顺序。公司在进行股利分配时，可以采用现金股利或股票股利等多种形式。此外，公司的股利分配与其后续的投资、筹资也有关系，因此，公司必须考虑到市场可能的反应。

8.1　收益分配概述

收益分配是对企业收益分配的主要活动及其形成的财务关系的组织与调节，是企业将一定时期内所创造的经营成果在企业内外部各利益相关者之间进行有效分配的过程。企业通过经营活动取得收入后，要按照补偿成本、缴纳所得税、提取公积金、向投资者分配利润的顺序进行收益分配。对于企业来说，收益分配不仅是资产保值和保证简单再生产的手段，同时也是资产增值和实现扩大再生产的工具。收益分配可以满足国家的政治职能与组织经济职能的需要，是处理所有者、经营者、职工等几方面物质利益关系的基本手段。

8.1.1　收益分配管理的意义

收益分配管理作为现代企业财务管理的重要内容之一，对于维护企业与各相关利益主体的财务关系、提升企业价值具有重要意义。具体而言，企业收益分配管理的意义主要表现在以下三个方面：

1）收益分配集中体现了企业所有者、经营者与职工之间的利益关系

企业所有者是企业权益资金的提供者。按照“谁投资，谁受益”的原则，企业所有者应得的投资收益必须通过企业的收益分配来实现，而其获得投资收益的多少则取决于企业盈利状况及利润分配政策。通过收益分配，企业所有者能实现预期的收益，提高企业的信誉程度，有利于提高企业未来融通资金的能力。企业的债权人在向企业投入资金的同时也承担了一定的风险，企业的收益分配应体现出对债权人利益的充分保护。除了应按时支付到期本金、利息外，企业在进行收益分配时也要考虑对债权人未偿付本金的保障程度。职工是企业价值的创造者，职工的劳动是企业收入和利润的源泉。薪资的支付以及各种福利的提供，可以提高职工的工作热情，使职工努力为企业创造更多的价值。

因此，为了正确处理企业各方利益相关者的需求，企业必须对收益进行合理分配。

学习微平台

同步链接8-1

学习微平台

延伸阅读8-1

2）收益分配是企业进行再生产的条件以及优化资本结构的重要措施

通过收益分配，企业能够形成一部分可以自行安排的资金，这些资金作为企业生产经营的财力保障，有利于企业扩大再生产。此外，留存收益是企业权益资金的重要来源之一，收益分配直接影响企业积累，从而影响权益与负债的比例，即企业的资本结构。企业价值最大化的目标要求企业的资本结构最优，因此，收益分配便成为企业优化资本结构、降低资本成本的重要措施。

3）收益分配是国家建设资金的重要来源之一

在企业正常的生产经营活动中，职工不仅为自己创造了价值，还为社会创造了一定的价值，即利润。利润代表企业的新创财富，是企业收入的重要组成部分。一方面，利润可以满足企业自身的生产经营需要；另一方面，通过收益分配，国家财政也能够集中一部分企业利润，由国家有计划地分配使用，从而实现国家的政治职能和经济职能，为社会经济的发展创造良好条件。

课程思政8-1

吉林高速利润分配方案变更

背景与情境：2024年4月18日晚，吉林高速宣布调整2023年度利润分配预案，拟每10股派发现金股利0.9元（含税），合计派发现金股利约1.7亿元。在此之前，吉林高速因大赚超5亿元却不分红而引发舆论关注，还收到上交所关于其利润分配方案的监管问询函。

吉林高速发布的2023年年报显示，其实现营收14.47亿元，同比下降0.82%；归属于上市公司股东的净利润5.46亿元，同比增长38.84%。一年狂赚超5亿元，吉林高速此前却在年报中表示，不进行现金分红、不实施送股和资本公积金转增股本。这种行为引发投资者关注，甚至开始怀疑是否账上有猫腻。

中新财经记者注意到，吉林高速已是资深“铁公鸡”。2019—2023年，公司年度实现归属于上市公司股东的净利润分别为1.89亿元、0.99亿元、3.18亿元、3.94亿元、5.46亿元。在连续5年盈利、连续3年盈利增长的情况下，公司现金分红比例却分别为0、0、10.18%、0、0。

对此，吉林高速称，留存未分配利润将用于公司日常运营、投资、偿还债务等。但截至2023年年末，吉林高速资产负债率为17.96%，连续多年下降；母公司期末未分配利润26.35亿元，连续多年增长；期末货币资金余额达15.13亿元。

4月18日晚，吉林高速除了披露分红预案，也发布了关于上交所问询函的回复公告。

回复公告称，公司货币资金15.13亿元中，母公司货币资金7.16亿元，需支付超短期融资券及利息4.1亿元，剩余3.06亿元需用于支付长平高速公路改扩建应付工程款和保证金及公司日常经营，现有货币资金以协定存款和七天通知等形式提高资金收益，不存在大额资金闲置的情况。另外，2024年，公司尚有贷款余额4亿元需要偿还，以及拟偿还各类应付账款1.2亿元。

资料来源 谢艺观. 吉林高速终于要分红了！其他“铁公鸡”也会认错吗？[EB/OL]. [2024-04-19]. https://finance.sina.com.cn/stock/relnews/cn/2024-04-19/doc-inasiumw9830607.shtml.

问题：如何研判吉林高速的“利润分配方案变更”行为？

研判提示：党的二十大报告提出：“增进民生福祉，提高人民生活品质”“完善按要素分配政策制度”“多渠道增加城乡居民财产性收入”。上市公司属于股东所有，股东作为公司最主要的资金供给者，承担着最大的风险，因此，上市公司有义务给予股东回报。吉林高速的被迫变更分配方案，没有遵循股东利益最大化或企业价值最大化的财务管理目标，既违背了党的二十大精神，也违背了对股东的诚实守信义务。

8.1.2 收益分配的原则

收益分配作为一项重要的财务活动，应当遵循以下原则：

1）依法分配原则

企业的收益分配必须依法进行。为了规范企业的收益分配行为，维护各利益相关者的合法权益，国家颁布了相关法律、法规。这些法律、法规规定了企业收益分配的基本要求、一般程序和重要比例，企业应当认真执行，不得违反。

2）分配与积累并重原则

企业的收益分配必须坚持积累与分配并重的原则。企业通过经营活动赚取利益，既要保证企业简单再生产的持续进行，又要不断积累企业扩大再生产需要的财力基础。恰当处理分配与积累之间的关系，留存一部分净收益以供未来分配之需，既能够增强企业抵抗风险的能力，也可以提高企业经营的稳定性与安全性。

3）兼顾各方利益原则

企业的收益分配必须兼顾各方面的利益。企业是经济社会的基本单元，企业的收益分配涉及国家、企业股东、债权人、职工等多方面的利益。正确处理它们之间的关系，协调其矛盾，对企业的生存和发展至关重要。企业在进行收益分配时，应当统筹兼顾，维护各利益相关者的合法权益。

4）投资与收益对等原则

企业进行收益分配，应当体现收益多少与投资比例相对等的原则，这是正确处理投资者利益关系的关键。企业在向投资者分配收益时，应本着平等一致的原则，按照投资者投资额的比例进行分配，不允许任何一方随意多分多占，从而在根本上实现收益分配中的公开、公平和公正，保护投资者的利益。

业务链接8-1

证监会发布《上市公司监管指引第3号——上市公司现金分红（2023年修订）》

关于上市公司分红的最新的法律规定主要体现在中国证监会发布的《上市公司监管指引第3号——上市公司现金分红（2023年修订）》中。该指引自2023年12月15日起施行，主要内容包括：

①鼓励现金分红导向，推动提高分红水平。对不分红的公司加强披露要求等制度约束，督促其分红。对财务投资较多但分红水平偏低的公司进行重点监管关注，督促其提高分红水平，专注主业。

②简化中期分红程序，推动进一步优化分红方式和节奏。鼓励公司在条件允许的情况下增加分红频次，并允许上市公司在召开年度股东大会审议年度利润分配方案时，在一定额度内审议批准下一年中期现金分红条件和上限。

③加强对异常高比例分红企业的约束，引导合理分红。上市公司在制定现金分红政策时，应综合考虑自身盈利水平、资金支出安排和债务偿还能力，兼顾投资者回报和公司发展。

④沪深证券交易所同步修改完善规范运作指引，明确操作性要求。

这些规定旨在进一步健全上市公司常态化分红机制，提高投资者回报水平，促进市场平稳健康发展。上市公司需要在章程中细化分红政策，明确现金分红的目标，同时制定分红约束条款，防范企业在利润不真实等情形下实施分红。

8.1.3 收益分配的程序

根据《公司法》的规定，公司进行利润分配涉及的项目包括盈余公积和股利两部分，公司税后利润分配的顺序是：

1）弥补亏损

公司法定公积金不足以弥补公司前期亏损的，应先用当期利润弥补亏损。弥补亏损后即可得出本年是累计盈利还是累计亏损。如为累计亏损，则公司不能进行后续的分配。

同步案例8-1

华夏公司利润分配程序

背景与情境：华夏公司在开始经营的前8年中，实现的税前利润（亏损以“-”号表示）见表8-1。

表8-1 华夏公司的税前利润 单位：万元

年份	1	2	3	4	5	6	7	8
利润	-100	-40	30	10	10	10	60	40

假设公司除弥补亏损以外，无其他纳税调整事项，该公司的所得税税率一直

为25%，华夏公司按规定实行连续5年税前利润弥补亏损的政策，税后利润（弥补亏损后余额）按10%计提法定盈余公积，公司不提取任意盈余公积。

问题：该公司第7年是否需要缴纳企业所得税？是否有利润用于提取法定盈余公积？该公司第8年是否有利润用于提取法定盈余公积？是否有利润可分配给股东？

分析提示：公司第1年亏损的100万元可以由第3年至第6年的利润弥补，但尚有40万元需要用以后年度的税后利润加以弥补。公司第7年的利润60万元应弥补第2年发生的亏损40万元，弥补亏损后剩余的利润20万元应缴纳所得税5万元，税后利润15万元还要弥补第1年尚未弥补完的亏损，故第7年公司应缴纳所得税，但不应提取法定盈余公积。公司第8年的利润40万元应首先缴纳所得税10万元，税后利润30万元弥补第1年尚未弥补完的亏损25万元后还剩余5万元，故第8年应提取法定盈余公积0.5万元，剩下的利润4.5万元可用于向股东分配股利。

2）提取法定盈余公积

经计算本年有盈利的，按抵减年初累计亏损后的本年净利润计提法定盈余公积。提取法定盈余公积的基数，不是累计盈利，也不一定是本年的税后利润。只有在没有年初累计亏损的情况下，才能按本年税后利润计算应提取法定盈余公积数。这样规定的目的是，公司不能用资本发放股利和提取法定盈余公积。法定盈余公积一般按照税后利润的10%提取，法定盈余公积达到注册资本的50%时，可不再提取。法定盈余公积可用于弥补亏损、扩大企业生产经营规模或转增资本，但企业用法定盈余公积转增资本后，法定盈余公积的余额不得低于公司注册资本的25%。

3）提取任意盈余公积

任意盈余公积按照公司章程或股东（大）会决议提取和使用，其目的是控制向投资者分配利润的水平以及调整各年利润的波动，公司通过提取任意盈余公积对投资者分红加以限制和调节。

4）向投资者分配利润或股利

净利润扣除上述项目后，再加上以前年度的未分配利润，即为可供普通股股东分配的利润。公司应按照同股同权、同股同利的原则，向普通股股东支付股利。

同步思考8-1

公司进行利润分配涉及的项目包括盈余公积和股利两部分。

问题：在利润分配的程序中，哪些程序会形成留存收益？哪些程序会导致现金从公司流出？

分析提示：必然会形成留存收益的程序有弥补亏损、提取法定盈余公积和提取任意盈余公积。这些程序属于利润分配，但不会导致现金从公司流出，因此会形成留存收益。向投资者分配利润或股利时，是否会形成留存收益，则取决于利润分配的方式。如果采取股票股利分配的方式，则公司会形成留存收益，没有现金从企业流出；如果采取现金股利分配的方式，则公司向投资者支付股利时，现金会从公司流出。

根据《公司法》的规定，股东（大）会或者董事会违反相关规定，在公司弥补亏损和提取法定盈余公积之前向股东分配利润的，股东必须将违反规定分配的利润退还给公司。

教学互动8-1

晨辉股份有限公司某年度有关资料如下：

（1）公司本年年初未分配利润贷方余额为181.92万元，本年息税前利润为800万元，适用的所得税税率为25%。

（2）公司流通在外的普通股为60万股，发行时每股面值1元，每股溢价收入9元，公司负债总额为200万元，均为非流动负债，平均年利率为10%，假定公司筹资费用忽略不计。

（3）公司股东大会决定本年度按10%的比例计提法定盈余公积，按10%的比例计提任意盈余公积，本年按可供投资者分配利润的16%向普通股股东发放现金股利，预计现金股利以后每年增长6%。

要求：计算以下财务指标：

（1）该公司本年度净利润。

（2）该公司本年应计提的盈余公积。

（3）该公司本年年末可供投资者分配的利润。

（4）该公司每股支付的现金股利。

学习微平台

随堂测8-1

8.2 股利政策

股利政策不仅会影响股东的财富，而且会影响公司在资本市场上的形象和股票的价格，更会影响公司的短期利益和长期利益。因此，合理的股利政策对公司及股东来讲是非常重要的。

8.2.1 股利政策的类型

1）剩余股利政策

剩余股利政策是指公司进行生产经营所获得的净利润应首先满足公司的资金需求，如果还有剩余，则分配股利；如果没有剩余，则不分配股利。在实际应用中，很多公司都有自己的最佳资本结构，公司的股利政策不应当破坏最佳资本结构。因此，根据这一政策，公司应按如下步骤确定其股利分配额：（1）根据公司的投资计划确定公司的最佳资本预算；（2）根据公司的目标资本结构及最佳资本预算预计公司资金需求中所需要的权益资本数额；（3）尽可能用留存收益来满足资金需求中所需要增加的股东权益数额；（4）留存收益在满足公司股东权益增加的需求后，如果有剩余再用来发放股利。

剩余股利政策的优点：留存收益优先保证再投资的需要，从而有助于降低再投资的资金成本，保持最佳的资本结构，实现公司价值的长期最大化。

剩余股利政策的缺点：如果公司完全遵照剩余股利政策分配股利，股利的发放额就会每年随投资机会和盈利水平的波动而波动。即使在盈利水平不变的情况下，股利发放额也将与投资机会呈反方向变动：投资机会越多，股利的发放额越少；反之，投资机会越少，股利的发放额越多。而在投资机会不变的情况下，股利发放额将因公司每年盈利的波动而同方向波动。因此，剩余股利政策不利于投资者安排收入与支出，也不利于公司树立良好的形象，一般适用于初创阶段的公司。

同步思考8-2

剩余股利政策是指公司生产经营所获得的净利润应首先满足公司的资金需求，如果还有剩余，则分配股利；如果没有剩余，则不分配股利。

问题：什么样的公司采取剩余股利政策会支付较高的现金股利?

分析提示：如果公司处于稳定发展的成熟阶段，即一方面公司税后利润较多，另一方面公司投资项目及其资金需求相对稳定，这样的公司采取剩余股利政策会支付较高的现金股利。

同步计算8-1

假设某公司2024年税后净利润为2 000万元，2025年的投资计划需要资金2 200万元，公司的目标资本结构为权益资本占60%，债务资本占40%。计算该公司2025年可以发放的现金股利额。

解：该公司2025年可以发放的现金股利可通过如下步骤计算：

按照目标资本结构的要求，该公司投资方案需要的权益资本额为：

2 200×60%=1 320（万元）

公司当年全部可用于分配的盈利为2 000万元，除了可以满足上述投资方案所需的权益资本外，还有剩余资金可以用于股利分配。该公司2025年可以发放的现金股利额为：

2 000−1 320=680（万元）

2）固定或稳定增长的股利政策

固定或稳定增长的股利政策是指公司将每年派发的股利额固定在某一特定水平，或是在此基础上维持某一固定比率逐年稳定增长。公司只有在确信未来的盈利增长不会发生逆转时，才会宣布实施固定或稳定增长的股利政策。在固定或稳定增长的股利政策下，公司首先应确定的是股利分配额，而且该分配额一般不会随资金需求的波动而波动。

近年来，为了避免通货膨胀对股东权益的影响，最终达到吸引投资者的目的，很多公司开始实行固定或稳定增长的股利政策。

固定或稳定增长的股利政策的优点：（1）传递给股票市场和投资者一个公司

经营状况稳定、管理层对未来充满信心的信号，有利于树立公司的良好形象，增强投资者对公司的信心，进而有利于稳定公司的股价。(2) 有利于吸引那些打算进行长期投资的股东。这部分股东希望投资的获利能够成为其稳定的收入来源，以便安排各种经常性的消费和其他支出。

固定或稳定增长的股利政策的缺点：(1) 这种政策下的股利分配只升不降，股利支付与公司盈利相脱离，即无论盈利多少，公司均应按固定的乃至稳定增长的比例派发股利。(2) 公司在发展过程中，难免会出现经营状况不好的时期，如果这时仍执行固定或稳定增长的股利政策，那么派发的股利金额将大于公司实现的盈利，从而侵蚀公司的留存收益，给公司的财务运作带来很大的压力，并最终影响公司正常的生产经营活动。

同步计算8-2

假设某公司执行固定或稳定增长的股利政策，2024年，该公司税后净利润为2 000万元，现金股利分配额为500万元，固定股利增长率为10%，则2025年该公司分配股利额为多少？

解： 2025年该公司分配股利额计算如下：

2025年公司分配股利额=500×（1+10%）=550（万元）

3）固定股利支付率政策

固定股利支付率政策是指公司将每年净收益的某一固定百分比作为股利分派给股东，这一百分比通常称为股利支付率，股利支付率一经确定，一般不得随意变更。固定股利支付率越高，公司的留存收益越少。在这一股利政策下，只要公司的税后利润一经计算确定，所派发的股利也就相应确定了。

固定股利支付率政策的优点：(1) 使股利与公司盈余紧密结合，体现了“多盈多分、少盈少分、无盈不分”的股利分配原则。(2) 由于公司的获利能力在年度间是经常变动的，因此，每年的股利也应当随着公司收益的变动而变动，并保持分配与留存收益间一定的比例关系。固定股利支付率政策，要求公司每年按固定的比例从税后利润中支付现金股利，从公司支付能力的角度来看，这是一种稳定的股利政策。

固定股利支付率政策的缺点：(1) 传递的信息容易成为公司的不利因素。因为波动的股利向市场传递的信息是公司未来收益前景不明确等，很容易给投资者留下公司经营状况不稳定、投资风险较大的不良印象。(2) 容易使公司面临较大的财务压力。如果公司现金流量状况不好，却还要按固定比例支付股利的话，就很容易给公司造成较大的财务压力。(3) 缺乏财务弹性。(4) 合适的固定股利支付率的确定难度大。

同步计算8-3

某公司长期以来采用固定股利支付率政策进行股利分配，确定的股利支付率为40%。2024年，该公司的税后利润为1 000万元。如果公司继续执行固定股利支付率政策，计算该公司本年度将要支付的股利。

解：该公司本年度将要支付的股利计算如下：

该公司本年度将要支付的股利=1 000×40%=400（万元）

4）低正常股利加额外股利政策

低正常股利加额外股利政策是指公司事先设定一个较低的正常股利额，每年除了按正常的股利额向股东发放现金股利外，还在公司盈利情况较好、资金较为充裕的年度向股东发放高于每年度正常股利的额外股利。

低正常股利加额外股利政策的优点：（1）赋予公司一定的灵活性，使公司在股利发放上留有余地并具有较大的财务弹性。同时，公司每年可以根据自身的具体情况，选择不同的股利发放水平，以完善公司的资本结构，进而实现公司的财务目标。（2）有助于稳定公司股价，增强投资者信心。

低正常股利加额外股利政策的缺点：（1）由于每年公司的盈利波动使得额外股利不断变化，或时有时无，从而造成公司分派的股利不同，容易让投资者产生公司收益不稳定的感觉。（2）公司在较长时期持续发放额外股利，可能会被股东误认为是"正常股利"。一旦公司取消了这部分额外股利，传递出去的信号可能会使股东认为这是公司财务状况恶化的表现，进而可能会引起公司股价下跌的不良后果。

课程思政 8-2

过度分红再受关注"掏空式"套现是否可取？

背景与情境：新"国九条"的出台强化了对上市公司现金分红的监管，引发了市场对2023年年报分红情况的特别关注。在这一背景下，除了长期不分红或少分红的公司外，"过度分红"的现象也引起了市场的警觉。

所谓过度分红，主要指的是上市公司的分红方案与公司的盈利情况不匹配。2023年年报分红预案显示，有32家上市公司的现金分红比例超过100%。然而，需要注意的是，并非所有分完当年利润的公司都属于过度分红，未分配利润、货币资金和现金流也是判断是否过度分红的重要参考指标。一些公司尽管当期净利润同比减少，但如果货币资金和现金流充足，且公司愿意进行高比例现金分红，那么它们仍具备高分红的条件。

根据越剑智能的年报，公司在2023年实现归母净利润4 843.55万元，同比减少89.24%，尽管业绩下滑，但公司仍计划现金分红4 620万元，加上中期分红的5 544万元，全年累计分红将达1.01亿元，是当期净利润的2倍有余。乍一看，公司的分红与盈利情况不匹配，但数据显示，截至2023年年末，越剑智能的未分配利润和货币资金分别为10.02亿元、14.16亿元，资金能力足以覆盖其分红计划。

然而，也有一些公司的分红行为引起了市场的质疑。例如，北元集团在业绩大幅下滑的情况下，仍然进行了大额分红。2023年，公司面对需求收缩、供给冲击、预期转弱三重压力，致使营业收入同比下滑12.89%，归母净利润同比下滑74.25%，而公司在年中和年末2次分红合计15.88亿元，占其归母净利润的

426.47%。

此外，惠而浦的分红方案也引发市场热议。4月29日晚，惠而浦发布2023年年度报告，公司实现营业收入40.04亿元，同比下降6.10%；归属于母公司股东的净利润8 113.27万元，同比增长190.36%，然而，公司的总分红却高达6.04亿元，分红率高达744.69%。明显可见，这种“掏空式”分红与其当前的经营状况显然出现了不小的偏差。

这种高比例分红的做法在市场和投资者中引起了一定的关注和讨论，特别是在公司业绩波动和增速放缓的背景下，高额分红是否符合公司的长期发展和股东利益还有待商榷。

资料来源　证券之星. 过度分红再受关注 “掏空式”套现是否可取？[EB/OL]. [2024-05-06]. https: //cj.sina.com.cn/articles/view/1850649324/6e4eaaec02001em88? finpagefr=p_104. 引文有删减。

问题：如何研判上市公司的高分红现象？

研判提示：党的二十大报告提出：“完善按要素分配政策制度，探索多种渠道增加中低收入群众要素收入，多渠道增加城乡居民财产性收入。”从上述公司的分配方案中可以看出，中小股东虽然分红比较高，但投资成本更高，因此，高分红实际上还是低回报。我国上市公司的高分红往往不是出于对中小股东利益的考虑，而是站在大股东利益的角度上进行考虑的，这显然与党的二十大精神不符。上市公司是全体股东的公司，其分红应该从全体股东的利益出发，这样才不违背对全体股东的诚实守信义务，促进公司的和谐发展。

8.2.2　股利分配方案的确定

股利分配方案的确定涉及选择股利政策、确定股利支付水平、确定股利支付形式等环节。财务管理人员应在明确收益分配基本政策的前提下，结合企业的实际情况，制订股利分配方案。

1）股利支付形式

根据股份有限公司对股东支付股利形式的不同，股利可分为不同的种类。其中，常见的支付形式有以下四类：

学习微平台

延伸阅读8-2

（1）现金股利

现金股利是以现金形式支付的股利，是股利支付的最常见的方式。发放现金股利将同时减少公司资产负债表上的留存收益和现金，所以公司选择支付现金股利时，除了要有足够的留存收益外，还要有足够的现金。

同步案例8-2

中国铁物2023年度利润分配实施公告

背景与情境：在2024年6月6日召开的2023年度股东大会中，中国铁路物资股份有限公司（以下简称“本公司”“公司”）2023年度权益分派方案已获审议通过，现将权益分派事宜公告如下：

一、股东大会审议通过的2023年度利润分配方案等情况

1.公司2023年度利润分配方案为：以截至2023年12月31日的总股本6 050 353 641股为基数，向全体股东每10股派发现金红利人民币0.10元（含税），不送红股，不以资本公积金转增股本。

……

三、股权登记日与除权除息日

本次权益分派股权登记日为：2024年8月1日，除权除息日为：2024年8月2日。

四、权益分派对象

本次权益分派对象为：截至2024年8月1日深圳证券交易所收市后，在中国证券登记结算有限责任公司深圳分公司登记在册的本公司全体股东。

资料来源 中国铁物. 2023年度利润分配实施公告［EB/OL］.［2024-07-27］. http://www.cninfo.com.cn/new/disclosure/detail? stockCode=000927&announcementId=1220739874&orgId=gssz0000927&announcementTime=2024-07-27.引文有删减。

问题：该公司本次股利分配采取了什么支付形式？如果某个股东在2024年8月1日收市前购入并持有1 000股中国铁物，则他可获得多少现金股利？如果该股东在2024年8月2日购入1 000股中国铁物，则他可获得多少现金股利？

分析提示：该公司本次股利支付形式采取的是现金股利。某股东在2024年8月1日收市前购入1 000股中国铁物股份，则他可获得100元现金股利（税前）；如果在2024年8月2日购入，则他不能获得现金股利。

（2）财产股利

财产股利是以现金以外的其他资产支付的股利，主要是以公司所拥有的其他公司的有价证券，如公司债券、公司股票等，作为股利发放给股东。

（3）负债股利

负债股利是以负债方式支付的股利，通常以应付票据的方式支付给股东，有时也以发行公司债券的方式支付给股东。

财产股利和负债股利实际上都是现金股利的替代方式，但目前这两种股利支付方式在我国公司实务中极少使用。

（4）股票股利

股票股利是公司以增发股票的方式所支付的股利，在我国实务中，通常将其称为“红股”。股票股利对于公司来说，并没有现金流出公司，也不会导致公司的资产减少，而只是将公司的留存收益转化为股本。股票股利会增加流通在外的股票数量，降低股票的每股价值；不会改变公司股东的权益总额，但会改变股东权益的构成。

业务链接8-2

什么是含权股、含息股、填权和贴权

上市公司在宣布董事会、股东大会的分红和配股方案后，尚未正式进行分红

和配股工作，股票完成除权、除息前就称为“含权”“含息”股票。股票在除权后交易，交易市价高于除权价，取得分红或配股者得到市场差价而获利，就称为“填权”。交易市价低于除权价，取得分红或配股者没有得到市场差价，造成浮亏，则称为“贴权”。

除权价、除息价均由交易所在除权日当天公布。

2）股利发放的日程安排

公司在选择了股利政策及确定了股利支付水平和方式后，就应当进行股利发放。公司股利的发放必须遵循相关的要求，按照日程安排来进行。一般情况下，股利的发放需要按照下列日程来进行：

（1）预案公布日

上市公司分派股利时，首先要由董事会制订分红预案，包括本次分红的数量、分红的方式，以及股东大会召开的时间、地点和表决方式等。分红预案由公司董事会向社会公开发布。

（2）宣布日

董事会制订的分红预案必须经过股东大会的讨论。只有讨论通过之后，公司才能公布正式分红方案及其实施的时间。

（3）股权登记日

股权登记日是由公司在宣布分红方案时确定的一个具体日期。凡是在此日期收盘之前取得公司股票且成为公司在册股东的投资者，都可以作为股东享受公司分派的股利。在此日期之后取得股票的股东则无权享受已宣布的股利。

（4）除息日

在除息日，股票的所有权和领取股息的权利分离，股利权利不再从属于股票，所以在这一天购入公司股票的投资者不能享有已宣布发放的股利。另外，由于失去了“附息”的权利，除息日的股价会下跌，下跌的幅度约等于分派的股息。

同步计算8-4

某上市公司于2024年4月10日公布了2023年度的分红方案，其发布的公告如下：

2024年4月9日在北京召开股东大会，通过了2024年4月2日董事会关于每股分派0.2元的2021年股息分配方案。股权登记日为4月25日，除息日为4月26日，股东可以在5月10日至5月25日之间通过深圳证券交易所按交易方式领取股息。特此公告。

那么，该公司的股利分配日期如图8-1所示。

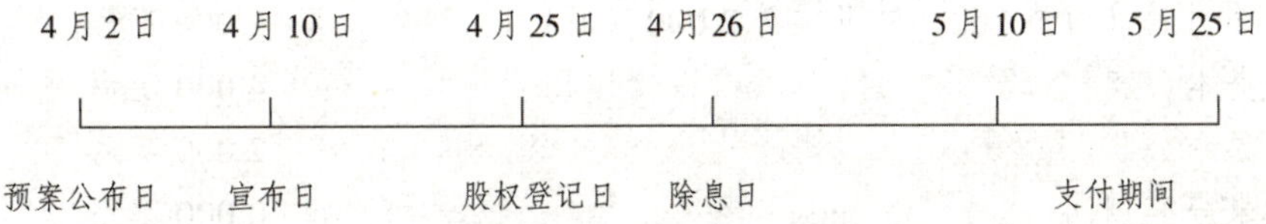

图8-1 股利分配日期

教学互动8-2

某公司成立于2014年1月1日，2024年度实现的净利润为1 000万元，分配现金股利550万元，提取盈余公积450万元（所提盈余公积均已指定用途）。该公司2024年实现的净利润为900万元（不考虑计提法定盈余公积的因素）。公司计划在2025年增加投资，所需资金为700万元。假定该公司目标资本结构为自有资金占60%，借入资金占40%。

要求：

①在保持目标资本结构的前提下，计算该公司2025年投资方案所需的自有资金额和需要从外部借入的资金额。

②在保持目标资本结构的前提下，如果该公司执行剩余股利支付政策，计算其2024年度应分配的现金股利。

③在不考虑目标资本结构的前提下，如果该公司执行固定股利支付政策，计算其2024年度应分配的现金股利，以及可用于2025年投资的留存收益和需要额外筹集的资金。

④在不考虑目标资本结构的前提下，如果该公司执行固定股利支付政策，计算该公司的股利支付率。

⑤假定该公司在2025年面临从外部筹资的困难，只能从内部筹资，不考虑目标资本结构，计算在此情况下其2024年度应分配的现金股利。

学习微平台

随堂测8-2

8.3 股票股利、股票分割与股票回购

8.3.1 股票股利与股票分割

1）股票股利

股票股利是公司以发放的股票作为股利的支付方式。股票股利具体又分两种：一种是以红利送股，即红股；另一种是以法定盈余公积送股。

股票股利不会直接增加股东的财富，不会导致公司资产的流出或负债的增加，同时也不会增加公司的财产，但是会引起所有者权益各项目的结构发生变化。

同步计算8-5

某上市公司在2024年发放股票股利前，其资产负债表上股东权益部分的情况如下：

股东权益：	
普通股（面值1元，流通在外2 000万股）	2 000万元
资本公积	4 000万元
盈余公积	2 000万元
未分配利润	3 000万元
股东权益合计	11 000万元

假设该公司宣布发放30%的股票股利，现有股东每持股票10股，即可获赠3股普通股。分析计算股票股利对公司及股东权益的影响。

解： 股票股利对公司及股东权益的影响可通过如下步骤分析：

该公司发放的股票股利为600万股，随着股票股利的发放，未分配利润中有600万元的资金要转移到普通股的股本账户中去，因而普通股股本由原来的2 000万元增加到2 600万元，而未分配利润的余额由3 000万元减少至2 400万元，但该公司的股东权益总额并未发生改变，仍是11 000万元，股票股利发放之后的资产负债表上股东权益部分如下：

股东权益：	
普通股（面值1元，流通在外2 600万股）	2 600万元
资本公积	4 000万元
盈余公积	2 000万元
未分配利润	2 400万元
股东权益合计	11 000万元

假设一位股东在派发股利之前持有公司的普通股3 000股，那么，他拥有的股份比例为：

股份比例=3 000÷20 000 000×100%=0.015%

派发股利之后，他拥有的股票数量和股份比例为：

股票数量=3 000+900=3 900（股）

股份比例=3 900÷26 000 000×100%=0.015%

通过上例可以说明，由于公司的净资产不变，因而股票股利派发前后每位股东的持股比例也不发生变化，那么他们各自持股所代表的净资产也不会发生变化。

（1）股票股利对股价的影响

在上市公司分红时，我国股票投资者普遍偏好送红股。对于股东来说，采取送红股的形式分配利润将优于不分配利润。这种方式不会增减股票的“含金量”，但送红股却有可能提高股票投资者的经济效益。其根据如下：

① 上市公司发放股票股利时，股东不必承担纳税义务。

② 在股票供不应求阶段，送红股增加了股东的股票数量，在市场炒作的情况下有利于股价的上涨，从而有助于提高股民的价差收入。

③ 送红股以后，股票的数量增加了，同时由于除权降低了股票的价格，也就降低了购买这种股票的门槛，从而使股票的供求关系发生改变。

（2）股票股利对股东的意义

股票股利尽管不会直接增加股东的财富，也不会增加企业的价值，但对股东和企业都有特殊的意义。

① 获得股票价值相对上升的利益。公司发放股票股利后，其股价一般并不成比例下降。也就是说，公司在发放少量股票股利（如2%~3%）后，一般不会引起股价的立即变化。这可使股东得到股票价值相对上升的好处，即填权好处，

否则就会发生贴权。

② 预示着公司将会有较大发展。发放股票股利通常是成长中的公司所为，因此，投资者往往认为发放股票股利预示着公司将会有较大发展，利润将大幅度增长，足以抵消增发股票带来的消极影响，这种心理会稳定住股价甚至会促使股价上升。

③ 股票股利使得股东可以从中获得纳税上的好处。股东在需要现金时，可以将分得的股票股利出售。有些国家的税法规定，出售股票所需缴纳的税率比收到现金股利所需缴纳的税率低，这使得股东可以从中获得纳税上的好处。

发放股票股利后，由于增加了股份数，因此每股净资产会下降。与此同时，如果股票市场价格下跌的幅度大于每股净资产下降的幅度，则会给股东造成实质性的损失，这也是股票股利对股东而言最大的缺点。

（3）股票股利对公司的意义

① 股票股利有利于控制现金流出。发放股票股利一方面可以使股东享受公司盈余的好处，另一方面可以使公司留存大量现金，便于公司进行再投资，有利于公司的长远发展。

② 发放股票股利可以降低每股市场价格。在公司盈余和现金股利不变的情况下，该股票会吸引更多的投资者。

③ 发放股票股利往往会向投资者传递公司将会继续发展的信息，从而提高投资者对公司的信心，在一定程度上稳定股票价格。

但是，公司采用股票股利支付形式，有可能被认为是公司现金周转不灵的征兆。特别是当公司财务报表所反映的投资收益率低于投资者的预期或投资项目运转不良时更是这样，从而影响公司的财务形象和再筹资能力，降低投资者对公司的信心，导致公司股价下跌。

2）股票分割

（1）股票分割的概念

股票分割又称拆股，是指股份公司用某一特定数额的新股，按一定比例交换一定数额的流通在外的股份的行为。例如，用原来的1股股票交换5股股票。

股票分割不属于某种股利方式，但其所产生的效果与发放股票股利近似，因而在此一并介绍。

从会计的角度看，股票分割对公司的资本结构、资产的账面价值、股东权益的各账户（普通股、资本公积、留存收益）等都不产生影响，只是使公司发行在外的股票总数增加，每股股票代表的账面价值降低。因此，股票分割与发放股票股利的作用非常相似，都是在不增加股东权益的情况下增加股票的数量。所不同的是，股票分割导致股票数量的增加量可以远大于发放股票股利，而且在会计处理上也有所不同。从实务上看，由于股票分割与股票股利非常接近，所以一般要根据证券管理部门的具体规定对两者加以区分。有的国家证券交易机构规定，发放25%以上的股票股利即属于股票分割。

（2）股票分割的意义

① 股票分割可以降低公司股票价格。由于股票分割是在不增加股东权益的情况下增加流通中的股票数量，分割后每股股票所代表的股东权益的价值将降低，每股股票的市场价格也将相应降低。当股票的市场价格过高时，股票交易会因每手交易所需的资金量太大而受到影响，特别是许多小户、散户，因资金实力有限而难以入市交易，进而使得这类股票的流通性降低，股东人数减少。因此，许多公司在其股价过高时，都采用股票分割的方法降低股票的交易价格，以提高公司股票的流通性，从而使公司的股东更为广泛。

② 股票分割可以传递公司远期良好信号。一般而言，股票分割往往是成长中的公司所为，因此，公司进行股票分割的行为往往被视为一种利好消息而影响其股票价格。这样，公司股东就能从股份数量和股票价格中获得相对收益。

③ 股票分割可以增加股东的现金股利。股票分割在某些情况下也会增加股东的现金股利。尽管股票分割后各股东持有的股份数增加，但持股比例不变，持有股票的总价值也不变。不过，只要股票分割后每股现金股利的下降幅度小于股票分割幅度，股东仍能多获现金股利。例如，假定某企业股票分割前每股现金股利为3元，某股东持有100股，可分得现金股利300元。企业按1换2的比例进行股票分割后，该股东股数变为200股。若现金股利降为每股1.8元，则该股东可得现金股利360元，仍大于其股票分割前所得的现金股利。

④ 股票分割有助于公司购并的实施。公司在购并另一家公司之前，首先将自己的股票分割，这样可以提高对被购并方股东的吸引力。

⑤ 股票分割可以为新股发行做准备。公司在新股发行之前利用股票分割降低股价，有利于提高股票的可转让性并促进市场的交易活动，以此增加投资者对股票的兴趣，使新发行股票畅销。

尽管股票分割与发放股票股利都能达到降低公司股价的目的，但一般来讲，只有在股价猛涨且预期难以下降的时候，公司才采用股票分割的办法降低股价。而在股价上涨幅度不大时，公司往往通过发放股票股利的方式将股价维持在理想的范围之内。

同步思考8-3

股票分割不属于某种股利发放方式，但其所产生的效果与发放股票股利近似。有的国家证券交易机构规定，发放25%以上的股票股利即属于股票分割。

问题：股票分割与股票股利有何异同?

理解要点：两者的异同主要体现在以下方面：（1）从股票分割和股票股利对公司的影响来看，两者的共同之处在于公司股东权益总额均不变。不同之处在于，股票股利将使公司的股本总额扩大，留存收益减少，每股面值不变；股票分割不影响公司的股本总额和留存收益，仅使每股面值变小。（2）从股票分割和股票股利对市场的影响来看，两者的共同之处在于，股票股利和股票分割都给投资者传递了较为积极的信息。两者的不同之处在于，股票分割必定能够促使股票市价下降；股票股利则不一定能够促使股票市价下降。

同步计算8-6

某上市公司2024年资产负债表上股东权益部分的情况如下：

股东权益：	
普通股（面值10元，流通在外1 000万股）	10 000万元
资本公积	20 000万元
盈余公积	4 000万元
未分配利润	5 000万元
股东权益合计	39 000万元

假设该公司按照1∶5的比例进行股票分割。股票分割后，股东权益有何变化？每股的净资产是多少？

解： 股票分割后股东权益的变化情况可通过如下步骤计算：

股东权益：	
普通股（面值2元，流通在外5 000万股）	10 000万元
资本公积	20 000万元
盈余公积	4 000万元
未分配利润	5 000万元
股东权益合计	39 000万元

每股净资产=39 000÷（1 000×5）=7.8（元/股）

8.3.2 股票回购

1）股票回购的概念

股票回购是指上市公司从股票市场上购回本公司发行在外的一定数额的股票的行为。公司在股票回购完成后，可以将所回购的股票注销，但在绝大多数情况下，公司将回购的股份作为“库藏股”保留，仍属于发行在外的股份，但不参与每股收益的计算和收益分配。库藏股日后可移作他用，如雇员福利计划、发行可转换债券等，或在需要资金时将其出售。

业务链接8-3

国外股票回购

股票回购最早产生于美国，起源于公司规避政府对现金红利的限制。1973—1974年，美国政府对公司支付的现金红利施加了限制条款，许多公司转而采用股票回购方式向股东分配收益。

在相对成熟的美国证券市场上，股票回购的方式主要有以下几种：(1) 公开市场回购。公开市场回购即公司在公开交易市场上回购股票。其缺点是公司在公开市场购买股票时会推高股价，从而增加公司的回购成本。另外，交易税和交易佣金也是不可忽视的成本。(2) 要约回购。要约回购即公司以事先确定的价格向市场要约回购股票。为了吸引卖者，要约价格的制定一般会略高于市价。(3) 协议回购。当公司欲从一个或几个主要股东手中回购股票时，一般会采用协议回购的方式，但这种方式需要制定合理的回购价格。

2）股票回购的意义

（1）稳定公司股价

过低的股价，无疑将对公司经营造成严重的影响，使人们对公司的信心下降，使消费者对公司的产品产生怀疑，削弱公司出售产品、开拓市场的能力。在这种情况下，公司回购本公司股票以支撑公司股价，有利于改善公司形象。股价在上升的过程中，投资者又重新关注公司的运营情况，消费者对公司产品的信任增加，公司也有了进一步配股融资的可能。因此，公司在股价过低时回购股票，是维护公司形象的有效途径。在西方国家，股份回购也是政府稳定股市的重要手段之一。

（2）帮助股东从股票回购中获得少纳税或推迟纳税的好处

在美国，现金股利要按普通收入所得税税率纳税，而资本利得会以较低的优惠税率纳税。股东从股票回购中得到的现金，只有在回购价格超出股东的购买价格时才纳税，并且是按照较低的优惠税率缴纳。股票回购使股东能够以较低的资本利得税取代现金股利必须缴纳的较高的个人所得税。由于个人资本利得税低于个人所得税，且可延期支付，因此加大了公司以股票回购来代替现金股利支付的动力。我国上市公司的股利个人所得税税率为20%（按持股时间长短有税收优惠），而针对股票转让所得的个人所得税则还未征收，公司在卖出股票换取现金时，付出成交额一定比例的佣金、过户费和印花税即可。因此，股票回购方式对股东有很大好处。

（3）分配公司超额现金

如果公司的现金超过其投资机会的需要量，或没有较好的投资机会可以使用该笔现金，最好的办法是分配股利。但出于股东避税、控股等多种因素的考虑，公司很可能通过股票回购而非现金股利的方式进行股利分配。这是因为股票回购会引起公司股票每股收益和每股市价的上升。假定市盈率不变，则股东所持有的股份的总价值将会随之增加，从而起到了分配超额现金的作用。

（4）作为反收购措施

在国外，股票回购经常是一种重要的反收购措施，此举有助于公司管理者避开竞争对手企图收购的威胁。首先，股票回购导致股价上升和公司流通在外的股票数量减少，从而使收购方难以获得控制公司的法定股份比例；其次，股票回购后，公司流通在外的股份少了，可以防止浮动股票落入竞争公司手中；最后，在反收购战中，目标公司通常在股价已上升后实施股票回购，此举使得目标公司的流动资金减少，财务状况恶化，削弱了公司成为收购目标的吸引力。

学习微平台

延伸阅读8-3

（5）改善资本结构，追求财务杠杆利益

当公司的权益资本在整个公司的资本结构中所占比例过高、资产负债率过低时，公司就有可能利用留存收益或通过对外举债的方式回购公司发行在外的普通股。实践证明，这是一种迅速提高资产负债率的好方法。

同步案例8-3

实施稳定股价方案 宁新新材拟竞价回购股票

背景与情境：北交所石墨行业龙头宁新新材2024年6月7日晚间发布稳定股价方案和竞价回购股份方案，为维护上市后股价的稳定，保护投资者的利益，公司制订了稳定股价方案。

具体来说，公司拟竞价回购股票，回购价格不超过10.19元/股，拟回购股份数量不超过93.0934万股，不少于50万股。根据本次拟回购数量及拟回购价格上限测算，预计回购资金总额最高为948.62万元，资金来源为自有资金。

宁新新材产品以模压特种石墨为主，市场份额位于行业前列，下游主要应用于锂电、光伏、稀土、人造金刚石等多个行业。公司目前在研项目包括半导体行业用高纯石墨粉的研究、热压烧结石墨复合材料工艺研究、光伏热场用等静压石墨研究、石墨颗粒定向工艺研究、高强度C/C复合材料制备工艺研究等。公司经过10多年的行业深耕和持续研发创新，掌握了主营业务领域的核心技术工艺，具备较强的研发创新能力。目前，公司产品出口美国、德国、意大利、俄罗斯、泰国、土耳其等20多个国家，产品质量深受客户好评，客户资源稳定，出口额呈上升趋势。

资料来源　黄浦江. 实施稳定股价方案 宁新新材拟竞价回购股票［EB/OL］.［2024-06-11］. http://news.10jqka.com.cn/20240611/c658691711.shtml.引文有删减。

问题：上市公司的股份回购对公司资产、负债及股东权益产生了怎样的直接影响？

分析提示：公司进行股份回购意味着公司需要支付现金，以从股东手中买回公司股票。这不会对公司负债总额产生影响，但会减少公司资产（回购用的现金从企业流出），同时减少股东权益，因此，股份回购会导致资产负债率上升。但一般而言，上市公司进行股份回购往往意味着其认为自家股票价格被低估，通过回购股票，可以增加每股对应的权益和价值，同时向市场传达对公司的信心，以此推动股价上涨。

3）股票回购的负面效应

股票回购是一把“双刃剑”，我们在正确认识股票回购的积极意义的同时，也必须对股票回购可能带来的负效应保持清醒的头脑。

（1）财务风险效应

一般来说，股票回购由于减少了总股本，因此在预期利润不变的情况下，可以增加每股利润，从而使股价上升。但具体到某一公司，如果公司利用债务资金回购股票，会使资产负债率提高，债务负担增加，财务风险加大。尤其是当公司总资产报酬率小于借款利率时，公司净资产收益率会低于总资产报酬率。随着资产负债率的提高，公司净资产收益率将会加速降低，公司将为此承担巨大的财务风险。所以，在一般情况下，上市公司不应仅仅为了追求财务杠杆效应而进行股票回购，这一点对于高资产负债率的公司来说，应该特别注意。

（2）支付风险效应

由于股票回购需要大量的现金支出，因此不可避免地会对上市公司产生很大的支付压力。例如，如果用于股票回购的现金支出高于其可供分配利润和经营活动产生的现金净流量，即使公司的流动比率和速动比率较高，具有良好的支付能力，但一次性支付巨额资金用于股票回购，仍将不可避免地给公司的正常运营带来一定的影响，使公司面临严峻的支付风险。

（3）容易导致内幕交易与股价操纵

公司可能利用股票回购操纵股价，误导投资者，从而导致证券市场的管理混乱，损害股东的利益。

总之，虽然从各种法规上来看，股票回购不一定可行，但是从理论上讲，它确实是股份公司可以采用的一种支付股利、调整资本结构、筹集资金、兼并和掌握控制权的有效方法。

课程思政 8-3

永泰能源回购与股东增持“双管齐下”。

背景与情境：永泰能源12日晚间公告，公司核心管理人员将通过二级市场以集中竞价方式第七次增持公司股票，预计本次增持公司股票总数量在1 300万股至1 500万股之间。本次增持计划不设价格区间。记者以投资者身份致电永泰能源，询问增持、股价下跌相关事宜。相关人士回应，昨天公司股价跌得比较厉害，所以第七次增持是为了维护股价，也是为了给市场一个信心，目前管理层对公司还是比较有信心的。至于昨日股价下跌的原因，前述人士表示，公司控股股东以及部分大股东的股权基本都没有变动，估计是很多中小股东在抛售股票。公司后续会继续加大股票回购的力度。昨日，该公司股价大跌6.35%。

资料来源 21财经．核心管理人员第七次增持 永泰能源回应：维护股价 将继续加大回购力度［EB/OL］．［2024-08-13］．https：//finance.eastmoney.com/a/202408133154723351.html.引文有删减。

问题：我国上市公司股份回购的目的是什么？

研判提示：股份回购是作为现金股利的替代方式回报投资者的一种手段，也是公司缩减规模、调整资本结构的一种手段。股份回购应该以股东财富最大化或企业价值最大化为目标。真正有效的回购分红方式是回购并注销，能够提高投资人的每股收益，减少股份流通量并最终让长期投资者获益。同时大股东增持也提升了全体股东对公司未来的信心，这样做有利于全体股东的利益。永泰能源发扬创新精神，采取回购与增持双管齐下的策略，提升了公司股票价格，为股东和企业创造了更高的价值，实现了财富增值，有益于企业的和谐发展。这与党的二十大精神相符。

教学互动8-3

某公司在年终利润分配前的股东权益项目资料如下：

股本——普通股（每股面值2元，200万股）	400万元
资本公积金	160万元
未分配利润	840万元
所有者权益合计	1 400万元
公司股票的每股现行市价	35元

要求：

学习微平台

随堂测8-3

（1）计划按每10股送1股的方案发放股票股利，并按发放股票股利后的股数派发每股现金股利0.2元，股票股利的金额按现行市价计算。计算完成这一分配方案后的股东权益各项目的金额。

（2）若按1股换2股的比例进行股票分割，计算股票分割后的普通股股数和股东权益各项目的金额。

同步业务8-1

为DEF公司制定合理的股利政策

业务要求：

分析DEF公司的财务状况。

制定DEF公司的股利政策，以平衡股东回报和公司成长。

业务分析：

盈利能力分析：DEF公司近年来盈利稳定增长，净利润率保持在行业平均水平之上。

现金流分析：公司现金流状况良好，但预计未来几年将有较大的资本支出计划。

操作程序：

①收集数据：收集DEF公司过去几年的财务报表，包括利润表、现金流量表和资产负债表。

②盈利预测：基于历史数据和未来市场预测，预测公司未来的盈利能力。

③资本需求评估：评估公司未来的投资计划和资本支出需求。

④股利支付率分析：分析公司历史上的股利支付率和同行业其他公司的支付率。

⑤制定股利政策：

——考虑公司的盈利能力、现金流状况和资本需求，制定股利政策。

——例如，DEF公司决定采用剩余股利政策，即首先满足资本支出需求，然后将剩余利润用于支付股利。

⑥股东沟通：将股利政策与股东沟通，确保他们的期望得到妥善处理。

⑦监控与调整：定期监控公司的财务状况和市场环境，必要时调整股利政策。

深度剖析8-1

股票回购的财务影响与决策

难点问题：

如何确定股票回购的数量和价格？

如何评估股票回购对公司财务状况的影响？

解析与讨论：

讨论了股票回购的动机及其对公司价值的影响。

分析了股票回购可能带来的财务后果。

操作程序：

① 评估动机：确定公司进行股票回购的动机，如提升每股收益（EPS）、优化资本结构等。

② 财务分析：分析公司的现金流状况、债务水平和股价水平，以确定回购的可行性。

③ 确定回购规模：基于财务分析，确定回购股票的数量和比例。

④ 选择回购方式：决定采用固定价格回购还是公开市场回购等。

⑤ 评估成本：计算股票回购的总成本，包括回购价格和交易费用。

⑥ 制订回购计划：制订具体的回购时间表和执行计划。

⑦ 实施回购：根据计划执行股票回购操作。

⑧ 监控与评估：

——监控回购对股价、市值和财务指标的影响。

——评估回购是否达到了预期的财务目标。

第9章 财务预算

学习目标

通过本章学习，应该达到以下目标：

理论目标： 学习与把握财务预算的含义，预算体系的构成，业务预算、财务预算和现金预算编制方法的相关分析等陈述性知识；能够利用所学理论知识指导“财务预算”的相关认知活动，正确解答《训练手册》第9章“客观题”和“主观题”的“理论题”各题型问题；体验本章“初级学习”中技术认知的横向正迁移，以及相关胜任力中“技术认知”要素的阶段性生成。

实务目标： 学习与把握各种预算编制方法、业务预算、财务预算的编制，以及“业务链接”等程序性知识；能以其建构“财务预算”中的规范与规则意识，正确解析本章“同步思考”“教学互动”，以及《训练手册》第9章中“客观题”和“主观题”的“实务题”各题型问题；体验本章技术规范与规则“初级学习”中的横向正迁移，以及相关胜任力中“技术规范与规则”要素的阶段性生成。

案例目标： 运用本章理论与实务知识研究相关案例，通过多元表征“同步案例”和《训练手册》第9章“客观题”与“主观题”的“案例题”，培养和提高在特定业务情境中分析问题和决策设计能力；能够结合本章教学内容，依照相关规范、要求或标准，对“课程思政9-1”至“课程思政9-3”，以及《训练手册》第9章“课程思政”中的企业行为进行思政研判，培养高尚的职业道德情操，树立社会主义核心价值观；体验本章“高级学习”中专业知识、通用知识与思政元素的协同性重组迁移，以及相关胜任力中“认知弹性”要素的阶段性生成。

实训目标： 以所学“财务预算”的理论与实务知识为前提，在正确解答《训练手册》第9章“客观题”与“主观题”之“实训题”各题型问题，并了解和把握本实训所及“能力与道德领域”相关“技术-技能”点的“规范与标准”基础上，参加“‘财务预算编制’胜任力”的实践训练。通过各项实训任务的完成，系列“技术-技能”操作的实施，以及《“财务预算编制”训练报告》的准备与撰写等有质量、有效率的活动，培养“财务预算编制”的专业能力，强化“与人合作”、“解决问题”和“革新创新”等职业核心能力（中级），并通过“认同级”践行“职业观念”和“职业守则”等行为规范，促进健全职业人格的塑造；体验本章“实践学习”中“专能”“通能”“职业道德”元素的协同性“重组-产生”迁移，以及相关胜任力中“求知韧性”和“复合性‘技术-技能’”要素的阶段性生成。

学习微平台

思维导图9-1

引例 泰禾智能2024年度财务预算报告

背景与情境：根据公司2024年生产经营发展计划确定的经营目标，编制公司2024年度财务预算，具体方案如下：

（1）预算编制所依据的假设条件。本预算报告是公司本着求实稳健原则，结合市场和业务拓展计划，在充分考虑以下假设前提下，依据2024年度公司经营指标编制：

①公司所遵循的国家和地方的现行有关法律、法规和制度无重大变化；

②公司主要经营所在地及业务涉及地区的社会经济环境无重大变化；

③公司所处行业形势及市场行情无重大变化；

④公司所处市场环境、主要产品和原材料的市场价格和供求关系不发生重大变化；

⑤无其他不可抗拒力及不可预见因素造成的重大不利影响。

（2）2024年度预算编制说明。主营业务收入按照公司生产能力、销售目标、市场预测编制，产品销售价格和主要原材料采购价格按照市场价格测定编制，各主要材料消耗指标以公司2023年实际水平并结合公司考核指标要求测定编制。销售费用、管理费用结合公司2023年实际水平考虑到人工费用、差旅费用、折旧摊销、股权激励摊销费用等变化测定编制，财务费用结合公司经营计划、汇率预测测定编制。

（3）主要财务预算指标：

①营业收入：58 077.57万元，同比增长14.01%；

②利润总额：4 432.97万元，同比增长284.60%；

③归属于母公司股东的净利润：4 018.31万元，同比增长255.63%。

（4）特别提示。上述财务预算为公司2024年度经营计划的内部管理控制指标，并不代表公司管理层对2024年度的盈利预测，能否实现取决于市场状况变化等多种因素，存在很大的不确定性，请投资者特别注意。

资料来源 泰禾智能．泰禾智能2024年度财务预算报告［EB/OL］．［2024-04-26］．http: //www. cninfo. com. cn/new/disclosure/detail? orgId=9900030419&announcementId=1219823407&announcementTime=2024-04-26.引文有删减。

从引例可见，企业通过编制财务预算规划自身的经营活动，可以避免决策的盲目性，提高企业的管理水平。财务预算体系具体包括销售预算、产量预算、采购预算、成本预算、各项费用预算、现金预算和总预算等。预算的编制使企业明确了各部门的奋斗目标和经营责任，为企业进行业绩考评提供了有效的依据。

9.1 财务预算概述

财务预算是一系列专门反映企业未来一定预算期内预计财务状况和经营成果，以及现金收支等价值指标的各种预算的总称，包括现金预算、预计利润表、预计资产负债表等内容。

编制财务预算是企业财务管理的一项重要工作，它具有以下作用：

1）明确目标

企业的总目标可以通过财务目标得到体现，而财务预算则是具体化的财务目标。通过财务预算的编制，企业总目标被分解落实为各部门的具体目标，并且被分门别类、有层次地表达为企业在销售、生产、成本和费用、收入和利润等方面量化的具体目标。编制财务预算有助于企业内部各部门和职工了解本部门或本人的经济活动与企业目标之间的关系，有助于明确各部门及人员在业务量、收入和成本等方面应达到的水平和努力的方向。

2）协调各部门的工作

各部门因职责不同，往往会出现互相冲突的现象。例如，销售部门提出一个庞大的销售计划，但是生产部门却没有相应的生产能力。企业通过编制财务预算，围绕企业的财务目标，可以综合平衡与协调各部门的冲突，统筹兼顾，全面安排，以确定对企业整体最优的方案，从而把企业经营过程中的各环节、各方面的工作严密地组织起来，使各部门的工作协调一致。

3）有利于控制与考核

财务预算是企业控制经营活动的依据和衡量经济活动合理性的标准。当预算确定并进入实施阶段以后，企业应设法控制经营活动使其按预算进行。当实际状态和预算存在较大差异时，企业应查明原因并采取措施调整和改善其经营活动。实际偏离预算的差异不仅是企业控制经营活动的依据，也是企业评定各预算执行单位工作业绩的重要标准。将实际数与预算数对比进行考核，比将本期实际数与以往实际数的对比考核更有现实意义。

4）合理配置资源

学习微平台

延伸阅读9-1

企业的资源都是有限的，应该予以有效运用。通过编制财务预算，企业可以将资源优先分配给获利能力强的部门、项目及产品，从而使企业的资源配置更加合理。

9.1.1 预算分类与预算体系

1）预算分类

按照不同的分类标准，企业预算可以分为不同的种类。

（1）根据预算内容不同分类

企业预算可以分为业务预算（即经营预算）、专门决策预算、财务预算。业务预算是指与企业日常经营活动直接相关的经营业务的各种预算。专门决策预算是指企业不经常发生的、一次性的重要决策预算。财务预算是指反映企业在计划期内有关预计现金收支、财务状况和经营成果的预算。

财务预算作为全面预算体系的最后环节，是从价值方面总括地反映企业的业务预算与专门决策预算的结果，因此也被称为总预算；其他预算则相应地被称为辅助预算或分预算。

（2）根据预算指标覆盖时间长短不同分类

企业预算可以分为长期预算和短期预算。预算期在1年以内（含1年）的预算称为**短期预算**；预算期在1年以上的预算称为**长期预算**。

课程思政9-1

河北地质大学召开2024年度预算执行动员会

背景与情境：2024年2月27日下午，学校在学术报告厅组织召开了“2024年度预算执行动员会”，冯鸿雁副校长出席会议，各二级单位负责人、重点项目负责人参加会议，财务处处长杨武岐主持会议。

会上，杨武岐处长介绍了学校2024年度预算安排及预算执行进度要求，国有资产管理处处长伦关臣讲解了2024年采购预算执行工作安排及采购过程中的注意事项。

冯鸿雁副校长就2024年度预算执行提出指导意见，要求各单位提早谋划全年工作安排和资金使用计划，加快预算执行进度；着力加强预算收入的执行，做到应收尽收，拓展办学来源；加快预算支出的执行，完成资金支出进度要求，切实发挥资金作用；规范财务预算管理，完善财务信息系统建设，提高财务管理水平；进一步提升绩效意识，加强绩效评价，提高资金使用效率。

资料来源　佚名．学校召开2024年度预算执行动员会［EB/OL］．［2024-02-27］．https：//cwc.hgu.edu.cn/info/1680/3462.htm.引文有删减。

问题：试研判开办预算工作动员会的重要意义。

研判提示：河北地质大学通过召开2024年度预算工作动员会，提高了员工的全局观念、系统观念、预算管理意识与水平，通过编制预算来规范学校行为。这既符合党的二十大精神，也体现了爱岗敬业的精神。

2）预算体系

“凡事预则立，不预则废”，企业应该对自身在一定期间内的生产经营活动有一个总体规划。全面预算是对企业总体规划的数量说明，图9-1描述了简化的全面预算体系。预算之间的主要联系如下：企业以经营目标为基础，确定本年度的销售预算，并结合企业财力确定资本支出预算等专门决策预算；根据“以销定产”的原则，以销售预算为年度预算的编制起点，进一步确定生产预算，然后延伸到直接材料、直接人工和制造费用等预算；各种业务预算和专门决策预算为企业的现金预算提供了依据。预计利润表和预计资产负债表在最后编制，是对前面各种业务预算、专门决策预算以及现金预算的综合。

由此可知，财务预算是企业全面预算体系中的最后环节，它可以从价值方面总括地反映企业的专门决策预算与业务预算的结果，因此，财务预算在企业的全面预算体系中占有重要的地位。

财务预算以财务预测的结果为依据，受财务预测质量的制约。同时，财务预算必须服从决策目标的要求。它是决策目标的具体化、系统化和定量化，能够明确规定企业生产经营人员各自的职责及相应的奋斗目标。而且，财务预算是企业财务控制的先导，其量化指标可作为企业日常控制与业绩考核的依据，成为企业奖勤罚懒、评估优劣的准绳。

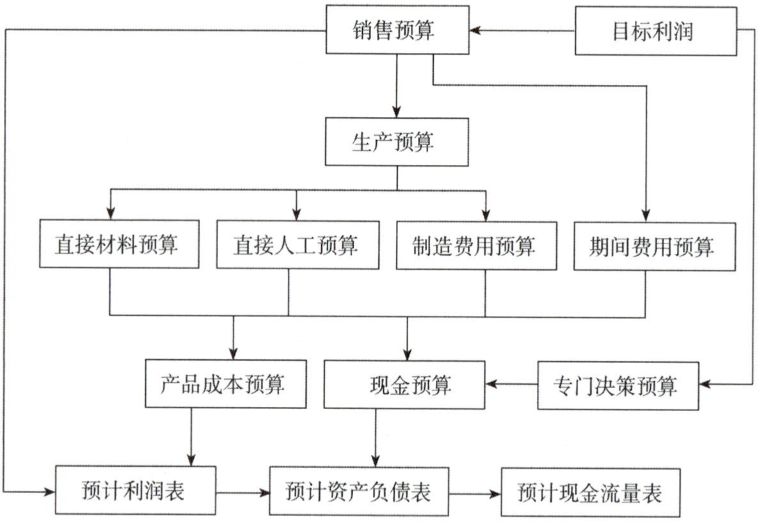

图9-1　全面预算体系图

业务链接9-1

预算管理的局限性

实施预算制度虽可为企业解决不少问题，但企业管理层必须清楚，预算并非万能，务必注意预算的局限性。

①预算并非精确的科学。预算是对企业未来各种未知条件加以估计、汇总的数字计划，因此不可能完全精确。企业在遇到特殊情况时，对预算加以变更、调整是不可避免的。企业管理层不可完全拘泥于预算，墨守不合时宜的目标和方法。

②预算不能代替管理。预算金额控制并不能代替企业日常经营管理的决策地位，它只是给企业提供一份较详细的数字资料，以辅助决策。经费是否支出，以及支出多少金额，都应根据决策时的实际需要而定，不要因为预算的限制而影响公司的整体目标。

③预算的编制需花费时间。预算的编制及实施并非一朝一夕能够完成，企业管理层必须注意预算管理中的成本效益原则。

9.1.2　财务预算的编制程序

财务预算的编制，一般应按照“上下结合、分级编制、逐级汇总”的程序进行，具体分为以下步骤：

1）下达目标

董事会根据企业的发展战略和对预算期经济形势的初步预测，在决策的基础上提出下一年度企业财务预算的目标，包括销售目标、成本费用目标、利润目标和现金流量目标，并确定财务预算编制的方法，由预算管理层将其下达至各部门。

2）编制上报

各部门按照预算管理层下达的财务预算目标，结合自身特点以及预测的执行条件，提出详细的本部门财务预算方案上报企业财务管理部门。

3）审查平衡

企业财务管理部门对各部门上报的财务预算方案进行审查、汇总，提出综合平衡的建议。在审查、平衡过程中，预算管理层应当进行充分协调，对发现的问题提出初步调整意见，并反馈给各有关部门予以修正。

4）审议批准

企业财务管理部门在对各部门预算方案进行修正调整的基础上，编制出企业财务预算方案，并报预算管理层讨论。对于不符合企业发展战略或者财务预算目标的事项，企业预算管理层应当责成有关部门进一步修订、调整。在讨论、调整的基础上，企业财务管理部门正式编制企业年度财务预算草案，提交董事会审议批准。

学习微平台

延伸阅读 9-2

5）下达执行

企业财务管理部门将董事会审议批准的年度总预算分解成一系列的指标体系，由财务预算管理层逐级下达各部门执行。

同步思考 9-1

从本质上说，预算属于计划范畴，与财务计划有相似之处，但不等于财务计划。

问题： 分析预算与财务计划在内容上的主要区别。

理解要点： 预算是企业全方位的计划，而财务计划只是其中的一部分。预算存在于企业生产经营活动的始终，包括销售预算、生产预算、财务预算等，其中销售预算与生产预算是前提和基础，没有销售预算就没有生产预算，进而也就不可能产生财务预算。

学习微平台

随堂测 9-1

9.2 财务预算的编制方法

财务预算的编制方法多种多样，主要包括固定预算方法和弹性预算方法、增量预算方法和零基预算方法、定期预算方法和滚动预算方法。

9.2.1 固定预算与弹性预算

固定预算是指根据预算内正常的、可实现的某一业务量水平编制的预算，一般适用于固定费用或者数额比较稳定的预算项目。由于固定预算在编制过程中所依据的产销业务量水平是某一固定的且事先预定的业务量，一旦这一产销业务量水平与实际水平相去甚远，必然导致企业有关成本费用及利润的实际水平与预算水平因业务量基础不同而失去可比性，不利于企业进行控制与考核。

弹性预算是企业为克服固定预算的缺点而设计的，它是指按照预算期内可预见的多种业务量水平而编制的、能够适应不同业务量情况的预算。弹性预算是在按照成本（费用）分类的基础上，根据量、本、利之间的依存关系编制的预算，一般适用于与预算执行单位业务量有关的成本（费用）、利润等预算项目。弹性预算编制的依据不是一个固定的业务量，而是一个可预见的业务量范围。因此，企业能规定不同业务量条件下的预算收支。弹性预算适用面广、机动性强、具有弹性，但工作量也大。

编制弹性预算的基本方法：企业在可预见的业务量范围内，按照一定业务量间隔，根据收入、成本（费用）、利润与业务量之间的内在关系，分析确定企业的预算额。业务量的间隔不能过大，也不能过小，通常在5%~10%为宜。编制弹性预算的关键在于把握收入、成本、费用的特征，即它们与业务量之间的依存关系。收入和变动成本随业务量呈正比例变动，其单位额乘以预算业务量即可得到预算额。不同业务量下的预算额是不一样的。如果固定成本在相关范围内保持不变，则可以从总额的角度进行预算，不同业务量下的预算额是保持不变的。

同步案例9-1

C公司弹性利润预算

背景与情境：C公司只生产一种产品，产品单价为20元，单位变动成本为12元，其中变动生产成本为9元，变动销售费用为2元，变动管理费用为1元；固定成本为50 000元，其中固定制造费用为30 000元，固定销售及管理费用为20 000元。公司目前的固定成本与变动成本的相关范围在0~20 000件。

问题：根据以上资料，为C公司编制销售量分别为10 000件、11 000件和12 000件时的弹性利润预算。

分析提示：根据资料和弹性预算编制原理，C公司的弹性利润预算见表9-1。

表9-1　**C公司的弹性利润预算**　金额单位：元

项目	单位预算	弹性预算		
销售数量（件）		10 000	11 000	12 000
销售收入	20	200 000	220 000	240 000
变动成本	12	120 000	132 000	144 000
变动生产成本	9	90 000	99 000	108 000
变动销售费用	2	20 000	22 000	24 000
变动管理费用	1	10 000	11 000	12 000
贡献毛益	8	80 000	88 000	96 000
固定成本		50 000	50 000	50 000
固定制造费用		30 000	30 000	30 000
固定销售及管理费用		20 000	20 000	20 000
营业利润		30 000	38 000	46 000

9.2.2 增量预算与零基预算

增量预算是以基期成本费用水平为基础，结合预算期业务量水平以及有关降低成本的措施，通过调整部分原有成本费用项目而编制的预算。增量预算以过去的经验为基础，实际上是承认过去所发生的一切都是合理的，主张不需要在预算内容上做较大改进，而是沿袭以前的预算项目。按这种方法编制的预算，往往不加分析地保留或接受原有的成本项目，可能使原来不合理的费用开支继续存在下去，从而造成浪费，并且容易鼓励预算编制人员凭主观臆断按成本项目平均削减预算或只增不减，不利于调动各部门降低费用的积极性。

零基预算是企业为克服增量预算的缺点而设计的，它是指对预算收支以零为基点，对预算期内各项支出的必要性和合理性、各项收入的可行性，以及预算数额的大小，逐项审议决策，从而确定收支水平的预算。零基预算一般适用于不经常发生的或者预算编制基础变化较大的预算项目，如对外投资。这种方法最初是由美国德州仪器公司的彼得·派尔在20世纪60年代末提出来的，现已作为管理间接费用的一种有效方法而被西方国家广泛采用。

零基预算以企业的战略目标为出发点，确定必需的费用开支项目，有利于企业长远目标的实现。同时，这种方法也可以充分发挥各级管理人员的积极性、主动性和创造性，促进各预算部门精打细算，合理有效地进行资源分配，将有限的资金用在刀刃上。但是，零基预算一切从零出发，在编制费用预算时需要完成大量的基础工作，编制时间也较长。为简化预算编制的工作量，预算编制人员每隔几年才按此方法编制一次预算。

9.2.3 定期预算与滚动预算

定期预算是指以某个特定的会计年度作为预算期而编制的预算。这种预算由于受预算期间的限制，导致企业管理者的决策视野仅局限于本期规划的经营活动，通常不考虑下期的经营活动，从而形成了人为的预算间断。因此，这种预算不能适应企业连续不断的生产经营过程，不利于企业的长远发展。此外，这种预算无法随情况的变化及时调整，当预算中所规划的各种经营活动在预算期内发生重大变化时，预算就会滞后过时，从而成为虚假预算。

滚动预算是企业为克服定期预算的缺点而设计的，是指随时间的推移和市场条件的变化而自行延伸并进行同步调整的预算，一般适用于季度预算的编制。滚动预算在编制时，将预算期与会计年度脱离开来，随着预算的执行而不断延伸并补充，逐期向后滚动，使预算期始终保持一个固定的区间，如图9-2所示。

滚动预算不受日历年度的限制，能够连续不断地规划企业未来的经营活动，不会造成预算的人为间断。它可以使企业管理人员始终了解企业未来连续12个月甚至更长远的总体规划与近期预算目标，能够确保企业管理工作的完整性与稳定性。同时，滚动预算能够根据前期预算的执行情况，结合各种因素的变动影响，及时调整和修订近期预算，从而使预算更加切合实际，能够充分发挥预算的指导和控制作用。企业采用滚动预算的方法编制预算会加大预算的工作量。

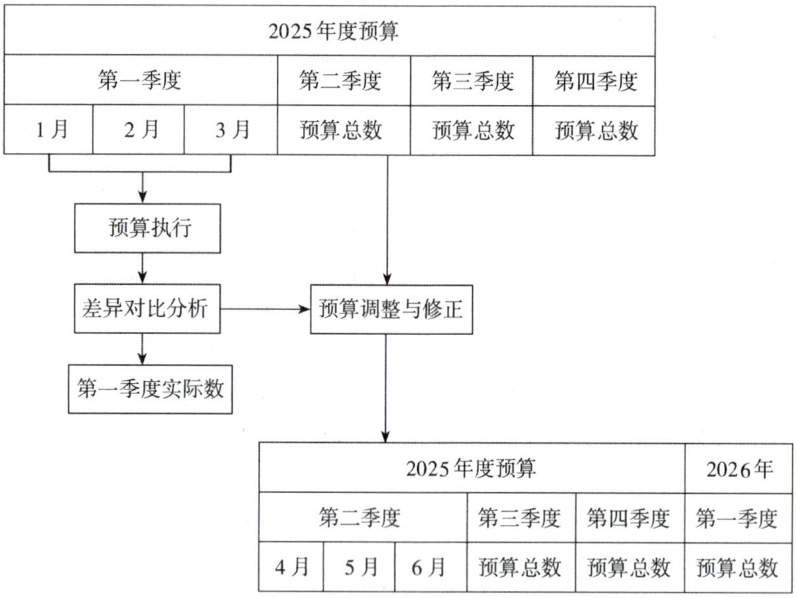

图9-2 滚动预算示意图

课程思政9-2

如何解决部分上市公司预算管理存在的问题

背景与情境：随着我国资本市场的不断发展完善，上市公司经营管理水平的不断提高，很多上市公司已经认识到预算对于企业的重要性并开始付诸实践，但实践效果大相径庭。宝钢股份、新兴铸管等上市公司通过创建符合自身特点的预算管理体系并贯彻落实，取得了较好的效果；有的上市公司却出现了诸如预算与实际执行情况差异过大、预算与战略及奖惩制度脱节等问题，使预算形同虚设。

2005年，中国资本市场由于股权分置改革的全面展开吸引了众多关注和期待，而置身其中的上市公司更是成为投资者瞩目的焦点，上市公司若不能解决其预算管理中存在的问题，必将影响其持续、健康发展。

目前上市公司预算管理存在的问题主要有：

第一，不少上市公司对预算管理的认识有限并缺乏更深层次的理解，致使其未能建立起完善、系统的预算管理制度，未能从组织安排、时间进度、预算目标及奖惩机制等方面形成明确的规章制度，而仅仅在年度终了前以召开临时会议的方式来布置预算工作任务，提出一些简单的要求。

第二，只强调财会部门的预算管理工作，忽视预算管理组织机构的完善。预算组织机构是预算管理体系的“骨架”和起点，但很多上市公司未能建立层次分明的预算组织体系，预算的编制和调整工作都落在财会部门，各职能部门并未真正参与到预算的编制、控制等体系中来，致使预算管理缺乏权威性和前瞻性，难以发挥财务预算的控制作用。

第三，预算精确性差。这主要是由于部分上市公司在预算管理过程中只重视短期活动，忽视长期发展目标，致使各期编制的财务预算衔接性差，预算指标与企业长期发展战略不相适应。此外，不同于西方发达国家企业预算目标的单一化，即“股东财富最大化”，我国上市公司尤其是国有控股上市公司的预算目标长期呈多元化态势，不仅包括收入规模、净利润、保值增值率，甚至包括一些非经济指标，这样势必造成预算目标混乱，使预算失去方向。

第四，预算宽松现象广泛存在。不同于西方国家以企业预算目标作为资源配置的主要依据，我国上市公司制定的预算目标往往与资源配置不匹配，造成的结果就是预算目标偏于保守，内部各单位大都留有余地，使预算目标失去意义。

第五，只重视静态管理，忽视动态管理。在预算编制方法的选择上，多数企业仍采用传统的固定预算、定期预算等编制方法，期末将运行结果直接与预算指标进行比较。这种静态预算编制方法仅适用于业务量波动不大的企业，当销量、价格和成本等因素变化较大时，静态预算指标则表现出盲目性、滞后性和缺乏弹性，难以成为考核和评价员工的有效基准。

第六，很多上市公司对预算要求与实际运行情况的差异分析不仅形式单一，而且在深度和广度方面均缺乏充分、深入的研究，致使预算分析变成了“走过场”，不能找到真正的“病因”，从而使类似的失误不断发生。

此外，有的上市公司并未将预算工作纳入考核体系，未能和业绩评价有机结合起来，没有真正追溯预算的合理性和必要性。很明显，这样做影响了预算在整个企业管理中的严肃性。

资料来源　华律网. 如何解决部分上市公司预算管理存在的问题［EB/OL］.［2024-01-14］. https: //www.66law.cn/laws/308864.aspx.引文有删减。

问题：研判我国上市公司预算管理中存在的思政问题。

研判提示：“凡事预则立，不预则废”，这是企业进行预算管理的重要依据。企业未发挥预算管理的功能，既不注重企业的长远利益和整体利益，也不注重预算执行的客观性，其做法有违党的二十大报告中提出的系统观念的指导要求。

教学互动9-1

某企业的一车间，年生产甲产品的能力为30 000件，每件产品工时定额为2小时，2025年有关制造费用的资料见表9-2。

如果年产量达到正常生产能力的110%，则固定成本中的间接材料将增加1%，修理费用增加5%，折旧增加10%。

要求：

（1）根据上述资料，按正常生产能力的90%、100%、110%、120%分别编制制造费用弹性预算。

（2）编制其2025年弹性预算执行报告。

学习微平台

随堂测9-2

表 9-2 某企业一车间制造费用的相关资料 单位：元

项 目	每小时变动费	全年预算固定成本	全年实际费用（33 000 件）
间接材料	0.5	11 000	26 340
间接人工	0.3	3 000	15 050
电 费	0.18	2 000	8 800
修理费	0.12	4 000	7 200
折 旧		9 000	10 000
其 他		5 000	6 000
合 计	1.10	34 000	73 390

9.3 编制现金预算与预计财务报表

9.3.1 编制业务预算

业务预算（operating budget）是指反映企业在计划期内日常发生的各种具有实质性的基本活动的预算。业务预算是企业在经营预测和短期经营决策的基础上，对在预算期内投入资金的取得、成本费用的发生和利润的实现等进行的合理调节与全面安排，是控制企业未来一定时期内生产经营活动的有效手段，是强化企业内部管理的必要环节。业务预算主要包括销售预算、生产预算、直接材料预算、直接人工预算、制造费用预算、产品成本预算、销售及管理费用预算等。

业务链接 9-2

预算目标、预算导向决定预算模式

预算的要素包括预算目标、预算导向、预算程序、预算内容、预算编制逻辑、预算期限以及预算控制原则等。各要素的不同组成形式，构成了不同的预算模式。预算模式的影响因素见表 9-3。没有唯一的最佳预算模式，只有最适合企业自身的预算模式。

表 9-3 预算模式的影响因素

预算导向	成本导向	收入导向	利润导向
预算起点	目标成本	销售收入	目标利润
预算依据	毛利率	销售利润率	关键业绩指标
管理重点	生产管理	营销管理	流程管理

1）销售预算（sales budget）

销售预算是指企业为规划一定预算期内因组织销售活动而引起的预计销售收入而编制的一种日常业务预算。销售预算一般是企业生产经营全面预算的编制起点，其他预算的编制都以销售预算作为基础。

销售预算需要在销售预测的基础上，根据企业年度目标利润确定的预计销售量和销售价格等参数进行编制，其编制程序如下：

（1）计算各种产品的预计销售收入

某种产品预计销售收入的计算公式为：

某种产品预计销售收入=该种产品预计单价×该种产品预计销售量

式中：单价可根据市场供求关系并通过价格决策来决定；预计销售量则需要根据市场预测和销售合同，并结合企业的生产能力来确定。

（2）预计预算期所有产品的预计销售收入总额

所有产品的预计销售收入总额的计算公式为：

所有产品的预计销售收入总额=$\sum$某种产品的预计销售收入

（3）预计在预算期发生的与销售收入相关的增值税销项税额

某期增值税销项税额的计算公式为：

某期增值税销项税额=该期预计销售收入总额×该期适用的增值税税率

（4）预计预算期含税销售收入

某期含税销售收入的计算公式为：

某期含税销售收入=该期预计销售收入+该期预计销项税额

（5）预计预算期经营现金收入

某预算期经营现金收入的计算公式为：

某预算期经营现金收入=该期现销含税收入+该期回收前期的应收账款

某期现销含税收入=该期含税销售收入×该期预计现销率

某期回收前期的应收账款=本期期初应收账款×该期的预计应收账款回收率

现销率是指一定期间现销含税收入占该期含税收入的百分比。应收账款回收率是指前期应收账款在本期回收的现金额占应收账款的百分比。

此外，预算期期末应收账款余额的计算公式为：

$$\text{预算期期末应收账款余额}=\text{预算期期初应收账款余额}+\text{该期含税销售收入}-\text{本期经营现金收入}$$

同步案例9-2

宏光股份公司2025年销售预算

背景与情境： 假定宏光股份公司在计划年度（2025年）只生产和销售一种产品，销售单价为75元，每季的商品销售（增值税税率为16%[①]）在当季收到的货款占40%，其余部分在下季收讫。基期（2024年）期末的应收账款余额为24 000元。

① 现行税率为13%，案例中以16%模拟计算。

问题： 根据上述资料编制宏光股份公司2025年的销售预算。

分析提示： 宏光股份公司2025年的分季销售预算见表9-4。

表9-4 **2025年宏光股份公司销售预算金额** 金额单位：元

项目		第一季度	第二季度	第三季度	第四季度	全年
预计销售数量（件）		1 000	1 500	2 000	1 500	6 000
预计销售单价		75	75	75	75	75
预计销售收入		75 000	112 500	150 000	112 500	450 000
增值税销项税额		12 000	18 000	24 000	18 000	72 000
含税销售收入		87 000	130 500	174 000	130 500	522 000
预计现金收入	期初应收账款	24 000				24 000
	第一季度销售收入	34 800	52 200			87 000
	第二季度销售收入		52 200	78 300		130 500
	第三季度销售收入			69 600	104 400	174 000
	第四季度销售收入				52 200	52 200
	现金收入合计	58 800	104 400	147 900	156 600	467 700

课程思政9-3

销售观起点论的预算模式的局限性

背景与情境： 以销售为起点的预算模式是指以销售预算的结果为起点，分别编制销售预算、生产预算、成本预算、利润预算、现金预算等的一种预算编制模式。这种模式以市场为导向，很多企业都已采用。然而，这种模式在理论和实务上存在一些缺陷。

销售观起点论的预算模式隐含两个假设：（1）预算编制者具有强烈的追求无限利润的动机，其唯一的限制是销售；（2）销售与利润的增减变化具有一致性。现代公司制度下的所有者与经营者的委托代理契约、公司利润的内涵都内生地决定了这两个假设都没有存在的现实“土壤”。

现代公司制的主要特征是所有权与经营权分离。在预算编制上，公司所有者处于直接生产经营之外，经营者编制预算并执行预算。所有者追求利润，经营者不一定像所有者那样在任何情况下都去追求利润，其往往从自身当前的利益出发进行管理决策。可见，作为预算编制者的经营者具有强烈的追求无限利润的动机的假设是不能成立的。此外，将销售视为利润的唯一限制也是不合理的，至少利润目标需要考虑销售与成本这两个方面的因素。

公司利润的内涵内生地决定了销售与利润的增减变化并非简单的一致性关系。从数量上看，利润等于（销售）收入减去成本，收入的增长并不必然导致利润的增长，还需要考虑相应的成本的变化情况。如果经营者过分追逐销售，而忽视对成本的管理，公司就会因经营风险过大而陷入困境。从质量上看，利润是否会带来现金净流量的流入，是衡量公司业绩好坏的关键。如果利润不能带来现金净流量的流入，则利润的增加就会成为呆账、坏账，出现公司虚假繁荣的情况。

问题：销售观起点论的预算模式可能导致的后果是什么？

研判提示：从以上资料可以看出，以销售额作为预算编制的起点，很容易导致经营者为了自身的利益不计成本和风险，片面追求销售额的增长；同时，也会增加公司的经营风险，使公司陷入困境。这些都不符合企业和谐发展的要求。

2）生产预算（production budget）

生产预算是指为规划一定预算期内预计生产量水平而编制的一种日常业务预算。该预算只使用实物量为计量单位，可以为成本费用预算提供实物量依据。

有了销售预算以后，我们就可以根据每季度的销售量，按产品名称、数量分别编制生产预算。应注意的是，预算期间必须备有充足的产品以供销售，还应考虑计划期初和期末的存货情况。因此，生产预算是在销售预算的基础上编制的，其主要内容包括销售量、期初和期末存货、生产量。

某种产品的预计生产量的计算公式为：

某种产品的预计生产量=预计销售量+预计期末存货量-预计期初存货量

式中：预计销售量来源于销售预算数据；预计期初存货量为上季期末存货量；预计期末存货量则需根据公司的长期销售趋势来确定。

在编制生产预算时，经营者应注意保持生产量、销售量、存货量之间合理的比例关系，以避免储备不足、产销脱节或超储备积压等现象的发生。

同步案例9-3

宏光股份公司2025年的生产预算

背景与情境：宏光股份公司2025年各季度的期末存货按下一季度销售量的10%计算，预计期初存货等于上季度期末存货。假设年初有存货120件，年末留存180件。

问题：根据上述资料编制宏光股份公司2025年的生产预算。

分析提示：宏光股份公司2025年度的分季度生产预算见表9-5。

表9-5 **2025年宏光股份公司分季度生产预算** 单位：件

项目	第一季度	第二季度	第三季度	第四季度	全年
预计销售量	1 000	1 500	2 000	1 500	6 000
加：预计期末存货	150	200	150	180	180
合计	1 150	1 700	2 150	1 680	6 180
减：预计期初存货	120	150	200	150	120
预计生产量	1 030	1 550	1 950	1 530	6 060

注：生产预算的“预计销售量”的数据来自销售预算。

3）直接材料预算（direct materials budget）

直接材料预算是指为规划一定预算期内因组织生产活动和材料采购活动预计发生的直接材料需用量、采购数量和采购成本而编制的一种经营预算。

直接材料预算编制的依据主要包括生产预算的预计生产量、单位产品的材料消耗定额、预算期间的期初和期末存料量、材料预计单价、采购材料的付款条件等。

直接材料预算的编制方法是，先计算出预计采购量，然后再乘以单价。预计采购量的计算公式为：

预计采购量=预计生产需用量+预计期末存料量-预计期初存料量

同步案例9-4

宏光股份公司2025年直接材料预算

背景与情境：依前例，宏光股份公司2025年单位产品的消耗定额为3千克，预计单价为5元/千克。每季度的购料款当季付70%，其余在下季度付清。各季度的期末存料量按下一季度生产需要量的20%计算，各季度期初存料量与上季度期末存料量相等。假设年初的存料量为760千克，年末存料量为950千克，年初应付款为5 500元。

问题：根据上述资料编制宏光股份公司2025年直接材料预算。

分析提示：宏光股份公司2025年度的直接材料预算见表9-6。

表9-6　**2025年度宏光股份公司的直接材料预算**

项目		第一季度	第二季度	第三季度	第四季度	全年
预计生产量（件）		1 030	1 550	1 950	1 530	6 060
单位产品材料用量（千克/件）		3	3	3	3	3
生产需用量（千克）		3 090	4 650	5 850	4 590	18 180
加：预计期末存料量（千克）		930	1 170	918	950	950
合计（千克）		4 020	5 820	6 768	5 540	19 130
减：预计期初存料量（千克）		760	930	1 170	918	760
预计材料采购量（千克）		3 260	4 890	5 598	4 622	18 370
单价（元/千克）		5	5	5	5	5
预计采购金额（元）		16 300	24 450	27 990	23 110	91 850
预计现金支出（元）	上年应付账款	5 500				5 500
	第一季度	11 410	4 890			16 300
	第二季度		17 115	7 335		24 450
	第三季度			19 593	8 397	27 990
	第四季度				16 177	16 177
	合　计	16 910	22 005	26 928	24 574	90 417

注：直接材料预算的“预计生产量”的数据来自生产预算；“单位产品材料用量”的数据来自标准成本资料或消耗定额资料；“生产需用量”是上述两项的乘积。如果材料品种很多，则需要单独编制材料存货预算。

4）直接人工预算（direct labor budget）

直接人工预算是指为规划一定预算期内人工工时的消耗水平和人工成本水平而编制的一种经营预算。直接人工成本包括直接工资和按直接工资的一定比例计算的其他直接费用（应付福利费）。

直接人工预算是以生产预算为基础编制的，其主要内容包括预计产量、单位产品工时、人工总工时、每小时人工成本和人工总成本。

直接人工预算编制的主要依据为生产预算中的每季度预计生产量、单位产品的工时定额、单位工时的工资率（包括基本工资、各种津贴及社会保险等）。

直接人工预算的编制应按不同工种分别计算，然后予以合计。直接人工预算的计算公式为：

$$直接人工预算=预计生产量\times\sum(单位工时工资率\times单位产品工时定额)$$

同步案例9-5

宏光股份公司2025年直接人工预算

背景与情境：依前例，宏光股份公司2025年单位人工工资为每小时2元，每生产一件产品需要10个工时。

问题：根据上述资料编制宏光股份公司2025年直接人工预算。

分析提示：宏光股份公司2025年直接人工预算见表9-7。

表9-7 2025年宏光股份公司直接人工预算

项目	第一季度	第二季度	第三季度	第四季度	全年
预计生产量（件）	1 030	1 550	1 950	1 530	6 060
单位产品工时定额（小时/件）	10	10	10	10	10
人工总工时（小时）	10 300	15 500	19 500	15 300	60 600
每小时人工成本（元/小时）	2	2	2	2	2
人工总成本（元）	20 600	31 000	39 000	30 600	121 200

注：直接人工预算的“预计生产量”的数据来自生产预算；“单位产品工时定额”和“每小时人工成本”的数据来自标准成本资料；“人工总工时”和“人工总成本”是根据直接人工预算计算出来的。由于人工工资都需要使用现金支付，因此不需要另外预计现金支出，可直接参加现金预算的汇总。

5）制造费用预算（manufacturing overhead budget）

制造费用预算是指为规划生产成本中除直接材料和直接人工以外的其他费用而编制的一种日常业务预算。制造费用预算通常分为变动制造费用预算和固定制造费用预算两部分。

变动制造费用预算以生产预算为基础来编制。如果有完善的标准成本资料，则用单位产品的标准成本与产量相乘，可得到相应的预算金额；如果没有标准成本资料，就需要逐项预计计划产量需要的各项制造费用。固定制造费用预算可在上年实际开支水平的基础上，结合本年预算情况来编制。

变动制造费用标准分配率的计算公式为：

变动制造费用标准分配率=变动制造费用预算总额÷直接人工标准总工时

固定制造费用分配率的计算公式为：

固定制造费用分配率=固定制造费用预算总额÷直接人工标准总工时

同步案例9-6

宏光股份公司2025年制造费用预算

背景与情境：宏光股份公司2025年的制造费用相关资料见表9-8。

表9-8 2025年宏光股份公司制造费用统计 单位：元

项目	第一季度	第二季度	第三季度	第四季度	全年
变动制造费用					
间接人工费	1 050	1 550	1 980	1 820	6 400
间接材料费	1 050	1 550	1 980	1 820	6 400
维护费	2 100	3 100	3 960	3 640	12 800
水电费	1 050	1 550	1 980	1 820	6 400
固定制造费用					
维护费	10 000	11 400	9 000	9 000	39 400
折旧费	10 000	10 000	10 000	10 000	40 000
管理费	2 000	2 000	2 000	2 000	8 000
保险费	750	850	1 100	1 900	4 600
财产税	1 000	1 000	1 000	1 000	4 000

问题：根据上述资料编制宏光股份公司2025年制造费用预算。

分析提示：该公司2025年制造费用预算见表9-9。

表9-9 2025年宏光股份公司制造费用预算 单位：元

项目	第一季度	第二季度	第三季度	第四季度	全年
变动制造费用					
间接人工费	1 050	1 550	1 980	1 820	6 400
间接材料费	1 050	1 550	1 980	1 820	6 400
维护费	2 100	3 100	3 960	3 640	12 800
水电费	1 050	1 550	1 980	1 820	6 400
小计	5 250	7 750	9 900	9 100	32 000
固定制造费用					
维护费	10 000	11 400	9 000	9 000	39 400
折旧费	10 000	10 000	10 000	10 000	40 000
管理费	2 000	2 000	2 000	2 000	8 000
保险费	750	850	1 100	1 900	4 600
财产税	1 000	1 000	1 000	1 000	4 000
小计	23 750	25 250	23 100	23 900	96 000
合计	29 000	33 000	33 000	33 000	128 000
减：折旧费	10 000	10 000	10 000	10 000	40 000
现金支出的费用	19 000	23 000	23 000	23 000	88 000

变动制造费用标准分配率=32 000 ÷ 60 600≈0.53（元/小时）

固定制造费用分配率=96 000 ÷ 60 600≈1.58（元/小时）

注：为了便于以后编制产品成本预算，需要计算小时费用率。为了便于以后编制现金预算，需要预计现金支出。在制造费用中，除折旧费外都需要支付现金，所以，每个季度制造费用扣除折旧费后，即可得出“现金支出的费用”。

6）产品成本预算（production cost budget）

产品成本预算是指为规划预算期的单位产品成本、生产成本、销售成本以及期初和期末产成品存货成本等而编制的一种日常业务预算。

产品成本预算是生产预算、直接材料预算、直接人工预算、制造费用预算的汇总，其主要内容是产品的单位成本和总成本。单位成本的有关数据来自前述三个预算，生产量、期末存货量的数据来自生产预算，销售量的数据来自销售预算。生产成本、存货成本和销货成本等的数据，根据单位成本和有关数据计算得出。

同步案例9-7

宏光股份公司2025年产品成本预算

背景与情境：宏光股份公司2025年产品成本相关资料见表9-10。

表9-10 **2025年宏光股份公司产品成本资料** 金额单位：元

项目	单位成本		
	单价	投入量	成本
直接材料费用	5	5千克	25
直接人工费用	2	5小时	10
变动制造费用	0.53	5小时	2.65
固定制造费用	2.11	5小时	10.55

问题：根据上述资料编制宏光股份公司2025年产品成本预算。

分析提示：宏光股份公司2025年度的产品成本预算见表9-11。

表9-11 **2025年宏光股份公司产品成本预算** 金额单位：元

项目	单位成本			生产成本（6 060件）	存货成本（180件）	销货成本（6 000件）
	单价	投入量	成本			
直接材料费用	5	5千克	25	151 500	4 500	150 000
直接人工费用	2	5小时	10	60 600	1 800	60 000
变动制造费用	0.53	5小时	2.65	16 059	477	15 900
固定制造费用	2.11	5小时	10.55	63 933	1 899	63 300
合计			48.20	292 092	8 676	289 200

7）销售及管理费用预算（selling and administrative expense budget）

销售及管理费用预算是指为规划预算期与组织产品销售活动和一般行政管理

活动有关的费用而编制的一种业务预算。

销售及管理费用预算编制的主要依据是预算期全年和各季度的销售量及各种有关的标准耗用量和标准价格资料，该项预算通常由负责销售和管理的成本控制人员编制。

销售费用预算以销售预算为基础，分析销售收入、销售利润和销售费用之间的关系，力求实现销售费用的有效使用。在安排销售费用时，预算编制人员要利用本量利分析方法，使费用的支出能够获取更多的收益；在草拟销售费用预算时，预算编制人员要对过去的销售费用进行分析，明确过去销售费用支出的必要性和效果。销售费用预算应和销售预算相配合，应有按品种、按地区、按用途等不同方法分类的具体预算数额。

在编制管理费用预算时，预算编制人员要分析企业的业绩和一般经济状况，务必做到费用合理化。同时，由于管理费用多属于固定成本，因此其一般是以过去的实际开支为基础，根据预算期的可预见变化来调整，预算编制人员必须充分分析每项费用是否必要。

为了便于编制现金预算，预算编制人员在编制销售及管理费用预算的同时，还要编制与销售及管理费用有关的现金支出计算表。

同步案例9-8

宏光股份公司2025年销售及管理费用预算

背景与情境：宏光股份公司2025年销售及管理费用相关资料见表9-12。

表9-12 **2025年宏光股份公司销售及管理费用统计** 单位：元

项目	金额
销售费用	
销售人员工资	20 000
广告费	9 700
包装、运输费	6 000
保管费	5 500
管理费用	
管理人员薪金	32 000
福利费	5 000
保险费	2 600
办公费	6 200

问题：根据上述资料编制宏光股份公司2025年销售及管理费用预算。

分析提示：宏光股份公司2025年销售及管理费用预算见表9-13。

表 9-13　　2025年宏光股份公司销售及管理费用预算　　单位：元

项目	金额
销售费用	
销售人员工资	20 000
广告费	9 700
包装、运输费	6 000
保管费	5 500
管理费用	
管理人员薪金	32 000
福利费	5 000
保险费	2 600
办公费	6 200
合计	87 000
每季度支付现金（87 000÷4）	21 750

9.3.2　编制现金预算

现金预算（cash budget）是指为了反映企业在计划期间预计的现金收支的详细情况而编制的预算。现金预算实际上是其他预算有关现金收支部分的汇总，以及保持收支差额平衡措施的具体计划。它的编制要以其他各项预算为基础，或者说其他预算在编制时要为现金预算做好数据准备工作。

1）现金预算的内容

现金预算包括现金收入、现金支出、现金溢余或短缺、资金的筹集和运用四个部分。

（1）现金收入

现金收入部分包括期初现金余额和预算期现金收入，如现销、应收账款收回、应收票据到期兑现、票据贴现收入、出售非流动资产、收回投资等。其中，销货取得的现金收入是其主要来源。“期初现金余额”的数据是在编制预算时预计的，“销货现金收入”的数据来自销售预算，“可供使用现金”是期初余额与本期现金收入之和。

（2）现金支出

现金支出部分包括预算期预计的各项现金支出，如材料采购支付货款、支付工人工资、支付办公用品费用、支付广告费用、支付税金以及资本性支出等。需要指出的是，短期借款的利息支付不列入该项，而是放在资金的筹集和运用中。

"直接材料"、"直接人工"、"制造费用"和"销售及管理费用"的数据分别来自前述有关预算。此外，"所得税费用"、"购置设备"和"股利分配"等的数据分别来自另行编制的专门预算。

（3）现金溢余或短缺

现金溢余或短缺是当前可动用现金合计数与预计现金支出合计数的差额。差额为正，说明现金多余，可用于偿还过去向银行取得的借款，或者用于短期投资；差额为负，说明现金不足，要向银行取得新的借款。

（4）资金的筹集和运用

资金的筹集和运用是根据预算期现金收支的差额和企业有关资金管理的各项政策，确定筹集和运用资金的数额。如果资金不足，企业可向银行借款或通过其他方式筹集资金，并预计还本付息的期限和数额；如果现金多余，企业除了可以偿还借款外，还可以购买有价证券作为短期投资。

现金收入、现金支出、现金溢余或短缺、资金的筹集和运用、期初现金余额、期末现金余额之间的基本关系如下：

期初现金余额+现金收入=当前可动用现金合计

当前可动用现金合计-现金支出=现金溢余或短缺

现金溢余或短缺+资金的筹集与运用=期末现金余额

2）现金预算的编制

现金预算以各项业务预算为基础，企业通过确定现金收入和计划现金支出，编制现金预算表。因此，现金预算表的数据大多来源于其他各项预算。

同步案例9-9

宏光股份公司2025年现金预算

背景与情境：假设宏光股份公司2025年年初的现金余额为12 000元，该公司需要保留的现金余额为9 000元，不足此数时需要向银行借款。若银行借款的金额要求是1 000元的倍数，还款时同时支付所还金额的全部利息。

问题：根据上述资料编制宏光股份公司2025年的现金预算。

分析提示：宏光股份公司2025年度的现金预算见表9-14。

本例中，根据要求，第一季度的借款额为：

借款额=最低现金余额+现金不足额=9 000+14 460=23 460（元）≈24 000（元）

第一季度可以多储备一些现金，因此借款25 000元。

第二季度借款额=9 000+9 815=18 815（元）≈19 000（元）

第三季度现金多余，可用于偿还借款。还款后，仍需保持最低现金余额；否则，只能部分归还借款。

偿还金额=现金多余额-最低现金余额=39 407-（25 000+1 875）=12 532（元）

现金收支相抵后的金额不足以偿还两次借款，只能将第一季度的借款25 000元偿还。一般按"每期期初借入，每期期末归还"来预计利息，本例借款期按9个月计算。假设年利率为10%，则应计利息为：

表 9-14　　**2025年宏光股份公司的现金预算**　　单位：元

项目	第一季度	第二季度	第三季度	第四季度	全年
期初现金余额	12 000	10 540	9 185	12 532	12 000
加：销售现金收入（表 9-4）	58 800	104 400	147 900	156 600	467 700
可供使用现金	70 800	114 940	157 085	169 132	479 700
减：各项支出					
直接材料（表 9-6）	16 910	22 005	26 928	24 574	90 417
直接人工（表 9-7）	20 600	31 000	39 000	30 600	121 200
制造费用（表 9-9）	19 000	23 000	23 000	23 000	88 000
销售及管理费用（表 9-13）	21 750	21 750	21 750	21 750	87 000
所得税费用（其他预算）	5 000	5 000	5 000	5 000	20 000
购买设备（其他预算）		20 000			20 000
股利（其他预算）	2 000	2 000	2 000	2 000	8 000
支出合计	85 260	124 755	117 678	106 924	434 617
现金多余或不足	（14 460）	（9 815）	39 407	62 208	41 783
向银行借款	25 000	19 000			
偿还银行借款					44 000
短期借款利息（年利率 10%）			（25 000）	（19 000）	（44 000）
长期借款利息（年利率 12%）			（1 875）	（1 425）	（3 300）
期末现金余额	10 540	9 185	12 532	41 783	41 783

利息=25 000×10%×9÷12=1 875（元）

第四季度现金多余，可用于偿还第二季度的借款。按"每期期初借入，每期期末归还"来预计利息，借款期为9个月。假设年利率为10%，则应计利息为：

利息=19 000×10%×9÷12=1 425（元）

9.3.3 编制预计财务报表

预计财务报表包括预计利润表和预计资产负债表。因为已经编制了现金预算，通常没有必要再编制预计现金流量表。

预计财务报表的作用与实际的财务报表不同。所有企业都要在年终编制实际的财务报表，这是有关法律、法规的强制性规定，其主要目的是向外部报表使用者提供财务信息。当然，这并不意味着常规财务报表对企业管理人员没有价值。预计财务报表主要是为企业的财务管理服务，是控制企业资金、成本和利润总量的重要手段。因其可以从总体上反映一定期间企业经营的情况，通常也被称为企业的"总预算"。

1）预计利润表

预计利润表是预算编制人员在企业各项经营预算的基础上，根据权责发生制编制的利润表。预计利润表综合反映了企业计划期内的预计销售收入、销售成本和预计可实现的利润或可能发生的亏损，它可以揭示企业预期的盈利情况，有助于管理人员及时调整经营策略。

预计利润表与实际利润表的内容和格式相同，只不过数据是面向预算期的，它是在汇总成本、销售及管理费用、营业外收支、资本支出等预算的基础上编制的。通过编制预计利润表，企业可以了解预期的盈利水平。如果预计利润与最初编制计划中的目标利润有较大的不一致，就需要调整部门预算，使部门预算设法实现目标利润，或者经企业领导同意后修改目标利润。

同步案例9-10

宏光股份公司2025年预计利润表

背景与情境：详见前述关于宏光股份公司的各项预算。

问题：根据相关预算编制宏光股份公司2025年预计利润表。

分析提示：宏光股份公司2025年度的预计利润表见表9-15。

表9-15 宏光股份公司预计利润表

2025年度 单位：元

项目	金额
销售收入（表9-4）	450 000
销售成本（表9-11）	289 200
毛利	160 800
销售及管理费用（表9-13）	87 000
利息（表9-14）	3 300
利润总额	70 500
所得税费用（表9-14）	20 000
税后净收益	50 500

注："销售收入"的数据来自销售预算；"销售成本"的数据来自产品成本预算；"毛利"的数据是前两项的差额；"销售及管理费用"的数据来自销售及管理费用预算；"利息"和"所得税费用"的数据来自现金预算；"税后净收益"的数据是"利润总额"和"所得税费用"两项的差额。

2）预计资产负债表

预计资产负债表与实际的资产负债表的内容和格式相同，只不过预计资产负债表的数据是反映预算期末的财务状况。该表是利用本期期初的资产负债表，根据销售、生产、资本等预算的有关数据加以调整编制的，是反映企业预算期末财务状况的总括性预算。

预计资产负债表可以为企业管理当局提供会计期末企业预期财务状况的信息，有助于企业管理当局预测未来企业的经营状况，并采取适当的改进措施，以改善财务状况。

同步案例9-11

宏光股份公司2025年预计资产负债表

背景与情境：详见前述关于宏光股份公司的各项预算。

问题：根据相关预算，编制宏光股份公司2025年预计资产负债表。

分析提示：宏光股份公司2025年度的预计资产负债表见表9-16。

表9-16 **宏光股份公司预计资产负债表**

2025年12月31日 单位：元

资产			权益		
项目	年初	年末	项目	年初	年末
库存现金（表9-14）	12 000	41 783	应付账款（表9-6）	5 500	6 933
应收账款（表9-4）	24 000	78 300	长期借款	19 000	50 992
直接材料（表9-6）	3 800	4 750	普通股	40 000	40 000
产成品（表9-11）	5 784	8 676	未分配利润	20 084	139 084
固定资产	35 000	55 000	权益总额	84 584	237 009
无形资产	4 000	48 500			
资产总额	84 584	237 009			

年末未分配利润=期初未分配利润+本期利润-本期股利

=20 084+127 000-8 000=139 084（元）

同步思考9-2

本节的案例中有预计利润表与销售预算。

问题：预计利润表与销售预算二者的因果关系如何？

理解要点：在本节的案例中，预计利润表以销售预算为起点。显然，销售预算是原因，而预计利润表是结果。

教学互动9-2

（1）某企业生产和销售A产品，2025年四个季度预计销售量分别为1 000件、1 500件、2 000件和1 800件；A产品预计单位售价为100元。假设在每季度的销售收入中，本季度收到现金60%，另外40%要到下一季度才能收回。该企业2025年年末应收账款余额为60 000元。

要求：

①计算该企业各季度销售收入预算数。

②计算该企业各季度现金收入预算数。

③计算该企业年末应收账款预算数。

（2）某企业只生产B产品，预算期各季度的生产量分别为1 960件、1 920件、2 360件和2 180件；假设该产品只耗用一种材料，每件产品耗用材料5千克；预计每季度末材料库存量分别为3 000千克、3 200千克、3 600千克、3 400千克；材料单价为3元；材料采购的货款60%在本季度内付清，另外40%在下季度付清；年初应付账款10 000元在第一季度付清，年初材料结存量为2 800千克。

要求：

①计算该企业各季度材料采购量预算数。

②计算该企业各季度采购材料现金支出预算数。

（3）某企业编制的销售及管理费用预算有关资料见表9-17。

表9-17 **某企业编制的销售及管理费用预算有关资料** 金额单位：元

项目	变动费用率（按销售收入）	第一季度	第二季度	第三季度	第四季度
预计销售收入		300 000	320 000	350 000	400 000
变动销售及管理费用					
销售佣金	1%	3 000	3 200	3 500	4 000
运输费	1.5%	4 500	4 800	5 250	6 000
广告费	3%	9 000	9 600	10 500	12 000
固定销售及管理费用					
薪金		30 000	30 000	30 000	30 000
办公用品		3 000	3 000	3 000	3 000
折旧		6 000	6 000	6 000	6 000
其他		5 000	5 000	5 000	5 000

要求：

①计算该企业各季度销售及管理费用预算数。

②计算该企业各季度销售及管理费用现金支出预算数。

（4）某公司的现金预算见表9-18。假设期末现金最低应保持的余额为4 000元，银行借款以1 000元为单位，贷款利率为每年6%，还本时付息，于每季季初借入，每季季末偿还。

表 9-18　　**现金预算表**

2025 年度　　单位：元

项目	第一季度	第二季度	第三季度	第四季度	全年合计
期初余额	4 000			4 561	
加：现金收入		16 300	17 700		65 900
可动用现金合计	16 800		22 620		
减：现金支出					
采购材料	4 675	4 470		4 990	
人工成本	6 780	7 380	7 980		30 660
费用		2 713	2 794	2 869	
支付股息	1 000	—	—	—	
购买设备	—	500	1 500	—	
现金支出合计		15 063			
现金收支差额	1 713		5 606		
银行借款		—	—	—	3 000
偿还借款	—		1 000		
利息	—				
期末余额					

学习微平台

随堂测 9-3

要求：将上述现金预算中的空缺数据按其内在联系填补齐全。

同步业务 9-1

ABC公司预算编制与执行

业务要求：

分析ABC公司的预算制定过程。

提出改进预算制定决策的建议。

业务分析：

历史数据分析：分析ABC公司过去几年的预算数据和实际业绩，发现实际销售额经常低于预算。

市场环境分析：评估市场环境的变化，如竞争对手的策略、客户需求的变化等。

操作程序：

①收集数据：收集ABC公司过去一年的销售、生产、采购和财务数据。

②预测分析：基于历史数据和市场环境分析，预测下一年度的销售和成本。

③预算编制：根据预测数据，编制下一年度的预算，包括销售预算、生产预算、采购预算和财务预算。

④风险评估：评估预算制定过程中可能遇到的风险，如原材料价格波动、劳动力成本增加等。

⑤预算执行：制订预算执行计划，确保各部门按照预算进行运营。

⑥监控与调整：定期监控预算执行情况，根据实际情况调整预算。

深度剖析9-1

销售费用的零基预算

难点问题：

如何在不增加总预算的情况下，满足销售部门增加的市场推广需求。

解析与讨论：

讨论销售部门需求与公司整体财务状况之间的关系，分析推广活动的成本效益比。

操作程序：

①销售部门提出下一年度市场推广预算需求，包括广告费、促销活动费用等。

②评估每一项推广活动的必要性和预期效果。

③将推广活动按预期ROI（投资回报率）排序，选择ROI最高的活动优先资助。

④根据公司可用的资金总额，分配给销售部门市场推广预算。

⑤编制详细的市场推广预算，提交给财务部门审批。

第10章 财务分析

学习目标

通过本章学习，应该达到以下目标：

理论目标： 学习与把握财务分析的概念、财务分析的内容、财务分析的方法、财务指标的相关分析和财务综合分析等陈述性知识；能够利用所学理论知识指导“财务分析”的相关认知活动，正确解答《训练手册》第10章“客观题”和“主观题”的“理论题”各题型问题；体验本章“初级学习”中技术认知的横向正迁移，以及相关胜任力中“技术认知”要素的阶段性生成。

实务目标： 学习与把握财务分析方法的运用、财务指标的计算与理解、杜邦财务分析体系、沃尔比重评分法和“业务链接”等程序性知识；能以其建构“财务分析”中的规范与规则意识，正确解析本章“同步思考”“同步计算”“教学互动”，以及《训练手册》第10章中“客观题”和“主观题”的“实务题”各题型问题；体验本章专业技术规范与规则“初级学习”中的横向正迁移，以及相关胜任力中“技术规范与规则”要素的阶段性生成。

案例目标： 运用本章理论与实务知识研究相关案例，通过多元表征“同步案例”和《训练手册》第10章“客观题”与“主观题”的“案例题”，培养和提高在特定业务情境中分析问题和决策设计能力；能够结合本章教学内容，依照相关规范、要求或标准，对“课程思政10-1”至“课程思政10-4”，以及《训练手册》第10章“课程思政”中的企业行为进行思政研判，培养高尚的职业道德情操，树立社会主义核心价值观；体验本章“高级学习”中专业技术知识、通用知识与思政元素的协同性重组迁移，以及相关胜任力中“认知弹性”要素的阶段性生成。

实训目标： 以所学“财务分析”的理论与实务知识为前提，在正确解答《训练手册》第10章“客观题”与“主观题”之“实训题”各题型问题，并了解和把握本实训所及“能力与道德领域”相关“技术-技能”点的“规范与标准”基础上，参加“‘财务分析’胜任力”的实践训练。通过各项实训任务的完成，系列“技术-技能”操作的实施，以及《“财务分析”训练报告》的准备与撰写等有质量、有效率的活动，培养“财务分析”的专业能力，强化“数字应用”、“解决问题”和“革新创新”等职业核心能力（中级）；通过“认同级”践行“职业良心”和“职业守则”等行为规范，促进健全职业人格的塑造；体验本章“实践学习”中“专能”“通能”“职业道德”元素的协同性“重组-产生”迁移，以及相关胜任力中“求知韧性”和“复合性‘技术-技能’”要素的阶段性生成。

学习微平台

思维导图10-1

引例　美亚光电的财务分析

背景与情境： 2024年上半年，公司实现营业收入9.30亿元，同比下降3.83%，实现归母净利润2.72亿元，同比下降21.48%，实现扣非归母净利润2.65亿元，同比下降22.25%；2024年第二季度，公司实现营业收入5.99亿元，同比增长6.87%，实现归母净利润1.71亿元，同比下降22.71%，实现扣非归母净利润1.68亿元，同比下降22.42%；略低于市场预期。

（1）成长性分析：2024年第二季度，公司实现营业收入5.99亿元，同比增长6.87%，主要是因为色选机和出口业务保持良好景气度，医疗业务受经济环境和行业竞争加剧等不利因素影响，阶段性承压，但也处于逐步恢复中；实现归母净利润1.71亿元，同比下降22.71%……

（2）盈利能力分析：2024年上半年，公司销售毛利率为50.88%，同比下降1.62%，主要是因为行业竞争加剧，色选机毛利率下降1.41%，医疗设备毛利率下降4.23%；销售净利率为29.23%，同比下降6.57%……

（3）营运能力及经营现金流分析：2024年上半年，公司存货周转加快，存货周转天数为171.71天，同比下降19.64天；应收账款周转天数为109.42天，同比增加37.05天，主要是因为在口腔行业竞争压力下，账期较长的色选机收入占比提升，影响短期营运能力，总体来说公司有着远高于同行的优秀营运能力；经营性现金流量净额为1.75亿元，同比下降9.67%，主要是因为销售收入减少、采购付款增加、职工支付现金增加；预计下半年收入业绩释放后有望回正。

（4）持续加强研发投入：2024年上半年，公司研发投入5 866.51万元，同比增长20.63%，占营业收入比重为6.31%，同比增长1.28%……

资料来源　王可，郑雅梦. 美亚光电（002690）：2024Q2收入恢复正增 业绩受汇兑损益波动影响大［EB/OL］.［2024-08-22］. http://stock.finance.sina.com.cn/stock/go.php/vReport_Show/kind/search/rptid/777642184819/index.phtml.引文有删减。

从引例可见，财务分析可以对企业的偿债能力、盈利能力、营运能力和发展能力等方面进行分析与评价。通过财务分析，投资者可以更深刻地认识与评价企业的财务活动及其效果，为投资者的决策提供重要依据。

10.1　财务分析概述

财务分析是以企业财务报告及其他相关资料为主要依据，对企业的财务状况和经营成果进行评价和剖析，反映企业在运营过程中的利弊得失和发展趋势，从而为改进企业财务管理工作和优化经济决策提供重要的财务信息。财务分析是企业财务管理的重要内容和基本手段之一，也是人们认识财务活动的主要方式之一。

10.1.1　财务分析的意义

财务分析对于企业各方面的利益相关者都具有重要意义。无论是企业的投资者、经营者还是债权人，都十分关心财务分析的结果。从评价的角度来看，财务分析的意义应该包括以下几个方面：

1）评价企业财务状况

财务分析能够根据财务报表等综合核算资料，对企业整体和各个方面的财务状况进行综合、细致的分析，并对企业的财务状况进行评价。财务分析能够全面了解企业资产的流动性状态是否良好、资本结构和负债比例是否恰当，以及现金流量状况是否正常等。同时，财务分析还能说明企业长短期的偿债能力如何，对企业长短期的财务风险与经营风险进行评价，从而为企业投资者和经营管理当局等提供有用的决策信息。

2）评价企业盈利能力

偿债能力和盈利能力是企业财务评价的两个基本指标。在企业偿债能力既定的情况下，企业应追求最大的盈利能力，这是企业的重要经营目标。一个企业是否具有良好的、持续的盈利能力，是评价一个企业综合素质高低的基本指标。财务分析能够从整体、部门和不同项目出发，对企业的盈利能力进行深入分析和全面评价。财务分析不但看绝对数，也看相对数；不但看目前的盈利水平，还要比较过去和预测未来的盈利水平。

3）评价企业资产管理水平

企业资产作为企业生产经营活动的经济资源，其管理效率的高低直接影响企业盈利能力和偿债能力的强弱，也体现了企业综合经营管理水平的好坏。财务分析能够对企业资产的占有、配置、利用水平、周转状况和获利能力等进行全面和细致的分析。财务分析不仅看总体的管理水平，也看部门的管理水平；不仅看绝对数的收益，也看相对数的收益；不仅看现在的盈利状况，也看资产管理对企业长远发展的促进作用。

4）评价企业成本费用水平

从长远来看，企业的盈利能力和偿债能力与企业的成本费用管理水平密切相关。凡是经营良好的企业，一般都有较强的成本费用控制能力。财务分析能够对企业一定时期的成本费用的耗用情况进行全面的分析和评价，不但从整个企业和全部产品的角度进行综合分析，还从企业的具体职能部门和不同产品的角度进行深入分析，以及对成本和费用耗费的组成结构进行细致分析。因此，财务分析能够真正说明成本费用增减变动的实际原因。

5）评价企业未来发展能力

无论是企业的投资者、债权人，还是企业的经营管理者，都十分关心企业的未来发展能力，因为这不仅关系到企业的命运，也直接与其切身利益相关。通过全面和深入细致的财务分析，才能对企业未来的发展趋势进行正确评价，才能对企业中长期的经营前景进行合理的预测。因此，财务分析不但能为企业经营管理者和投资者的决策提供重要的依据，也能避免由于决策的失误而给企业造成重大损失。

同步案例10-1

三星电子公司财务分析与资源配置

背景与情境：1999年，当埃里克·金出任三星电子公司的全球营销执行副总裁时，三星电子公司还只是韩国本土的低成本供应商。公司所给的营销资金是10亿美元，却要覆盖200多个国家、476种产品的市场。当时三星电子公司面临的关键问题是：如何确定未来的营销投资方向，以实现最优分配和创建全球一流的品牌。

通过财务分析，三星电子公司发现了一个惊人的情况：对某些产品和地区分配的营销资源与其增长和利润回报潜力不匹配。具体如下：(1) 投资明显过度。北美市场和俄罗斯市场的营销资源占45%，但就利润回报潜力而言，应该只得到了35%。(2) 投资明显不足。欧洲市场与中国市场的营销资源只占31%，明显不足。(3) 三类产品（如手机、吸尘器和空调设备等）占用了过多的营销资源，应削减22%；电脑彩屏等产品由于得不到应有的支持，其巨大的增长潜力受到了限制。

通过分析，三星电子公司的结论是：营销分配资金严重失衡，损失了数千万美元的利润。公司高层决定，削减三星电子公司最大的市场——美国市场的预算，把资金释放到利润回报率更高的欧洲市场和中国市场。

经过几年的努力，三星电子公司自21世纪初开始迅速名扬全球。仅用了2年的时间，其品牌价值就翻了一番，达到了108.5亿美元，与摩托罗拉、松下和飞利浦三个品牌平起平坐。

问题：20世纪90年代，三星电子公司在战略发展上犯了什么错误？企业财务分析对于三星电子公司的发展起到了什么样的作用？

学习微平台

延伸阅读10-1

分析提示：三星电子公司曾在如何分配广告和营销预算（资源分配决策）的问题上犯下大错，并造成了巨大损失。通过对地区与产品投资回报率的差异分析，三星电子公司发现了其在某些低收益的地区和项目上存在过度投资的问题，转而将资金释放到高收益的产品和地区。可以说，三星电子公司的迅速成长，在很大程度上得益于它对营销资源分配（投资决策）的纠错。

10.1.2　财务分析的内容

财务分析信息的需求者主要包括企业所有者、企业债权人、企业经营决策者和政府等。不同主体出于不同的利益考虑，对财务分析信息有不同的要求。

企业所有者作为投资人，关心其资本的保值和增值状况，因此较为重视企业的盈利能力指标。企业债权人因不能参与企业剩余收益的分享，首先关注的是其投资的安全性，因此更重视企业的偿债能力指标。企业经营决策者必须对企业经营管理的各个方面，包括营运能力、偿债能力、盈利能力及发展能力的全部信息予以详尽了解和掌握。政府兼具多重身份，既是宏观经济的管理者，又是国有企业的所有者和重要的市场参与者，因此政府对企业财务分析的关注点因其所具有的身份不同而不同。

总体来看，财务分析的基本内容包括偿债能力分析、营运能力分析、盈利能力分析和发展能力分析，四者是相辅相成的关系。

学习微平台

延伸阅读10-2

10.1.3 财务分析的局限性

1）财务报表本身的局限性

财务报表是公司会计系统的产物。每个公司的会计系统，由于受到会计环境和公司会计战略的影响，财务报表会扭曲公司的实际情况。因此，财务报表存在以下三个方面的局限性：（1）财务报表没有披露公司的全部信息，披露的信息只是管理层已有信息的一部分；（2）已经披露的财务信息存在会计估计误差，不一定是对真实情况的准确计量；（3）管理层对各项会计政策的选择，使财务报表会扭曲公司的实际情况。

2）财务报表的可靠性问题

公司只有依据符合规范的、可靠的财务报表，才能得出正确的分析结论。所谓“符合规范”，是指财务报表除了有一定局限性以外，没有更进一步的虚假陈述。外部分析人员很难认定公司的财务报表是否存在虚假陈述，所以，财务报表的可靠性问题主要依靠注册会计师来解决。但是，注册会计师并不能保证财务报表没有任何错报和漏报，而且并非所有注册会计师都是尽职尽责的。因此，分析人员必须关注财务报表的可靠性，对于财务报表可能存在的问题保持足够的警惕。

3）财务分析的比较基础问题

分析人员在进行财务分析时，必然要选择比较的基础，如本公司历史数据、同业数据和计划预算数据等。进行横向比较时，分析人员需要使用同业标准；进行趋势分析时，分析人员要以本公司历史数据作为比较基础；进行实际与计划的差异分析时，分析人员要以计划预算作为比较基础。同时，分析人员对比较基础本身要进行准确理解，并且要在限定意义上使用分析结论，避免简单化和绝对化。

课程思政10-1

盛屯矿业财务造假

背景与情境： 2024年7月31日，盛屯矿业集团股份有限公司（ST盛屯，600711）收到中国证监会厦门证监局出具的“行政处罚事先告知书”，盛屯矿业2021年12月至2023年上半年在与有关客户开展钴湿法冶炼中间品销售业务中，存在货物交付给相关客户时控制权并未实质转移而确认收入等行为，导致2021年年报涉嫌多计营业收入3.59亿元，多计利润总额1.94亿元；2022年年报涉嫌多计营业收入0.84亿元，少计利润总额1.39亿元；2023年半年报涉嫌少计营业收入0.78亿元，少计利润总额0.23亿元。厦门证监局拟对盛屯矿业责令改正，给予警告，并处以300万元罚款；对4名相关责任人给予警告，分别处以100万~

150万元不等的罚款。

资料来源　梧桐树下.3家上市公司财务造假被处罚！[EB/OL].[2024-08-22]. https://finance.sina.com.cn/stock/s/2024-08-02/doc-inchhaez3690249.shtml.引文有删减。

学习微平台

随堂测 10-1

问题：研判企业提供不真实的财务报告可能产生的后果。

研判提示：财务报告是企业向外部投资者提供企业财务信息的最主要的工具。投资者通过对企业财务报告的分析，为自己的投资决策提供可靠的依据。企业提供不真实的财务报告会误导投资者的决策，违背诚实守信的原则。公司造假则有违党的二十大报告提出的“明大德、守公德、严私德”道德建设要求。

10.2　财务分析的基本方法

10.2.1　趋势分析法

趋势分析法又称水平分析法，是指将两期或连续数期财务报告中的相同指标进行对比，确定其增减变动的方向、数额和幅度，以说明企业财务状况和经营成果的变动趋势的一种方法。采用这种方法，可以分析引起企业财务状况和经营成果变化的主要原因和变动的性质，并预测企业未来的发展前景。

趋势分析法的具体运用主要有以下三种方式：

1）重要财务指标的比较

重要财务指标的比较是将不同时期财务报告中的相同指标或比率进行比较，直接观察其增减变动情况及变动幅度，考察其发展趋势，预测其发展前景。对不同时期财务指标的比较，具体可以使用以下两种方法：

（1）定基动态比率。**定基动态比率**是以某一时期的数额为固定的基期数额而计算出来的动态比率。其计算公式为：

定基动态比率=分析期数额÷固定的基期数额×100%

（2）环比动态比率。**环比动态比率**是以某一分析期的前期数额为基期数额而计算出来的动态比率。其计算公式为：

环比动态比率=分析期数额÷前期数额×100%

2）会计报表的比较

会计报表的比较是指将连续数期的会计报表的金额并列起来，比较其相同指标的增减变动金额和幅度，据以判断企业财务状况和经营成果发展变化的一种方法。会计报表的比较具体包括资产负债表比较、利润表比较、现金流量表比较等。比较时，既要计算出表中有关项目增减变动的相对额，又要计算出其增减变动的百分比。

3）会计报表项目构成的比较

会计报表项目构成的比较是在会计报表比较的基础上发展而来的，是以会计报表中的某个总体指标作为100%，计算出其各组成项目占该总体指标的百分比，从而比较各个项目百分比的增减变动情况，以此来判断有关财务活动的变化趋势。这种方法比前述两种方法更能准确地分析企业财务活动的发展趋势，既可用于同一企业不同时期财务状况的纵向比较，又可用于不同企业之间的横向比较。同时，这种方法还能消除不同时期（不同企业）之间业务规模差异的影响，有利于分析企业的耗费水平和盈利水平。

在采用趋势分析法时，必须注意以下几个问题：(1) 用于进行对比的各个时期的指标，在计算口径上必须一致；(2) 必须剔除偶发性项目的影响，使作为分析的数据能反映正常的经营状况；(3) 应用例外原则，对某项有显著变动的指标进行重点分析，研究其产生的原因，以便采取对策，趋利避害。

10.2.2 比率分析法

比率分析法是指利用财务报表中两项相关数值的比率揭示企业财务状况和经营成果的一种分析方法。在财务分析中，比率分析法的应用比较广泛，因为只采用有关数值的绝对值对比不能深入揭示事物的内在矛盾，而比率分析是从财务现象到财务本质的一种深化，它比比较分析法更具科学性和可比性。

根据分析的目的和要求的不同，比率指标的类型可以分为以下三种：

1）构成比率

构成比率又称结构比率，是某个经济指标的某个组成部分与总体数额的比率，反映部分与总体的关系。其计算公式为：

构成比率=某个组成部分数额÷总体数额×100%

利用构成比率指标，可以考察总体中某个部分的形成和安排是否合理，以便协调各项财务活动。

2）效率比率

效率比率是某项经济活动中所费与所得的比率，反映投入与产出的关系。利用效率比率指标，可以进行得失比较，考察经营成果，评价经济效益。例如，将利润项目与销售成本、销售收入、资本等项目加以对比，可计算出成本利润率、销售利润率以及资本利润率等指标，可以从不同角度比较企业获利能力的强弱及其增减变化的情况。

3）相关比率

相关比率是根据经济活动客观存在的相互依存、相互联系的关系，以某个项目和与其有关但又不同的项目加以对比所得的比率，反映有关经济活动的相互关系。利用相关比率指标，可以考察有联系的相关业务安排是否合理，从而保障企业的营运活动能够顺利进行。例如，将流动资产与流动负债加以对比，计算出流动比率，就可以判断企业的短期偿债能力。

比率分析法的优点是计算简便，计算结果容易判断，而且可以使某些指标在不同规模的企业之间进行比较，甚至也能在一定程度上超越行业间的差别进行比较。财务分析人员在采用这一方法时，在比率指标的使用上应该注意以下几点：

① 对比项目的相关性。计算比率的子项和母项必须具有相关性，把不相关的项目进行对比是没有意义的。在构成比率的指标中，部分指标必须是总体指标这个大系统中的一个小系统；在效率比率指标中，投入与产出必须有因果关系；

在相关比率指标中，两个对比指标也要有内在联系，这样才能评价有关的经济活动之间是否协调均衡，安排是否合理。

② 对比口径的一致性。计算比率的子项和母项必须在计算时间、范围等方面保持口径一致。

③ 衡量标准的科学性。运用比率分析法，需要选用一定的标准与之对比，以便对企业的财务状况进行评价。通常而言，科学合理的对比标准包括：一是预定目标，如预算指标、设计指标、定额指标、理论指标等；二是历史标准，如上期实际、上年同期实际、历史先进水平及有典型意义的时期的实际水平等；三是行业标准，如主管部门或行业协会颁布的技术标准、国内外同类企业的先进水平、国内外同类企业的平均水平等；四是公认标准。

课程思政 10-2

鼎龙文化虚构收入

背景与情境：2024年7月31日，鼎龙文化股份有限公司收到中国证监会广东证监局出具的“行政处罚事先告知书”，鼎龙文化涉嫌信息披露违法违规的事实如下：寻甸金林钛矿有限公司（以下简称寻甸金林）为鼎龙文化控股子公司中钛科技的子公司。2021年，寻甸金林虚增钛精矿产量23 120.55吨并销售。上述交易标的钛精矿未实际生产，货物未实际交付，销售合同未实际执行，相关经济利益未流入企业。鼎龙文化将上述虚增的存货、营业收入及利润纳入合并财务报表范围，导致披露的2021年年度报告、2022年半年度报告存在虚假记载。其中，2021年度虚增存货958.08万元，虚增利润总额214.72万元；2022年上半年虚增营业收入4 577.87万元、虚增利润总额3 790.35万元。广东证监局拟对鼎龙文化给予警告，并处以500万元罚款；对5名相关责任人给予警告，分别处以60万~150万元不等的罚款。

资料来源 梧桐树下.3家上市公司财务造假被处罚！［EB/OL］.［2024-08-22］. https://finance.sina.com.cn/stock/s/2024-08-02/doc-inchhaez3690249.shtml.引文有删减。

问题：企业虚构收入的直接目的及相应的识别方法是什么？

研判提示：企业虚构收入的直接目的是虚增利润和资产。虚构收入会导致虚增利润与资产，表面上改善了企业的财务状况，但是会误导投资者和债权人的投资行为，违背诚实守信的原则。通常，虚构收入可以通过相关比率法进行分析，即分析应收账款与销售收入之比。若比率较大，就有可能是虚构收入。当然，是否确实是虚构收入，还需要进一步确认。

10.2.3 因素分析法

因素分析法也称因素替换法、连环替代法，它是用来确定几个相互联系的因素对分析对象——综合财务指标或经济指标——的影响程度的一种分析方法。采用这种方法的出发点在于，当有若干因素对分析对象产生影响作用时，假定其他各个因素都无变化，顺次确定每个因素单独变化所产生的影响。

因素分析法包括以下两种方法：

（1）连环替代法。**连环替代法**是将分析指标分解为各个可以计量的因素，并根据各个因素之间的依存关系，顺次用各因素的比较值（通常为实际值）替代基准值（通常为标准值或计划值），据以测定各因素对分析指标的影响。

（2）差额分析法。**差额分析法**是连环替代法的一种简化形式，是利用各个因素的比较值与基准值之间的差额来计算各因素对分析指标的影响。

同步计算10-1

某企业2025年3月某种原材料费用的实际数为4 620元，计划数为4 000元，实际数比计划数增加620元。由于原材料费用是由产品产量、单位产品材料消耗量和材料单价三个因素的乘积构成的，因此，我们可以把原材料费用这一总指标分解为三个因素，然后逐个分析它们对材料费用总额的影响。假定这三个因素的数值见表10-1，试用因素分析法分解各因素变动对材料费用总额的影响。

表10-1 **原材料费用表**

项目	计量单位	计划数	实际数
产品产量	件	100	110
单位产品材料消耗量	千克	8	7
材料单价	元	5	6
材料费用总额	元	4 000	4 620

解：用因素分析法分解各因素变动对材料费用总额的影响，可通过如下步骤分析：

根据表10-1中的资料，材料费用总额实际数较计划数增加620元，这是分析对象。运用连环替代法，计算各因素变动对材料费用总额的影响程度如下：

计划指标：

100×8×5=4 000（元）

第一次替代：110×8×5=4 400（元）

第二次替代：110×7×5=3 850（元）

第三次替代：110×7×6=4 620（元）

实际指标：

产量增加的影响：4 400−4 000=400（元）

材料节约的影响：3 850−4 400=−550（元）

价格提高的影响：4 620−3 850=770（元）

全部因素的影响：400−550+770=620（元）

因素分析法既可以全面分析各因素对某一经济指标的影响，又可以单独分析某个因素对某一经济指标的影响，在财务分析中应用颇为广泛。我们在应用这一方法时必须注意以下几个问题：

（1）因素分解的关联性。确定构成经济指标的因素，必须在客观上存在因果关系，要能够反映形成该项指标差异的内在构成原因，否则就失去了其存在的价值。

（2）因素替代的顺序性。替代因素时，必须按照各因素的依存关系，排列成一定的顺序并依次替代，不可随意加以颠倒，否则就会得出不同的计算结果。一般而言，确定正确排列因素替代程序的原则是，按分析对象的性质，从诸因素相互依存的关系出发，并使分析结果有助于分清责任。

（3）顺序替代的连环性。连环替代法在计算每个因素变动的影响时，都是在前一次计算的基础上进行，并采用连环比较的方法确定因素变化的影响结果。因此，只有保持计算程序上的连环性，才能使各个因素影响之和等于分析指标变动的差异，从而全面说明分析指标变动的原因。

（4）计算结果的假定性。连环替代法计算的各因素变动的影响数，会因替代计算顺序不同而有所差别，因而计算结果不免带有假定性，即它不可能使每个因素的计算结果都实现绝对准确。它只是在某种假定前提下的影响结果，离开了这种假定前提条件，就不会是这种影响结果。因此，财务人员在分析时，应力求使这种假定前提是合乎逻辑的假定，是具有实际经济意义的假定。只有这样，计算结果的假定性才不会影响分析的有效性。

业务链接10-1

建立财务分析方法体系的要求

1）财务分析方法体系应具有科学性

如果投资者、债权人和其他有关人员没有采用科学的财务分析方法进行财务分析，将无法获得有用的财务信息，会影响他们决策的正确性。因此，财务分析人员应选择科学的财务分析方法，以保证获得有用的财务信息。目前，专门运用数学方法研究企业经营管理和财务分析的应用性科学不断出现，在财务分析中，大量运用数学模型，有利于推广电子计算机处理财务信息，有利于进一步改进财务分析方法，提高财务分析信息的准确性和有用性。

2）财务分析方法体系应具有实用性

在建立财务分析方法体系时，财务分析人员应根据自身的知识水平、管理水平以及财务分析信息使用者的实际需要，选择那些既科学又实用的分析方法，不应把玄乎的数字符号和数学计算过分地用于财务分析中，那样既不便于操作，也分析不出有用的财务信息。

因此，财务分析人员只有同时考虑科学性和实用性，才能建立一套有利于实现财务分析目标的财务分析方法体系。

教学互动10-1

A公司甲产品的材料成本资料见表10-2。

表 10-2　　A公司甲产品的材料成本资料

项　　目	计量单位	计划数	实际数
产量	台	300	400
单位产品材料消耗量	千克/台	15	14
材料单价	元/千克	10	12
材料总成本	元	45 000	67 200

学习微平台

随堂测 10-2

要求： 请运用因素分析法分析各因素变动对材料总成本的影响。

10.3　财务指标分析

10.3.1　偿债能力分析

1）短期偿债能力分析

短期偿债能力是指企业以流动资产对流动负债及时足额偿还的保证程度，是衡量企业当前财务能力，特别是流动资产变现能力的重要标志。

企业的流动资产与流动负债的关系，以及资产的变现速度，是影响短期偿债能力的主要因素。企业短期偿债能力分析主要采用比率分析法，衡量指标主要有流动比率、速动比率和现金流动负债比率。

（1）流动比率

流动比率是指企业流动资产与流动负债的比率，表示企业每1元流动负债有多少流动资产作为偿还的保证，反映了企业的流动资产偿还流动负债的能力。其计算公式为：

流动比率=流动资产÷流动负债

一般情况下，流动比率越高，表明企业短期偿债能力越强。因为该比率越高，不仅表明企业拥有较多的营运资金抵偿短期债务，而且表明企业可以变现的资产数额较大，债权人的风险较小。但是，过高的流动比率并不都是好现象。因为流动比率过高，表明企业流动资产占用的资金过多，或者变现能力较差的存货资金过多，或者应收账款过多。这些都反映了企业的资产使用效率较低。所以，财务人员在分析流动比率时，还必须注意流动资产的结构、流动资金的周转情况、流动负债的数量与结构，以及现金流量的情况等。

从理论上讲，流动比率维持在2∶1是比较合理的。因为在流动资产中，变现能力最差的存货等金额，约占流动资产总额的一半，扣除该部分剩下的变现能力较强的流动资产，至少要等于流动负债，这样，流动负债的清偿才有保障，企业的短期偿债能力也就有了保障。但是，由于行业性质不同，流动比率的实际标准也不同。例如，通常商业和流通领域企业的资产流动性较高，而机器制造业及电力业企业的资产流动性则较差。所以，财务人员在分析流动比率时，应将其与同行业平均流动比率和本企业历史的流动比率进行比较，这样才能得出合理的结论。

同步计算10-2

A公司2024年12月31日的资产负债表资料如下：年初流动资产为6 127 100元，流动负债为2 977 100元；年末流动资产为5 574 751元，流动负债为1 644 390元。计算A公司2024年年初与年末的流动比率。

解： A公司2024年年初与年末的流动比率分别为：

年初流动比率=6 127 100÷2 977 100≈2.06

年末流动比率=5 574 751÷1 644 390≈3.39

由计算可知，A公司2024年年初和年末的流动比率均超过一般公认标准，这表明A公司具有较强的短期偿债能力。

（2）速动比率

速动比率又称酸性测试比率，是企业速动资产与流动负债的比率。其计算公式为：

速动比率=速动资产÷流动负债

速动资产=流动资产-存货

速动资产的计算公式也可写为：

速动资产=流动资产-存货-预付账款-待摊费用

计算速动比率时，需要从流动资产中扣除存货，这是因为存货在流动资产中变现速度较慢，有些存货可能滞销，无法变现。至于预付账款和待摊费用根本不具有变现能力，只是减少企业未来的现金流出量，所以理论上也应加以剔除。但在实务中，由于预付账款和待摊费用在流动资产中所占的比重较小，计算速动资产时也可以不扣除。

传统经验认为，速动比率维持在1∶1较为正常，它表明企业的每1元流动负债就有1元易于变现的流动资产来抵偿，短期偿债能力有可靠的保证。速动比率过低，表明企业的短期偿债风险较大；速动比率过高，表明企业在速动资产上占用资金过多，会增加企业投资的机会成本。但以上评判标准并不是绝对的。

同步计算10-3

A公司2024年年初的流动资产为6 127 100元，存货为3 870 000元，流动负债为2 977 100元；年末的流动资产为5 574 751元，存货为3 862 050元，流动负债为1 644 390元。计算A公司2024年年初与年末的速动比率。

解： A公司2024年年初与年末的速动比率分别为：

年初速动比率=（6 127 100-3 870 000）÷2 977 100≈0.76

年末速动比率=（5 574 751-3 862 050）÷1 644 390≈1.04

由计算可知，A公司2024年年末的速动比率比年初有较大提高，且高于一般公认标准，因此，A公司具有较强的短期偿债能力。

（3）现金流动负债比率

现金流动负债比率是企业一定时期的经营现金净流量与年末流动负债的比

率，它可以从现金流量的角度来反映企业当期偿付短期负债的能力。其计算公式为：

现金流动负债比率=一定时期的经营现金净流量÷年末流动负债

式中：一定时期的经营现金净流量是指一定时期内，由企业经营活动所产生的现金及现金等价物的流入量与流出量的差额。

现金流动负债比率是从现金流入和流出的动态角度，对企业实际偿债能力进行考察。由于有利润的年份不一定有足够的现金来偿还债务，所以，利用以收付实现制为基础的现金流动负债比率指标，能充分体现企业经营活动所产生的现金净流量可以在多大程度上保证当期流动负债的偿还，从而直观地反映出企业偿还流动负债的实际能力。用该指标评价企业偿债能力更为谨慎。该指标值越大，表明企业经营活动产生的现金净流量越多，越能够保障企业按时偿还到期债务。但该指标值也不是越大越好，若该指标值太大，则表明企业对流动资金利用不充分，收益能力不强。

同步计算10-4

假设A公司2023年度的经营现金净流量为603 500元，2024年年末的流动负债为2 977 100元；2024年度的经营现金净流量为649 500元，2024年年末的流动负债为1 644 390元。计算A公司2023年、2024年的现金流动负债比率。

解： A公司2023年、2024年的现金流动负债比率分别为：

2023年的现金流动负债比率=603 500÷2 977 100≈0.20

2024年的现金流动负债比率=649 500÷1 644 390≈0.39

由计算可知，A公司2024年的现金流动负债比率比2023年有所提高，这表明A公司的短期偿债能力增强了。

业务链接10-2

哪些资产负债表外因素会增强企业短期偿债能力？

以下几个因素会增强企业短期偿债能力：

①可动用的银行贷款指标。银行已同意、企业未办理贷款手续的银行贷款限额可以随时增加企业的现金，提高支付能力。

②准备很快变现的非流动资产。由于某种原因，企业可能将一些非流动资产很快出售变为现金，增强短期偿债能力。企业出售非流动资产，一般情况下都是要经过慎重考虑的，企业应根据短期利益和长期利益的辩证关系，对是否出售非流动资产做出正确决策。

③偿债能力的信誉。如果企业的长期偿债能力一贯很好，有一定的声誉，在短期偿债方面出现困难时，企业可以很快地通过发行债券和股票等办法解决资金的短缺问题，提高短期偿债能力。这个增强变现能力的因素，取决于企业自身的信誉和当时的筹资环境。

同步思考10-1

企业的短期偿债能力，通过资产负债表分析可以得到大体上的反映，但有些因素会降低企业实际的短期偿债能力。

问题： 请列举几项会降低企业短期偿债能力的表外因素。

理解要点： 降低企业短期偿债能力的表外因素主要有：(1) 与担保有关的或有负债，如果它的数额较大并且可能发生，就应在评价偿债能力时给予关注；(2) 经营租赁合同中承诺的付款，很可能是需要偿付的义务；(3) 建造合同、非流动资产购置合同中的分阶段付款，也是一种承诺，应视同需要偿还的债务。

2）长期偿债能力分析

长期偿债能力是指企业偿还非流动负债的能力。它的大小是反映企业财务状况稳定与否及安全程度高低的重要标志。其分析指标主要有资产负债率、产权比率、负债与有形净资产比率、利息保障倍数。

(1) 资产负债率

资产负债率又称负债比率，是企业的负债总额与资产总额的比率。它表示在企业资产总额中，债权人提供资金所占的比重，以及企业资产对债权人权益的保障程度。其计算公式为：

资产负债率=负债总额÷资产总额×100%

资产负债率的高低对企业的债权人和所有者具有不同的意义。

对债权人而言，其最关心的是提供给企业的贷款的安全程度，也就是其本金和利息能否按期收回。如果负债比率高，说明企业总资产中仅有小部分是由股东提供的，而大部分是由债权人提供的，这样债权人就要承担很大的风险。所以，债权人希望负债比率越低越好。

对企业所有者而言，其最关心的是投入资金的收益率。由于债权人投入的资金与企业所有者投入的资金发挥着同样的作用，所以只要企业的总资产收益率高于借款的利息率，即负债比率越大，所有者的投资收益就越大。

一般情况下，企业负债经营规模应控制在一个合理的水平，负债比率应控制在一定的标准内。如果负债比率过高，企业的财务风险将加大，对债权人和企业所有者都会产生不利的影响。

同步计算10-5

A公司2024年年初的负债总额为3 877 100元，资产总额为11 352 100元；年末的负债总额为3 384 390元，资产总额为11 248 251元。计算A公司2024年年初与年末的资产负债率。

解： A公司2024年年初与年末的资产负债率分别为：

年初资产负债率=3 877 100÷11 352 100×100%≈34%

年末资产负债率=3 384 390÷11 248 251×100%≈30%

由计算可知，A公司2024年年初与年末的资产负债率均不高，说明A公司长期偿债能力较强，这样有助于增强债权人向公司出借资金的信心。

（2）产权比率

产权比率也称资本负债率，是指负债总额与所有者权益总额的比率，是企业财务结构稳健与否的重要标志。其计算公式为：

产权比率=负债总额÷所有者权益总额×100%

产权比率反映了企业所有者权益对债权人权益的保障程度，即在企业清算时，对债权人权益的保障程度。产权比率越低，表明企业的长期偿债能力越强，债权人权益的保障程度越高，承担的风险越小，但企业不能充分发挥负债的财务杠杆效应。所以，财务分析人员在评价产权比率适度与否时，应从提高获利能力与增强偿债能力两个方面综合考虑，即在保障债务偿还安全的前提下，尽可能降低产权比率。

同步计算10-6

A公司2024年年初的负债总额为3 877 100元，所有者权益总额为7 475 000元；年末负债总额为3 384 390元，所有者权益总额为7 863 862元。计算A公司2024年年初与年末的产权比率。

解：A公司2024年年初与年末的产权比率分别为：

年初产权比率=3 877 100÷7 475 000×100%≈52%

年末产权比率=3 384 390÷7 863 862×100%≈43%

由计算可知，A公司2024年年初与年末的产权比率呈现出下降的趋势，这表明A公司的长期偿债能力较强，对债权人的保障程度较高。

（3）负债与有形净资产比率

负债与有形净资产比率是负债总额与有形净资产的比例关系，表示企业有形净资产对债权人权益的保障程度。其计算公式为：

负债与有形净资产比率=负债总额÷有形净资产×100%

有形净资产=所有者权益-无形资产-长期待摊费用

企业的无形资产、长期待摊费用等一般难以作为偿债的保证，将其从净资产中剔除，可以更合理地衡量企业清算时对债权人权益的保障程度。该比率越低，表明企业长期偿债能力越强。

（4）利息保障倍数

利息保障倍数又称已获利息倍数，是企业息税前利润与利息费用的比率，是衡量企业偿付负债利息能力的指标。其计算公式为：

利息保障倍数=息税前利润÷利息费用

式中：利息费用是指本期发生的全部应付利息，包括流动负债的利息费用、非流动负债中计入损益的利息费用，以及计入固定资产原价中的资本化利息。

利息保障倍数越高，说明企业支付利息费用的能力越强；利息保障倍数越低，说明企业难以保证用经营所得来及时足额地支付负债利息。因此，利息保障倍数是衡量企业是否举债经营，以及其偿债能力强弱的主要指标。

若要合理地确定企业的利息保障倍数，需要将该指标与其他企业，特别是同行业平均水平进行比较。根据稳健原则，应以指标最低年份的数据作为参照。但是，在一般情况下，利息保障倍数不能低于1。因为利息保障倍数低于1，表明企业连借款利息的偿还都无法保证，更不用说偿还本金了。所以，利息保障倍数的高低，不仅反映了企业偿还利息能力的强弱，也反映了企业偿还本金能力的强弱。

同步案例10-2

2023年中国上市公司百强排行榜

背景与情境：2023年8月22日，2023年中国上市公司百强排行榜发布会在上海举办，这是华顿经济研究院连续第23年编制发布中国上市公司百强排行榜，以利润总额为排序基准，共500家企业上榜。

中国工商银行、中国建设银行、中国农业银行、中国银行、中国石油、中国海油、中远海控、招商银行、中国移动、兴业银行高居前十，榜首中国工商银行利润总额为4 225.65亿元，较上年略有降低，中国建设银行、中国农业银行、中国银行、中国石油分别以3 820.17亿元、3 062.16亿元、2 845.95亿元、2 132.72亿元利润总额居第二至第五位，利润总额破2 000亿的公司首次达到5家，中国海油、中国移动强势返A，分列第六位和第九位，中远海控、招商银行分列第七、第八位，兴业银行居第十位，中国平安首次跌出前十。

2023年中国上市公司百强排行榜500强中，有106家企业利润总额超过100亿元，24家企业利润总额超过500亿元，11家企业利润总额超过1 000亿元，利润总额破百亿、五百亿和千亿的企业数量均创新高。

500强中有297家为连续上榜企业，其中224家排名上升，藏格矿业、明德生物、福能股份、阳光电源、桂冠电力、天齐锂业、晶澳科技、万泰生物排名上升较多。还有103家是新上榜企业，500强变动率超20%，新上榜企业中，中国海油、中国移动、九安医疗位列前100位。

今年500强最低上榜线为2022年度利润总额16.48亿元，低于上年的16.70亿元，这是500强最低上榜线首次下降，新洋丰居第500位。

资料来源　华顿经济研究院. 2023年中国上市公司百强排行榜在上海发布［EB/OL］.［2023-08-23］. http: //www.cbt100.com/xinwendongtai/177.html .引文有删减。

问题：根据上述资料，分析如何判断公司实力强弱。

分析提示：判断公司的实力强弱，公司的财务指标是一个非常客观、重要和有力的工具，中国上市公司百强排行根据上市公司的营业收入、利润、市值等财务指标和市场价值指标进行判断，相对具有说服力。

10.3.2 营运能力分析

营运能力分析是指通过计算企业资金周转的有关指标分析其对资产利用的效率，是对企业管理层管理水平和资产运用能力的分析。

营运能力的强弱是影响企业偿债能力和盈利能力的主要因素之一。营运能力强，资金周转速度就快，企业就会有足够的现金来偿付流动负债，则短期偿债能力就强，企业会取得更多的收入和利润，用足够的资金偿还本金和利息，长期偿债能力就强。

反映企业营运能力强弱的指标主要有应收账款周转率、存货周转率、总资产周转率、固定资产周转率四种。

1）应收账款周转率

应收账款周转率也称应收账款周转次数，是一定时期内商品或产品营业收入净额与平均应收款项余额的比值，是反映应收账款周转速度的一项指标。其计算公式为：

应收账款周转率（次）=主营业务收入净额÷平均应收账款余额

平均应收账款余额=（应收账款年初数+应收账款年末数）÷2

应收账款周转天数=360÷应收账款周转率

=（平均应收账款余额×360）÷主营业务收入净额

应收账款周转率反映了企业应收账款变现速度的快慢及管理效率的高低。应收账款周转率越高，表明收账速度越快，账龄越短，资产流动性越强，短期偿债能力越强，可以减少收账费用和坏账损失，从而相对增加企业流动资产的投资收益。同时，借助应收账款周转期与企业信用期限的比较，还可以评价购买单位的信用程度，以及企业制定的信用条件是否适当。

财务分析人员在评价一个企业的应收账款周转率是否合理时，还应将其与同行业的平均水平相比较后再得出结论。

同步计算10-7

A公司2024年度主营业务收入净额为1 875 000元，应收账款年初数为448 650元，应收账款年末数为897 300元。计算A公司2024年应收账款周转率及应收账款周转天数。

解： A公司2024年应收账款周转率及应收款项周转天数为：

应收账款周转率=1 875 000÷[(448 650+897 300)÷2]≈2.79（次）

应收账款周转天数=360÷2.79≈129.03（天）

2）存货周转率

存货周转率也称存货周转次数，是企业一定时期内的营业成本与存货平均余额的比率，是反映企业的存货周转速度和销货能力的一项指标，也是衡量企业生产经营中存货营运效率的一项综合性指标。其计算公式为：

存货周转率（次）=营业成本÷存货平均余额

存货平均余额=（存货年初数+存货年末数）÷2

存货周转天数=360÷存货周转率=（平均存货余额×360）÷营业成本

存货周转速度的快慢，不仅能够反映出企业采购、储存、生产、销售各环节管理工作状况的好坏，而且决定了企业的偿债能力及获利能力的强弱。一般来说，存货周转率越高越好。存货周转率越高，表明企业存货变现的速度越快，周转额越大，资金占用水平越低。因此，存货周转率分析有利于找出企业存货周转中存在的问题，尽可能降低资金占用水平。

存货既不能储存过少，否则可能造成生产中断或销售紧张，又不能储存过多，否则可能形成呆滞、积压。因此，存货一定要保持结构合理、质量可靠。同时，存货是流动资产的重要组成部分，其质量和流动性对企业的流动比率具有举足轻重的影响，进而影响企业的短期偿债能力。所以，企业一定要加强对存货的管理，以提高企业的存货变现能力和盈利能力。但是，在存货周转率分析中，财务分析人员应注意剔除由于存货计价方法不同所产生的影响。

3）总资产周转率

总资产周转率是企业营业收入与平均资产总额的比率，它可以用来反映企业全部资产的利用效率。其计算公式为：

总资产周转率=营业收入÷平均资产总额

平均资产总额=（期初资产总额+期末资产总额）÷2

平均资产总额应按不同的分析期分别加以确定，并应当与营业收入在时间上保持一致。

需要说明的是，如果各期资金总额的波动性较大，则企业应采用更详细的资料进行计算，如按照各月份的平均资产总额计算；如果各期资金总额比较稳定，波动不大，则季、年的平均资产总额可以直接用前述公式来计算。

总资产周转率反映了企业全部资产的使用效率。总资产周转率高，说明全部资产的经营效率高，企业取得的收入多；总资产周转率低，说明全部资产的经营效率低，企业取得的收入少，最终会影响企业的盈利能力。企业应采取各种措施来提高企业的资产利用程度，如提高销售收入或处理多余的资产。

4）固定资产周转率

固定资产周转率是企业营业收入与固定资产平均净值的比率，反映企业固定资产的周转情况，是衡量企业固定资产利用效率的一项指标。其计算公式为：

固定资产周转率=营业收入÷固定资产平均净值

固定资产平均净值=（期初固定资产净值+期末固定资产净值）÷2

固定资产周转率高，不仅表明企业充分利用了固定资产，同时也表明企业固定资产投资得当，固定资产结构合理，能够充分发挥其效率；反之，固定资产周转率低，表明企业固定资产使用效率不高，提供的生产成果不多，企业的营运能力欠佳。

在实际分析该指标时，财务分析人员应剔除某些因素的影响。一方面，固定资产的净值随着折旧计提而逐渐减少，固定资产更新后净值会突然增加；另一方面，由于折旧方法不同，固定资产净值缺乏可比性。

10.3.3 盈利能力分析

对增值的不断追求是企业资金运动的动力源泉与直接目的。**盈利能力**就是企业资金增值的能力，通常体现为企业收益数额的多少与水平的高低。

1）营业利润率

营业利润率是企业一定时期内的营业利润与营业收入的比率。其计算公式为：

营业利润率=营业利润÷营业收入×100%

营业利润率越高，表明企业的市场竞争力越强，发展潜力越大，获利能力越强。需要说明的是，从利润表来看，企业的利润包括营业利润、利润总额和净利润三种形式。营业收入包括主营业务收入和其他业务收入。营业收入来源于商品销售收入、提供劳务收入和资产使用权让渡收入等。因此，在实务中，财务分析人员也经常使用营业净利率、营业毛利率等指标来分析企业经营的获利水平。

营业净利率=净利润÷营业收入×100%

营业毛利率=（营业收入−营业成本）÷营业收入×100%

同步计算10-8

A公司2024年度营业收入为1 875 000元，净利润为750 000元。计算A公司2024年的营业利润率。

解： A公司2024年的营业利润率为：

营业利润率=750 000÷1 875 000×100%=40%

2）成本费用利润率

成本费用利润率是指企业一定时期内的利润总额与成本费用总额的比率。其计算公式为：

成本费用利润率=利润总额÷成本费用总额×100%

成本费用总额=营业成本+税金及附加+销售费用+管理费用+财务费用+研发费用

成本费用利润率越高，表明企业为取得利润而付出的代价越小，成本费用控制得越好，获利能力越强。

同步计算10-9

A公司2024年度利润总额为1 000 000元，成本费用总额为1 250 000元。计算A公司2024年成本费用利润率。

解： A公司2024年成本费用利润率为：

成本费用利润率=1 000 000÷1 250 000×100%=80%

3）资产净利率

资产净利率是企业净利润与平均资产总额的比率，是反映企业资产综合利用效果的指标。其计算公式为：

资产净利率=净利润÷平均资产总额×100%

式中：平均资产总额为期初资产总额与期末资产总额的平均数。

资产净利率越高，表明企业资产利用的效果越好，整个企业的盈利能力越强，经营管理水平越高。

同步计算10-10

A公司2024年度净利润为388 861.50元，年初资产总额为11 352 100元，年末资产总额为11 248 251元。计算A公司2024年的资产净利率。

解： A公司2024年的资产净利率为：

资产净利率=388 861.50÷［（11 352 100+11 248 251）÷2］×100%=3.44%

4）净资产收益率

净资产收益率亦称净值报酬率或权益报酬率，是指企业一定时期内的净利润与平均净资产的比率。净资产收益率可以反映投资者投入企业的自有资本获取净收益的能力，即反映投资与报酬的关系，因而是评价企业资本经营效率的核心指标。其计算公式为：

净资产收益率=净利润÷平均净资产×100%

式中：净利润是指企业的税后利润，即利润总额扣除应交所得税后的净额，是未进行任何分配的数额，受各种政策等其他人为因素影响较小，能够比较客观、综合地反映企业的经济效益，准确体现投资者投入资本的获利能力；平均净资产是企业年初所有者权益与年末所有者权益的平均数。

净资产收益率是评价企业自有资本及其积累获取报酬水平的最具综合性与代表性的指标，反映企业资本营运的综合效益。该指标通用性强，适用范围广，不受行业限制。在我国上市公司业绩的综合排序中，该指标居于首位。通过对该指标的综合对比分析，可以看出企业的获利能力在同行业中所处的地位，以及与同类企业的差异水平。一般情况下，企业净资产收益率越高，企业自有资本获取收益的能力越强，营运效益越好，对企业投资者、债权人的保障程度越高。

5）盈余现金保障倍数

盈余现金保障倍数是企业一定时期经营现金净流量与净利润的比值，它反映了企业当期净利润中现金收益的保障程度，真实地反映了企业盈余的质量，是评价企业盈利状况的辅助指标。其计算公式为：

盈余现金保障倍数=经营现金净流量÷净利润

盈余现金保障倍数是从现金流入和流出的动态角度，对企业盈余的质量进行评价，对企业的实际收益能力进行再次修正。盈余现金保障倍数在收付实现制的基础上，能够充分反映出企业当期净收益中有多少是有现金保障的。一般来说，企业当期净利润大于0时，盈余现金保障倍数应当大于1。该指标越大，表明企业经营活动产生的净利润对现金的贡献越大。

同步计算10-11

A公司2024年度净利润为388 861.50元，经营现金净流量为450 056.45元。计算A公司2024年盈余现金保障倍数。

解： A公司2024年盈余现金保障倍数为：

盈余现金保障倍数=450 056.45÷388 861.50≈1.16

6）每股收益

从长远的观点来看，一个企业是否成功，可以用四个重要的财务指标进行衡量：投资收益、现金流量、债务与权益关系、每股收益。在这四个财务指标中，投资者往往更关心每股收益。这是因为：（1）每股收益为会计准则所特别重视。（2）会计报表使用者在选择投资方案时，往往视其为一个非常重要的比率。投资者将其视为企业未来现金流量的综合指示器，并将其作为在各公司之间进行比较的依据。（3）实证研究表明，每股收益与公司股票市场价格表现之间有着一定的相关性。（4）每股收益也是其他比率分析（如市盈率、股利支付率）的基础。每股收益仅仅是对普通股而言的，其计算公式为：

每股收益=（净利润-优先股股利）÷年末普通股总数

式中：净利润一般是指利润表中扣除了所得税之后的利润。

由于在向普通股股东分配股利之前，优先股股东享有优先分配股利的权利，所以，净利润中还应扣除分配给优先股股东的股利。为了与公式中当年获得的净利润保持一致，年末普通股总数必须按当年流通在外的普通股股数加权平均计算。在计算加权平均股数时，财务分析人员应该考虑当年流通在外的普通股股数的变化，这些变化一般是由以下原因引起的：（1）发行新的普通股；（2）分配股票股利；（3）股票分割或合股。

每股收益反映了每股普通股的获利水平。每股收益越高，表明每股普通股可获得的利润越多，股东投资收益越好；反之，每股收益越低，表明每股普通股可获得的利润越少，股东投资收益越差。

7）市盈率

市盈率也称价格盈余比率或价格与收益比率，是指普通股每股市价与每股收益的比率。这里的“市价”是指普通股每股在证券市场上的买卖价格。用每股收益与普通股每股市价进行比较，其目的是反映普通股当期盈余与市场价格的关系，也可以为投资者提供重要的决策参考依据。其计算公式为：

市盈率=普通股每股市价÷每股收益

市盈率是反映上市公司获利能力的一个重要财务比率。影响市盈率高低的因素既有证券市场的供求关系，又有公司本身的获利能力。所以，市盈率一方面可证实该普通股被看好的程度；另一方面也体现出一定的风险程度，即花当前的投资代价去谋取既定的投资收益是否值得。对那些关注股票价格的投资者来说，市盈率分析是一种基本的也是重要的提炼信息的手段。

同步计算10-12

A公司每股收益为2.08元，公司股票的市场收盘价为24元。计算A公司的市盈率。

解： A公司的市盈率为：

市盈率=24÷2.08≈11.54（倍）

8）股利支付率

股利支付率是以每股现金股利除以每股收益得出的比值，它反映每股收益中实际支付现金股利的水平。其计算公式为：

股利支付率=每股现金股利÷每股收益

股利支付率与公司的盈利状况并不存在必然的联系，因为尽管盈利额逐年递增，但公司管理层可能逐年把资金投入经营中以扩大经营规模，致使股利支付率呈现下降趋势。因此，股利支付率取决于公司的业务性质、经营成果、财务状况、发展前景和公司管理层在股利发放上的方式等。一般来说，较高的股利支付率会受到投资者欢迎。

9）每股净资产

每股净资产也称每股账面价值，是股东权益总额除以流通在外的普通股股数得出的比值。其计算公式为：

每股净资产=股东权益总额÷流通在外的普通股股数

倘若公司同时发行了优先股，则股东权益中还应减去归属于优先股的股票清算价值和优先股股利等优先股股东权益，余下的部分才是普通股股东权益。

将每股净资产与股票市价进行比较，可以判断以当前的投资代价换取该股票既定的会计账面价值是否值得。另外，在公司兼并时，每股净资产与公允市价往往都是兼并方需要研究的指标。在计算每股净资产时，如果公司采用的会计方法不当或不符合会计准则等有关规定，就会影响每股净资产。

同步计算10-13

A公司2024年年末股东权益总额为7 863 862元，流通在外的普通股股票数量有100万股。计算A公司每股净资产。

解：A公司每股净资产为：

每股净资产=7 863 862÷1 000 000≈7.86（元）

课程思政10-3

ST美尚公开承认上市造假

背景与情境：在证监会对ST美尚进行纪律处分的决定中，ST美尚女掌门王迎燕承认了违规，其直接安排、指使提前虚记应收账款收回等事项，导致招股书存在严重虚假记载；安排、指使占用资金，导致ST美尚违法披露，违规情节严重。公司2015年上市，根据处罚公告，ST美尚上市前后一直在财务造假，可以说不只是财务造假，还有欺诈发行。2024年，监管部门严打财务造假、超募、欺诈发行、利益输送等金融违法行为。可以说，ST美尚的保荐人广发证券责无旁贷，或面临重罚。

资料来源　金石随笔．欺诈发行，广发证券摊上事！ST美尚公开承认上市造假？[EB/OL].[2024-05-08]. https://www.163.com/dy/article/J1KH9G6R05566UTE.html? f=post2020_dy_recommends.引文有删减。

问题： 试研判IPO中财务数据造假背后的可能动机。

研判提示： 上市公司应在公司治理、经营管理水平、资产规模和盈利能力方面均居于同行前列，但是，不少公司可能存在通过财务数据粉饰或者美化的方式来达到上市的目的，这种做法有利于其本身利益，却损害了广大投资者的利益，这违背了诚实守信的理念，也有违党的二十大报告提出的“明大德、守公德、严私德”道德建设要求。

10.3.4 发展能力分析

学习微平台

延伸阅读10-3

发展能力是企业在生存的基础上，扩大规模、壮大实力的潜在能力。分析发展能力需要考察以下指标：营业收入增长率、资本保值增值率、资本积累率、总资产增长率、营业利润增长率等。

1）营业收入增长率

营业收入增长率是企业本年营业收入增长额与上年营业收入总额的比率，反映企业营业收入的增减变动情况，是评价企业发展状况和能力的重要指标。其计算公式为：

营业收入增长率=本年营业收入增长额÷上年营业收入总额×100%

营业收入增长率是衡量企业经营状况和市场占有能力、预测企业经营业务拓展趋势的重要标志。不断增加的营业收入，是企业生存的基础和发展的条件。营业收入增长率大于零，则表明企业本年的营业收入有所增长。营业收入增长率的指标值越大，则表明增长速度越快，企业市场前景良好。营业收入增长率小于零，则说明企业产品或服务没有适销对路，或质次价高，或在售后服务等方面存在问题，市场份额萎缩。在实际操作时，财务分析人员应结合企业历年的营业收入水平、企业市场占有情况、行业发展及其他影响企业发展的潜在因素进行前瞻性预测，或者结合企业前三年的营业收入增长率进行趋势性分析判断。

2）资本保值增值率

资本保值增值率是企业扣除客观因素后的本年年末所有者权益总额与年初所有者权益总额的比率，反映在企业努力下的当年资本实际增减变动情况。其计算公式为：

资本保值增值率=扣除客观因素后的本年年末所有者权益总额÷年初所有者权益总额×100%

一般认为，资本保值增值率越高，表明企业的资本保全状况越好，所有者权益增长越快，债权人的债务越有保障。资本保值增值率通常应当大于100%。

同步计算10-14

A公司2024年年初所有者权益总额为2 000万元，2024年年末扣除客观因素后的所有者权益总额为2 300万元。计算A公司资本保值增值率。

解： A公司资本保值增值率为：

资本保值增值率=2 300÷2 000×100%=115%

3）资本积累率

资本积累率是企业本年所有者权益增长额与年初所有者权益的比率，反映企业当年资本的积累能力，是评价企业发展潜力的重要指标。其计算公式为：

资本积累率=本年所有者权益增长额÷年初所有者权益×100%

资本积累率是企业当年所有者权益总的增长率，反映了企业所有者权益在当年变动的水平，体现了企业资本的积累情况，是企业发展的标志，也是企业扩大再生产的源泉，展示了企业的发展潜力。资本积累率还反映了投资者投入企业资本的保全性和增长性。若资本积累率大于零，则该指标值越大，表明企业的资本积累越多，应对风险和持续发展的能力越强；若资本积累率为负值，表明企业资本受到侵蚀，所有者利益受到损害，应予以充分重视。

4）总资产增长率

总资产增长率是企业本年总资产增长额同年初资产总额的比率，反映企业本期资产规模的增长情况。其计算公式为：

总资产增长率=本年总资产增长额÷年初资产总额×100%

总资产增长率是从企业资产总量扩张方面衡量企业的发展能力，表明企业规模增长水平对企业发展后劲的影响。总资产增长率越高，表明企业一定时期内资产经营规模扩张的速度越快。但在实际操作时，财务分析人员应注意考虑资产规模扩张的质和量的关系，以及企业的后续发展能力，避免盲目扩张。

5）营业利润增长率

营业利润增长率是企业本年营业利润增长额与上年营业利润总额的比率，反映企业营业利润的增减变动情况。其计算公式为：

营业利润增长率=本年营业利润增长额÷上年营业利润总额×100%

同步计算10-15

A公司2023年的营业利润总额为1 200万元，2024年的营业利润总额为1 380万元。计算A公司营业利润增长率。

解： A公司营业利润增长率为：

营业利润增长率=（1 380-1200）÷1 200×100%=15%

教学互动10-2

MT公司2023年年初所有者权益总额为1 500万元，该年的资本保值增值率为125%（假设该年度没有出现引起所有者权益变化的客观因素）；2024年年初负债总额为4 000万元，所有者权益是负债的1.5倍，该年的资本积累率为150%，年末资产负债率为0.25，负债的平均利率为10%，全年固定成本总额为975万元，净利润为1 005万元，适用的企业所得税税率为25%。

要求： 根据上述资料，计算MT公司的下列指标：

① 2023年年末的所有者权益总额。

② 2024年年初的所有者权益总额。

③ 2024年年初的资产负债率。

④ 2024年年末的所有者权益总额和负债总额。

⑤ 2024年年末的产权比率。

⑥ 2024年的所有者权益平均余额和负债平均余额。

⑦ 2024年的息税前利润。

⑧ 2024年的总资产报酬率。

⑨ 2024年的已获利息倍数。

⑩ 2024年的经营杠杆系数、财务杠杆系数和复合杠杆系数。

学习微平台

随堂测 10-3

10.4 财务综合分析

10.4.1 财务综合分析的特点

财务综合分析是指将营运能力、偿债能力和盈利能力等诸方面的分析纳入一个有机的整体之中，对企业经营状况、财务状况进行全面解剖和分析，从而对企业经济效益的优劣进行准确评价与判断。财务综合分析的特点体现在对财务指标体系的要求上，一个健全有效的综合财务指标体系必须具备以下三个基本要素：

1）指标要素齐全适当

这是指所设置的评价指标必须能够满足对企业营运能力、偿债能力及盈利能力等方面进行总体考核的要求。

2）主辅指标功能匹配

这里要强调两个方面：第一，在确立了企业营运能力、偿债能力和盈利能力等方面评价的主要指标与辅助指标的同时，进一步明晰总体结构中各项指标的主辅地位；第二，不同范畴的主要考核指标所反映的企业经营状况、财务状况的不同侧面与不同层次的信息应该有机统一，应当能够全面且翔实地揭示出企业经营的实际情况。

3）满足多方信息需要

这是要求评价指标体系必须能够提供多层次、多角度的信息资料，使其既能满足企业内部管理当局在决策时对充分而具体的财务信息的需要，又能满足外部投资者进行正确决策和政府实施宏观调控的要求。

同步思考10-2

一般情况下，财务分析人员在对企业的财务报表进行偿债能力、营运能力、盈利能力和发展能力的分析后，通常都会进行财务综合分析。

问题：为什么要进行财务综合分析？

理解要点：财务分析包括偿债能力分析、盈利能力分析、营运能力分析和发展能力分析，每个方面的分析都可以使人们深入了解企业在该方面的特点和优劣势。然而，对企业某方面分析得出的结论可能会与对企业其他方面分析得出的结论产生冲突，财务分析人员需要从总体上对企业进行分析，财务综合分析因此非常必要。

10.4.2 财务综合分析的方法

学习微平台

延伸阅读 10-4

财务综合分析的方法有很多，其中应用比较广泛的有杜邦财务分析体系和沃尔比重评分法。

1）杜邦财务分析体系

杜邦财务分析体系，简称“杜邦体系”，是利用各项财务指标间的内在联系，对企业综合经营及经济效益进行系统分析和评价的方法，因其最初由美国杜邦公司创立并成功运用而得名。杜邦体系以净资产收益率为核心，将其分解为若干财务指标，通过分析各指标的变动对净资产收益率的影响来揭示企业的获利能力及其变动原因。

杜邦体系各主要指标间的关系如下：

净资产收益率=总资产净利率×权益乘数=营业净利率×总资产周转率×权益乘数

营业净利率=净利润÷营业收入

总资产周转率=营业收入÷平均资产总额

权益乘数=资产总额÷所有者权益总额=1÷（1-资产负债率）

在运用杜邦体系进行财务分析时，财务分析人员可以采用前文所述的因素分析法，首先确定营业净利率、总资产周转率和权益乘数的基准值，然后顺次代入这三个指标的实际值，分别计算分析这三个指标的变动对净资产收益率的影响方向及程度。还可以使用因素分析法进一步分解各个指标，并分析其出现变动的深层次原因，找出解决问题的方法。

杜邦财务分析模型如图 10-1 所示。

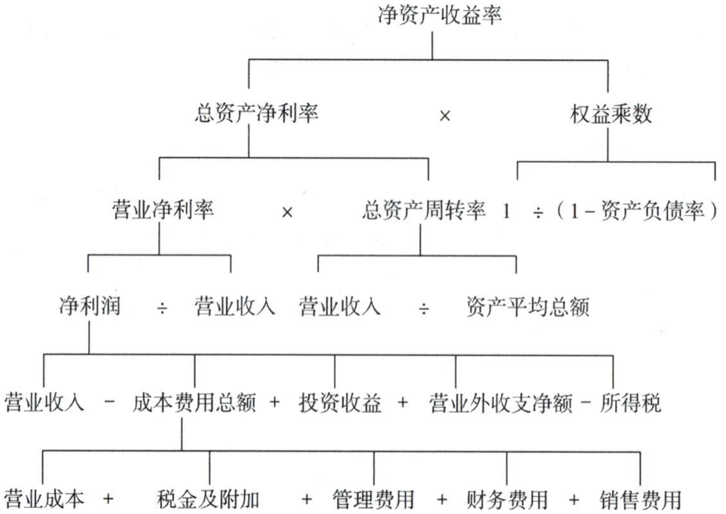

图10-1 杜邦财务分析模型

同步案例10-3

新天地股份公司杜邦财务分析

背景与情境：新天地股份公司是一家化工原料生产企业，目前正处于免税期。该公司2023年的营业额为62 500万元，比上年增长28%。该公司2023年和2024年的有关财务比率及行业平均水平见表10-3。

表10-3 **财务比率及行业平均水平**

财务比率	2023年行业平均水平	2023年本公司实际水平	2024年本公司实际水平
应收账款回收期（天）	35	36	36
存货周转率（次）	2.5	2.59	2.11
营业毛利率	38%	40%	40%
营业利润率（息税前）	10%	9.6%	10.63%
营业净利率	6.27%	7.2%	6.81%
总资产周转率（次）	1.14	1.11	1.07
固定资产周转率	1.4	2.02	1.82
资产负债率	58%	50%	61.3%
利息保障倍数	2.68	4	2.78

问题：

①运用杜邦财务分析体系，比较2023年该公司与行业平均净资产收益率，定性分析其差异产生的原因。

②运用杜邦财务分析体系，比较该公司2023年与2024年的净资产收益率，定性分析其出现变化的原因。

分析提示：

①该公司2023年净资产收益率与行业平均水平比较：

该公司净资产收益率=7.2%×1.11×［1÷（1-50%）］×100%≈15.98%

行业平均净资产收益率=6.27%×1.14×［1÷（1-58%）］×100%≈17.02%

该公司2023年营业净利率比行业平均水平高0.93%，原因是其营业成本率比行业平均水平低2%，或其营业毛利率比行业平均水平高2%；该公司总资产周转率低于行业水平0.03次，主要原因是其应收账款回收较慢；该公司权益乘数低于行业平均水平，原因是其负债减少。

②该公司2024年实际值与2023年实际值的比较：

2023年净资产收益率=15.98%

2024年净资产收益率=6.81%×1.07×［1÷（1-61.3%）］≈18.8%

该公司2024年营业净利率比2023年低0.39%，主要原因是其资产负债率上升了11.3%，导致利息费用增加；总资产周转率下降，主要原因是其固定资产周转率和存货周转率下降；权益乘数提高，原因是其负债比率上升。

2）沃尔比重评分法

财务状况综合评价的先驱者之一是美国的亚历山大·沃尔教授。他在20世纪初出版的《信用晴雨表研究》和《财务报表比率分析》中提出了信用能力指数的概念，把流动比率、产权比率、固定资产比率、存货周转率、应收账款周转率、固定资产周转率、自有资金周转率七项财务比率用线性关系结合起来，并分别给定各自的分数比重，然后将其与标准比率进行比较，评出各项指标的得分及总体指标的累计分数，从而对企业的信用水平进行评价，这一方法被称为沃尔比重评分法。

原始意义上的沃尔分析法存在两个缺陷：一是所选定的七项指标缺乏证明力；二是当某项指标严重异常时，会对总评分产生不合逻辑的重大影响。

现代社会与沃尔的时代相比，已经发生了很大的变化，沃尔最初提出的七项指标已难以完全适应当前企业财务评价的需要。现在人们通常认为，企业财务评价的内容首先是盈利能力，其次是偿债能力，最后是发展能力，它们之间大致可按5∶3∶2的比重来分配。盈利能力的主要指标是总资产报酬率、销售净利率和净资产收益率，这三个指标可按2∶2∶1的比重来安排。

课程思政10-4

沃尔比重评分法在国有企业经济效益评价中的应用

背景与情境： 1995年，财政部为了全面反映企业经济效益状况，按照建立现代企业制度的要求，提出了一套新的企业经济效益评价指标体系。该指标体系可以从三个方面考虑：从投资者的角度来看，其侧重于关心企业盈利能力和资本保值增值情况，这是投资者创办企业的初衷，也是企业经营的目标，包括四项指标，即销售利润率、总资产报酬率、资本收益率和资本保值增值率；从债权人的角度来看，其侧重于关心企业财务状况，即企业资产负债水平和偿债能力，包括四项指标，即资产负债率、流动比率、应收账款周转率和存货周转率；从国家或社会的角度来看，其侧重于衡量企业对国家或社会的贡献水平，包括两项指标，即社会贡献率和社会积累率。

问题： 在国有企业效益评价指标体系中加入社会贡献率是否违背企业价值最大化的理念？

研判提示： 企业的财务管理活动应该服务于企业价值最大化这个目标，但作为社会中的一员，企业的生存与发展离不开社会环境，离不开社会的支持，因此，企业必须通过税收等方式为社会做出贡献。在对企业进行财务分析和业绩评价时，引入社会贡献率等指标，要求企业必须注重对社会的贡献，并将其作为考核业绩的一项指标，这就要求企业本着爱岗敬业的态度，通过创新思维，为企业乃至整个社会的和谐发展做出贡献。这也是党的二十大精神对企业发展提出的更高的要求。

教学互动10-3

D公司为一家上市公司，已公布的公司2024年财务报告显示，该公司2024年净资产收益率为4.8%，较2023年大幅降低，这引起了市场各方的广泛关注。为此，某财务分析师详细收集了D公司2023年和2024年的有关财务指标，见表10-4。

表10-4　**D公司有关财务指标**

项　　目	2023年	2024年
销售净利率	12%	8%
总资产周转率（次）	0.6	0.3
权益乘数	1.8	2

要求：

①计算D公司2023年净资产收益率。

②计算D公司2023年和2024年净资产收益率的差异。

③利用因素分析法，依次测算在销售净利率、总资产周转率和权益乘数变动时，其对D公司2024年净资产收益率的影响。

学习微平台

随堂测10-4

同步业务10-1

ABC公司银行借贷偿债能力分析

业务要求：

分析ABC公司的偿债能力。

评估ABC公司获得银行贷款的可能性。

业务分析：

资产负债表分析：ABC公司的资产负债表显示其负债总额为1 000万元，流动负债为600万元，非流动负债为400万元。

盈利能力分析：ABC公司过去一年的净利润为200万元，毛利率为30%，净利率为20%。

现金流状况分析：ABC公司过去一年的经营活动产生的现金流量净额为300万元，投资活动产生的现金流量净额为-100万元，筹资活动产生的现金流量净额为零。

操作程序：

①收集数据：收集ABC公司的财务报表，包括资产负债表、利润表和现金流量表。

②偿债能力分析：分析公司的流动比率、速动比率、资产负债率和利息保障倍数等偿债能力指标。

③盈利能力和现金流分析：分析公司的盈利能力和现金流状况，以确定其偿还债务的能力。

④评估贷款可能性：根据偿债能力分析结果，评估ABC公司获得银行贷款的可能性。

⑤制订贷款计划：如果评估结果表明ABC公司具备获得贷款的潜力，则制订具体的贷款计划。

⑥监控与调整：定期监控公司的财务状况，根据实际情况调整贷款计划。

深度剖析10-1

通过财务分析选择股票

难点问题：

如何通过财务比率评估公司的财务健康状况？

如何使用财务分析来预测股票的未来表现？

解析与讨论：

讨论如何使用市盈率、市净率等财务比率来评估公司的财务状况。

分析财务分析在股票投资决策中的应用，以及如何与市场趋势和宏观经济因素相结合。

操作程序：

①选择目标公司：确定一家感兴趣的公司作为投资目标。

②收集财务数据：收集该公司的财务报表，包括资产负债表、利润表和现金流量表。

③计算财务比率：使用市盈率、市净率、股息收益率等财务比率来评估公司的财务状况。

④分析财务比率：分析财务比率与行业平均水平或历史水平的比较，以评估公司的财务健康状况。

⑤预测股票表现：结合市场趋势和宏观经济因素，预测股票的未来表现。

⑥做出投资决策：根据财务分析结果和预测，做出是否购买该股票的投资决策。

⑦监控与调整：定期监控股票的表现和公司的财务状况，必要时调整投资决策。

主要参考文献

[1] 财政部会计资格评价中心. 财务管理 [M]. 北京：中国财政经济出版社，2024.

[2] 闵华红. 2024年会计专业技术资格考试应试指导及全真模拟测试·中级财务管理 [M]. 北京：北京大学出版社，2024.

[3] 孔德兰. 管理会计实务 [M]. 2版. 大连：东北财经大学出版社，2024.

[4] 孔德兰. 企业财务管理 [M]. 上海：立信会计出版社，2024.

[5] 孔德兰. 财务管理实务 [M]. 4版. 北京：高等教育出版社，2023.

[6] 徐玮. 财务管理 [M]. 北京：中国财政经济出版社，2021.

[7] 刘静，田世晓. 财务管理 [M]. 上海：立信会计出版社，2020.

[8] 刘淑莲. 财务管理 [M]. 5版. 大连：东北财经大学出版社，2019.

[9] 张兴东. 财务管理 [M]. 2版，上海：上海财经大学出版社，2019.

[10] 贺世强. 财务管理 [M]. 北京：高等教育出版社，2018.

[11] 布里格姆，休斯. 财务管理 [M]. 张敦力，等译. 14版. 北京：机械工业出版社，2018.

[12] 荆新，王化成. 财务管理 [M]. 8版. 北京：中国人民大学出版社，2018.

[13] 汤谷良. 财务管理案例 [M]. 3版，北京：北京大学出版社，2017.

[14] 罗斯，等. 公司理财 [M]. 吴世农，等译. 11版. 北京：机械工业出版社，2017.

[15] 陈昌龙. 管理会计 [M]. 上海：立信会计出版社，2016.

[16] 秦海敏. 财务管理 [M]. 上海：立信会计出版社，2015.

附　录　终值和现值系数表

附表1　　　　　　　　　　　　　　复利终值系数表

期数	1%	2%	3%	4%	5%	6%	7%	8%	9%	10%
1	1.0100	1.0200	1.0300	1.0400	1.0500	1.0600	1.0700	1.0800	1.0900	1.1000
2	1.0201	1.0404	1.0609	1.0816	1.1025	1.1236	1.1449	1.1664	1.1881	1.2100
3	1.0303	1.0612	1.0927	1.1249	1.1576	1.1910	1.2250	1.2597	1.2950	1.3310
4	1.0406	1.0824	1.1255	1.1699	1.2155	1.2625	1.3108	1.3605	1.4116	1.4641
5	1.0510	1.1041	1.1593	1.2167	1.2763	1.3382	1.4026	1.4693	1.5386	1.6105
6	1.0615	1.1262	1.1941	1.2653	1.3401	1.4185	1.5007	1.5809	1.6771	1.7716
7	1.0721	1.1487	1.2299	1.3159	1.4071	1.5036	1.6058	1.7138	1.8280	1.9487
8	1.0829	1.1717	1.2668	1.3686	1.4775	1.5938	1.7182	1.8509	1.9926	2.1436
9	1.0937	1.1951	1.3048	1.4233	1.5513	1.6895	1.8385	1.9990	2.1719	2.3579
10	1.1046	1.2190	1.3439	1.4802	1.6289	1.7908	1.9672	2.1589	2.3674	2.5937
11	1.1157	1.2434	1.3842	1.5395	1.7103	1.8983	2.1049	2.3316	2.5804	2.8531
12	1.1268	1.2682	1.4258	1.6010	1.7959	2.0122	2.2522	2.5182	2.8127	3.1384
13	1.1381	1.2936	1.4685	1.6651	1.8856	2.1329	2.4098	2.7196	3.0658	3.4523
14	1.1495	1.3195	1.5126	1.7317	1.9799	2.2609	2.5785	2.9372	3.3417	3.7975
15	1.1610	1.3459	1.5580	1.8009	2.0789	2.3966	2.7590	3.1722	3.6425	4.1772
16	1.1726	1.3728	1.6047	1.8730	2.1829	2.5404	2.9522	3.4259	3.9703	4.5950
17	1.1843	1.4002	1.6528	1.9479	2.2920	2.6928	3.1588	3.7000	4.3276	5.0545
18	1.1961	1.4282	1.7024	2.0258	2.4066	2.8543	3.3799	3.9960	4.7171	5.5599
19	1.2081	1.4568	1.7535	2.1068	2.5270	3.0256	3.6165	4.3157	5.1417	6.1159
20	1.2202	1.4859	1.8061	2.1911	2.6533	3.2071	3.8697	4.6610	5.6044	6.7275
21	1.2324	1.5157	1.8603	2.2788	2.7860	3.3996	4.1406	5.0338	6.1088	7.4002
22	1.2447	1.5460	1.9161	2.3699	2.9253	3.6035	4.4304	5.4365	6.6586	8.1403
23	1.2572	1.5769	1.9736	2.4647	3.0715	3.8197	4.7405	5.8715	7.2579	8.2543
24	1.2697	1.6084	2.0328	2.5633	3.2251	4.0489	5.0724	6.3412	7.9111	9.8497
25	1.2824	1.6406	2.0938	2.6658	3.3864	4.2919	5.4274	6.8485	8.6231	10.835
26	1.2953	1.6734	2.1566	2.7725	3.5557	4.5494	5.8074	7.3964	9.3992	11.918
27	1.3082	1.7069	2.2213	2.8834	3.7335	4.8823	6.2139	7.9881	10.245	13.110
28	1.3213	1.7410	2.2879	2.9987	3.9201	5.1117	6.6488	8.6271	11.167	14.421
29	1.3345	1.7758	2.3566	3.1187	4.1161	5.4184	7.1143	9.3173	12.172	15.863
30	1.3478	1.8114	2.4273	3.2434	4.3219	5.7435	7.6123	10.063	13.268	17.449
40	1.4889	2.2080	3.2620	4.8010	7.0400	10.286	14.794	21.725	31.408	45.259
50	1.6446	2.6916	4.3839	7.1067	11.467	18.420	29.457	46.902	74.358	117.39
60	1.8167	3.2810	5.8916	10.520	18.679	32.988	57.946	101.26	176.03	304.48

续表

期数	12%	14%	15%	16%	18%	20%	24%	28%	32%	36%
1	1.1200	1.1400	1.1500	1.1600	1.1800	1.2000	1.2400	1.2800	1.3200	1.3600
2	1.2544	1.2996	1.3225	1.3456	1.3924	1.4400	1.5376	1.6384	1.7424	1.8496
3	1.4049	1.4815	1.5209	1.5609	1.6430	1.7280	1.9066	2.0872	2.3000	2.5155
4	1.5735	1.6890	1.7490	1.8106	1.9388	2.0736	2.3642	2.6844	3.0360	3.4210
5	1.7623	1.9254	2.0114	2.1003	2.2878	2.4883	2.9316	3.4360	4.0075	4.6526
6	1.9738	2.1950	2.3131	2.4364	2.6996	2.9860	3.6352	4.3980	5.2899	6.3275
7	2.2107	2.5023	2.6600	2.8262	3.1855	3.5832	4.5077	5.6295	6.9826	8.6054
8	2.4760	2.8526	3.0590	3.2784	3.7589	4.2998	5.5895	7.2058	9.2170	11.703
9	2.7731	3.2519	3.5179	3.8030	4.4355	5.1598	6.9310	9.2234	12.166	15.917
10	3.1058	3.7072	4.0456	4.4114	5.2338	6.1917	8.5944	11.806	16.060	21.647
11	3.4785	4.2262	4.6524	5.1173	6.1759	7.4301	10.657	15.112	21.199	29.439
12	3.8960	4.8179	5.3503	5.9360	7.2876	8.9161	13.215	19.343	27.983	40.037
13	4.3635	5.4924	6.1528	6.8858	8.5994	10.699	16.386	24.759	36.937	54.451
14	4.8871	6.2613	7.0757	7.9875	10.147	12.839	20.316	31.691	48.757	74.053
15	5.4736	7.1379	8.1371	9.2655	11.974	15.407	25.196	40.565	64.359	100.71
16	6.1304	8.1372	9.3576	10.748	14.129	18.488	31.243	51.923	84.954	136.97
17	6.8660	9.2765	10.761	12.468	16.672	22.186	38.741	66.461	112.14	186.28
18	7.6900	10.575	12.375	14.463	19.673	26.623	48.039	86.071	148.02	253.34
19	8.6128	12.056	14.232	16.777	23.214	31.948	59.568	108.89	195.39	344.54
20	9.6463	13.743	16.367	19.461	27.393	38.338	73.864	139.38	257.92	468.57
21	10.804	15.668	18.822	22.574	32.324	46.005	91.592	178.41	340.45	637.26
22	12.100	17.861	21.645	26.186	38.142	55.206	113.57	228.36	449.39	866.67
23	13.552	20.362	24.891	30.376	45.008	66.247	140.83	292.30	593.20	1 178.7
24	15.179	23.212	28.625	38.236	53.109	79.497	174.63	374.14	783.02	1 603.0
25	17.000	26.462	32.919	40.874	62.669	95.396	216.54	478.90	1 033.6	2 180.1
26	19.040	30.167	37.857	47.414	73.949	114.48	268.51	613.00	1 364.3	2 964.9
27	21.325	34.390	43.535	55.000	87.260	137.37	332.95	784.64	1 800.9	4 032.3
28	23.884	39.204	50.066	63.800	102.97	164.84	412.86	1 004.3	2 377.2	5 483.9
29	26.750	44.693	57.575	74.009	121.50	197.81	511.95	1 285.6	3 137.9	7 458.1
30	29.960	50.950	66.212	85.850	143.37	237.38	634.82	1 645.5	4 142.1	10 143
40	93.051	188.83	267.86	378.72	750.38	1 469.8	5 455.9	19 427	66 521	*
50	289.00	700.23	1 083.7	1 670.7	3 927.4	9 100.4	46 890	*	*	*
60	897.60	2 595.9	4 384.0	7 370.2	20 555	56 348	*	*	*	*

*>99 999

附表2 **复利现值系数表**

期数	1%	2%	3%	4%	5%	6%	7%	8%	9%	10%
1	0.9901	0.9804	0.9709	0.9615	0.9524	0.9434	0.9346	0.9259	0.9174	0.9091
2	0.9803	0.9712	0.9426	0.9246	0.9070	0.8900	0.8734	0.8573	0.8417	0.8264
3	0.9706	0.9423	0.9151	0.8890	0.8638	0.8396	0.8163	0.7938	0.7722	0.7513
4	0.9310	0.9238	0.8885	0.8548	0.8227	0.7921	0.7629	0.7350	0.7084	0.6830
5	0.9515	0.9057	0.8626	0.8219	0.7835	0.7473	0.7130	0.6806	0.6499	0.6209
6	0.9420	0.8880	0.8375	0.7903	0.7462	0.7050	0.6663	0.6302	0.5963	0.5645
7	0.9327	0.8606	0.8131	0.7599	0.7107	0.6651	0.6227	0.5835	0.5470	0.5132
8	0.9235	0.8535	0.7874	0.7307	0.6768	0.6274	0.5820	0.5403	0.5019	0.4665
9	0.9143	0.8368	0.7664	0.7026	0.6446	0.5919	0.5439	0.5002	0.4604	0.4241
10	0.9053	0.8203	0.7441	0.6756	0.6139	0.5584	0.5083	0.4632	0.4224	0.3855
11	0.8963	0.8043	0.7224	0.6496	0.5847	0.5268	0.4751	0.4289	0.3875	0.3505
12	0.8874	0.7885	0.7014	0.6246	0.5568	0.4970	0.4440	0.3971	0.3555	0.3186
13	0.8787	0.7730	0.6810	0.6006	0.5303	0.4688	0.4150	0.3677	0.3262	0.2897
14	0.8700	0.7579	0.6611	0.5775	0.5051	0.4423	0.3878	0.3405	0.2992	0.2633
15	0.8613	0.7430	0.6419	0.5553	0.4810	0.4173	0.3624	0.3152	0.2745	0.2394
16	0.8528	0.7284	0.6232	0.5339	0.4581	0.3936	0.3387	0.2919	0.2519	0.2176
17	0.8444	0.7142	0.6050	0.5134	0.4363	0.3714	0.3166	0.2703	0.2311	0.1978
18	0.8360	0.7002	0.5874	0.4936	0.4155	0.3503	0.2959	0.2502	0.2120	0.1799
19	0.8277	0.6864	0.5703	0.4746	0.3957	0.3305	0.2765	0.2317	0.1945	0.1635
20	0.8195	0.6730	0.5537	0.4564	0.3769	0.3118	0.2584	0.2145	0.1784	0.1486
21	0.8114	0.6598	0.5375	0.4388	0.3589	0.2942	0.2415	0.1987	0.1637	0.1351
22	0.8034	0.6468	0.5219	0.4220	0.3418	0.2775	0.2257	0.1839	0.1502	0.1228
23	0.7954	0.6342	0.5067	0.4057	0.3256	0.2618	0.2109	0.1703	0.1378	0.1117
24	0.7876	0.6217	0.4919	0.3901	0.3101	0.2470	0.1971	0.1577	0.1264	0.1015
25	0.7798	0.6095	0.4776	0.3751	0.2953	0.2330	0.1842	0.1460	0.1160	0.0923
26	0.7720	0.5976	0.4637	0.3604	0.2812	0.2198	0.1722	0.1352	0.1064	0.0839
27	0.7644	0.5859	0.4502	0.3468	0.2678	0.2074	0.1609	0.1252	0.0976	0.0763
28	0.7568	0.5744	0.4371	0.3335	0.2551	0.1956	0.1504	0.1159	0.0895	0.0693
29	0.7493	0.5631	0.4243	0.3207	0.2429	0.1846	0.1406	0.1073	0.0822	0.0630
30	0.7419	0.5521	0.4120	0.3083	0.2314	0.1741	0.1314	0.0994	0.0754	0.0573
35	0.7059	0.5000	0.3554	0.2534	0.1813	0.1301	0.0937	0.0676	0.0490	0.0356
40	0.6717	0.4529	0.3066	0.2083	0.1420	0.0972	0.0668	0.0460	0.0318	0.0221
45	0.6391	0.4102	0.2644	0.1712	0.1113	0.0727	0.0476	0.0313	0.0207	0.0137
50	0.6080	0.3715	0.2281	0.1407	0.0872	0.0543	0.0339	0.0213	0.0134	0.0085
55	0.5785	0.3365	0.1968	0.1157	0.0683	0.0406	0.0242	0.0145	0.0087	0.0053

续表

期数	12%	14%	15%	16%	18%	20%	24%	28%	32%	36%
1	0.8929	0.8772	0.8696	0.8621	0.8475	0.8333	0.8065	0.7813	0.7576	0.7353
2	0.7972	0.7695	0.7561	0.7432	0.7182	0.6944	0.6504	0.6104	0.5739	0.5407
3	0.7118	0.6750	0.6575	0.6407	0.6086	0.5787	0.5245	0.4768	0.4348	0.3975
4	0.6355	0.5921	0.5718	0.5523	0.5158	0.4823	0.4230	0.3725	0.3294	0.2923
5	0.5674	0.5194	0.4972	0.4762	0.4371	0.4019	0.3411	0.2910	0.2495	0.2149
6	0.5066	0.4556	0.4323	0.4104	0.3704	0.3349	0.2751	0.2274	0.1890	0.1580
7	0.4523	0.3996	0.3759	0.3538	0.3139	0.2791	0.2218	0.1776	0.1432	0.1162
8	0.4039	0.3506	0.3269	0.3050	0.2660	0.2326	0.1789	0.1388	0.1085	0.0854
9	0.3606	0.3075	0.2843	0.2630	0.2255	0.1938	0.1443	0.1084	0.0822	0.0628
10	0.3220	0.2697	0.2472	0.2267	0.1911	0.1615	0.1164	0.0847	0.0623	0.0462
11	0.2875	0.2366	0.2149	0.1954	0.1619	0.1346	0.0938	0.0662	0.0472	0.0340
12	0.2567	0.2076	0.1869	0.1685	0.1373	0.1122	0.0757	0.0517	0.0357	0.0250
13	0.2292	0.1821	0.1625	0.1452	0.1163	0.0935	0.0610	0.0404	0.0271	0.0184
14	0.2046	0.1597	0.1413	0.1252	0.0985	0.0779	0.0492	0.0316	0.0205	0.0135
15	0.1827	0.1401	0.1229	0.1079	0.0835	0.0649	0.0397	0.0247	0.0155	0.0099
16	0.1631	0.1229	0.1069	0.0980	0.0709	0.0541	0.0320	0.0193	0.0118	0.0073
17	0.1456	0.1078	0.0929	0.0802	0.0600	0.0451	0.0259	0.0150	0.0089	0.0054
18	0.1300	0.0946	0.0808	0.0691	0.0508	0.0376	0.0208	0.0118	0.0068	0.0039
19	0.1161	0.0829	0.0703	0.0596	0.0431	0.0313	0.0168	0.0092	0.0051	0.0029
20	0.1037	0.0728	0.0611	0.0514	0.0365	0.0261	0.0135	0.0072	0.0039	0.0021
21	0.0926	0.0638	0.0531	0.0443	0.0309	0.0217	0.0109	0.0056	0.0029	0.0016
22	0.0826	0.0560	0.0462	0.0382	0.0262	0.0181	0.0088	0.0044	0.0022	0.0012
23	0.0738	0.0491	0.0402	0.0329	0.0222	0.0151	0.0071	0.0034	0.0017	0.0008
24	0.0659	0.0431	0.0349	0.0284	0.0188	0.0126	0.0057	0.0027	0.0013	0.0006
25	0.0588	0.0378	0.0304	0.0245	0.0160	0.0105	0.0046	0.0021	0.0010	0.0005
26	0.0525	0.0331	0.0264	0.0211	0.0135	0.0087	0.0037	0.0016	0.0007	0.0003
27	0.0469	0.0291	0.0230	0.0182	0.0115	0.0073	0.0030	0.0013	0.0006	0.0002
28	0.0419	0.0255	0.0200	0.0157	0.0097	0.0061	0.0024	0.0010	0.0004	0.0002
29	0.0374	0.0224	0.0174	0.0135	0.0082	0.0051	0.0020	0.0008	0.0003	0.0001
30	0.0334	0.0196	0.0151	0.0116	0.0070	0.0042	0.0016	0.0006	0.0002	0.0001
35	0.0189	0.0102	0.0075	0.0055	0.0030	0.0017	0.0005	0.0002	0.0001	*
40	0.0107	0.0053	0.0037	0.0026	0.0013	0.0007	0.0002	0.0001	*	*
45	0.0061	0.0027	0.0019	0.0013	0.0006	0.0003	0.0001	*	*	*
50	0.0035	0.0014	0.0009	0.0006	0.0003	0.0001	*	*	*	*
55	0.0020	0.0007	0.0005	0.0003	0.0001	*	*	*	*	*

*<0.0001

附表3　**年金终值系数表**

期数	1%	2%	3%	4%	5%	6%	7%	8%	9%	10%
1	1.0000	1.0000	1.0000	1.0000	1.0000	1.0000	1.0000	1.0000	1.0000	1.0000
2	2.0100	2.0200	2.0300	2.0400	2.0500	2.0600	2.0700	2.0800	2.0900	2.1000
3	3.0301	3.0604	3.0909	3.1216	3.1525	3.1836	2.2149	3.2464	3.2781	3.3100
4	4.0604	4.1216	4.1836	4.2465	4.3101	4.3746	4.4399	4.5061	4.5731	4.6410
5	5.1010	5.2040	5.3091	5.4163	5.5256	5.6371	5.7507	5.8666	5.9847	6.1051
6	6.1520	6.3081	6.4684	6.6330	6.8019	6.9753	7.1533	7.3359	7.5233	7.7156
7	7.2135	7.4343	7.6625	7.8983	8.1420	8.3938	8.6540	8.9228	9.2004	9.4872
8	8.2857	8.5830	8.8923	9.2142	9.5491	9.8975	10.260	10.637	11.028	11.436
9	9.3685	9.7546	10.159	10.583	11.027	11.491	11.978	12.488	13.021	13.579
10	10.462	10.950	11.464	12.006	12.578	13.181	13.816	14.487	15.193	15.937
11	11.567	12.169	12.808	13.486	14.207	14.972	15.784	16.645	17.560	18.531
12	12.683	13.412	14.192	15.026	15.917	16.870	17.888	18.977	20.141	21.384
13	13.809	14.680	15.618	16.627	17.713	18.882	20.141	21.495	22.953	24.523
14	14.947	15.974	17.086	18.292	19.599	21.015	22.550	24.214	26.019	27.975
15	16.097	17.293	18.599	20.024	21.579	23.276	25.129	27.152	29.361	31.772
16	17.258	18.639	20.157	21.825	23.657	25.673	27.888	30.324	33.003	35.950
17	18.430	20.012	21.762	23.698	25.840	28.213	30.840	33.750	36.974	40.545
18	19.615	21.412	23.414	25.645	28.132	30.906	33.999	37.450	41.301	45.599
19	20.811	88.841	25.117	27.671	30.539	33.760	37.379	41.446	46.018	51.159
20	22.019	24.297	26.870	29.778	33.066	36.786	40.995	45.752	51.160	57.275
21	23.239	25.783	28.676	31.969	35.719	39.993	44.865	50.423	56.765	64.002
22	24.472	27.299	30.537	34.248	38.505	43.392	49.006	55.457	62.873	71.403
23	25.716	28.845	32.453	36.618	41.430	46.996	53.436	60.883	69.532	79.543
24	26.973	30.422	34.426	39.083	44.502	50.816	58.177	66.765	76.790	88.497
25	28.243	32.030	36.459	41.646	47.727	54.863	63.249	73.106	84.701	98.347
26	29.526	33.671	38.553	44.312	51.113	59.156	68.676	79.954	93.324	109.18
27	30.821	35.344	40.710	47.084	54.669	63.706	74.484	87.351	102.72	121.10
28	32.129	37.051	42.931	49.968	58.403	68.528	80.698	95.339	112.97	134.21
29	33.450	38.792	45.219	52.966	62.323	73.640	87.347	103.97	124.14	148.63
30	34.785	40.568	47.575	56.085	66.439	79.058	94.461	113.28	136.31	164.49
40	48.886	60.402	75.401	95.026	120.80	154.76	199.64	259.06	337.88	442.59
50	64.463	84.579	112.80	152.67	209.35	290.34	406.53	573.77	815.08	1 163.9
60	81.670	114.05	163.05	237.99	353.58	533.13	813.52	1 253.2	1 944.8	3 034.8

续表

期数	12%	14%	15%	16%	18%	20%	24%	28%	32%	36%
1	1.0000	1.0000	1.0000	1.0000	1.0000	1.0000	1.0000	1.0000	1.0000	1.0000
2	2.1200	2.1400	2.1500	2.1600	2.1800	2.2000	2.2400	2.2800	2.3200	2.3600
3	3.3744	3.4396	3.4725	3.5056	3.5724	3.6400	3.7776	3.9184	3.0624	3.2096
4	4.7793	4.9211	4.9934	5.0665	5.2154	5.3680	5.6842	6.0156	6.3624	6.7251
5	6.3528	6.6101	6.7424	6.8771	7.1542	7.4416	8.0484	8.6999	9.3983	10.146
6	8.1152	8.5355	8.7537	8.9775	9.4420	9.9299	10.980	12.136	13.406	14.799
7	10.089	10.730	11.067	11.414	12.142	12.916	14.615	16.534	18.696	21.126
8	12.300	13.233	13.727	14.240	15.327	16.499	19.123	22.163	25.678	29.732
9	14.776	16.085	16.786	17.519	19.086	20.799	24.712	29.369	34.895	41.435
10	17.549	19.337	20.304	21.321	23.521	25.959	31.643	38.593	47.062	57.352
11	20.655	23.045	24.349	25.733	28.755	32.150	40.238	50.398	63.122	78.998
12	24.133	27.271	29.002	30.850	34.931	39.581	50.895	65.510	84.320	108.44
13	28.029	32.089	34.352	36.786	42.219	48.497	64.110	84.853	112.30	148.47
14	32.393	37.581	40.505	43.672	50.818	59.196	80.496	109.61	149.24	202.93
15	37.280	43.842	47.580	51.660	60.965	72.035	100.82	141.30	198.00	276.98
16	42.753	50.980	55.717	60.925	72.939	87.442	126.01	181.87	262.36	377.69
17	48.884	59.118	65.075	71.673	87.068	105.93	157.25	233.79	347.31	514.66
18	55.750	68.394	75.836	84.141	103.74	128.12	195.99	300.25	459.45	770.94
19	63.440	78.969	88.212	98.603	123.41	154.74	244.03	385.32	607.47	954.28
20	72.052	91.025	102.44	115.38	146.63	186.69	303.60	494.21	802.86	1 298.8
21	81.699	104.77	118.81	134.84	174.02	225.03	377.46	633.59	1 060.8	1 767.4
22	92.503	120.44	137.63	157.41	206.34	271.03	469.06	812.00	1 401.2	2 404.7
23	104.60	138.30	159.28	183.60	244.49	326.24	582.63	1 040.4	1 850.6	3 271.3
24	118.16	158.66	184.17	213.98	289.49	392.48	723.46	1 332.7	2 443.8	4 450.0
25	133.33	181.87	212.79	249.21	342.60	471.98	898.09	1 706.8	3 226.8	6 053.0
26	150.33	208.33	245.71	290.09	405.27	567.38	1 114.6	2 185.7	4 260.4	8 233.1
27	169.37	238.50	283.57	337.50	479.22	681.85	1 383.1	2 798.7	5 624.8	11 198.0
28	190.70	272.89	327.10	392.50	566.48	819.22	1 716.1	3 583.3	7 425.7	15 230.3
29	214.58	312.09	377.17	456.30	669.45	984.07	2 129.0	4 587.7	9 802.9	20 714.2
30	241.33	356.79	434.75	530.31	790.95	1 181.9	2 640.9	5 873.2	12 941	28 172.3
40	767.09	1 342.0	1 779.1	2 360.8	4 163.2	7 343.2	22 729	69 377	*	*
50	2 400.0	4 994.5	7 217.7	10 436	21 813	45 497	*	*	*	*
60	7 471.6	18 535	29 220	46 058	*	*	*	*	*	*

*>99 999

附表4 **年金现值系数表**

期数	1%	2%	3%	4%	5%	6%	7%	8%	9%
1	0.9901	0.9804	0.9709	0.9615	0.9524	0.9434	0.9346	0.9259	0.9174
2	1.9704	1.9416	1.9135	1.8861	1.8594	1.8334	1.8080	1.7833	1.7591
3	2.9410	2.8839	2.8286	2.7751	2.7232	2.6730	2.6243	2.5771	2.5313
4	3.9020	3.8077	3.7171	3.6299	3.5460	3.4651	3.3872	3.3121	3.2397
5	4.8534	4.7135	4.5797	4.4518	4.3295	4.2124	4.1002	3.9927	3.8897
6	5.7955	5.6014	5.4172	5.2421	5.0757	4.9173	4.7665	4.6229	4.4859
7	6.7282	6.4720	6.2303	6.0021	5.7864	5.5824	5.3893	5.2064	5.0330
8	7.6517	7.3255	7.0197	6.7327	6.4632	6.2098	5.9713	5.7466	5.5348
9	8.5660	8.1622	7.7861	7.4353	7.1078	6.8017	6.5152	6.2469	5.9952
10	9.4713	8.9826	8.5302	8.1109	7.7217	7.3601	7.0236	6.7101	6.4177
11	10.3676	9.7868	9.2526	8.7605	8.3064	7.8869	7.4987	7.1390	6.8052
12	11.2551	10.5753	9.9540	9.3851	8.8633	8.3838	7.9427	7.5361	7.1607
13	12.1337	11.3484	10.6350	9.9856	9.3936	8.8527	8.3577	7.9038	7.4869
14	13.0037	12.1062	11.2961	10.5631	9.8986	9.2950	8.7455	8.2442	7.7862
15	13.8651	12.8493	11.9379	11.1184	10.3797	9.7122	9.1079	8.5595	8.0607
16	14.7179	13.5777	12.5611	11.6523	10.8378	10.1059	9.4466	8.8514	8.3126
17	15.5623	14.2919	13.1661	12.1657	11.2741	10.4773	9.7632	9.1216	8.5436
18	16.3983	14.9920	13.7535	12.6896	11.6896	10.8276	10.0591	9.3719	8.7556
19	17.2260	15.6785	14.3238	13.1339	12.0853	11.1581	10.3356	9.6036	8.9601
20	18.0456	16.3514	14.8775	13.5903	12.4622	11.4699	10.5940	9.8181	9.1285
21	18.8570	17.0112	15.4150	14.0292	12.8212	11.7641	10.8355	10.0168	9.2922
22	19.6604	17.6580	15.9369	14.4511	13.4886	12.3034	11.0612	10.2007	9.4424
23	20.4558	18.2922	16.4436	14.8568	13.4886	12.3034	11.2722	10.3711	9.5802
24	21.2434	18.9139	16.9355	15.2470	13.7986	12.5504	11.4693	10.5288	9.7066
25	22.0232	19.5235	17.4131	15.6221	14.0939	12.7834	11.6536	10.6748	9.8226
26	22.7952	20.1210	17.8768	15.9828	14.3752	13.0032	11.8258	10.8100	9.9290
27	23.5596	20.7059	18.3270	16.3296	14.6430	13.2105	11.9867	10.9352	10.0266
28	24.3164	21.2813	18.7641	16.6631	14.8981	13.4062	12.1371	11.0511	10.1161
29	25.0658	21.8444	19.1885	16.9837	15.1411	13.5907	12.2777	11.1584	10.1983
30	28.8077	22.3965	19.6004	17.2920	15.3725	13.7648	12.4090	11.2578	10.2737
35	29.4086	24.9986	21.4872	18.6646	16.3742	14.4982	12.9477	11.6546	10.5668
40	32.8347	27.3555	23.1148	19.7928	17.1591	15.0463	13.3317	11.9246	10.7574
45	36.0945	29.4902	24.5187	20.7200	17.7741	15.4558	13.6055	12.1084	10.8812
50	39.1961	31.4236	25.7298	21.4822	18.2559	15.7619	13.8007	12.2335	10.9617
55	42.1472	33.1748	26.7744	22.1086	18.6335	15.9905	13.9399	12.3186	11.0140

续表

期数	10%	12%	14%	15%	16%	18%	20%	24%	28%	32%
1	0.9091	0.8929	0.8772	0.8696	0.8621	0.8475	0.8333	0.8065	0.7813	0.7576
2	1.7355	1.6901	1.6467	1.6257	1.6052	1.5656	1.5278	1.4568	1.3916	1.3315
3	2.4869	2.4018	2.3216	2.2832	2.2459	2.1743	2.1065	1.9813	1.8684	1.7663
4	3.1699	3.0373	2.9173	2.8550	2.7982	2.6901	2.5887	2.4043	2.2410	2.0957
5	3.7908	3.6048	3.4331	3.3522	3.2743	3.1272	2.9906	2.7454	2.5320	2.3452
6	4.3553	4.1114	3.8887	3.7845	3.6847	3.4976	3.3255	3.0205	2.7594	2.5342
7	4.8684	4.5638	4.2882	4.1604	4.0386	3.8115	3.6046	3.2423	2.9370	2.6775
8	5.3349	4.9676	4.6389	4.4873	4.3436	4.0776	3.8372	3.4212	3.0758	2.7860
9	5.7590	5.3282	4.9164	4.7716	4.6065	4.3030	4.0310	3.5655	3.1842	2.8681
10	6.1446	5.6502	5.2161	5.0188	4.8332	4.4941	4.1925	3.6819	3.2689	2.9304
11	6.4951	5.9377	5.4527	5.2337	5.0286	4.6560	4.3271	3.7757	3.3351	2.9776
12	6.8137	6.1944	5.6603	5.4206	5.1971	4.7932	4.4392	3.8514	3.3868	3.0133
13	7.1034	6.4235	5.8424	5.5831	5.3423	4.9095	4.5327	3.9124	3.4272	3.0404
14	7.3667	6.6282	6.0021	5.7245	5.4675	5.0081	4.6106	3.9616	3.4587	3.0609
15	7.6061	6.8109	6.1422	5.8474	5.5755	5.0916	4.6755	4.0013	3.4834	3.0764
16	7.8237	6.9740	6.2651	5.9542	5.6685	5.1624	4.7296	4.0333	3.5026	3.0882
17	8.0216	7.1196	6.3729	6.0472	5.7487	5.2223	4.7746	4.0591	3.5177	3.0971
18	8.2014	7.2497	6.4674	6.1280	5.8178	5.2732	4.8122	4.0799	3.5294	3.1039
19	8.3649	7.3658	6.5504	6.1982	5.8775	5.3162	4.8435	4.0967	3.5386	3.1090
20	8.5136	7.4694	6.6231	6.2593	5.9288	5.3527	4.8696	4.1103	3.5458	3.1129
21	8.6487	7.5620	6.6870	6.3125	5.9731	5.3837	4.8913	4.1212	3.5514	3.1158
22	8.7715	7.6446	6.7429	6.3587	6.0113	5.4099	4.9094	4.1300	3.5558	3.1180
23	8.8832	7.7184	6.7921	6.3988	6.0442	5.4321	4.9245	4.1371	3.5592	3.1197
24	8.9847	7.7843	6.8351	6.4338	6.0726	5.4509	4.9371	4.1428	3.5619	3.1210
25	9.0770	7.8431	6.8729	6.4641	6.0971	5.4669	4.9476	4.1474	3.5640	3.1220
26	9.1609	7.8957	6.9061	6.4906	6.1182	5.4804	4.9563	4.1511	3.5656	3.1227
27	9.2372	7.9426	6.9352	6.5135	6.1364	5.4919	4.9636	4.1542	3.5669	3.1233
28	9.3066	7.9844	6.9607	6.5335	6.1520	5.5016	4.9697	4.1566	3.5679	3.1237
29	9.3696	8.0218	6.9830	6.5509	6.1656	5.5098	4.9747	4.1585	3.5687	3.1240
30	9.4269	8.0552	7.0027	6.5660	6.1772	5.5168	4.9789	4.1601	3.5693	3.1242
35	9.6442	8.1755	7.0700	6.6166	6.2153	5.5386	4.9915	4.1644	3.5708	3.1248
40	9.7791	8.2438	7.1050	6.6418	6.2335	5.5482	4.9966	4.1659	3.5712	3.1250
45	9.8628	8.2825	7.1232	6.6543	6.2421	5.5523	4.9986	4.1664	3.5714	3.1250
50	9.9148	8.3045	7.1327	6.6605	6.2463	5.5541	4.9995	4.1666	3.5714	3.1250
55	9.9471	8.3170	7.1376	6.6636	6.2482	5.5549	4.9998	4.1666	3.5714	3.1250